THE STORY OF BRITAIN

英国简史

[英] 罗伊·斯特朗
Roy Strong 著
邵文实 译

罗马时代至今
From the Romans to the Present

中国出版集团
现代出版社

版权登记号：01-2022-0878

图书在版编目（CIP）数据

英国简史：罗马时代至今 /（英）罗伊·斯特朗著；邵文实译. — 北京：现代出版社，2022.4
ISBN 978-7-5143-9746-8

Ⅰ. ①英… Ⅱ. ①罗… ②邵… Ⅲ. ①英国－历史 Ⅳ. ①K561.0

中国版本图书馆CIP数据核字(2022)第044673号

© Oman Productions Ltd 1996
Published by arrangement with Orion Publishing Group via The Grayhawk Agency Ltd.

英国简史：罗马时代至今

著　　者：[英]罗伊·斯特朗
译　　者：邵文实
策划编辑：杨　静
责任编辑：赵海燕　王　羽
出版发行：现代出版社
通信地址：北京市安定门外安华里504号
邮政编码：100011
电　　话：010-64267325　64245264（传真）
网　　址：www.1980xd.com
印　　刷：三河市宏盛印务有限公司

开　　本：710mm×1000mm　1/16
印　　张：31　　　　　　　　　字　　数：458千
版　　次：2022年5月第1版　　印　　次：2022年5月第1次印刷
书　　号：ISBN 978-7-5143-9746-8
定　　价：68.00元

版权所有，翻印必究；未经许可，不得转载

感谢维罗妮卡·韦奇伍德夫人（Dame Veronica Wedgwood）的作品带给我的初始写作灵感。

一个没有历史的民族
无法从时间中得到救赎，因为历史的图样
由不受时间影响的瞬间构成。所以，一个冬日的午后
当天光渐暗时，在一个隐蔽的教堂里
历史即为现在，即为英格兰

T.S. 艾略特《四首四重奏》（*Four Quartets*）之《小吉丁》（*Little Gidding*）

2018 年版前言

本书创作于 20 世纪 90 年代中期，当时，这个国家的历史知识正迅速地悄然脱离国民的脑际，尤其是年轻人的脑际。事实证明，本书是许多突然涌现的类似历史书籍之先驱，其中就包括诺曼·戴维斯（Norman Davies）的《岛屿：历史》（*The Isles: a History*，1999），之后是两部多卷本的纪事作品：西蒙·沙马（Simon Schama）的《英国史》（*A History of Britain*，2000）和继之而出的电视系列片，以及彼得·阿克罗伊德（Peter Ackroyd）的"英格兰历史"（*The History of England*，2011—2014）系列。我完全无意于去阅读它们中的任何一部。

1996 年，《英国简史》是数十年来的第一部单卷本的英国叙事史。我上面提到的那些书的篇幅都较长，部头都较大，总的来说，学术性要更强。《英国简史》没有这样的自命不凡。新版文本除了延伸到 2016 年的脱欧公投之外，未做任何改变，事实上，它的写作前提也没有任何改变，即旨在为所有人介绍我们国家的历史。

《英国简史》之再版时机对这样一类人而言恰逢其时：他们想知道，我们的历史上发生了什么，导致我们做出如此重大的决定，不去加入一个堪称"首都"位于布鲁塞尔的欧洲"帝国"。我们的历史始于罗马人的离去，对其全面概括的了解，构成了脱欧这一发自内心的决定之框架。从长远来看，这个决定究竟是对是错，只有历史才能证明。

我要再次诚挚地感谢我的编辑约翰娜·斯蒂芬森（Johanna Stephenson），以及韦登菲尔德与尼克尔森出版社（Weidenfeld & Nicolson）的编辑团队。

罗伊·斯特朗（Roy Strong）

1996 年版前言

本书是我的文学经纪人费利西蒂·布莱恩（Felicity Bryan）的主意，她的女儿爱丽丝（Alice）对《我们岛屿的故事》（*Our Island Story*）爱不释手，这本书将英国历史的主题介绍给了一代又一代的人。现在摆在大家面前的这本出版物，在它终被书写之际，从我落笔的那一刻起，便具有了自己的生命。事实上，它在我的写作生涯中是种独一无二的体验，因为它几乎是在指引着我沿着它所希望的方向写下去。就这样，它演变成了一本人们希望中的入门读物，或许可将有关我们这个被罗马人最早指称为"不列颠"的岛屿的历史介绍给任何年龄的任何人。我希望，读者能在这本被认为是一种持续叙事的书中找到自己的方向，它的重点与其说在于历史事件发生的时间和过程，不如说在于其发生的原因。

这样一部出版物只能以别具一格见长。无论作家如何努力，都不能完全摆脱其偏好和偏见。我将尽我所能地阐明这些偏好和偏见，以便万一与它们相遇时，它们可以有所减弱。到这本书出版的时候，我应当已经六十岁了，这就意味着，我最早的记忆是关于第二次世界大战的记忆，是关于对一个被围困的国家而言所必需的狂热的爱国主义的记忆。我认为自己是一个本能地信奉保守主义哲学但不一定支持保守党的保守主义者，是一个有所变通的虔诚的基督徒，这种变通也许会让我被贴上进步的圣公会天主教徒（Anglican Catholic）的标签。我所受的教育使我进入了瓦尔堡研究院（Warburg Institute），它的主导方向是古典传统之历史，因此，无论从我的知识构成还是政治信念来看，我都是一个坚定的欧洲人。我也是我自身时代的产物，一个中下阶层的男孩，通过努力工作和奖学金进入了如今掌握着国家命运的专业人士阶层。

这本书没有什么特别新颖之处。它的跨度是如此之大，只能是种综合之综合。我心怀感谢地将它建立在他人的工作之上，而学者们在讨论学术问题时总会出现意见分歧，碰到这些地方，我便不可避免地非得加以折中，因为这是一本具有一般性和导论性质的书籍。只有在现代历史方面，我才会指出历史学家们的观点分歧。我努力要做的就是凭借一种会促使读者手不释卷的强有力的叙事方式，逐次将粉墨登场的时代结合在一起，呈现出一幅不偏不倚的画面。

有时，人类历史上会出现对历史事件产生影响的独特个体，对于那样的时期，我会偶尔为这些人作传，为的是将人物安放在时间框架之内。在乔叟（Chaucer）之前，除了国王、圣徒和政治家之外，为人作传几乎是不可能的，甚至给国王等人作传也是相当困难的。在我们自己的这个世纪，我同样在这方面一败涂地，直到我想起以赛亚·柏林爵士（Sir Isaiah Berlin）曾经说过的话："世上再无伟人。"确实，在由普通人构成的时代，此话也许所言非虚，但这也许同样反映了我在寻找伟人方面的能力欠缺。为何人作传的选择取决于我，而我一直试图将着眼点放在那些改变了事情的发展方向的人身上。

这是我自20世纪50年代读本科以来第一次阅读整部英国历史，当时，我的学术研究都集中在由都铎王朝和斯图亚特早期王朝时期的英格兰构成的文化牧场。从20世纪50年代起，英国历史发生了巨大的变化，尤其值得注意的是，其考察范围扩大到了政治和经济的局限之外。这一视野更广泛的画面一直在不断得到丰富，我也一直试图融入其中，事实上，在这样做的过程中，我发现，偶一为之的人物传记是种绝佳的工具，可用以展示这个国家的文化史和思想史何以不能与政治事件之浪潮相割裂。但我一直避免把我读过和查阅过的大量书籍汇编为书目，因为在一本具有此种性质的书中，任何这样的书目都注定对特定的目的毫无帮助。

在我写这部书的时候，历史及其教学颇受公众的关注，但我一直避免卷入像全国统一课程（National Curriculum）这样的事情中，而宁愿致力于独辟蹊径。同样，我也刻意避免阅读其他的英国通史，因为我担心这会对我自己的写作产生影响。我的指路明灯一直是这样一种信念：一个对自己的过去一无所知的国家将失去其身份认同感。

我的编辑像我一样对此项目满怀激情，她一直在激励和督促着它不断向前推进。作者若是在一生中能够遇到屈指可数的出色编辑真是莫大的荣幸，而朱莉娅·麦克雷（Julia MacRae）就是这些出类拔萃的编辑中的一个。我的穿越一个又一个世纪的航行并不孤独。每当我表现出萎靡不振的迹象，她都会鼎力相助，坚定地把我放回英国历史这艘船的船头，敦促我继续航行。我对她的感激之情无以言表。出版是一种团队合作，对于像本书这样的大型项目，势必要求团队中的每个人都要为其承诺和愿景发挥一己之力。我深深地感激他们所有人。设计师道格拉斯·马丁（Douglas Martin）和我们大家一样，一直痴迷于确保整本书不仅要设计得好看，而且最重要的是吸引读者来阅读。

撰写这样一部介绍性的历史著作是一回事，可另一回完全不同的事情是，你要找到一个不仅通晓本书涉及的全部知识，而且对其目标感同身受的人。我们很幸运地遇到了基思·佩里（Keith Perry），圣保罗学院（St Paul's School）的历史系主任。他把我从许多错误和过于笼统的概括中拯救了出来。我一向觉得18世纪的政治很难把握，而他在这方面为我提供了无价的宝贵建议。我也不应该忘记朱莉娅·麦克雷和所有同事在编辑方面付出的艰苦努力。

我断定，这个项目的完成要么需要两年，要么需要二十年。唉，我可匀不出二十年的时间。事实上，从提出动议到最终出版，它加起来共用了四年的时间。选择较短的时间可能是个鲁莽的决定，但这确保了对节奏、运作和精力的把握。在写这本书的时候，我强烈地意识到，英国这个概念正在被解构。我想，也许，这部介绍性的历史著作会让年青一代的岛民思考，作为英国人，是什么把他们联系在了一起。

罗伊·斯特朗（Roy Strong）
赫里福德郡（Herefordshire）

目 录

第一章	岛屿	001
第二章	不列颠尼亚	004
第三章	罗马不列颠	010
第四章	暗夜与黎明	015
第五章	阿尔弗雷德和维京人	022
第六章	英格兰王国	028
第七章	1066 年	034
第八章	征服：失与得	038
第九章	诺曼国王	042
第十章	初代金雀花王朝	048
第十一章	一个帝国的终结	054
第十二章	哥特时代	059
第十三章	走向一个统一的岛屿	066
第十四章	一个无能的国王	071
第十五章	百年战争	077
第十六章	黑死病	082
第十七章	大起义	086
第十八章	理查二世的命运	091
第十九章	英格兰诗歌之父	096
第二十章	阿金库尔的胜利者	102

第二十一章	玫瑰战争	106
第二十二章	回归秩序：爱德华四世	111
第二十三章	狂暴的插曲：理查三世	115
第二十四章	威廉·卡克斯顿：印刷机	119
第二十五章	回归秩序：都铎王朝	123
第二十六章	改革与革命	129
第二十七章	四季之人	137
第二十八章	十年动荡	142
第二十九章	一种新身份	150
第三十章	无敌舰队	155
第三十一章	荣光女王的英格兰	161
第三十二章	永恒的莎士比亚	168
第三十三章	一个不值得信任的王朝	174
第三十四章	国王的海市蜃楼	181
第三十五章	危机中的三个王国	188
第三十六章	不列颠的维特鲁威	192
第三十七章	战争	196
第三十八章	天翻地覆的世界	202
第三十九章	一个失败的共和国	208
第四十章	失败的受保护国	213
第四十一章	探索稳定	219
第四十二章	意想不到的革命	227
第四十三章	强国的诞生	233
第四十四章	稳定与变化	239
第四十五章	从魔法到科学：艾萨克·牛顿	246
第四十六章	精英统治	251
第四十七章	首富之国	258
第四十八章	追求幸福	267

第四十九章	理性与狂热	274
第五十章	复乐园:"能人"布朗	279
第五十一章	瓦解与失败	285
第五十二章	世界大战与英国的创造	293
第五十三章	新人:威廉·威尔伯福斯	303
第五十四章	被避免的革命:《大改革法案》	309
第五十五章	乡村变城镇:工业革命	316
第五十六章	信息与发明	325
第五十七章	贵族统治的最后几十年	332
第五十八章	提灯女士	339
第五十九章	维多利亚时代的英国:没有阶级的社会	344
第六十章	查尔斯·达尔文与《物种起源》	355
第六十一章	与民主达成妥协	361
第六十二章	爱尔兰离去	369
第六十三章	英帝国的和平	376
第六十四章	光荣孤立与战争	380
第六十五章	捉摸不定的二十年	385
第六十六章	孤军奋战	395
第六十七章	乌托邦的到来与离去	405
第六十八章	共识与对衰落的不当管理	412
第六十九章	欧洲帝国	426
第七十章	一个新开端?	438
第七十一章	消费社会	446
第七十二章	"新不列颠"	453
第七十三章	跋:英国脱欧及以后	460
国王与王后		466
首相		480

第一章　岛屿

英国是个岛屿，这一事实对于了解它的历史而言至关重要。它只被征服过两次，一次是在公元前55年（基督诞生之前）被罗马人征服，另一次是在1066年被诺曼人（Normans）征服。

征服者总是不得不与被征服者进行对话，从而或早或晚地创造出一个兼具两方面元素的社会。然而，总的来说，只有那些敢于在其四周海域的汹涌波涛中奋勇前进的人才零星地侵入过这个国家。鉴于这一困难，无论是来自莱茵兰的部落、来自地中海南部的罗马人、来自德意志的盎格鲁-撒克逊人，还是来自斯堪的纳维亚半岛的维京人，其人数总是非常少。一旦到达这里，他们便会被已有人群同化。

任何想在此登堂入室的人都必须历经千难万险，在疾风暴雨中驾一叶扁舟穿越大海，这一简单的事实解释了英国人作为一个民族所具有的两大主要特征：既内向自省，又外向观瞻。英国人珍视自己的岛屿，视其为遗世独立、神圣不可侵犯的领土。如今乘飞机抵达的方式也没有移除那种进入某个世外桃源的感觉。甚至一条纵贯海峡的地下隧道也未能打消那种将外部世界过滤在外的感觉，而一旦穿过这个过滤器，由它所造就的英式态度、风格和思想便会以立时可鉴的方式扑面而来。与其他欧洲国家不同的是，英国的边界最初是由其地理构成划定的。

与此同时，这也使得英国人成了航海家和旅行家，为了了解外面的世界，他们不得不离开这座岛屿避难所。学者和朝圣者穿越欧洲和中东；教士跨越全球去传教，好让不信上帝的人皈依；航海者航行到最远的海洋，以寻找新的土地；成千上万的居民向外移民，去建立新的国度。被水域包围的英国产生了一个必须容忍彼此差异的民族，总的来说，它现在依旧如此。英国人具有与生俱来的天性，热爱他们认定的是由自己岛屿所带来的安全感和由此产生的安宁生活。这解释了他们天生的保守主义、他们的妥协折中能力、他们的实用主义，以及他们堪称革命性的思想航程。岛屿幽闭恐惧症一定还可解释我们历史上的伟大天才的出现，例如威廉·莎士比亚或艾萨克·牛顿，他们的思想在寻求普遍真理的过程中超越了岛屿的限制，发出振聋发聩的声音。

如果身为岛屿的现实是英国历史的核心，那么其地形和气候也是如此。它是一个被分成高地和低地的国家。北部和西部有丘陵和山脉隆起，有些高达四千英尺，土壤贫瘠，雨量充沛，气候寒冷。即使时至今日，这样的地区仍嫌偏远，不易抵达，而在此前的峥嵘岁月里，它们可谓完全与世隔绝。总体而言它们十分贫瘠，但它们富于矿物资源：北威尔士（North Wales）、德比郡（Derbyshire）、约克郡（Yorkshire）和安格西岛（Anglesey）的铅，威尔士（Wales）的黄金，康沃尔郡（Cornwall）的锡和迪恩森林区（Forest of Dean）的铁。东部和南部是连绵的低地，土壤肥沃，河谷纵横，气候因此大为温和，交通相较而言也大为便利。它的财富是另一种类型的：大量的玉米地和牛羊遍野的茂盛牧场，而牛羊会生产肉食、皮革，最重要的是羊毛。

英国的地理还从一开始就确定了其内部历史的核心主题：高地与低地之间的紧张关系，苏格兰、威尔士与中部、南部之间的紧张关系。多少世纪以来，这出好戏一次又一次地上演。然而，相较于这个国家的其他地方，低地更易成为外来者的定居之地，因为在地理上，低地面临着几乎所有移民都要经过的海峡。当尤利乌斯·恺撒（Julius Caesar）终于在公元前55年决定征服该岛时，他将带来的是一个横跨已知世界的帝国的文明。他望向海峡对面的一个截然不同的、相较之下要原始得多的文化，也就是凯尔特人文化，它历史悠久，可以追溯到三十万年以前，那时，这个国家尚不是一个岛屿，而是与欧洲大陆骨肉相连的组成部分，有几个猎人在那里漫无目的地四处游荡，然后，他们发现，造就了英吉利海峡的大规模地质变化将他们隔绝在了人世之外。

第一章 岛屿

有四百年的时间，英国一直是伟大的罗马帝国的一部分，直到5世纪初，罗马人撤走了他们的军团，这个被抛弃的岛屿在面对北方蛮族部落的袭击时，只能寻求自我救赎。英国与欧洲大陆部分地区的联合将成为它在接下来的千年历史中的重要主题。后来，在11世纪，由诺曼人进行的第二次入侵将英格兰与现代法国的大部分领地统一为一体。这个帝国在五百年的时间里时而扩张，时而收缩，直到1558年，其保留下来的最后前哨，加来港（Calais），向法国国王投降。

而那时，美洲已经被发现，人们第一次得以向西张望。在此之前，只有爱尔兰位于不列颠岛之外，人们的目光牢牢地锁定在东方。在这些个世纪里，英国处于已知世界的边缘，它的聚焦点在异教时代是罗马，在随后的基督教时代则是耶路撒冷。然而，它偏远的地理位置并不能抹杀它的重要性，因为它被入侵是有原因的。它很富有，而且有潜力成为一个帝国维持其水域之外的统治的强大后盾。在中世纪，英格兰国王将要统治西欧最先进的国家。但当罗马军团扬帆起航去征服不列颠岛时，所有那一切都仍在遥远的未来。

第二章　不列颠尼亚

公元前320年，一名希腊船长马萨利亚的皮西厄斯（Pytheas of Marseilles）对科尼什半岛（Cornish peninsula）进行过一次探访，而这座岛屿第一次被写入历史就是在他对此探访所作记录的一个段落中。皮西厄斯描述了当地人如何开采锡矿，然后用覆有兽皮的柳条船将其运到现在的圣迈克尔山（St Michael's Mount），在那里将其卖给主要是从高卢（Gaul）来的外国商人。皮西厄斯后来环游了整个岛屿，这是一项了不起的成就，让文明的希腊世界得以一窥这个将被罗马人称为不列颠尼亚（Britannia）的国家。他记录道，当地人住在用枝条编成的房屋或木屋里，把粮食储存在地下粮仓中，喝用玉米和蜂蜜酿造的啤酒。统治他们的是许多国王和酋长，如果要打仗，他们就会坐着双轮战车上战场。

在此之后，寂静降临，英国再次成为神秘之地，只有等到罗马人到来时才会将这神秘驱散。这个谜团之所以能被解开，是因为罗马人如希腊人一样能读会写，我们能够讲述这个岛屿的历史，很大程度上要归功于他们写下的东西。但这是从他们的角度去看的历史，因为他们战胜的是一个目不识丁、没有留下任何文字记录的民族。我们只知道由罗马人单方面书写的故事。毫无疑问，凯尔特人一方的故事会截然不同。

皮西厄斯让我们对那个社会有了初步的了解。凯尔特人是来自多瑙河上游的部落，他们从那里向外四散开去，最终定居在意大利、西班牙和不列颠。他们是农业民族，住在农场或村庄里，饲养猪、山羊、绵羊和牛，用浅犁耕作土地，生产玉米，然后将之储存在地下的坑洞里。这样的定居点可能会很大。定居点四面环绕着防御性的栅栏或土堤，至今仍存在于多塞特郡（Dorset），多切斯特（Dorchester）附近的少女城堡（Maiden Castle）就是其著名范例。事实上，凯尔特人是一个先进的民族。他们会纺线、织布、制陶，此外还擅长金属制品。他们的一些已经被挖掘出的手工制品美丽非凡，采用的是大胆的抽象形式。他们大约在公元前700年来到英国，很快就取代了已经在那里的原始民族。

凯尔特人有着引人注目的外表：个头高大，皮肤白皙，金发碧眼。他们的日常服装包括一件及膝短袍，外罩一件用胸针系紧的斗篷。他们喜欢鲜艳夺目的色彩和黄金饰品。每个部族都控制着该国的一个地区，比如东北部的伊塞尼族（Iceni）和北部的布兰特族（Brigantes）。每个部族也都有自己的国王，国王下面的人被分为三个等级。一个等级是贵族及其扈从，他们的首要任务是战斗。他们骑马或乘战车进入战场，发出骇人的叫喊，威风凛凛地挥舞着铁剑，令敌人无不闻风丧胆。接下来的等级是德鲁伊（Druids），他们来自贵族阶层，其角色是担任法官和教师，但最重要的是通过符咒、魔法和咒语来与神打交道。凯尔特人臣服于以森林、河流、海洋和天空之神的形式出现的超自然力量。宗教仪式和典礼在神圣的小树林里举行，在这些仪式上，若是众神发怒，人们就会将关在枝条编织的笼子里的人活活烧死，以这种形式来赎罪。处于贵族和德鲁伊之下的是广大民众，他们不过是在土地上劳作的奴隶。凯尔特人是一个有着强大传统的民族，这些传统会以口述的方式代代相传。

在大约六百年的时间里，他们遗世而居，未受干扰，直到公元前1世纪中叶，尤利乌斯·恺撒决定征服他们。令他产生这一念头的是，他得知，他刚刚在高卢征服的卑尔盖人（Belgae）的另一个部落位于英格兰西南部，他们与其在法国西北部战败的同胞有过接触。公元前55年8月26日，约一万名士兵和五百名骑兵从布洛涅（Boulogne）扬帆起航，在多佛（Dover）和迪尔（Deal）之间的某处登陆。高效的罗马军队在驱逐当地凯尔特人酋长时所向披靡。恺撒仔细地观察了凯尔特人的战斗方式和投降速度，决定在第二年卷土重来。公元前54年7月6日，一支规模更大的军队扬帆起航，这次有五千名军团士兵,也就是步兵,以及两千名骑兵,乘坐约八百艘战船。他们与前次一样在同一地区登陆,再次击败了不列颠人,但是,由于舰队在一场风暴中被毁,他们被迫返回海滩以修复它。与此同时,不列颠部落首领卡西维劳努斯(Cassivellaunus)召集不列颠人起而反抗。随后,罗马人开始向北推进,跨过泰晤士河,征服了整个东南部。冬天的来临意味着他们必须在真正恶劣的天气到来之前横渡海峡到达高卢,因此他们与不列颠酋长达成和解,后者交出了人质,并承诺缴纳年度赎金。

之后是一个世纪的杳无音信。其原因很简单,因为在这几年里,发生了一系列导致罗马帝国建立的惊天动地的事件。在血雨腥风的激战引发了那一事件之时,一个位于罗马帝国边缘的岛屿是无关紧要的。四个世纪后,当罗马人抛弃不列颠时,这种情况将再次发生,这一次,帝国需要军队在其心脏地带提供支持。在这段间隔期,凯尔特王国变得更富组织性,其拥有的部落包括:治所在西尔切斯特(Silchester)的阿特雷巴特人(Atrebates),集中在圣奥尔本斯(St Albans)附近的普莱森林(Prae Wood)的卡图维劳尼人(Catuvellauni),集中在科尔切斯特(Colchester)的前身坎努罗杜努姆(Camulodunum)的特里诺文特人(Trinovantes)等。除此之外,在西南半岛以及威尔士和苏格兰的山区还生活着极其原始的部落。

罗马人回到这个岛上来只是个时间问题。对它的征服一直保留在议事日程之中,但直到公元(Anno Domini,即"耶稣纪元年")40年才有一支军队准备入侵。事实上,那次入侵在最后一刻被取消了,但四年之后,发动一次大规模进攻的条件万事俱备。在不列颠国内交战的部落呼吁罗马人进行干预。更重要的是,罗马人意识到了该岛在矿产资源和玉米生产方面的潜力。他们也知道,除非在不列颠将德鲁伊教消灭干净,否则它将继续在高卢长盛不衰,与之相伴的是令他们深恶痛绝且骇人听闻的活人祭祀。最后,一个绝非最不重要的因素是,新皇克劳狄乌斯(Claudius)迫切需要一场伟大的军事胜利来确保他对帝国的权力。

4月底或5月底,由奥留斯·普罗蒂乌斯(Aulus Plautius)率领的总人数达四万人的四个军团横渡英吉利海峡,在肯特郡(Kent)的里奇伯勒

（Richborough）登陆。他们从那里渡过梅德韦河（Medway），打败了不列颠人。为了达到这个目的，罗马士兵必须全副武装地游泳过河，然后进行一场持续两天的战斗。不列颠人节节败退，罗马人勇往直前，渡过了泰晤士河。在那之后，罗马人有次短暂的停顿，以便留出时间迎接皇帝的到来，他带来了令敌人闻风丧胆的大象。随后，战争得以重启。罗马人向卡坎努罗杜努姆推进，对其发起猛攻并夺取了它，使其成为罗马帝国一个新省份的治所，这个新省份被他们称作"不列颠尼亚"。此时，许多凯尔特国王纷纷投降，来到这个国家仅仅十六天的皇帝克劳狄乌斯离开了它前往罗马，在那里，他因帝国的一场巨大胜利而备受褒扬。罗马人建立了拱门来纪念这些胜利，其中一个拱门上刻着这样的铭文："他所向披靡地征服了十一位不列颠国王，接受了他们的投降，是第一个把野蛮民族从大洋彼岸带到罗马统治下的人。"

奥留斯·普罗蒂乌斯作为不列颠的第一任总督留了下来，他的任务是继续征服。三个军团朝三个不同的方向出发：一个向北，一个向中部，一个向西。凯尔特人自恃拥有带坚固土方壁垒的高地要塞，对自身的力量颇为自信，但事实证明，这些设施在罗马士兵的进攻下不堪一击。罗马人的大炮摧毁了防御工事并烧毁了大门。在这第一次战役中，罗马人的征服推进到从埃克塞特（Exeter）到林肯（Lincoln）一线。公元47年，奥留斯·普罗蒂乌斯退休，接替他的是普布利乌斯·奥斯托里乌斯·斯卡普拉（Publius Ostorius Scapula），他重启罗马军队的征战，向遥远的北部和西部推进。

凯尔特人并非没有自己的英雄。其中一位是卡拉克塔库斯（Caractacus），卡图维劳尼人的国王，他抵御罗马人长达九年之久。他先是与西鲁瑞斯人（Silures）一起在南威尔士寻求避难所，然后向北转移到布利干特部落（Brigantes），在那里他被击败，由布利干特部落的女王将其移交给罗马人。他和他的家人被送往罗马，在城市的街道上被游街示众。由于民众对这位凯尔特王子的勇气和气度钦佩有加，因此卡拉克塔库斯及其家人得到了宽恕。

更顽强的抵抗者是艾西尼（Iceni）女王布狄卡（Boudicca）。当时来了一位新总督苏埃托尼乌斯·保利努斯（Suetonius Paulinus），罗马人已开始认真地着手对这个国家的殖民。坎努罗杜努姆（科尔切斯特）和维鲁拉米恩

（Verulamium，位于今圣奥尔本斯）这两个城镇已经建立，安格西岛上的德鲁伊教圣树林已经被摧毁。不列颠人沦为低声下气的臣民，被迫向罗马人支付大笔款项。拿艾西尼人来说，他们的土地被吞并，他们的女王布狄卡被鞭打，她的女儿被侵犯。罗马人的这种暴行引发了一场由布狄卡领导的激烈反抗。布狄卡是一个性格坚强的女人，一位罗马历史学家这样描述她：

> 她身材高大，相貌狰狞，目光凶狠，声音沙哑；一头浓密的黄褐色头发垂至臀部；脖子周围环绕着一条巨大的金色颈链（贴颈项链）；她一如既往地穿着一件花花绿绿的及膝短袍，外罩一件用胸针系着的厚实斗篷。

艾西尼人联合特里诺文特人和其他部落，占领了罗马人的新首都坎努罗杜努姆，对其居民施以屠杀。他们打败了从林肯向南匆匆赶来以应对危机的第九军团的部分士兵。维鲁拉米恩和伦敦也落于布狄卡之手，总共有七万人遭屠杀。但保利努斯最终还是集结了他的军团，在考文垂（Coventry）或利奇菲尔德（Lichfield）附近的某个地方击败了不列颠人，布狄卡服毒身亡。

公元77年，克那伊乌斯·埃利乌斯·阿古利可拉（Cnaeus Iulius Agricola）出任总督，正是在他的领导下，不列颠才名副其实地成为罗马帝国的一个省份。阿古利可拉的女婿、历史学家塔西佗（Tacitus）为之撰写了传记，对他进行了栩栩如生的刻画。塔西佗写道："人们很容易相信他是一个好人，也很乐意认为他是一个伟人。"阿古利可拉出生在高卢，其父是一位罗马议员。他在马赛接受了修辞学和哲学方面的教育，实际上，他是在苏埃托尼乌斯·保利努斯担任总督的和平统治期间于不列颠开始了自己的政治生涯。从那以后，他步步高升，于包括不列颠在内的帝国的各个地方任职，直到最终被任命为不列颠总督，在这个职位上任职长达前所未有的七年之久。在那段时间里，他进攻并征服了苏格兰。整个岛屿第一次处于统一的统治之下，为了庆祝这一胜利，时人在里奇伯勒建造了一座巨大的凯旋门，时至今日，它的根基依然清晰可见。但是，大陆帝国的动乱导致苏格兰被遗弃，正如塔西佗所写的，"对不列颠的征服完成了，但随即又放弃了"。

第二章 不列颠尼亚

从长远来看，这次从苏格兰的撤退被证明是罗马不列颠（Roman Britain）崩塌的主要原因。人们自始至终都意识到，只有把野蛮部落坚决地排除在外，这个国家才能繁荣昌盛。最初，罗马不列颠指的是约克、切斯特（Chester）和卡尔雷昂（Caerleon）这三大要塞，建造它们的目的是驻扎其所依赖的军团，但在公元122年，罗马皇帝哈德良（Hadrian）来到不列颠，下令建造一道从泰恩（Tyne）延伸至索尔维（Solway）的长达八十英里的城墙。这是一项巨大的工程，至今仍有很大一部分屹立不倒。城墙至少有八英尺厚，十五英尺高。每隔十五英里就有一个堡垒，每个堡垒之间有两座瞭望塔。此外，还有十六个主要堡垒。在御敌的一侧有一条壕沟作为保护，在罗马人的一侧又有第二条壕沟以方便运输补给。修筑这道墙至少需要九千五百人。

就这样，罗马不列颠得以建立，并和平安全地存在了几百年。塔西佗描述了这是如何实现的：

> 为了使一个至今仍零星分散、尚未开化因而时刻准备作战的民族能够渐渐适应和平与安宁，阿古利可拉鼓励个人并帮助社区建造寺庙、论坛和房屋……此外，他还对酋长的儿子们进行人文训练，并表达了对不列颠人的天赋才能而非高卢人经过训练的才能的偏爱。其结果是，那些曾经排斥拉丁语的人开始渴望学习修辞学。进而，我们民族服装的穿着开始受到尊重，托加长袍（toga）开始流行起来。就这样，不列颠人一点一点地受到引诱，染上那些迷人的恶习：有拱廊的街道、浴室和奢华的宴会。他们淳朴地称这些新奇事物为"文明"，而实际上，它们是他们奴化的一部分。

罗马人将会留下巨大的遗产，它将改变这个岛屿的面貌及其历史。

第三章　罗马不列颠

　　罗马人走到哪里，就会把他们的文明带到哪里，那是种在温暖的地中海南部发展起来的文明。尽管在大部分的情况下，其所征服的民族有一点风吹草动都会让他们坐立不安，但他们会把自己的全部生活方式强加于这些民族。我们至今仍可参观他们那些引人注目的城市和别墅的废墟，这主要是因为无论在非洲、中东还是在不列颠，它们在古典建筑的规划和使用方面都如出一辙。而这些并不是唯一清一色的东西：罗马人在其帝国推行的政府结构以及他们的语言（包括口头和书面语言，它们都是拉丁语）也是如此。

　　在四个世纪的时间里，不列颠是这个有史以来世界上最伟大帝国的一个省份。罗马人之所以能如此迅速地改造凯尔特人，是因为他们的军队也是他们移动的文明。在成千上万的士兵中，有些人会读会写，会规划城市，会设计建筑；还有一些人会修建道路和水道，或者拥有医疗技能等。如果没有这些能力，就不可能发生如此迅速的转变：一个分散的农村社会转变为一个崭新的以城镇为中心的社会。

　　军队是力量和知识的集合体，所以罗马不列颠只要还在，就会繁荣昌盛。该省需要五万五千人来维持它，起初是作为一支占领军，后来则是作为一支保卫罗马不列颠社会的军队。

　　这些士兵被分成两组，第一组由军团组成，所有成员都是罗马公民。公民身份可以由皇帝授予任何人，并给予此人一定的权力和社会地位。军团成员来自帝国各地，不仅来自意大利，还来自西班牙和高卢等地。每个军团都由五千五百人组成，其中一百二十人是骑兵；在帝国初期，每个军团都由罗马元老院议员（即管理机构的一员）指挥，下面有五十九名高级军官，即百夫长。

第二组士兵被称为辅助部队。他们也可以来自任何地方，但不太可能是罗马公民，而罗马公民特权直到后来才扩大到他们身上。这些人被分配各种专业事务，如弓箭手、投石手或散兵。在这两批陆军的基础上还必须加上一支可能驻扎在多佛的舰队，其主要任务是在海上巡逻，防范任何潜在的入侵者。

罗马士兵看起来同他们打败的凯尔特人很不一样。他们头戴金属头盔，身穿铰接板铠甲，手持木头和皮革制成的盾牌，腰带上挂着剑和匕首。每个军团士兵必须携带两支标枪，在投入战斗时，会先向敌人投掷标枪，然后在肉搏战中使用短剑和匕首。他们的生活由严明的纪律构成，每天行军十九英里，每天操练两次，天天如此。军队要求士兵的身体素质必须非常好，这样他们才能全副武装地跳上战马或带着所有装备游过河流。

军团遍布不列颠各地，依堡垒而设，以实现最大程度的战略防御。这些堡垒都被设置成统一的样式，是方圆五十英亩以上的长方形，最多可容纳六千人。位于堡垒中央的是将军总部，其前方有一个十字路口，把基地分成两部分，还有第二条路通向那里。通过这种方式，该地区被划分为三大块，包括营房、医院、粮仓、储藏室、澡堂、马厩和作坊。在堡垒的界限之外，还有供士兵家庭居住的私人房屋、供礼拜的教堂及供运动和娱乐的圆形剧场。

军队在最初占领该岛后，把大部分时间用在了和平时期的任务上。其中最重要的是治理国家。为首的是总督，由皇帝直接任命，任期三至五年。他通常是从最杰出的军团指挥官中挑选出来的佼佼者。总督的驻地在伦敦，到公元 60 年，伦敦已成为不列颠的行政首都，且自此以后从未变过。总督的副手是另一名也是由皇帝任命的、其权力与总督几乎相当且独立于他的官员——代理官（procurator）。他是负责财政的公务员，负责收税和支付军饷。

治理系统不仅由遍布乡村的驻军网络组成，而且包括由公路连接起来的城镇。公路是由军团士兵在征服这个国家时修建的，对确保货物的快速流通和商业发展至关重要。这些了不起的快速通道宽约二十至二十四英尺，由好几层沙子、碎石和石块精心修建而成，需要不间断地维护保养。时至今日，人们还是一眼就能认出连接两个起源于罗马城镇的任何一段笔直道路。这个网络也不是率性而为的，因为它们都汇聚于从未失去其首要地位的伦敦。

然而，最大的变化是城镇的引进。对罗马人来说，城市生活是他们唯一认可的生活方式，这与居住在分散的围场（通常在山顶）中的凯尔特人截然不同。从一开始，罗马人就按照他们的祖国意大利的城镇的样子来建造这里。它们的格局如出一辙，即占地一百至三百英亩的矩形街道网格。在其中心会有一组公共建筑：一个柱廊环绕的公共集会场所，充当的是市民中心，在其内部或附近会有一个市场；网格的一侧有方堂，即市政厅，是市镇政府和法院所在地。在这些建筑后面还有一系列其他公共建筑，它们体现了罗马人的生活方式，凯尔特人也很好地适应了这种生活方式。每个城镇都有自己的公共浴室，通常有好几个，里面有精心设计的更衣室、健身房、冷水浴室，还有温度从温热到极热不等的房间。罗马人是掌控水的能手，从将水从城镇外的河流和泉水引进来的引水渠，到城镇内部的排水和排污系统，他们样样都做得很出色。

每个城镇都有自己位于郊区的圆形剧场，这是一个巨大的椭圆形区域，四周环绕着一层层的木质座椅，在这里可以举办赛跑、格斗、猎兽、斗熊和斗牛等活动。有些城镇还有结构相似的 D 形剧院，市民可以在那里欣赏戏剧、哑剧、歌唱和朗诵。在建筑区内外，都会有许多供奉诸神的神庙，里面供奉的不仅是罗马的诸神，如朱庇特（Jupiter）、朱诺（Juno）和密涅瓦（Minerva），还有作为活神的皇帝。在坎努罗杜努姆有帝国祭祀总部，那里有座宏伟的神庙，是由来自全岛的代表举行年度庆典仪式的所在地。经过数个世纪的时间，商店从建立在石头基础上的木质结构逐渐变成了完全用石头建造的结构。起初，这些城镇没有城墙，但后来，随着入侵大戏的层出不穷，城墙被建立起来了。

对于罗马人来说，城镇是他们引入的治理模式的基本要素。每个城镇都有所谓参议院，是由最重要的公民组成的议会。每年选举四名地方行政长官，两名担任法官，另外两名掌管财政和建筑。就这样，皇帝的敕令、总督和代理官的政令，从伦敦沿着公路呈扇形向外发散开去，一直延伸到岛屿的最远端。

　　与凯尔特人的小型乡村社区不同，城镇绝对无法自给自足，因为它们所赖以生存的食品要从乡下用大车沿公路运至市场。农村也进行了以乡间宅第为形式的重组，对土著居民而言，这一变化的革命性要小得多。乡间宅第最初是一座庄园的主农舍，周围聚集着古老的凯尔特土著小屋。它们是简单而舒适的结构，中央有公用房间，两端有凸出的两翼，周围有游廊环绕。只有最壮丽的建筑才规模可观，能够形成完整的庭院。随着时间的推移，它们变得越来越奢华，有了如地暖等舒适设施、马赛克地板和壁画。偶尔，就像在菲什伯恩（Fishbourne）的那样，它们几乎堪称宫殿。菲什伯恩的那座乡间宅第占地不少于五英亩，中心有个柱廊庭院，墙壁用进口大理石装饰。

　　这些乡间宅第所管理的农业与凯尔特人从事的农业并没有太大的不同。然而，罗马人引进了新的蔬菜，如卷心菜、豌豆、欧洲萝卜和芜菁，以及新的水果，如苹果、李子、樱桃和核桃。品种更优良的牛被引入进来，家猫也登堂入室。诸如百合、玫瑰、三色堇和罂粟之类的花卉之所以被带来，不仅是因为它们具有药用价值，而且因为它们具有装饰价值。人们第一次建造了花园。

　　农产品不仅从农场运往城镇，就谷物而言，还会运往港口出口到欧洲大陆。锡、铜、铅，尤其是铁矿石都被挖掘出来。石头被开采出来建造房屋。人们制造砖和瓦，制作珠宝、陶器和玻璃。随着羊毛的大量生产，纺织工业得到了发展。

　　罗马不列颠由一个强大的政府体系维系着。城镇和乡间宅第的创建形成了一个统治阶级，它可以并确实包括了罗马化的凯尔特人，他们居住在城镇，讲一口拉丁语。在农村，凯尔特语作为农民的语言幸存下来。这个新的统治阶级部分也是由对皇帝的崇拜而建立起来的，并通过这种崇拜而产生了对整个罗马帝国的忠诚。

　　然而，罗马人在宗教问题上是宽容的，只有涉及活人祭祀的宗教习俗除外。这就是他们消灭德鲁伊的原因，否则凯尔特人的神就会与罗马人引进的神比肩而立。后来出现了新的邪教，如波斯神密特拉（Mithras）或埃及女神伊希斯（Isis）。基督教也传到了不列颠。早在3世纪初就有这样的记载："罗马人无法到达的不列颠地区已经臣服于基督。"其早期的历史极其模糊，直到4世纪初，基督教成为罗马帝国的官方信仰。公元391年，皇帝狄奥多西（Theodosius）下令关闭所有的异教教堂。到了那时，不列颠教会组织严密，会派出自己的主教作为代表参加在欧洲大陆举行的大咨询会（great councils）。

在3世纪和4世纪初的鼎盛时期，罗马不列颠一定是非常壮观的：城镇人群熙攘，繁荣昌盛，装点着华丽的公共建筑，乡村则点缀着富贵安逸的乡间宅第。生活似乎充满了确定性，有充足的食物、轻松的旅行和与日俱增的财富。人们很少想起居住在哈德良长城另一边的野蛮部落，更不用说那些能够渡海而来的部落了。即使这些野蛮民族确曾不时地爆发一下，扰乱了帝国的和平，但很快就被军团的军事力量平息了。只要这些军团还在，一切就会正常运转。当导致它们撤退的情况出现时，罗马不列颠的文明便似乎危在旦夕。

第四章　暗夜与黎明

罗马不列颠是个脆弱的文明，处于一个强大帝国的边缘。当帝国开始瓦解时，罗马军团从边境被召回，以应对其核心的威胁。不列颠的生存一直仰赖于军团的存在以使位于哈德良长城另一边的野蛮人不敢靠近，它还仰赖在英吉利海峡巡逻的舰队以抵御来自大陆的入侵者。这个国家也向罗马寻求它的统治、法律和秩序体系，这种体系从皇帝一直延伸到总督和代理官，再到管理分散在全国各地的城镇的官员。军队和舰队一旦离开，不列颠就失去了保护，也就失去了中央权威。居民们没有接受过满足层出不穷的需要的训练，这使得他们在外来攻击开始时显得更加弱不禁风。

然而，这一切并不是同时发生的。与罗马人的征服形成鲜明对比的是，野蛮人的征服是一个漫长的过程，拖拖拉拉地持续了两百年之久。直到6世纪，一幅不同的不列颠版图才开始出现，它由一系列独立的小王国组成，它们与罗马人所创造的体系几乎毫无关系。这几个世纪被称为"黑暗时代"（Dark Ages），之所以黑暗，是因为整个文明瓦解了，也因为我们对那段历史了解得非常零散。我们只能根据在事件发生很长时间之后才对之进行了描述的极少数书面记录汇编，以及通过考古学的发现才能将这段历史拼凑起来。

来自外部的威胁从一开始就存在，但从3世纪起才开始变得严重起来。会有突如其来的袭击，但这些袭击之后往往是带有欺骗性的长时间和平，诱使不列颠人生出一种虚假的安全感。然而，到了4世纪初，掠夺行动加速了，而很显然，这一次不列颠不会有喘息的时间。侵略者从四面八方涌来。来自爱尔兰的苏格兰人袭击西部，来自遥远北方的皮克特人（Picts）越过哈德良长城向南渗透，盎格鲁-撒克逊人（Anglo-Saxons）则在东南部和东安格利亚（East Anglia）登陆。盎格鲁-撒克逊人由来自莱茵河（Rhine）和易北河（Elbe）河口之间地区的不同部落组成。从长远来看，他们将成为打造后来的盎格鲁-撒克逊式英格兰的主导力量。他们中的一群人被称为"英格尔"（*Engle*），"英格兰"（England）一词就由此而来。

当袭击刚开始时，罗马人的反应是沿着他们所称的"撒克逊海岸"（Saxon Shore）修建一系列堡垒。撒克逊海岸是从布朗卡斯特（Brancaster）到波特切斯特（Portchester）的一段海岸线，位置靠近朴次茅斯（Portsmouth）。不久，罗马人就无法再维持一支舰队，国家的防御力量逐渐减弱，只能依靠留下来的军团。367年不列颠发生了一次骇人听闻的进攻，其来势汹汹，甚至连伦敦都被包围了。问题是军团不可能在每条战线上都进行战斗。保卫东南地区的代价是放弃对北方的保护。事实上，北方逐渐被遗弃，出现了一系列小的边境王国，它们的任务是抵御皮克特人。这标志着曾经的罗马不列颠开始分崩离析。

410年，霍诺里乌斯皇帝（Emperor Honorius）告诉不列颠人，他们必须自力更生。罗马人抛弃了不列颠，最后一支军团也离开了。富裕的城镇和安适的乡间宅第失去了保护，很容易遭到野蛮人的掠夺。每年春天，野蛮人都会渡海而来，进行季节性的烧杀掠夺，洗劫乡间宅第，摧毁城镇。每年秋天，他们都会返回家园，直到他们逐渐选择定居下来。不列颠人面临着一个残酷的选择，要么逃跑，要么与他们达成某种协议。一些人确实离开了家园，把贵重物品埋藏起来，希望在较为和平的时候归来。但大多数人留了下来。他们的解决之道是把土地交给野蛮人，以换取他们的军事防御服务。

到5世纪中叶，外来定居者已遍及全国。到那时，罗马人的乡间宅第生活已不得不被放弃。大多数城镇因为城墙的缘故得以坚持下来。随着袭击变得越来越猛烈，人们有时会撤退到更易防守的山顶据点。不列颠人环顾四周，发现他们习以为常的生活方式逐渐陷入了停滞。例如，陶器和玻璃停止了生产。后来，硬币被停止使用，这意味着贸易和商业的崩溃。在此期间，基督教却蓬勃发展，教会不顾时局动荡，仍派出代表参加在大陆举行的大咨询会。

对许多人来说，世界末日似乎近在眼前。其中一位是不列颠的教士吉尔达斯（Gildas），他从6世纪中叶开始回顾历史，给我们留下了对那个时代的印象。他描述说："一群群令人讨厌的苏格兰人和皮克特人迫不及待地从柳条船（当地人使用的一种船）中冒出来，这些柳条船像一窝窝黑乎乎的蠕虫一样载着他们穿越了海湾。"修道院和教堂遭到洗劫，人们向罗马发出可怜的呼吁以请求援助："野蛮人把我们赶向大海，大海把我们赶向野蛮人；我们只有两种死法：要么被杀死，要么被淹死。"

罗马人总是称非罗马人为野蛮人。无论盎格鲁-撒克逊人多么暴力，他们都有着丰富传统的民族。他们是异教徒，崇拜像沃登（Woden）、图诺（Thunor）或弗里格（Frig）这样的神明，这些名字将成为我们的星期三（Wednesday）、星期四（Thursday）和星期五（Friday）的起源。他们对罗马人的生活方式不感兴趣。他们的社会结构截然不同。其最上层是参加战斗的贵族，随后是耕种土地的底层自由民（ceorls），最下层是奴隶。盎格鲁-撒克逊人并不是城镇居民，而是住在林间村庄里，村庄由簇聚在中央大厅周围的棚屋构成。与不列颠人不同，他们的生活以战争为主。战斗使他们团结一致，忠于领袖。忠诚被认为是人类最伟大的美德，因此，所有罪行中最可恨的就是背叛国王。他们以自己的方式铸造文明，创作出英雄的诗歌和壮丽的艺术，最能代表其成就的是人们在一位7世纪初的国王陵墓中发现的精彩物品，这些物品被称为萨顿胡（Sutton Hoo）宝藏，现已被大英博物馆收藏。在一个巨大的土丘下，国王躺在一艘巨大的船上，周围环绕着武器、珠宝、头盔、盾牌和皮包，所有的物品都美得令人叹为观止，工艺精湛，装饰着丰富的鸟类、兽头和龙的形象。这艘船需要四十名桨手，以便把这位首领带到另一个世界去。

这两群生活方式截然不同的人迟早要发生冲突。根据一条这一事件发生的前因后果的记录，一个名叫沃蒂根（Vortigern）的人将不列颠低地的大部分地区纳入自己的统治之下，他于449年邀请亨格斯特（Hengist）和霍萨（Horsa）率领的一群盎格鲁-撒克逊人在肯特郡定居，并为他而战。但没过多久，这群人就揭竿而起，在世纪余下的时间里引发了一系列的战争。在此期间，出现了一位名叫安布劳西亚·奥理略（Ambrosius Aurelianus）的不列颠英雄，还有在一个叫作巴顿山（Mons Badonicus）的地方取得了一场对盎格鲁－撒克逊人的胜利。但人们对那位英雄除了名字之外的一切都一无所知，对那场决战的确切日期也全无头绪。此后，出现了半个世纪的和平。一切都笼罩在神秘之中，以至于几个世纪后，人们虚构出了一个不列颠英雄。他就是亚瑟王（King Arthur）。

尽管不列颠人的胜利推迟了盎格鲁－撒克逊人的进击，但到下一个世纪末，随着众酋长在不列颠各地登陆，并开辟出自己的小王国，罗马不列颠已经支离破碎，一点一点地遭到侵蚀。在东南部有肯特王国和南撒克逊王国。在东部有东撒克逊人、东安格利亚人和林赛人（Lindsey）的王国。在中部地区有麦西亚（Mercia）王国。在北部有诺森比亚（Northumbria）王国。最后，在西南部出现了威塞克斯（Wessex）王国。所有这些王国用了一个世纪的时间渐成气候。它们之间的关系主要是战争关系。577年，盎格鲁－撒克逊人占领了三大罗马城镇——巴斯（Bath）、塞伦塞斯特（Cirencester）和格罗斯特（Gloucester）。那些能够逃走的人要么逃到了威尔士，要么逃到了名为杜姆诺尼亚（Dumnonia）王国的西南半岛。

英格兰此时由一系列交战的小王国组成。把它们团结在一起的只不过是一种传统，依靠这种传统，其中的一位国王得到承认，拥有凌驾于其他国王之上的地位，这体现在"不列颠共主"（bretwalda）这一称呼之中。这是一个动荡的时代，在此期间，各王国你方唱罢我登场，轮番占据统治地位。7世纪早期居于统治地位的是埃德温（Edwin）统治下的诺森比亚，直到他在战斗中被不列颠人杀死。然后是奥法（Offa）统治下的麦西亚。令人惊讶的是，尽管有这些作威作福的蛮族国王，但有关罗马帝国的记忆和传统依然苟延不废。奥法的货币模仿了一位罗马皇帝的，甚至更令人吃惊的是，他还建造了自己版本的哈德良长城，即沿威尔士边境建造的长150英里的大型土垒或堤防。最终，在825年，麦西亚被威塞克斯打败。

在所有这些混乱和似乎无休止的破坏中，出现了一种非凡的文明。到8世纪，那些其祖辈还是无宗教信仰者的人不仅皈依了基督教，还建造了教堂和修道院，它们将成为艺术和学识中心，成为照耀西欧其余各地的一座灯塔。促成这场革命的是教会领袖、教皇大贵格利（Gregory the Great）于597年派遣使团劝导盎格鲁－撒克逊人皈依基督教之举。多年前，在罗马，教皇看到一群金发青年，问他们是谁，来自哪个国家，这使他受到了启发。他被告知他们是英格尔人或盎格鲁人，在拉丁语中写作安吉利（*Angli*）。据说教皇评论说，他看他们不是安吉利，而是安琪儿（*Angell*），也就是天使。

古老的不列颠教会的令人惊讶之处在于，它没有试图劝导侵略者改变信仰。公元5世纪，圣帕特里克（St Patrick）开始劝导爱尔兰人皈依基督教，并建立了凯尔特教会（Celtic Church）。在接下来的一个世纪里，派遣传教士到英格兰北部传教的正是凯尔特教会。圣科伦巴（St Columba）在小岛爱奥纳（Iona）建立了一个基地，在那里向皮克特人传教。然而，真正的转折点是由圣奥古斯丁（St Augustine）率领的向东南方进发的教皇传教团。肯特国王埃塞尔伯特（Ethelbert）娶了一位信奉基督教的法兰克公主，她在王室中践行自己的信仰。当奥古斯丁登陆时，害怕魔法的国王坚持自己与这些传教士的会面要在露天环境中进行。由此，教团在坎特伯雷（Canterbury）获批了一个可以居住和传教的地方。不久就有了许多皈依者，旧教堂开始修复，新教堂开始建造。一年后，埃塞尔伯特自己成了基督徒。奥古斯丁先后被任命为主教和坎特伯雷大主教。他开始在古罗马基督教堂的废墟上建造一座新的教堂，它就是我们现在的大教堂的前身。

那一使团只是盎格鲁－撒克逊人皈依的开始，这项任务花费了7世纪的大部分时间才得以完成。它的完成靠的是自南往北的罗马传教士和自北往南的凯尔特传教士。这项使命经历过巨大的挫折。在埃塞尔伯特死后，教团几乎被清除，但不知怎么的，它幸存了下来。在埃塞尔伯特的女儿嫁给诺森比亚国王埃德温后，埃德温也改信了基督教，但在他被杀后，基督教信仰开始衰落。后来的诺森比亚国王奥斯瓦尔德（Oswald）求助于凯尔特修道士，让他们使这个国家重新基督教化。635年，圣艾丹（St Aidan）定居在林迪斯法恩岛（Lindisfarne），开始了他的传教工作。大约在同一时间，威塞克斯人成为基督徒，后来麦西亚人也皈依了基督教。

随着凯尔特和罗马传教士的胜利，教堂和修道院在各地如雨后春笋般地涌现，但他们也发生了冲突。问题在于，凯尔特教会沿袭了古老的不列颠教会，它在其孤立的状态下发展出了不同于罗马传教士的传统。例如，凯尔特教会庆祝复活节的日期有所不同，其主教也无固定教区，而罗马主教则各自拥有一个教区，即由他们主持的该国的一个固定区域。二者的修道院也有所不同，因为凯尔特人的修道院可以同时容纳男女修士。664 年，为解决这些分歧他们召开了一次会议，即惠特比会议（Synod of Whitby）。在那次会议上，代表着其他地区普遍做法的罗马方式占了上风。六年后，教皇派来了一位伟大的大主教——塔尔苏斯的西奥多（Theodore of Tarsus），他的到来标志着盎格鲁-撒克逊教会的黄金时代。

在一个世纪的时间里，人们将巨大的热情倾注在教会上，教会吸引着皇室和贵族家庭的成员进入修道院生活。盎格鲁-撒克逊国王经常去罗马朝圣。修道士们横穿英格兰，致力于使那些仍然在其祖先的土地上生活的人皈依基督教。除了基督教信仰，他们也带来了伟大的文化复兴的成果，这种复兴发生在英格兰，起源于罗马和凯尔特教会。西奥多还带来了在黑暗时代幸存下来的体现在希腊和罗马的古代世界的著作中的学识，以及早期基督教学者和神学家的伟大著作。坎特伯雷和马姆斯伯里（Malmesbury）等修道院成为学识中心，这些地方同时教授希腊语和拉丁语，以及所谓"自由七艺"（Seven Liberal Arts），一千多年来，这些学科被视为人类知识的总和：前三艺（*trivium*）指语法（写作的艺术）、修辞（说话的艺术）和辩证法（推理论证的艺术）；后四艺（*quadrivium*）包括算术、几何、天文学和音乐。综合起来，这七门学科都被认为是解释《圣经》神秘之处的关键。

这些学者中最著名的是修道士比德（Bede，约 673—735），他以如下方式颂扬这个时代：

> 可以肯定，自从英格兰人谋求不列颠以来，没有比这更幸福的时代了，因为他们拥有非常强大的和信奉基督教的国王，所有野蛮国家都对之闻风丧胆，所有人都一心向往他们刚刚听说的天国的快乐，凡希望受

教于神义的人们都可随时向大师们求教。

这一文明在诺森比亚达于鼎盛。我们现在还能看到竖立起来以示信仰的巨大的石头十字架，上面装饰着葡萄藤和基督及圣徒的形象。当时西欧还没有可与之相提并论的产物。更值得注意的是《林迪斯法恩福音书》(*Lindisfarne Gospels*)，它于公元700年在诺森比亚海岸的神圣岛（Holy Island）上的大修道院写就。这就是所谓"泥金装饰手抄本"（illuminated manuscript），其书页用羊皮纸（即精制的兽皮）制成，其中的场景和装饰进一步阐述了用颜料描画出的文本，而颜料的效果又可以用闪亮的金色来加以丰富。这是主教的作品，我们在其中可看到错综复杂、相互交织的装饰，它们被编织成令人叹为观止的色彩清新精致的五彩网络。

因此，到了公元8世纪，一个深受基督教影响的新社会诞生了。历史上的一个讽刺是，这是在罗马不列颠灭亡之后才出现的。此时，当来自海外的新的入侵者——维京人（Vikings）——开始发起攻击时，它也将面临与罗马不列颠同样的命运。公元793年，那本不可思议的福音书的编撰地林迪斯法恩遭到洗劫，一种文明再次面临灭绝的可能。

第五章　阿尔弗雷德和维京人

维京人令盎格鲁－撒克逊人闻风丧胆，就如盎格鲁－撒克逊人在几个世纪前令不列颠人闻风丧胆一样。这个远在大洋彼岸的岛屿又一次暴露在一拨又一拨的侵略者面前，他们一心只想抢劫掠夺，摧毁又一种仍旧脆弱的文明。这段时期唯一的历史著作《盎格鲁－撒克逊编年史》(*The Anglo-Saxon Chronicle*）戏剧性地讲述了这段历史，追溯了这些劫掠是如何在8世纪下半叶加速进行的：

843年（威塞克斯的）国王埃塞伍尔夫（Aethelwulf）在卡汉普顿（Carhampton）与拥有35艘战船的连队作战，而丹麦人（来自丹麦的维京人）在战场上所向披靡。

851年埃尔多曼·西奥尔（Ealdorman Ceorl）连同德文郡（Devon）的人一起与异教徒作战……进行了大规模的屠杀，取得了胜利。异教徒在那里过冬，那一年，有350艘船开到泰晤士河口。他们摧毁了坎特伯雷，赶走了麦西亚国王布里特武夫（Brihtwulf）和他的军队……

866年（维京）军队从东安格利亚越过亨伯河（Humber）河口，来到诺森比亚的约克。此地民众彼此大大相争。他们推翻了国王奥斯布里希特（Osbriht），拥戴一个僭位的国王阿伊勒（Aelle）……两个国王都被杀死，幸存者与军队和平共处……

870年……那一年，（东安格利亚）国王圣埃德蒙（St Edmund）与丹麦人作战，丹麦人取得了胜利，杀死了国王，征服了王国。他们摧毁

第五章 阿尔弗雷德和维京人

了所到之处的所有教堂……

874 年，军队从林塞前往雷普顿（Repton），夺取了那里的冬季要塞。他们将把持了这个王国 22 年的（麦西亚）国王伯尔雷德（Burhred）驱逐至海外，征服了全境。

这些条目告诉我们，盎格鲁－撒克逊王国是如何一个接一个被消灭的，直到只剩下威塞克斯。公元 871 年，一位名叫阿尔弗雷德（Alfred）的年轻人登上了威塞克斯的王位。在他在位的近三十年里，维京人的前进遭到了扼制，后来成为英格兰王国的基础得以奠定。

阿尔弗雷德于 849 年出生于伯克郡（Berkshire）的旺蒂奇（Wantage），是国王埃塞伍尔夫最小的儿子，为他的第一任妻子奥斯伯（Osburh）所生。他有四个哥哥，在他之前，他们都相继担任过威塞克斯的国王。阿尔弗雷德是一个深受人喜爱的孩子，尽管直到晚年他都"目不识丁"，但他听着盎格鲁－撒克逊人喜爱的诗歌长大，并学习这些诗歌。这些诗歌讲述了他渴望成为的勇敢王子的英勇事迹。虔诚地忠于教会的阿尔弗雷德在年仅四岁时便被送往罗马，在那里，他荣幸地受到了教皇利奥四世（Leo Ⅳ）的接待。两年后，他再次前往那里，这一次是与父亲同行，在返程时曾驻足于法兰克国王秃头查理（Charles the Bald）的宫廷。

在阿尔弗雷德的早年生活期间，有关威塞克斯王国的继承权问题一直存在分歧，因为王冠并不是自动地由父亲传给长子。谁会成为下一任国王既取决于现任君主的权力，也取决于竞争者（要么是他的儿子，要么是他的兄弟）的实力和能力。但是当埃塞伍尔夫的第四个儿子成为国王的时候，人们一致认为他的王位应该被阿尔弗雷德所取代。那时维京人的威胁确实很大，威塞克斯危在旦夕。

撰写《盎格鲁－撒克逊编年史》的人想让我们相信，维京人完全是异教徒的野蛮人，但事实并非如此。这些人来自斯堪的纳维亚半岛，主要来自挪威、瑞典和丹麦。他们的生活是耕作和捕鱼，但他们不停地进攻，后来在不列颠、法国北部、俄罗斯、冰岛和格陵兰定居下来。人们甚至相信他们已经到达了美洲。他们进行无休止的航行，一个关键原因是他们的家乡不再能生产足够的物产来供养他们。另一个原因是他们社会的性质，那是一种崇尚战斗的社会。维京人相信神首先会奖赏斗士，而战斗中的流血和死亡才是通向财富和幸福的真正道路。作为一个民族，他们被赋予了惊人的能量，这使他们成为大无畏的水手，漂洋过海地去寻找贸易机会和从事掠夺。每年都会有成群结队的维京人扬帆出海，寻找比自己家园更加富有的土地进行掠夺，带回黄金、白银和珠宝。他们的领袖要么是国王，要么是被称为"亚尔"（jarl）的首领，他们的关键作用是确保自己的追随者得到丰厚的战利品。

这确实是吸引他们来到不列颠群岛的原因，他们于所到之处摧毁教堂和修道院、城镇和村庄，不放过从神圣器皿到马匹的任何有价值的东西。渐渐地，当他们烧毁并洗劫这个国家时，除了土地，再也没有东西可供他们占据的了。他们的首领开始把这些土地分给自己的人，这些人就定居了下来。在苏格兰、爱尔兰和西部群岛定居的主要是挪威人，而在英格兰定居的则主要是丹麦人。起初，他们以盎格鲁-撒克逊的国王们为傀儡，但逐渐地，他们开始用自己的国王取而代之。根据地名的词尾，我们可以很容易地找到丹麦人定居的地方，即被称为"丹法区"（Danelaw）的乡村地区。盎格鲁-撒克逊语的词尾是"hams"和"tuns"，即"家"和"城镇"，而丹麦语的词尾是"bys"和"thorpes"。

在阿尔弗雷德接任他哥哥的王位时，丹麦人已经对威塞克斯发动了猛烈的进攻，在878年，他们发动了自认为的最后一击，如果进攻成功，那就意味着几乎整个岛都会落入他们的手中。为了达到这个目的，他们计划在冬天发动突然袭击，而通常没有人会在冬天战斗。《盎格鲁-撒克逊编年史》讲述了这段历史：

> 在主显节（Twelfth Night）之后的隆冬季节，（丹麦军队）秘密前往切本哈姆（Chippenham），不费吹灰之力地击败了威塞克斯并占领了它，把很大一部分居民赶至海外，并杀害了其余的大部分人，只有国王阿尔弗雷德幸免于难。他带着一小队人马历经千难万险，穿过森林，进入沼

第五章 阿尔弗雷德和维京人

泽中的人迹罕至之地。

此地在萨默塞特郡（Somerset）陶顿（Taunton）附近的阿特尔尼岛（Isle of Athelney）。由于受到周围沼泽和洪水的保护，国王得以策划他的战役。他派出信使，从萨默塞特郡、威尔特郡（Wiltshire）和西汉普夏郡（West Hampshire）征召"fyrd"，即民兵，这些人全都"效忠于他"。在指定的日期，他们在埃丁顿（Edington）与丹麦国王古瑟鲁姆（Guthrum）率领的丹麦军队交战并击溃了他们。随后，他们包围了丹麦人在切本哈姆的堡垒并占领了它。丹麦国王第一次发出和平请求，发誓会撤离威塞克斯，而且古瑟鲁姆和他的二十九名追随者接受了洗礼。这是潮流的第一次转向。

丹麦人当然会助北安格利亚和东安格利亚一臂之力，但现在威塞克斯王国逐渐扩大，接纳了所有南盎格鲁-撒克逊人。公元886年，阿尔弗雷德占领了一向属于麦西亚王国的伦敦，把它交给埃塞尔雷德（Ethelred）负责。埃塞尔雷德是麦西亚的一位伯爵，娶了阿尔弗雷德的女儿为妻。有关阿尔弗雷德大帝的著作中写道："所有没有臣服于丹麦人的英格兰人都臣服于他。"在阿尔弗雷德与古瑟鲁姆和平相处的那一年，英格兰人和丹麦人被平等相待，并且第一次有了"全体英国人"的提法。维京人的威胁造就了一种共同的身份和一项共同的事业，这在一个共同的领袖——威塞克斯国王——身上找到了表达，他现在开始被称为"盎格鲁-撒克逊之王"。

阿尔弗雷德是一个具有非凡眼光的人。他继承了源于7世纪这一伟大时代的盎格鲁-撒克逊基督教文明的传统，并对之推陈出新，将之作为下一个世纪出现的英格兰王国的基础。他意识到，要建立一个稳定、和平、文明的王国，首先取决于要拥有良好的法律，这些法律应该适用于所有的英格兰人，甚至是那些丹麦人的臣民。他研究了包括麦西亚的奥法在内的伟大的盎格鲁-撒克逊国王们制定的法律，然后颁布了自己的法律：

然后，我，阿尔弗雷德国王，将这些法律汇集起来，并下令写下了其中许多我们祖先奉行过的，那些也是我喜欢的；其中许多我不喜欢的，我在议员们的建议下拒绝了它们，命令臣民以不同的方式遵守它们。

他还独树一帜地认为，这样的社会不但需要好的政府，而且需要不仅对神职人员、对俗人也会有用的学识。他在晚年学习了拉丁文，并在宫廷中设立了一所学校，让年轻贵族学习识字，以便可以在国中发挥自己的作用。这是一次伟大的创新。丹麦人摧毁了所有的图书馆和学习场所，给这个国家造成了严重的破坏。阿尔弗雷德讲述道：

在英格兰，学习能力完全衰退了，亨伯河这边几乎没有人能用英语理解他们的（拉丁语）布道，甚至不能把一封拉丁语信件翻译成英语，而我认为，在亨伯河那边也没有多少人能做到这些。这样的人太少了，我甚至记不起我继承王位时泰晤士河以南的地方有一个这样的人。

阿尔弗雷德将来自威尔士、法兰西和爱尔兰的学者召集到他的宫廷，他们一起着手将一些古代基督教文学珍品翻译成盎格鲁-撒克逊语。国王本人翻译了四本书，其中包括教皇大贵格利的《教牧关怀》（*Pastoral Care*），每位主教都被派发了一册。这部著作描述了神职人员的素质和职责。

法律和学问与保卫王国的新措施齐头并进。阿尔弗雷德意识到，盎格鲁-撒克逊人必须发展海上力量，因此他下令建造军舰，它们"……差不多是丹麦人的两倍长，而且更快、更稳、更高，有的有六十支桨，有的还要更多；它们既不是按照弗里斯兰人（Frisian）的方式建造，也不是按照丹麦人的方式建造，而是按照国王本人眼中最好、最有用的方式建造"。

更重要的是打造一个防御圈网络，即"山丘堡垒"（burhs），在堡垒中，人们可以连同自己的货物和牲畜一起获得安全感。它们被战略性地安置在老城填的旧址上，或是经过精心挑选，成为新的城镇。我们今天可以在许多以"堡"（borough）结尾的地名中追踪到这其中的许多。任何村庄离这样一个安全的避风港都不能超过二十英里。国王还重组了民兵组织，即"fyrd"，实行轮番制，这样一次来一半的人，另一半人则可留下来照料和收割庄稼。

这些改革大部分是在892年，下一次维京军队从欧洲大陆登陆之前完成的。在此前的十年中，阿尔弗雷德已稳居"盎格鲁人及盎格鲁－撒克逊人之王"的宝座。有关国王生活的传记和出版的《盎格鲁－撒克逊编年史》都颂扬了这一点。在《盎格鲁－撒克逊编年史》中，所有盎格鲁－撒克逊人都被视为拥有某种程度上的共同历史，即他们团结起来一致对敌——丹麦人。

当丹麦人开始向威塞克斯发动新的进攻时，他们发现自己不可能像以前那样成功了。无论走到哪里，他们的军队都受到"山丘堡垒"和盎格鲁－撒克逊军队的阻挠，后者现在一年到头都很活跃。在四年的时间里，维京人不断骚扰英格兰人，但都没有取得胜利。最后，他们被迫要么定居在丹麦人已经占领的地区，要么离开。

阿尔弗雷德于899年去世，享年约五十岁。人们对他的晚年知之甚少，但毫无疑问，他是在巩固自己已经开创的事业，并使儿子爱德华（Edward）认识到，他必须在父亲的基础上继续建设，重新征服现在被称为"丹法区"的领土。直到七百年后，阿尔弗雷德才开始被赋予"大帝"的称号。在当时，并没有人认为他比其他任何一位杰出的盎格鲁－撒克逊国王更优秀。然而，时至今日，我们可以比他同时代的人更清楚地认识到，阿尔弗雷德是多么配得上几个世纪之后人们赋予他的这个称号。

第六章　英格兰王国

10世纪是盎格鲁-撒克逊英格兰的最后一个世纪，因为承自阿尔弗雷德的那个王朝先是再次征服了它并创建了统一的英格兰王国，然后又眼看着它土崩瓦解，成为一片废墟。到了公元1000年（很多人都认为世界末日将于此时来临）的时候，新一拨维京人，即诺斯曼人（Norsemen），包围了这个国家，这一次，他们中的一个成了英格兰国王。但是，在所有这些戏剧性的胜利与失败的传奇背后，慢慢出现了一个社会，其框架开始成为我们今天所熟悉的社会。例如，英格兰所有的郡和县都是在这一时期形成的。它们又转而被分成数以万计的一系列较小的单元，每个单元都有一个"moot"，即法庭，它由国王任命的人主持，他连同居住在该地区的人一起处理司法事宜。这就意味着，讲求对错的治国方式取决于国王或他的代表与普通民众之间的对话。

统治者与被统治者之间的对话将会是贯穿数个世纪的基本线索，塑造了国家治理和司法执行的方式。在其最高层面上，这反映出一个事实：盎格鲁-撒克逊国王总是从王室成员中选出。这是包括贵族和上层神职人员在内的大人物们的任务，他们组成了国王会议或贤人会议（Witenagemot）。尽管发生了一些惊心动魄的事件，以君主政体为中心的地位和神秘性仍在整个世纪持续增长，到世纪末，王冠的佩戴者获得了额外的形式，即在教堂里加冕的形式。然而，在这个庆典仪式中，最重要的行为不是主教的加冕，而是为国王涂抹圣油，其方式与祭司受膏如出一辙。这一举动使他有别于常人。然而，一切都取决于国王的个性。一个强大的国王可以成就很多，一个懦弱的国王就会成就寥寥，但这不会削弱人们对统治者的尊重。

在这个世纪，也出现了首批迹象，表明政府正在变得有文化，国王们不再完全依赖口头传令，而是开始把他们的决定作为正式文件记录在纸上。特许状（Charters），即皇家授予土地或特权的证明，是最早出现的此类文件。这些文件总是用拉丁语写成。然后出现了一种被称为令状（writ）的皇家书信，其中包含了国王的指示。相比之下，这些令状是用盎格鲁-撒克逊语写成的，国王的代表可以立即向所有人宣读。为了证明这些文件是出自国王之手，印有其形象和姓名的蜡封会附于文件之上。于是，所有人都知道这只可能来自被称为办公处（chancery）的国王的皇家文书办公室。办公处是王室的一个部门，负责管理王室礼拜堂，由一些会读书写字的修道士组成。

与此同时，一种普遍的征税体系逐渐开始实行。这是诺斯曼人发动攻击的直接结果，英格兰人要丢人现眼地用称为"抗丹税"（Danegeld）的大笔金钱去收买他们。人人都必须为此出钱，这些钱用大车从全国各地运来，送到温彻斯特（Winchester）的国库。尽管这些税收是一场危机的结果，但它们树立了一个先例：每个人都应该纳税，以满足特定的共同需求，比如战争。但几个世纪以来，税收都是种例外，因为英格兰国王被期望可以"自力更生"，其收入源于他们作为国家最富有的地主所拥有的大量地产收入。

所有这些发展都将作为盎格鲁-撒克逊遗产的一部分传递下去。然而，谁也没有料到，在阿尔弗雷德国王死后，他的王朝会以灾难和耻辱告终。事实上，他的大多数直系继任者的表现都显示了相反的结果。他的儿子长者爱德华（Edward the Elder）、孙子阿瑟尔斯坦（Athelstan）和曾孙、阿瑟尔斯坦的侄子埃德加（Edgar）都是伟大的国王，他们继承了阿尔弗雷德留在身后的建立和巩固新英格兰王国的任务。

从一开始，长者爱德华就被称为"盎格鲁-撒克逊国王"，这确实是他的初衷。在他的领导下，他父亲的防御战争变成了进攻战争。909年，他发动了持续十年的战争，并最终控制了亨伯河以南的整个地区。这位国王是一位杰出的军事战略家。在他的战役中，他得到了埃塞尔雷德的支持，埃塞尔雷德是麦西亚的方伯，他娶了长者爱德华的妹妹埃特尔弗莱德（Aethelflaed），即"麦西亚的女勋爵"（Lady of the Mercians）。他们年复一年地逐渐深入丹法区，每次都通过建造一座"山丘堡垒"来确保又一地区的安全。公元917年，科尔切斯特城陷落，这标志着整个东安格利亚和东中部地区落入他的手中。《盎格鲁-撒克逊编年史》写道：

> 东安格利亚和埃塞克斯的很多一直处于丹麦人统治之下的人都臣服于他；东安格利亚的所有军队都宣誓效忠于他，凡是他愿意的，他们都（同意）；无论是在海上还是在陆地，只要国王希望保持和平，他们都会与之保持和平。

爱德华明智地接受了丹麦人作为他的臣民，让他们按照自己的法律体系生活在他的统治之下。

下一个转折点出现在他的妹妹和妹夫双双离世之后，他正式当选为麦西亚国王："在麦西亚定居的所有人，无论是丹麦人还是英格兰人，都对他俯首称臣。"到公元920年，他重新征服了英格兰，最远推进到了峰区（Peak District）。

> 然后是苏格兰国王和所有苏格兰人……所有生活在诺森比亚的人（包括英格兰人、丹麦人、诺斯曼人和其他国家的人），还有斯特拉斯克莱德·威尔士（Strathclyde Welsh）的国王……选择他作为自己的领主和父亲。

长者爱德华于924年7月17日去世，他将一项伟大的成就遗赠给长子阿瑟尔斯坦。

阿瑟尔斯坦将会像他的父亲一样成为在战场上节节获胜的领袖。但他也将取代他的位置，成为当时统治北欧的伟大国王之一，他的宫廷以富丽堂皇而闻名于世。在他统治期间，诺斯曼人再次入侵，一次又一次地试图建立一个以约克为基地的北方王国。927年，阿瑟尔斯坦打败了他们，不仅重新建立了自己在这一地区的统治，而且还接受了以巴姆堡（Bamburgh）为中心的前维京诺森比亚王国余部的投降，与此同时，苏格兰、斯特拉斯克莱德和戈温特的国王也投降了。阿瑟尔斯坦不得不在第二年返回以再次击败诺斯曼人，不久之后，就连威尔士国王也向他致敬。

阿瑟尔斯坦认为自己是广义上的英格兰国王，他在文件中这样描述自己："我，阿瑟尔斯坦，英格兰国王，通过全能之神基督的右手，被提升到整个大不列颠王国的宝座上。"

他的任务是将西撒克逊人、麦西亚人、东安格利亚人、丹麦人、诺斯曼人和诺森比亚人组成的民族团结起来。他达成此成就的方式是成为一位积极的法律制定者，还为王国引入了单一货币。在他去世的那一年，即937年，他再次在一个叫布伦堡（Brunanburgh）的地方取得了胜利，击败了诺斯曼人与苏格兰和斯特拉斯克莱德国王的联盟。

阿瑟尔斯坦最伟大的遗产是确立了由一个国王统治南北的理念。在他死后的二十年里，有三位国王登上王位，一个以约克为基地的诺斯曼王国不断地申明自己的存在。这是困扰阿瑟尔斯坦的兄弟埃德蒙（Edmund）和爱德雷德（Eadred）的首要问题，他们两人都在他之后继承了王位。他们两人都成功地把诺斯曼人赶出了约克郡，爱德雷德还与最后一位挪威冒险家血斧王埃里克（Eric Bloodaxe）打过交道。血斧王埃里克于954年逝世，带来了二十五年的和平。

在爱德雷德死后，埃德蒙的长子埃德威（Eadwig）被选为国王。虽然前面两个国王在位时间都很短暂，但表现都很杰出。现在接替他的是一个暴露体制弱点的人。因为此人软弱无能，目中无人，使周围的人都感到不安。他是如此缺乏统治者应有的品性，以至于麦西亚和诺森比亚都背叛了他，选择了他的弟弟埃德加。如果埃德威没有在959年去世，就会出现暴动，但他的去世为另一位伟大的国王让出了道路。

埃德加继位时年仅十六岁。他于三十二岁辞世，留下了一个传奇：他为英格兰迎来和平的黄金时代发挥了重要作用。在向此迈进的过程中，他得到了三个相当杰出的教士的帮助：坎特伯雷大主教邓斯坦（Dunstan），约克大主教奥斯瓦尔德（Oswald），以及温彻斯特主教艾特尔沃尔德（Aethelwold）。他们在处理国家事务中发挥了至关重要的作用，与此同时，他们又对教会进行了彻底的改革，根据位于欧洲大陆的克吕尼大修道院（Great Abbey of Cluny）所使用的规则，引入了一套管理修道院的新规。教会与国家的这种密切关系在另一个重要的发展中得到了反映，那就是国王加冕和受膏仪式的引入。埃德加三十岁时举行了这一仪式，据说，在那之后不久，对他效忠称臣的国王们也纷纷效仿，他们划船把他从宫殿送至切斯特的教堂，而他则负责照管船头。

到公元975年埃德加去世时，这位英格兰国王已经在西欧的一流统治者中占有一席之地。而在接下来的四十年里，他们取得的一切似乎都遭到了抛弃。但事实并非如此，因为单一王国的理念是如此强有力，以至于它能够在两位德不配位的王位占据者的数十年统治之后依然幸存下来。这两人中的第一个是埃德加的长子爱德华（Edward），即位时只有十五岁。他非常暴虐，以至于在三年内就被蓄意谋杀，这一阴谋涉及他的继母、兄弟和仆人。不幸的是，他的弟弟埃塞尔雷德（Ethelred）也比他好不到哪儿去。

埃塞尔雷德这个名字的意思是"高贵的顾问"，但后来他被贴上了"无顾问"或"不要顾问"的标签，情况甚至更糟，因为它可能意味着"邪恶顾问"乃至"背信弃义的阴谋"。埃塞尔雷德因犯罪行为而掌握了权力。他始终是一个心怀愧疚、没有安全感的人。他是第一个未能尽到领导部下作战职责的盎格鲁-撒克逊国王，在他在位的三十八年时间里，他只带他们打过三次仗。在他继承王位时，英格兰是一个富有、强大和声名显赫的国家；到他死的时候，它已经被敌军所占领。埃塞尔雷德在位期间，恰逢诺斯曼人掀起了一波新的进攻浪潮，使他们受到鼓舞的是这样一个事实：这个国家重又变得值得掠夺，也很容易被掠夺，因为它有一个软弱无能的国王，他解散了舰队。

这段统治时期的特点是惰性。国王和政府都袖手旁观，任诺斯曼人侵者在国土上长驱直入，横行霸道，而没有采取任何措施加以阻止。更有甚者，他们开始实行绥靖政策，用大量黄金收买诺斯曼人，即臭名昭著的"抗丹税"。991年，埃塞尔雷德花两万两千英镑买来了和平。政府是如此无能，以至于国王在 1002 年下令屠杀长期定居的丹麦人，认为他们是诺斯曼人的教唆者，而实际上他们并不是。

到那时，诺斯曼人的进攻已经走向了一个更为严重的方向：征服整个王国。1009 年，丹麦国王斯温（Sweyn）率领一支庞大的军队登陆，到 1013 年，"……所有国民都尊他为全境之王"。埃塞尔雷德流亡国外。但后来斯温去世，在接下来的混乱时期，埃塞尔雷德也死了，不久之后，他的儿子埃德蒙（Edmund）也去世了，咨议院选举了斯温的儿子克努特（Canute）即位。

就这样，英格兰作为庞大的斯堪的纳维亚帝国的一部分进入了 11 世纪，这个帝国包括丹麦、瑞典和挪威的一部分。克努特一开始是个嗜血的诺斯曼战士，后来把自己变成了理想的盎格鲁-撒克逊国王。他娶了埃塞尔雷德的遗孀——诺曼底的爱玛（Emma of Normandy），并选择埃德加国王作为自己的榜样。对克努特而言，英格兰是他王冠上的宝石。他成了一个伟大的立法者，意识到要想成功地治理国家，他就必须忠实于他与人民的契约。他最大的创新是把整个国家分成四大伯爵领地，每个都由一位"伯爵"（earl）或"亚尔"（jarl）主持。克努特是西欧最强大的国王，当他前往罗马参加教皇为神圣罗马帝国皇帝举行的加冕典礼时，他写回的书信描述了他们如何"全都恭敬有加地接待我，并以慷慨的礼物予我以荣耀"。

然而，克努特没有对他的死后之事做出任何规定。他留下了两个儿子，一个是爱玛所生的哈迪克努特（Harthacanute），另一个是他情妇所生的飞毛腿哈罗德（Harold Harefoot）。哈迪克努特在哈罗德夺取了政权并宣布自己为国王时匆忙逃往丹麦。哈罗德的统治期是五年，其间可谓多灾多难，当哈迪克努特率领一支军队准备登陆收复王国时，他告别了人世。哈迪克努特现在接过了王位，但他认为英格兰不过是维持其斯堪的纳维亚帝国的资金来源。《盎格鲁-撒克逊编年史》对他的总结是："他在位期间从未做过任何配得上称王的事。"他于两年后去世，继位的是他同母异父的弟弟、埃塞尔雷德的儿子爱德华。

第七章　1066 年

1066 年 4 月 24 日晚，一颗彗星划破夜空。现在我们知道它是哈雷彗星，但对当时的人来说，这种炽烈的异兆预示着地球上将会发生可怕而富戏剧性的事件。就英格兰而言，事实证明此言非虚，因为到那年年底，最后一位盎格鲁-撒克逊国王哈罗德（Harold）已战死沙场，而诺曼底公爵威廉（William）成了国王。

这是可以追溯到忏悔者爱德华（Edward the Confessor）统治时期的一系列事件的结果。爱德华于 1042 年登基，是一位能干而英明的君主，统治了英格兰二十四年，将一个统一的国家留给了他的继任者。他是一个极其虔诚的人，他最大的遗产就是建造了威斯敏斯特教堂（Westminster Abbey）。尽管爱德华没有子嗣，但这并不是问题，因为盎格鲁-撒克逊国王不是根据长子继承制来传承王位的。他们是由贵族会议——咨议院（Witenagemot）——选举出来的，任何有皇室血统的贵族都可以被选中。通过受膏仪式和加冕礼，被选中的人就会成为国王。1066 年 1 月 5 日，忏悔者爱德华在弥留之际任命戈德温家族（House of Godwin）的威塞克斯伯爵哈罗德为继承人。爱德华死后，哈罗德适时地由咨议院选举为王。

哈罗德声称自己是皇室后裔的微弱证据来自他的母亲，一位斯堪的纳维亚公主。他的姐妹曾是爱德华的王后。他是一个性格坚强的人，一个杰出的战士。威塞克斯伯爵是这片土地上权力最大的人，而且哈罗德的父亲戈德温伯爵曾在将忏悔者爱德华扶上王位时起过重要作用。但这段关系从来都不轻松。爱德华在诺曼底的流放生活中长大，他试图通过任命诺曼人在政府中任职来维护自己在戈德温家族中的独立性。伯爵和他的两个儿子被流放了一段时间，但最终他们在舰队的支持下卷土重来，与国王达成和解。因此，当爱德华去世、哈罗德继位时，一切似乎都表明，盎格鲁-撒克逊王国将一如既往地继续存在下去。

威廉一世（William I）后来声称，忏悔者爱德华曾选择他作为继承人，但这很可能是事后的粉饰，那时，威廉需要强调他有权继承通过武力夺取的王位。威廉声称，爱德华曾在1051年许诺给他王位，但除了他的声明，没有什么能证明这一点。甚至更为神秘的是发生在1064年的事，当时，哈罗德在诺曼底探访了威廉。谁也不知道他为什么去，也不知道到底发生了什么事，但威廉说，那是为了让哈罗德必须宣誓效忠他这个未来的英格兰国王。

威廉对王位资格的声明极其不着边际，因为他只是爱德华隔了一代的远房表亲，是爱德华的王后的侄孙。一个更重要的因素是公爵及其子民的本性。诺曼底公国只建立了一个世纪，是威廉的祖父缔造的，他的祖父是一名维京人，征服了法国北部的这部分地区。威廉本身是个私生子，是一个制革商的女儿与罗伯特公爵（Duke Robert）所生的儿子。他在年仅七岁时就继承了王位，在接下来的二十年里，他将成为一个经验老到、能力卓越的统治者、行政官员和指挥官。他坚强冷酷但不残暴，精力充沛，雄心勃勃，富于进取精神。在战场上，他是士兵们能力卓著、英勇无畏的领袖，会毫不犹豫地与他们同甘共苦。他也是教会虔诚而狂热的支持者。所有这些个人品质解释了为什么他在征服英格兰时会如此成功。

但这并没有解释他为什么要这样做。这需要在一个更广泛的框架下将诺曼人作为一个民族来解释。在11世纪末，诺曼人有一种其他民族所缺乏的活力。在征服英格兰和威尔士的同时，他们还征服了意大利南部和西西里岛。与诺曼底相比，英格兰是一个富裕的国家，它必会给予任何加入威廉开始召集的军队的人以丰厚的回报。

威廉也是外交和宣传方面的大师。他成功地说服了神圣罗马帝国皇帝和教皇，让他们相信他的事业是正义的。事实上，后者甚至送给他一面旗帜作为支持他的象征。

当威廉集结军队并打造舰队时，哈罗德正面临着另一个声称自己有王位继承权的人的入侵，此人是受到哈罗德的兄弟托斯提格（Tostig）支持的挪威国王哈罗德·哈德拉大（Harold Hardrada）。作为回应，哈罗德召集了自己的军队和舰队，准备击退这来自北方的进攻。他们等了四个月，但入侵者并没有来，于是哈罗德解散了军队，将舰队派往伦敦。这件事刚一做完，就传来了消息：挪威国王率领一支由三百艘船组成的舰队在北方登陆。挪威人向约克进军，打败了麦西亚伯爵和诺森比亚伯爵。这给哈罗德带来了一个可怕的问题，因为他腹背受敌：北方实打实地有一支军队，而另一支军队正准备横渡英吉利海峡。他有可能先向北进军，打败挪威人，然后及时返回南方去迎击诺曼人吗？哈罗德集结军队向北进军。9月25日，他在斯坦福桥（Stamford Bridge）取得了这个时代决定性的胜利之一。挪威国王和托斯提格双双被杀，入侵军队的残兵败将乘船离去。他们再也没有回来。

然而，哈罗德运气不太好，因为当他在北方的时候，风向发生了变化，使诺曼人得以在9月28日起航并在佩文西（Pevensey）登陆。哈罗德人在北方，舰队在伦敦，而民兵被解散，无人能与威廉抗衡。哈罗德和他的骑兵在不到十三天的时间里就到达了南部。他集合了所有能集合的步兵，目标是打诺曼人一个措手不及，就像他凭借速度打败挪威人那样。但这一次，他的军队已精疲力尽。他确实实现了奇袭，并借此选择了战场——一个丘陵绵延的地带，两侧是沼泽溪流，离威廉的司令部黑斯廷斯（Hastings）不远。

哈罗德把他的士兵在山头排成盾牌墙。他们手持斧头徒步作战。威廉的军队由弓箭手和骑在马背上挥剑作战的骑士组成。他把这些人分成三组，完全反映出这支远征军的强盗性质：左边是布雷顿人（Bretons），右边是雇佣兵，中间是诺曼人。这两支军队都有大约七千人，但入侵军队不仅经验更丰富，而且不那么疲惫。黑斯廷斯战役于10月14日上午9时开始。公爵第一次向山顶发起的进攻被击退了，如果哈罗德和他的手下当时乘胜追击，就有机会赢得战斗，但他们没有。取而代之的是，第二次、第三次进攻接踵而至。最后一次进攻是致命的，因为哈罗德被一个挥舞着剑的骑士击倒了。当盎格鲁-撒克逊人看到此情此景时，他们溃不成军。哈罗德的尸体被埋在一座悬崖上的一块称不上神圣的地方。最后一位盎格鲁－撒克逊国王就这样湮灭了。

黑斯廷斯战役将是盎格鲁－撒克逊英格兰死亡故事的第一章。不久，整个东南部都向威廉投降。军队向伦敦进军，沿途大肆劫掠。在伯克汉姆斯特德（Berkhamsted），盎格鲁－撒克逊贵族停止了抵抗，宣誓效忠威廉，奉其为国王，并交出了人质。圣诞节那天，威廉在威斯敏斯特教堂受膏加冕。不久之后，他返回了诺曼底。

对英格兰的征服不是一蹴而就的。起初，威廉宣布，他希望在尊重盎格鲁－撒克逊人及其法律和习俗的现有体制下成为国王。但没过几年，这项政策就被废除，取而代之的是将英格兰降格为诺曼底的一个省。

威廉在离开时任命了两个摄政王。《盎格鲁－撒克逊编年史》记录：

> 奥都主教（Bishop Odo）（威廉的同父异母兄弟）和威廉伯爵（赫里福德的菲茨奥斯伯恩［fitzOsbern of Hereford］）被留了下来，他们在全国各地大肆修建城堡，压迫不幸的人们，事情变得越来越糟。

结果，在接下来的四年里，全国各地不断爆发反叛。反叛遭到了严酷的镇压，特别是从1069年到1070年的一次北方的反叛被恐怖统治所终止。约克城被洗劫一空，修道院荡然无存，教堂被夷为平地，土地一片荒芜。据记录：

> 怒不可遏的威廉下令将玉米和牛连同畜牧和各种生计所需器具都收集起来，堆成一堆，然后纵火烧毁，直到灰飞烟灭，从而即刻销毁亨伯河以外的整个区域的可供维持生存的东西。

境遇悲惨的居民与饥荒、苦难和死亡斗争了三年。北方地区要花上十年时间才开始恢复。到1071年，即入侵的五年后，威廉无情而高效的军事机器已使"诺曼征服"（Norman Conquest）成为不可逆转的事实。

第八章 征服：失与得

1066年后，一切都不一样了。编年史家奥德里克斯·维塔利斯（Odericus Vitalis）这样总结了威廉一世征服英格兰的影响："……当地居民被镇压、监禁、驱逐、流放，四散于自己国家以外的地方；而他自己的陪臣则鸡犬升天，得到财富和荣誉，被提升到所有的官职……"作者就这样指出了最大的变化：一个新的统治阶级的产生。到威廉统治末期，英格兰的旧贵族已经消失。取而代之的是由诺曼人、法国人和佛兰德人（Flemings）组成的新兴的外国贵族，这些人是随征服者一同前来的。他们将共同拥有该王国一半的领土财富。这样做的结果是把现有居民降低到了臣民的地位。

国王最初与盎格鲁-撒克逊贵族合作的愿望未能实现，事情一旦明朗，他就着手培养新的追随者，这些人将忠诚于他，确保他作为英格兰国王的地位。有两件事可以使之得到保证：城堡和驻守其间的骑士。城堡建在全国各地的战略要地，经过精心设计，为的是压制当地社区。最初，这些城堡是用木头建造的，有一个叫作"城堡丘陵"（motte）的土堆，周围有一条沟渠，顶部有一座高塔。下面还有一个叫作"堡场"（bailey）的设防区域。渐渐地，这些木制城堡被石头城堡所取代，尽管有许多城堡已成废墟，但至今仍屹立不倒，如佩文西和契普斯托（Chepstow）。所有城堡中最著名的是伦敦塔（Tower of London），它的设计目的是让这座城市臣服于它的新国王。

国王需要五千名骑士来驻守这些城堡，正是这种实际需要促成了后来被称为封建制度的体系的出现。它最终变得更加正规化，但在一开始，它纯粹是威廉借以控制其据点的一种手段。他解决人员配备问题的方法是，没收战败的英格兰贵族的领地，将之授予他的追随者，以换取他们提供武装骑士的保证。威廉将土地赐给他的一百七十名追随者，这些人因此成为他的总佃户（tenants-in-chief）。只有那些保卫着威尔士边境之类的易受外来攻击的地区的伯爵，才会被授予土地，使之组成一个单一的单位。通常总佃户们分散在几个不同的郡。总体而言，每一组土地被统称为一个荣耀（honour），而每一个荣耀都由几个被称为庄园（manor）的小单位组成。继而，这些土地要么由总佃户直接持有，供自己使用，因而成为他的所谓"自留地"的一部分，要么由总佃户将之授予自己的一名追随者，以换取某种特定的服务。结果，每位总佃户都有两组骑士可向国王效力，一组由总佃户的永久家族成员构成，另一组由那些前来以服务换土地的人构成。威廉是一个强有力的国王，他很好地选择了自己的总佃户，所以这个制度很有效。问题是，如果统治者较软弱，这个体系就会崩溃，进而导致私人城堡和军队的出现。

同样的革命也适用于盎格鲁－撒克逊教会。在诺曼底，威廉控制了所有主教和修道院院长的任命，获得任命的都是他自己的朋友和亲戚。英格兰也将发生完全相同的事，因为1066年之前的主教和修道院院长要么已去世，要么被罢免。他们被诺曼人所取代，像贵族一样，他们必须以武装骑士的形式向国王提供租金。总佃户、主教和修道院院长构成了新的统治阶级，因为受过教育的高级神职人员对政府的运行至关重要。在这些变革中，威廉得到了新的坎特伯雷大主教兰弗朗（Lanfranc）的帮助，他取代了被罢免的盎格鲁－撒克逊人斯蒂坎德（Stigand）。他们一起着手重组英格兰教会，将教会迁往人口更稠密的地区，如什鲁斯伯里（Shrewsbury）、切斯特和索尔兹伯里（Salisbury）。两人都认为教士应保持独身，渐渐地，盎格鲁－撒克逊教会不再容忍已婚主教和神职人员。对未来而言意义更为重大的是专门处理教会案件的特别法庭的创建。

所有这些活动促成了一波被称为"诺曼"（Norman）的风格宏伟凝重的新建筑浪潮。这是一个大教堂建筑的时代，始建于统治末期的达勒姆（Durham）大教堂是其最伟大的杰作。除了建筑，诺曼人在文化上也不如他们所征服的民族，后者的雕塑、金属制品、刺绣和彩饰在欧洲享有盛名。盎格鲁-撒克逊文明走到了尽头，这一命运还会变得更糟，因为其创造了令人瞩目的文学作品的语言如今被认为是劣等的。新的统治阶级使用法语和拉丁语，没有试图学习盎格鲁-撒克逊语。

女性也发现自己的地位下降了。在盎格鲁-撒克逊朝代的英格兰，她们或多或少享有与男性平等的权利。这种平等现在已荡然无存，圣保罗（St Paul）对女性的态度是，认为她们低人一等。女人先是要服从自己的父亲，在婚后，则要服从自己的丈夫。只有当女人成为一个富有的寡妇时，她才会获得所有形式的独立。

所有这些变化通过强有力的政府给这个国家带来了秩序与和平。但这段历史不可避免地只能根据获胜一方的证据写就。这为我们留下了英国历史上最伟大的文献之一——《末日审判书》（Domesday Book）。1085年，威廉担心来自丹麦的入侵，因而需要查明自己王国的财富，以便从税收中获取最大的利益，于是他下令进行这项庞大的调查。

> ……他派他的手下走遍英格兰的每一个郡，去查明每一个郡有几百海得（一种土地单位），国王在本国拥有多少土地和牲畜，每年从每一个郡可合法征收多少税金。他还记录了他的大主教、主教区主教、修道院院长和伯爵有多少土地……每个英格兰的土地所有者拥有多少土地和牲畜，其价值是多少……

这部不可思议的汇编以惊人的速度汇集为一部由四百页的双页面构成的鸿篇巨制，后来的中世纪国王们只能望其项背。与此同时，国王把他的总佃户和所有其他重要地主召集到在索尔兹伯里开设的一个法庭，让他们宣誓效忠于他。凭借这两项重大举措，威廉重申了他在自己新领地的权力。

《末日审判书》向我们展示了英格兰社会在威廉一世统治末期（"诺曼征服"的二十年后）的独特全貌。它描绘了这样一幅画面：在这个国家，几乎所有人都从事农业，没有或很少有工业或商业，城镇寥寥无几。除了石楠丛生之地、灌木丛和皇家森林（受法律保护，以供国王狩猎，是深仇大恨之源），所有土地都处于耕种或放牧状态。可耕地集中在村庄，农民从村庄出发，在周围的土地上劳作，这些土地被分割成条状，要么属于地主，要么租给农民以换取其劳动。牧羊业集中在住着照看羊群的牧羊人的分散的小村子中。几乎每个人的生活水平都很少能超过最低生活水平，处于一个永无休止的艰辛劳作之循环：生产做面包的玉米、做啤酒的大麦，繁殖产羊毛的绵羊、产牛奶的山羊、产肉的猪。

在这些小的农村社区里，阶级界限分明，形成了以国王为顶点的巨大的社会金字塔的底层。首先是自由民，他们拥有自己的土地，但仍被要求出席领主的法庭，在一年中的繁忙季节为领主提供帮助，并向他支付税款。其次是占人口五分之二的小自耕农，他们会租种最多达三十英亩的土地。再次是租种最多达三英亩土地的村民，他们以牧羊人、铁匠或养猪户等身份劳作。最后是最底层的人，他们是没有土地和权利的奴隶。这四组人合在一起构成了本地人口的主体，而诺曼人一直在按部就班地压榨他们。

对于入侵者和威廉一世来说，征服英格兰是一项非凡的成就。它将是一种持久的成就，因为与之前的那些世纪不同的是，在1688年以前，没有其他入侵力量取得过成功，直到另一个威廉横渡英吉利海峡，这一次是来自低地国家。对本地人口而言，这是一次残酷而屈辱的失败，他们的文明被扫荡得一干二净。新贵族们首先效忠的不是他们所征服的土地，而是诺曼底。英格兰被征税、被剥削，只是为了一个更小、更穷、更没文化的国家的利益。从那时起，无论好坏，英格兰国王也将成为欧洲大陆的统治者。在四个世纪的时间里，英格兰的财富消耗旨在获取、保卫和维持一个大陆帝国，直到1558年，这个帝国才失去最后的立足点。

第九章　诺曼国王

威廉一世建立的国家要求强大的国王对其施加强力。幸运的是，他的两个继承了王位的儿子正是这样的人，但到后来，当他的孙子攫取了王位时，灾难开始降临。与盎格鲁-撒克逊国王的情况相同，此时也没有长子继承制（即长子自动继承王位）这种东西。王位首先传给了国王的次子红威廉（William Rufus），随后又传给了他的第三个儿子亨利一世（Henry I），最后则传给了他的孙子斯蒂芬（Stephen）。在第一次和第二次传位中，王位本应属于威廉的长子罗伯特（Robert），而在最后一次传位中，它本应属于征服者威廉的孙女玛蒂尔达皇后（Empress Matilda）和她的儿子，未来的亨利二世（Henry II）。

当威廉于1087年去世时，他将诺曼底留给了罗伯特，选择让二儿子威廉来统治英格兰。这个威廉后来的绰号是"红"（Rufus），这很可能缘于他的红头发。许多贵族在这两个国家都有土地，结果发现自己同时要效忠两个主人。征服者威廉的这一分割遗产的决定并不受欢迎，红威廉在即位后不久就面临着由巴约（Bayeux）的奥都主教领导的叛乱，叛乱的目的是将罗伯特推上王位。叛乱遭到了镇压。事实上，红威廉甚至比他的父亲更加野蛮。他是一位完全为战斗而生的君主，在战场上无所畏惧。他既贪得无厌又不讲道德，认为强权即正义，对任何违抗他的人都杀无赦。他向自己的总佃户们索取能够索取到的一切：庄园继承人在继承财产时要缴纳大额税金，若是那位继承人未成年，则要交出对他及其土地的监护权，他还要求得到所有已婚女继承人的处分权。所有这些措施都被用来勒索钱财。

第九章　诺曼国王

威廉最致命的敌人是教会，他没有为它付出多少时间，因为他不像父亲那样虔诚。当一位主教或修道院院长去世时，威廉不是任命新的主教或院长，而是让那个职位空着，并把其收入收归国王。结果，教会宣布他为怪物。但是在他的统治下，诺曼人对英格兰的统治得到了巩固。1100年8月，他在新森林地区（New Forest）打猎时意外身亡，这时，一点也不令人惊讶的是，很多人都认为这是上帝对邪恶暴君的审判。

红威廉终身未婚，在他死后，王位本应传给他的哥哥罗伯特，但此事并未发生。威廉的弟弟亨利碰巧参加了这场致命的狩猎会，他在几天之内就夺取了王室的金库，并使自己加冕为王。在他统治期间，威廉一世创造的体系达于巅峰。这种情况再一次直接反映了国王的品性，因为他也是一个冷酷残暴的人，一生不是打仗就是打猎。他在夺取王位时曾发布敕令，向贵族们许诺将对他兄弟的行为进行补偿，但它完全是一纸空文。为了赢得英格兰人的心，他娶了一位盎格鲁-撒克逊公主，她是阿尔弗雷德的后裔，但这也没什么意义。亨利继续他哥哥的政策，从他的封臣那里榨取他所能榨取的一切，主要是用于支付其代价高昂的欧洲大陆战争所需的金钱。当他的哥哥罗伯特入侵英格兰时，他用一笔年金收买了他，但他这样做只是在争取时间，因为在他看来，诺曼底也应该属于他。1106年，他在坦什布赖战役（Battle of Tinchebray）中打败了自己的哥哥。亨利接管了公国，罗伯特被关进监狱并死在了那里。

尽管亨利有诸多缺点，但他仍可说是一位功夫老到的管理者。在他统治期间，"国库"（exchequer）也日渐壮大，在他频繁在外征战期间，会有一个委员会定期召开会议，以监督和审计账目。

然而，亨利却深受一个重大问题的折磨。他唯一的儿子威廉在横渡海峡前往诺曼底时淹死了。虽然他再次娶妻，却没有生下儿子，所以他只剩下一个独女玛蒂尔达，她嫁给了神圣罗马帝国的皇帝亨利五世（Henry V）。亨利一世的最后几年笼罩在如何确保女儿的继承权的问题中。起初，玛蒂尔达的丈夫去世了，而她没有子嗣。她回到了父亲的宫廷，于是亨利召集来所有的总佃户，要求他们发誓承认她为自己的继承人。后来，他的希望是能有一个孙子，于是把她嫁给了一个比她小十岁的男人——安茹伯爵（Count of Anjou）金雀花杰弗里（Geoffrey Plantagene）。玛蒂尔达本人很是傲慢，在国王的封臣中一点也不受欢迎。在这种不受欢迎的情况下，现在又加上了一个统治着诺曼底敌国的男人。安茹人与诺曼人是宿敌，现在后者面临着宿敌的领袖将成为自己的国王的可能性。他们不喜欢这样。

所有这一切都解释了为什么亨利一世于1135年12月去世时，没有人反对斯蒂芬攫取王位。斯蒂芬是征服者威廉的女儿、布罗伊斯女伯爵（Countess of Blois）阿德拉（Adela）的儿子。斯蒂芬一直是他叔叔的宠儿，叔叔使他成为英格兰最大的地主，但他缺乏一个强大国王的品质。他和蔼可亲、受人欢迎，慷慨大方，是一个好骑士，但他不知道如何使用铁杖，而这是让不守规矩的贵族们保持秩序的必要条件。其结果是国家处于无政府状态。有些贵族前去投奔玛蒂尔达，有些则效忠于斯蒂芬。更糟糕的是，在缺乏强大王权的情况下，贵族们开始互相进行私人战争。一位修道士记录了这对英格兰百姓而言意味着什么：

> 当背叛者看到斯蒂芬是一个性情温良、友善随和、不施惩罚的人时，便犯下了各种可怕的罪行。他们向他表示服从，发誓会效忠于他，但他们的誓言一个也没有得到遵守。他们都背信弃义，违背了自己的誓言。因为每个大人物都为自己建造城堡，用来对抗国王；他们使这样的城堡在整个国度遍地开花；当城堡建成后，他们让里面住满了魔鬼和恶徒……从没有哪个国家经受过比这更大的苦难，从没有一个异教徒的行为比他们更加卑劣……

二十多年的时间里，英格兰满目疮痍。斯蒂芬失去了控制权。

最后，贵族们开始越来越青睐那位安茹人，1144年，安茹伯爵杰弗里征服了诺曼底。五年后，他把公国传给了玛蒂尔达为他生下的儿子亨利。这位新诺曼底公爵既精明又睿智。父亲死后，他得到了安茹领地，然后，在第二年，他娶了一个了不起的女继承人——埃莉诺（Eleanor），她带来了阿基坦

（Aquitaine）。亨利十九岁时就已经是法国西部大部分地区的统治者了。接着，他开始进攻英格兰，对斯蒂芬构成威胁。斯蒂芬自己的儿子去世了，于是，他向不可避免的结局低了头，在1154年，去世的前一年接受亨利作为自己的继承人。亨利登上王位，成为全新的金雀花王朝的第一人。

从征服者威廉之死到斯蒂芬之死，中间相隔了六十多年。一个坚固的结构似乎一向运作良好，然后因其国王的性格而分崩离析。这种情况一直适用到17世纪。但到1154年，其他很多事情都发生了改变。自"诺曼征服"以来，已经过去了两代人，曾经的入侵者变成了当地人。现在，整个英国社会都必须对影响着西欧各个国家的变化做出反应。

盎格鲁-撒克逊和诺曼教会一直在为这个国家效力。国王是像神职人员一样神圣的存在，他们带领百姓向教会表示虔诚，并任命主教和修道院院长。国王在任命他们时，会送给他们一根权杖和一枚戒指，这是他们官职的象征。这根被称为"克罗泽"（crozier）的权杖象征着他们作为牧羊人的角色。随后，他们向国王顶礼膜拜，并像其他总佃户一样收到自己的土地。到11世纪末，教会经历了一场革命，通过圣彼得确立了教士职位的尊严和教皇作为基督直接继承者的权力。从此以后，主教和修道院院长的任命将取决于其精神上的领导力，而不是因为他们有能力担任管理政府的皇室官员。他们不再追逐自己的职位。所有这些将教会从国家控制权中分离出来的斗争将变得越来越集中在国王将权杖和戒指赐予官员这一行为之上。

甚至在1066年之前，教皇就禁止了这一行为，但要过上许多年，他的决定才会成为事实。在英格兰，它第一次出现在1093年，那时，红威廉以为自己行将死去，于是用一个博学而又圣洁的人——安塞姆（Anselm）——填补了坎特伯雷主教的空缺，他是诺曼底贝克修道院（monastery of Bec）的院长。安塞姆拒绝接受红威廉的任命，于是国王和大主教都向罗马提出上诉，由此开始了一系列永无休止的争端。在亨利一世统治时期，双方达成了妥协：国王不再赐予神职人员以戒指和权杖，但保留了接受其效忠的权利。但双方都不高兴。在安塞姆于1109年去世后，亨利让主教之职空缺了五年。

就在神职人员与世俗人之间的战线被划定的同时，教会也在经历着快速的发展。这是修道院生活的黄金时代。从1066年到1154年，修道院的数量从四十八个增加到近三百个，其中大多数都属于新的改革教派。其中，熙笃会（Cistercians）将会留下壮丽的丰碑，时至今日，我们仍可在丁登寺（Tintern）或喷泉寺（Fountains）这样的荒废的修道院中见到其遗迹。熙笃会修士是改革者，他们寻找最荒凉偏僻的山谷去耕种土地，建造简朴的教堂。与本笃会（Benedictines）教堂的富丽堂皇形成鲜明对比的是，熙笃会教堂内部没有任何装饰，其所强调的是简单淳朴。修道士们"穿得像天使有可能装扮的那样"，以未染色的羊毛蔽体，过着贫穷的生活。在人们对修道生活热情高涨的同时，修道士们也开始实行禁欲主义。在"诺曼征服"之前和之后，教士们通常都会娶妻生子，但现在这是被禁止的，这加强了那些接受圣职的人与普通人的区别。

更多的修道院意味着更多的学习，因为它们是教学中心。它们是国际性的，因为它们所属的教派在欧洲各地都有分支，他们说的和写的都是通用语，即拉丁语。12世纪是个思想发酵的时代，大学应运而生。有学问的人就像今天一样行动自如。其中的一位是巴斯的阿德雷德（Adelard of Bath），他生活在从红威廉到亨利二世的时代。他是两所法国大教堂学校图尔（Tours）和拉昂（Laon）的学生，随后他去了希腊、小亚细亚、西西里、意大利南部，可能还有西班牙。他通晓拉丁语、希腊语和阿拉伯语，终其一生都在翻译哲学和科学方面的书籍，这些书籍为思想开辟了新的道路。像牛津这样的大学不仅成了学习的中心，还是世俗人士的文法学校。人们很快便意识到，接受教育不仅会开辟其在教会的职业生涯，而且会越来越多地开辟在其他地方的职业生涯。

国王和他的贵族都不会读书写字，因为他们都有秘书。随着政府变得越来越复杂，它需要受过教育的男性。曾经的皇室庶务部门逐渐开始具有后来的政府部门的特征。皇家礼拜堂为宫廷提供教堂服务，但由于神职人员受过教育，于是他们在大臣的领导下负责政府的文书工作。会议厅（chamber）将国王的私人卧室包括在内，归内侍（chamberlain）和司库（treasurer）管辖。国王仍然把一些钱财放在龙床之下，但大部分都放在国库中。国库每年清点两次账目。国库（exchequer）之名源于"棋盘桌"（chequerboard），它是一种类似棋盘的桌子，可以在上面演示加减法。后来，账目被写在形制巨大的羊皮卷轴上。现存最早的账目是1130年的，这个体系一直延续到维多利亚女王时代。

皇家政府以巡回审判的形式活跃在全国各地，这是我们的巡回法庭（assize courts）的直系鼻祖。在每个郡，都由一位郡长代表国王，他的职责是确保收税并将之上缴国库。乡村实际上变得越来越繁荣了。在王室的授权下，集市开始举行，随着贸易和工业的发展，城镇中出现了行会。到1130年，伦敦和其他四个城镇都成立了纺织工的行会，这反映出羊毛贸易的重要性，特别是羊毛出口的重要性，羊毛会出口到佛兰德斯（Flanders），在那里被织成细布。

也正是在这一时期，武士理所当然地成为骑士。这是一个以男人为主导的社会，在这个社会里，女人的影响力并不大，尽管她们可能受过很高的教育。骑士是天生的绅士，会接受武艺训练，其职责是献身于神圣的教会和正义。战争是他的职业，但战争要依照一套复杂的规则来进行。在大斋期（Lent）或圣诞节期间，任何人都不允许争斗。真正被杀死的可能性很小，因为作战的目的总是把对方的骑士抓起来，然后为其释放索要一大笔赎金。真正受苦的是普通百姓。如果骑士们没仗可打，他们就会组织比武，这完全像一场战斗，只是不会有任何杀戮。编年史家奥德里克斯·维塔利斯对1119年一场战斗的描述捕捉到了这个骑士时代的氛围：

> 因为他们浑身上下都穿戴着盔甲，所以他们会出于对上帝的爱和彼此的交情而相互饶恕。他们也不志在杀死逃亡的人，而是想俘虏他们。信仰基督的士兵并不渴望让自己的兄弟鲜血四溅，而是根据上帝的意愿，为神圣教会的利益和信徒的和平而庆祝合法的胜利。

在英格兰，骑士理想还受到了亚瑟王及其圆桌骑士（Knights of the Round Table）的传奇故事的影响，这些故事在这一时期广为流传，为人们提供了一种行为模式，供人们在接下来的五百年里加以效仿。

第十章　初代金雀花王朝

当亨利二世（Henry Ⅱ）于 1154 年登基时，一个新的时代开始了，因为他是金雀花王朝（Plantagenets）十三位国王中的第一个，这个王朝统治了英格兰三百年。按照传统，这个名字来自拉丁语，意指亨利的父亲、安茹的杰弗里戴在帽子上的金雀花枝：*planta genista*。这是一个非同寻常的家族，他们深爱权力，有着不可抗拒的迷人魅力，但与此同时，又令人不由得退避三舍，莫名其妙地觉得心里发慌。他们动辄雷霆震怒，谁都不知道他们会何时爆发，可他们仍然被赋予了非凡的行事能力。他们做任何事，不管是好事还是坏事，都会全力以赴。所有这些特点体现在他们最伟大的成员亨利二世的生活中。

亨利是英格兰史上少有的人物，一个在欧洲声名显赫的人。这不仅归功于他所统治的帝国领土之广，也归功于这样一个事实：他作为一个公正而明智的国王受到普遍的尊敬。他的公正明智使得他两次被要求在他的同辈统治者之间评判是非，充当调停者，一次是 1173 年在图卢兹（Toulouse）与阿拉贡（Aragon）的统治者之间，另一次是 1177 年在纳瓦拉（Navarre）与阿拉贡的统治者之间。通过子女的婚姻，他的家族关系遍布整个欧洲。他的女儿们成了西西里、卡斯提尔（Castile）的王后和萨克森公爵夫人。他的两个孙子是神圣罗马帝国皇帝奥托四世（Otto Ⅳ）和弗雷德里克二世（Frederick Ⅱ）。自四个世纪以前的查理曼大帝（Charlemagne）以来，英格兰有半个世纪的时间一直是西欧领土最大的帝国的一部分，这个帝国几乎完全是靠其国王的人格力量维系在一起的。

第十章　初代金雀花王朝

亨利二世在任何时代都是一个非凡的人物。在一头短短的红发映衬下的布满雀斑的火红脸庞上，一双灰色的眼睛炯炯有神、咄咄逼人。红头发与暴躁的脾性常常联袂并出，而亨利正是以非理性的暴怒著称的一长列金雀花国王中的第一人。他的脑袋很大，暗示着他拥有强大的智力，因为他是一位著名的语言学家，能够理解他治下领地所使用的所有语言：英语、北部法语、普罗旺斯语、威尔士语和拉丁语。他也是继征服者威廉之后第一位识字的国王，既会读又会写。亨利颇通法律，甚至自己就当过法官。他的记忆力超群，从来没有忘记过一张面孔。他身材结实，体格健壮，饮食节俭，衣着朴素。他的精力是无与伦比的，他不断地在一个向南延伸到比利牛斯山脉（Pyrenees）脚下、向西延伸到大西洋海岸的帝国中穿梭往来。现代法国的大部分地区都在他的统治之下。在其同时代的人的眼中，他既不安分又狡诈莫测，但同时又值得信任，令人恐惧。

王后的秘书，布洛伊斯的彼得（Peter of Blois），生动地描绘了与国王一起生活是个什么样子。如果他说他要留在某个地方，"你可以肯定国王会一大早就离开那个地方，因其匆忙而打乱所有人的计划……但是，如果国王宣布他要早早出发去某个特定的地方，那么毫无疑问，他会改变主意，一直睡到日上三竿"。如果他指出自己的出行路线，那他肯定会改变主意，"前去另一个地方，那里可能只有一所孤零零的房子，所有其他人都没东西可吃。我相信我们的困境增加了国王的乐趣"。

在三十五年的时间里，亨利二世把他的庞大帝国牢牢地团结在一起，其领地要么是继承而来，要么是通过联姻获得，包括英格兰、诺曼底、布列塔尼、安茹和阿基坦。他以自己的祖父亨利一世为榜样，着手恢复王权，不仅重新激活并再次获取了那位国王的成就，而且进而为持续数百年的统治体系奠定了基础。这些变化的部分原因是，国王总是在四处奔波，需要留下可以信任的官员，这些人可以在他不在的时候管理帝国的这个或那个部分。他在英格兰是如此成功，以至于他能一次离开这里好几年，而秩序和正义却得以维持。这也要归功于一个事实，即他有选择合适人选的天赋，除了一个人——托马斯·贝克特（Thomas Becket）。

当亨利登上王位时，他的主要目标是把时钟拨回到1135年，也就是亨利一世去世的那一年。他大动干戈，以重振王权。贵族们非法修建的城堡被拆毁。他们从王室夺走的东西被归还。斯蒂芬赏赐出去的城镇和土地被国王收回。伴随着秩序的这种戏剧性的恢复，亨利的统治就这样开始了。后来，亨利又在此基础上进行了创建与开拓。1166年，一部名为《克拉伦登诏令》（Assize of Clarendon）的政府法令以一种前所未有的方式为维护公共秩序做出了规定。十年后，王室巡回法官的角色得到了极大的扩展。六个由三名法官组成的小组分别负责四到八个县。从此以后，王室正义就成了现实。结果，法律和秩序取代了混乱和无法无天。

这带来了和平与安全，进而带来了国家的繁荣昌盛。国王从不向臣民过度征税，在其整个统治期间，王室财富稳步上升。当时的人们意识到了亨利的伟大成就。正如编年史家纽堡的威廉（William of Newburgh）所写的那样："居于至高无上地位的他比谁都要勤勉地致力于保卫和促进国家的和平；他挥剑惩治作恶之人，因此他是上帝真正的仆人。"

如果没有托马斯·贝克特这个人，亨利二世也会被人们以上述形象所铭记。国王在登基时，曾任命贝克特担任首席大臣这一主要行政职位。贝克特曾是坎特伯雷的副主教，是大主教的得力助手。但他不是教士。他同国王成了好朋友。贝克特是个年轻聪明的纨绔子弟，机灵、放肆，甚至有些浮夸。他集魅力与效率于一身。在一个寒冷的隆冬之日，国王骑马穿过伦敦，看到一个衣衫褴褛、冻得瑟瑟发抖的乞丐。他转向与他并驾齐驱的贝克特说道："给那个可怜的老人一件暖和的斗篷，难道不是种值得赞扬的行为吗？"那位大臣随声附和，并未猜到接下来会发生什么。

"那这功劳就归你了。"国王说着，抓过贝克特那件华丽的毛皮斗篷扔给了那个人。

在贝克特身上，国王看到了一种处理政教关系的方法。他相信，在他身为坎特伯雷大主教的朋友的辅佐下，局面可以恢复到"诺曼征服"刚刚完成时的样子，那时教会还没有开始摆脱世俗的控制。1161年，现任大主教的去世带来了机会。国王让贝克特来担当那一角色。"你要任命到那一圣座之上的这个人是多么虔诚和圣洁啊！"贝克特指着自己那件华丽的礼服大声说道。国王坚持己见，并由此造成了他整个统治期间的一个致命的误判。

1162年6月2日，托马斯·贝克特受戒成为教士，次日被任命为坎特伯雷大主教。没有人能够解释他随后发生的性格大逆转。贝克特立刻辞去了世俗职务，突然改变了生活方式，从奢华放纵一变而为克己谦卑。这就为一场激烈的思想碰撞奠定了基础：当亨利打算重建自己对教会的权威时，他不仅未能认识到时代已今非昔比，也没有意识到，他的老朋友已接受了新的教会律例的训练，根据这种律例，神职人员是不得受世俗干扰的。

亨利将所有这些"皇室规范"整理成一份文件，即众所周知的《克拉伦登法典》（Constitutions of Clarendon），并于1164年1月提交给大咨询会会议。国王的意图是合理的，即提高司法标准，这次是指教会法庭上的司法标准。但贝克特认为，其中的五项条款旨在染指教会的权力。人们的注意力尤其集中在一项条款上：一名神职人员首先要被带到世俗法庭前，在那里他恳请所谓"神职人员的特权"。这意味着案件随后会被移交给主教法庭。如果这个人后来被判有罪，他就会被送回世俗法庭接受审判。教会法庭所能做出的最严重判决是免去那位神职人员的圣职，这意味着谋杀可以逃脱法律的制裁。然而，贝克特坚定地认为"上帝不会就同一件事情对人做出两次审判"。因此，他拒绝在文件上盖章。

国王被激怒了。九个月后，贝克特因藐视法庭被传唤受审。亨利开始千方百计地羞辱大主教。在最后一次的可怕场景中，当贝克特即将被宣判时，他手持引导游行的十字架，向法庭挑衅道："我就是我，我是你们的神父，你们是王室之巨擘，掌世俗之力，乃世俗之人。我拒绝接受你们的审判。"他大摇大摆地走出了房间，当晚就逃走了，搭上一条船，走上了放逐之路。

在六年的时间里，人们为了使两人达成和解，进行了无数次的尝试。亨利让约克大主教加冕自己的长子（也叫亨利）为继承人，这使得这场争执变得更加激烈。贝克特此前已经将很多国王的支持者逐出教会，将他们从教会的圣礼中剔除，现在他又威胁要封锁全国，这意味着要关闭所有教堂。1170年7月，亨利被迫妥协，贝克特重返英格兰。他的第一个行动是将所有参加亨利儿子加冕礼的主教逐出教会。有人将此事告诉了国王，一个主教说："陛下，只要托马斯在世一日，您就将不得和平，不得安宁，不得舒心。"国王勃然大怒道："我在这个王国里一手培养和提拔的都是些何等游手好闲、令人不快的人啊，他们对自己的君主不忠，竟听任一个出身卑微的教士对我大肆嘲弄。"听了这话，四位骑士溜出房间，渡过英吉利海峡，奔向坎特伯雷。12月29日下午，他们在大主教自己的大教堂中谋杀了他。当这个消息传到国王那里时，他悲恸欲绝，三天不吃不喝。

亨利落败了。冲击波席卷了整个欧洲。贝克特的坟墓成了见证奇迹的圣地，不久之后，教皇封他为圣徒。1174年7月12日，国王本人进行了忏悔，光着脚走过坎特伯雷的街道，之后，他自愿接受了主教和修道士们的鞭打。《克拉伦登法典》似乎变成了一纸空文，但实际上，国王的大部分意愿都得到了执行。

亨利二世与贝克特的悲剧故事给亨利二世的统治蒙上了一层阴影。他在位的最后几年发生的另一件事也是如此。因为国王对权力是如此热衷，以至于他无法割舍权力，结果导致一场王朝之争，亨利的王后与他的儿子一道站在了他的对立面。阿基坦的埃莉诺本身就是个了不起的女人，她是在温暖的南方长大的孩子，轻率冲动，热情洋溢。她在普瓦图（Poitou）建立了一个由吟游诗人组成的宫廷。他们促成了一种新的文化氛围，其核心是将骑士与情人的关系理想化，这使得女性在社会中获得了更为重要的地位。但是，在1173年，当她与儿子们一起反抗自己的丈夫时，亨利二世把她关了整整十五年。

国王有四个儿子：亨利、理查、杰弗里和约翰。他们注定存在分歧。"你难道不知道吗？"杰弗里有一次写信给父亲说，"这是我们固有的天性，从我们的祖先那里继承而来，我们谁都不会彼此相爱，而是注定会兄弟阋墙，父子相争。"十多年来，他们之间时不时地会发生战争，所有的和解努力都以失败告终。然后，1183年，随着长子去世，亨利重新划分了他的帝国：理查将拥有诺曼底、安茹和英格兰；杰弗里拥有布列塔尼；约翰拥有阿基坦。但是理查拒绝让约翰得到后者，于是战火重燃。

1189年7月6日，亨利在一场战争中死于希农（Chinon）城堡。在这场战争中，他的儿子们与他的死敌法兰西国王腓力·奥古斯都（Philip Augustus）结为联盟。国王最后的遗言是："耻辱哇，耻为一个被征服的国王。"事实却大不相同。亨利二世是金雀花王朝最伟大的国王。他的遗产是在和平、法律和秩序意义上的善政，其规模是当时西欧的任何其他国家都望尘莫及的。这是一笔丰厚的遗产。

第十一章　一个帝国的终结

亨利二世留下了一个伟大的帝国,但在不到二十五年的时间里,帝国的一切都已不复存在。这一损失让金雀花王朝的国王们苦恼了三百年。他们一次又一次地试图振兴它,因为对他们来说,欧洲大陆的领地在许多方面更贴近他们的内心。像他们的诺曼先辈一样,金雀花家族的根不是在英格兰,而是在法兰西,更具体地说,是在阿基坦,他们将保留这根。这是一个没有任何民族或文化差异的时代。共同的语言和文化把统治阶层团结为一体。唯一的分歧是封建领主是向英格兰国王还是法兰西国王效忠。如果亨利继承人们的能力有所不同的话,英格兰本可以继续充当一个持久的安茹王国的权力基础。事实上,他们的缺点加速了它的崩溃。

没有什么比英格兰的稳定性更令人震惊的了,其政府由诺曼人建立,具有高度的集权性。它是如此稳固,以至于新国王理查一世(Richard I)在位十年,只来过这个国家两次,第一次时长三个月,第二次仅两个月。理查一世始终是个吟游诗人般的国王,他的冒险经历使他成为传说中的浪漫英雄。他兼具父亲的精明和体力以及母亲的高贵和热情。他是一个天生的同性恋者,既是诗人又是音乐家,甚至会指挥自己的教堂唱诗班。他对战争的各个方面和筑城艺术的知识有目共睹。他还被称为"Coeur de Lion",即"狮心",以表彰他不怕死的勇气。他的另一个称号是"Oc e No",即"是与否"(Yea-and-Nay),意指他言必行,行必果,从不食言。但是他很自私。1190年8月,他开始了十字军东侵,而英格兰不过被他视为十字军东侵的资金来源。他途经意大利、西西里岛和塞浦路斯,每一个停靠港都给了他机会,让他充分发挥自己的作用。然而，灾难降临，在回程途中，他遭遇了海难，最终落入敌手，先是奥地利公爵（Duke of Austria），然后是神圣罗马帝国皇帝。英格兰又一次成为输家，因为它必须收取十五万克朗的巨额税收来支付赎金。

当理查离开这个国家时，他为该国政府所做的安排并不能令人满意。他本能地不相信自己的两个兄弟，而这是对的。最小的约翰拥有大片土地。杰弗里是私生子，被选为约克大主教。他同时把他俩流放了三年，希望以此避免任何离间手段。不幸的是，他错选了在自己离开期间治理国家的人。伊利主教（Bishop of Ely）威廉·朗尚（William Longchamp）被任命为大法官（Chief Justiciar）（相当于现代首相）和首席大臣，还被任命为教皇公使。他是那些出身卑微的管理者之一，后来飞黄腾达，成为经营安茹王朝的官员之一。但他不够老练，非常不得人心。

理查心软了，允许约翰返回英格兰，结果发生了不可避免的事情，贵族们转而拥戴约翰。1191年，杰弗里违反他的放逐令，登陆英格兰。朗尚迅速在杰弗里所住的隐修会的祭坛前逮捕了他。这正好给了约翰所需的机会，他传唤朗尚，让他接受一个由主教和贵族构成的委员会的审查。朗尚不敢前往，于是会议即刻判决将他逐出教会，下令立即逮捕他。最终他逃离了这个国家。10月8日，在同一会议上，"经过国王的封臣们的共同商议"，约翰被任命为摄政王。

事实上，这意味着政府将由该委员会自己管理。当国王被俘的消息传到英格兰时，约翰试图夺取政权，但失败了。尽管国王的缺席给亨利二世传承下来的政府体系带来了沉重的压力，但它能够经受住这种尝试，并保持忠诚。当理查于1194年返回后，明智地没有恢复朗尚的职务，而是这次选择了一个能力相当突出的人——休伯特·沃尔特（Hubert Walter）。

沃尔特的背景如朗尚一样，曾在亨利二世的政府任过职。他曾与理查一起参加十字军东侵，1193年被选为坎特伯雷大主教并担任法官。第二年5月，当国王最后一次离开英格兰时，沃尔特实际上成了英格兰的统治者，直到他于1205年去世。在国王看来，他的主要任务是筹集战争经费。但他真正的成就却在别处。例如，他在1196年引入了标准度量衡，而在此之前，这个国家的每个地区都有不同的度量衡。他第一次将巡回法庭不仅用于司法事务，而且将其作为政府的一个分支机构，法官们在各地巡游时，要查看皇室政策是否得到了落实，并报告调查结果。郡骑士，也就是那些身为地主的骑士，也第一次开始被用作政府的工具。他们被要求处理各种形式的地方争端，例如边界争端。

但也许他最伟大的革命是开始保存政府记录。到12世纪末，已有越来越多的人会读书写字了。政府也变得更加复杂。由于国王长期不在，因此有必要记录下所做的一切。1199年，作为政府行政总部的大法官办公处开始在用羊皮制成的羊皮纸上记录每年的活动。它们被缝在一起，并不是作为一本书保存，而是以一个巨大的卷宗的形式保存，这是我们现代档案系统的直系鼻祖。从那时起，文书就成了公认的业务的一部分。很快，法官们在法庭上跟风行事，然后主教们也开始保持其教区记录。从13世纪初开始，英格兰的历史就可以根据这些记录来书写了。

此时，理查正忙于保卫他的大陆帝国，抵御法王腓力·奥古斯都。在南方，有一个不断延伸的由家庭关系联系在一起的网络。他的王后是纳瓦拉的贝伦加里亚（Berengaria of Navarre），他的姊妹是卡斯提尔的王后，他的孀居姊妹是图卢兹伯爵夫人（Countess of Toulouse）。理查的侄子是新上任的神圣罗马帝国皇帝，新任教皇英诺森三世（Innocent Ⅲ）也是他的盟友。由于这一点以及他自身的军事才干，他在与腓力·奥古斯都的战争中取得了胜利。然而，在他四十九岁时，由于一次不合时宜的逞强好胜的发作，他被杀死。为了争夺一些财宝的所有权，他在利木赞（Limousin）包围了小镇查勒斯（Chalus）。一个弩手瞄准了他。理查停下来，嘲笑他瞄准的时间太长了。弩箭刺穿了他的左肩，伤口发生了坏疽。1199年4月6日他死于败血症。

这位传奇国王没有子嗣，于是安茹帝国传给了约翰。这一次，它远非一份光荣的遗产：与日益强大的法国国王的战争，被榨干了支付战争费用的金钱的英格兰的金融崩溃，再加上已故国王的十字军和赎金。除此之外，还有连年的饥荒。无论理查有什么样的缺点，他都受到了尊敬，并赢得了人们的忠诚。然而，没有人十分信任约翰。他父亲给他起了个绰号叫"无地王"（Lackland），因为作为最小的儿子，他起初在家族里分不到遗产。他被宠坏了，一向为所欲为，热爱奢华的生活：华丽的衣服和珠宝，美味的食物，丰盛的美酒和无数的佳丽。虽然他父亲和兄弟的话都被当作法律来对待，但对于约翰应许之事，人们则开始寻求书面的确证。

因此，在新的统治时期，没有出现任何好的征兆。约翰打破了被封建社会认为神圣不可侵犯的行为准则，这也于事无补。他打破的第一条准则是打算娶一个已经订婚的女子做他的新娘。1200 年，约翰取消了与格洛斯特的伊莎贝拉（Isabella of Gloucester）的婚姻，为的是娶另一个伊莎贝拉——安古莱姆（Angoulême）的女继承人。她的未婚夫向自己的领主——法兰西的腓力·奥古斯都发出吁求。在这时，这位法国国王也是约翰的君主。法院判决没收这位英格兰国王作为法国国王之封臣所拥有的全部土地——安茹帝国，不包括英格兰。诺曼底、安茹和布列塔尼很快就落入了腓力·奥古斯都的手中。在战争中，约翰俘虏了兄长杰弗里的儿子亚瑟（Arthur），而理查曾经指定亚瑟为自己的继承人。约翰再次违反了有关正当行为的封建信条，暗中谋杀了亚瑟。在公开的一对一的战斗中杀死敌人是可以接受的，但秘密处置敌人则完全是另一回事。安茹帝国现在只剩下了阿基坦，由于葡萄酒贸易，它在商业上被英格兰牢牢地控制着。

继这些灾难之后，是与教皇围绕新的坎特伯雷大主教的人选而展开的七年之争。当休伯特·沃尔特于 1205 年去世时，修道士们不顾国王的意愿，选举了一位新的大主教。他们前往罗马寻求教皇对他们选择的确认。被激怒的约翰强迫留下来的修道士们选举他选择的人，于是他们也去了罗马。教皇伊诺森三世宣布两次选举都无效，在他的指示下，修道士们进而选举了一名身为教皇法庭成员的英格兰人，神学家斯蒂芬·兰顿（Stephen Langton）。约翰勃然大怒，拒绝接纳这位新的大主教。教皇对此的回应是将国王逐出教会，而且在全英格兰禁行圣事。在七年的时间里，除了婴儿洗礼和临终忏悔，教堂都一直处于关闭状态。约翰直到准备发动大规模进攻以收复其大陆失地时才与教皇讲和，接纳兰顿进入英格兰。1214 年，约翰重新发动了对腓力·奥古斯都的战争，但战役彻底失败了。

他返回时，不仅发现国库空空如也，还发现了一群愤愤不平的贵族，他们再也无法忍受国王没完没了地向他们索要钱财的借口。安茹王朝的政府体系正在瓦解。约翰面临叛乱，他于 1215 年 5 月被迫承认失败。一个月后，他签署了至今仍被视为里程碑的《大宪章》（Great Charter，或 Magna Carta）。

《大宪章》包含超过六十条的条款，将涵盖政府各方面以及国王与臣民关系的法律统一成文。它真正再现的是这样一个事实：在金雀花王朝时期，政府没有经过协商就按照权宜之计一步一步地发展起来。这一发展没有遭到抵制，而是伴随着双方都应遵守的指导方针而被取缔。这是理当向人民咨询的观念的滥觞，从长远来看，这将导致议会的产生。国王第一次开始被认为不仅要对上帝负责，而且要对法律负责。

《大宪章》中最著名的条款暗示了这样一种观点："任何自由人都不得被逮捕、监禁、剥夺（其自由保有权）、流放或以任何方式毁灭……除非经过其同辈人或当地法律的合法判决。"简言之，每个人在判刑之前都应该受到审讯。其他条款保证了教会不受皇家干涉的自由和新兴的自治市镇的特权，尤其是伦敦城的特权。

《大宪章》将会成为如此重要的里程碑，所以要经过数个世纪才出现。协议刚一达成，约翰就让教皇宣布协议无效，然后，国王集结军队，拿起武器与贵族对抗。而贵族们反过来请来了法国王位的继承人，即皇太子，正是在这场混乱中，约翰于 1216 年 10 月去世，他的儿子亨利继位。

在这些重大变革之后，13 世纪英格兰迎来了一幅截然不同的景象。1214 年，随着几乎整个欧洲大陆帝国的消亡，自 1066 年以来，君主首次在英格兰扎下了根基。一百五十年以来，这个王国一直由金雀花王朝的国王们统治着，他们通常会把更多的时间花在英吉利海峡的另一边。英格兰曾经是一块较大的马赛克中的一小块。1214 年之后，这一切都停止了，带来了巨大的后果。英吉利海峡不再是分隔同一国家的一条河流，比阿尔卑斯山更容易跨越。相反，它变成了可供防御的护城河，而约翰确实建立了一支海军，因为他意识到，从此以后海上将发生大战。英格兰走上了成为不可侵犯的岛屿王国的道路，不再是欧洲的一部分，而是与欧洲相分离。

第十二章　哥特时代

亨利三世（Henry Ⅲ）登基时只有九岁。他将统治英格兰五十六年，13世纪的大部分时间都将在他的有效控制之下。这是一个国家发生天翻地覆的变化的时代，是国家日益走向繁荣昌盛的时代，一种从法国北部引进并加以改编的新建筑风格席卷各地，那就是哥特式（Gothic）。英格兰各地的教堂和大教堂都以新的方式予以重建，它反映了一个社会的信心和财富，这个社会笃信其基督教信仰和事物的秩序，不仅今生如此，而且来世也是如此。一簇簇的小圆柱直插云霄，形成尖形拱门，窗户上镶嵌着石头装饰，窗格中布满彩色玻璃，精心建构的肋状拱顶更将建筑推向高潮。这是处于中世纪鼎盛时期的英格兰，它是由共同信仰维系在一起的基督教王国的一个省份，其中心在罗马，其首领是圣彼得的继任者——教皇。神职人员穿梭往来于一个对他们而言根本没有边界的欧洲，说的和写的都是一种通用语言——拉丁语。贵族阶层也颇多共识，他们都接受封建制度的传统和骑士礼仪，由此被团结在一起。失去安茹帝国的大部分并不意味着英格兰变得孤立偏狭。英格兰国王们把自己看作国际舞台上的表演者，而贵族们与英吉利海峡对岸的同辈们享有着共同的语言和生活方式。

在这个有着共同理想的统一的基督教王国的背景下，欧洲各个地区发生的事件呈现出不同的特点。在英格兰，它围绕着承自国王父亲统治时期的《大宪章》所带来的后果而展开。对亨利而言，这个问题将会变得非常尖锐，因为他的王权观念得到了极大的提升，由此引发了国王与贵族之间的周期性冲突，因为贵族自然希望控制或削弱国王的权力，不断援引《大宪章》来为自己提供支持。

亨利三世缺乏一个中世纪国王必备的重要品质：他不是一名战士。结果，他没能做到贵族们最期待的两件事：带领他们纵横沙场，在骑士比武场上大放异彩。取而代之的是，他通过艺术和华丽的场面来表达他的王权，在这两个领域都堪称大师。骄奢、任性、多疑、固执、巧舌如簧的他只有一个目标，那就是确保自己是绝对的君主。

亨利对君主政体的渴望集中体现在威斯敏斯特大教堂的建造上。1245年，他决定重建这座古老的盎格鲁-撒克逊修道院，代之以一座具有他在巴黎见过的法国哥特式风格的宏伟建筑。新修道院将为教士般的国王们提供一个场所，这些国王是上帝在人间的牧师，是包括俗人和教士在内的所有人的共主。他们的圣洁在王室圣徒忏悔者爱德华那里得到凸显，他那华丽的新神龛被安排在高大的祭坛后面，周围是一个为英格兰国王准备的皇家墓地。在新教堂里，王权得到保留，教堂也是加冕仪式的举办地，在此仪式中，每一位国王都会通过受膏变得与众不同，凌驾于普通人之上。人们甚至相信，国王可以通过触摸那些患有一种叫作瘰疬的疾病的人来治愈他们。

这种盛况准确反映了亨利三世对自己地位的看法，尽管他的父亲失去了安茹家族的大部分遗产，但这并没有减少这位儿子以其他方式弥补损失的愿望。两次试图重新确立金雀花王朝在欧洲大陆的统治地位的尝试都以灾难告终，但这一事实不应掩盖这位国王的野心。1254年，他意欲让小儿子埃德蒙（Edmund）得到西西里岛的王位，但此举失败了。三年后，他的弟弟，康沃尔的理查（Richard of Cornwall），被选为德国国王。这也是注定要失败的。结果，亨利在1259年被迫正式放弃了对诺曼底、安茹和普瓦图的统治，将之让给了法国国王路易九世（Louis IX）。

贵族们总是反对这些代价高昂的纠葛，他们认为国王的地位应带有某种限制性，他们背负的巨额债务最终确保了这种看法获得了越来越多的支持。然而，在亨利统治的头三十年里，他或多或少还是能随心所欲地进行统治。贵族们心里产生的不安，一部分源于国王的傲慢，另一部分则源于政府变得越来越复杂。一个世纪以前，办公处和国库只是王室处理行政和财政事务的部门。到 13 世纪中叶，它们已经迁出王室，成为独立的部门，各自都有自身组织严密的官员和记录。贵族们疑心重重，开始想要在首席大臣和司库的选择上拥有发言权，有时甚至想要在王室法官的选择上拥有发言权。他们实现这种控制的方法是通过大咨询会的会议，其成员包括全国所有的世俗和宗教领袖，但其组成绝非固定的。然而，国王使用的是由他自己挑选的人组成的御前会议。贵族们对此表示反对。如果亨利的选择更明智些，他的政府更有效些，他本可以挺过对他统治的挑战。事实上，双方都倾向于无效和混乱。

贵族们发现国王的妹夫西蒙·德·蒙德福特（Simon de Montfort）堪为领袖，此人精力充沛，富有远见。随着国王海外冒险的失败，贵族们的机会也随之而来。在从 1257 年至 1265 年的近十年时间里，国王和贵族们在争夺控制权的斗争中陷入了一系列危机。起初，国王被迫屈服，将王国交由一个由贵族选出的人组成的十五人委员会（Council of Fifteen）管理，其首脑是西蒙·德·蒙德福特。此后出现了逆转和反逆转，先是一方，然后是另一方，得以将自己的意志强加于政府。最终的结果是内战。在刘易斯战役（Battle of Lewes）中，国王战败，一年后的 1265 年，在伊夫沙姆战役（Battle of Evesham）中，西蒙·德·蒙德福特不仅战败，而且被杀。

亨利三世似乎赢了，但真实情况并非完全如此，因为在这些危机年份里，人们一再求助于大咨询会会议。现在，在这些基础之上又来了代表各郡的骑士，有一次还来了代表市镇的市议员。之前从未召开过包括如此多的不同阶层在内的会议，这些人构成了英格兰王国。这些会议被称为"议会"（parliaments），源于法语单词 *parler*，意思是发言，因为它们是国王同他的臣民之间关于国家事务的会议或谈判。渐渐地，国王应该就某些问题（如税收）咨询王国的巨擘和代表的想法得到了认可，被认为是理所当然的。1272 年，亨利三世去世，这时没有一个人会预见到，这些零星的谈判将导致我们现代议会的诞生。

他们的所作所为反映的是一个与"诺曼征服"刚刚结束后截然不同的社会。尽管国王与贵族之间不时爆发战争，但英格兰还是出奇地稳定。在任何情况下，中世纪的战争都只不过是一种局部的、季节性的事件，只会影响到该国的一小部分地区。由于国王奉行与法国的和平政策，避免了伴随高税收的昂贵战争。和平意味着繁荣，因此贸易和农业都能蓬勃发展，而不会出现混乱。在这个时期，羊毛贸易开始大规模发展，成为国际性的大生意。随着英格兰商人学会如何向欧洲各地出口羊毛，羊毛生意的组织发生了变化。起初，它由居住在英格兰的意大利人（他们是来收取教皇的税款的）所把持，但渐渐地，英格兰商人开始从意大利人手中接管它，特别是在与佛兰德斯的巨大出口贸易中，在佛兰德斯，羊毛被编织成精细的布料。在英格兰也有织布业，这就意味着纺织工、缩绒工和染色工的数量都在增加。经验老到的商人越来越多随处可见，不仅羊毛贸易在增长，基于铅、锡、煤、铁和盐等的其他行业也在增长。到处都是迅速发展的城镇，港口有因加斯科尼（Gascony）的葡萄酒贸易而繁荣起来的布里斯托尔（Bristol）、与佛兰德斯距离较近的林恩（Lynn）或者向斯堪的纳维亚半岛出口的纽卡斯尔（Newcastle）。最重要的是伦敦，不仅因为它毗邻王室和威斯敏斯特政府所在地，还因为它是该国道路系统的枢纽，因此，它是与欧洲大陆进行所有交易的主要港口。

从长远来看，这些创业者前程似锦，但在中世纪，他们与社会格格不入，在人们眼里，这个社会只由三组人构成：祷告者，由那些发下宗教誓言的人构成；征战者，包括封建贵族和骑士；最后是劳作者，也就是农民。这三组人的拉丁语分别是 *oratores*、*bellatores* 和 *laboratores*。祷告者属于罗马教会的国际兄弟会，其等级制度延伸到了整个欧洲，他们服从于教皇，并受教规的约束。在英格兰，教会由坎特伯雷和约克的两位大主教领导，他们下面各自有一个主教管区网络，北部有三个，南部有十八个。这其中的一些，如达勒姆和温彻斯特，是基督教世界最富有的教区。其他的，如班戈（Bangor）或埃克塞特，则穷得叮当响。教会赢得了自身的自由，甚至在选择约九千五百个教区任职的神职人员方面拥有最后的发言权。这些人的生计依靠的是什一税（tithe），即各教区的土地产出的十分之一。然后还有修道院：可以追溯到"诺曼征服"之前的古老的本笃会修道院，那些始建于上一个世纪、包括大约二百五十座奥古斯丁式房屋和几百座西多会式建筑的修道院。所有这些修道院的财富因各自的捐赠而有所不同，但总的来说，教会提供了一个丰富的赞助来源，不仅可供主教们使用，还可供国王和贵族使用。但 13 世纪是两个新教团的时代，即圣方济各（St Francis of Assisi）和圣多明我（St Dominic），也就是灰修士和黑修士。与早期的教团不同，这两个教团的成员经常外出，四处游弋，特别是在城镇里，他们布道、教导、听取忏悔。他们培养出了学识渊博的人，这些人为牛津和剑桥的新大学增添了光彩。

这是教会建筑的伟大时代，尤其是大教堂，这场运动始于 1174 年的坎特伯雷大教堂，并在索尔兹伯里达到高潮。1220 年，古老的索尔兹伯里大教堂被废弃，我们今天看到的教堂是在接下来的五十年里建造起来的。教堂，无论大小，都是所有中世纪建筑中最宏伟的，原因很简单：每日圣餐、弥撒礼仪（在仪式上，面包和酒成为上帝之子的身体和血液）都在其中发挥着作用。因此，它们被建造来容纳上帝，此外，还有圣徒的遗骨和圣物。所有这些大教堂的重建都包括在高大圣坛的后面重新安置一位圣徒的圣龛。这样的圣龛受到前来朝圣的人们的崇敬。有时，圣徒会有斡旋调停、治病救人或规避灾难之用。每座大教堂都属于其圣徒或殉道者。

人们普遍相信超自然、奇迹、奇怪的巧合以及无形事物的持续可见的证据。人们走出自己的木头房子、编条房子和泥巴房子，走进教堂，穿越到另一个世界，在他们眼中，这个世界完全是天堂般的耶路撒冷的折射，它将于来世降临。光，那神性的象征，从布满圣徒形象的窗户中倾泻而出。从里到外，到处都是天堂居民的画像和雕塑，他们的祈祷帮助了地球上的人。现如今，只有玻璃还保持着其色彩，但在当时，每一面墙和每一尊雕像都会被涂上光彩夺目的颜色并镀金。通过教堂的建造，每个社区都表达了自己的身份认同和财富，因为它是人类世俗朝圣之旅中重要的精神活动场所：洗礼、坚信礼、忏悔、圣餐和葬礼。教会也为圣日游行、法庭、审判和表演提供了背景布。它甚至可以容纳一所学校。

伴随着大家族的起起落落，征战者群体也变化不定。高贵与生俱来，而作战胜利则是高贵的最好表达。年轻贵族的大规模授爵仪式在教会节日和战斗中上演。传统上，骑士必须有能力自备马匹和所有骑兵装备。此外，骑士，连同其从伯爵到最底层的郡骑士的所有阶层，都受到骑士传统的约束。教会对骑士的看法使他投身于神圣教会和弱者的捍卫者角色。在它的世俗背景下，三种伟大的美德得到强调：勇敢，对于君主和贵妇的忠诚，以及最重要的慷慨。这就解释了供养着庞大的扈从队伍的贵族阶级的日益奢华的生活方式。财富来自对自己庄园的良好管理，也来自国王，他是赞助之源泉，是礼物的赠予者，其礼物会以女继承人或土地的形式出现。骑士的作用是战斗，或为其捍卫者的角色进行训练，这借助的是一种最受人喜爱的消遣——锦标赛。锦标赛最初只是微小规模的激战，但在13世纪期间，它演变成了武艺比赛，在比赛中，两名骑士用长矛沿着一道障碍（即围栏）相互攻击，并根据他们的技术获取得分。在比赛中，他们展现了非凡的技能，这不仅是对其领主的尊敬，也是向在附近柱廊里观看其比赛的贵妇发出的敬意。

这是某种妇女地位正在缓慢改变的迹象，但妇女仍然没有权力，也没有什么法律权利。作为一种人性化的影响因素和骑士崇拜的对象，她们的角色加速了一种态度的转变：她们不再被当作一种资产来看待。妻子的地位也提高了，因为家产的继承现在依赖于合法地位。但是，只有在成了寡妇的情况下，妇女才能切实地独立自主，而这时，她们就成了骑士们争相追求的对象。

位于这个金字塔底部的是劳作者，也就是农民。人口有了巨大的增长，到1300年，人口已增长到四百万至五百万。农业生产量未能跟上新增加的人口数量，贫困和接近饥荒的状况普遍存在。农民的生活方式自"诺曼征服"后几乎没有什么改变。有些人是完全自由或部分自由的，但绝大多数是农奴，他们生来就没有自由，被拴在领主庄园的土地上。他们一直在用劳动换取其微不足道的生计。他们仍然住在泥巴和木头建成的只有一间屋子的住房里，房屋中间有一只火炉，牲畜和人住在一起。他们几乎静止不动的存在提醒着我们，13世纪大多数英格兰人的生活范围实际上就是他们很少甚至从未走出过的近在眼前的土地。

这种序位分明的社会观念是毋庸置疑的，而且似乎是不可改变的。它被看作上帝的规定，因为，它是超乎寻常的宇宙结构的反映。据说，它以同心圆的形式从天上垂降至地下。位于顶端的是天堂，由上帝掌管。在这之下扩展开去的是天使阶层，而在天使之下是环绕地球的七大行星，它们影响着地球上从政治事件到人的身体状况的一切。地球是平的。圣城耶路撒冷位于其中心，而英格兰则处于其已知疆域的边缘。无论是什么地方的人，只要看到中世纪的英格兰，他就会在脑海中觉得自己轻而易举地从地球到了天堂，这是两者之间不断相互作用的结果。难怪在威斯敏斯特大教堂的高大祭坛前为亨利三世铺设的那块巨大的马赛克地板（此后的英格兰国王的加冕仪式都在它上面进行）会具有宇宙的形状。在国王看来，上帝统治宇宙就像他作为上帝在地球上的代表统治英格兰王国一样。这个观点在接下来的三百五十年里都没有受到挑战。

第十三章　走向一个统一的岛屿

虽然英吉利海峡中的海水从来都不是障碍，而是一条高速通道，但在一个王国的统治下，陆地层面的巨大变化几乎是可以肯定的，在这个时代，交通方式要么是步行，要么是骑马，要么是乘坐马车。诺曼人征服的英格兰王国包括低地、东南部和西部以及中部地区。在此之外的是凯尔特地区、威尔士、坎伯兰和苏格兰，所有这些地区都位于高地地带，其防御层依赖于山脉和山区地形。它们难以接近，在它们中间生活着由共同的语言、传统和贸易遗产维系在一起的古老的不列颠人口，他们致力于一种不同的、更艰苦的生活：奶牛业、牧羊业，以及一种更轻松、更分散、适合当地土壤的耕作方式。在13世纪末，基于威尔士亲王和苏格兰国王的封建君主政权，这些民族与英格兰君主的关系是一种疏远的关系。然而，当爱德华一世（Edward I）在1272年继承他父亲亨利三世的王位时，他的野心是将其统治扩展到岛屿的自然边界。

令人震惊的是，这在以前从未有人尝试过。如果威廉一世征服了苏格兰和威尔士，英国的历史就将截然不同。这样的征服会使行政、法律、语言和商业上的集中统一在一个很早的时期就在全岛得到推行，而不会存在任何障碍。在两个世纪的时间里对这些地区几乎未加碰触，这加强了它们在政治和文化上的独特的身份认同感和独立感。到爱德华一世着手征服他们的时候，他的进攻只会增加人们的地域忠诚度，留下了一种直至今日仍然存在的紧张格局。

到13世纪末，英格兰内部也产生了一种新的身份认同。国王的名字爱德华是为了纪念他父亲最喜爱的圣人忏悔者爱德华，采用的是一个不为盎格鲁－诺曼贵族所喜欢的英国人名。然而，不可思议的是，自1066年以来，异族通婚创造了一个更加统一的社会，不再轻易划分为讲法语的贵族和讲盎格鲁－撒克逊语的中产阶级和农民。英语开始成为每个阶级都会说的一种语言，它的结构和词汇吸收了大量的盎格鲁－诺曼法语。上层阶级讲两种语言，国王本人则讲法语、拉丁语和英语。

从各方面看，爱德华几乎是一个臻于完美的中世纪君主。他身高超过六英尺（当他的坟墓被打开时，他的骨架高达六英尺二英寸），仪表威严，无论是在战场上还是在骑士比武场上，他都是个英勇无畏的斗士。他的童年是田园诗般的，有慈爱的父母陪伴左右，锦上添花的是，他娶了卡斯提尔的埃莉诺（Eleanor of Castile）为妻，婚姻生活幸福美满。当她于1290年去世时，他悲痛欲绝，在她的灵柩从林肯向南运往威斯敏斯特大教堂的途中，他下令在灵柩停放的地方建造华丽的石制十字架，其中有三个被保存了下来。爱德华还继承了金雀花国王们的全部脾性，动辄勃然大怒，有一次，他在盛怒之下把女儿的花冠扔进了火里。

爱德华的父亲于1272年去世时，他正在参加十字军东侵，作为英格兰政府稳定的标志，他直到两年后才抵达英格兰。爱德华和他父亲一样坚信王位的神圣不可侵犯，曾在伊夫沙姆领导保皇党军队对抗西蒙·德·蒙德福特。当他登上王位时，一个新的时代开始了，因为有了他，一代新人开始崭露头角。他的第一个行动是发起一系列改革，这些改革是与议会会议协商后达成的，体现在所谓法令中，这将成为制定法律的新手段。通过这些改革，国王得以消除人们对土地所有制的不满，维护法律和秩序，并将土地赠予教会。但是他的主要政策涉及先征服威尔士再征服苏格兰，从而将整个岛屿统一在一个君主的统治之下。

威廉一世已沿英格兰与威尔士交界地带确立了什鲁斯伯里、切斯特和赫里福德伯爵领地的大边境线。威尔士没有被征服的动机，因为与英格兰不同，它是一个非常贫穷落后的国家，在地理上被划分为一系列的诸侯国，它们只是偶尔会处于一个统治者的统治之下。亲王们会根据政治情况适合自己与否来决定是否向英格兰国王表示敬意,但是,到了13世纪,英格兰人已经深入到威尔士的领地。这是定期征战之固定模式的结果,根据这一模式,首先是英格兰封建势力入侵,然后是亲王们退居山地,双方不打一仗,到了季末,英格兰人就会再次返回家园。

这些断断续续的进攻现在被征服政策所取代。这涉及三个主要因素。第一个是钱,它从意大利银行家那里筹集而来,用羊毛贸易的关税来偿还。金钱意味着可以供给军队,而在完成征服之后,又可以建造巨大的城堡来震慑威尔士人,就像威廉一世征服盎格鲁-撒克逊人那样。最后,因循同样的先例,必须建立一个新的管理阶层。事实证明,与爱德华的威尔士政策有关的一切都取得了辉煌的成功,而他为苏格兰制订的类似计划则是一场灾难。

威尔士当时的统治者是被称为"威尔士亲王"(Prince of Wales)的莱韦伦·艾普·格鲁菲德(Llywelen ap Gruffyd),他拒绝向爱德华表达敬意,正好给了爱德华一个需要的借口。1277年,一支规模庞大的军队集结起来,强大到莱韦伦甚至不战而降。五年后,他领导了一场叛乱,结果被杀,事实证明,威尔士人无法与英格兰的骑兵和弓箭手相抗衡。结果,到1295年,威尔士公国不复存在。新的县得以创建,引入了英格兰人的管理机构。英格兰人被鼓励带着他们的技能定居下来。他们对征服威尔士人并不感到羞耻,也从未想过威尔士人代表了一种文明。对他们来说,威尔士人是专门从事谋杀、抢劫和强奸的犯法者。

这一次,爱德华有足够的资源将战争进行到底,并将他的统治一劳永逸地强加于一个分裂的、无组织的民族。这种统治采取了切切实实的形式,即一系列采用了最新防御技术的大规模城堡,旨在威慑坐落在许多塔楼下的有城墙的城镇。这样的城堡总共建造了十座,在它们那个时代,作为军事工程的奇迹,它们在拉丁基督教世界是无可匹敌的。所有这些建筑都由专门建造和维护皇家住宅的"皇家营造司"(King's Works)建造,由萨伏伊德(Savoyard)建筑师圣乔治的詹姆斯(James of St George)设计。这些城堡中的大多数至今仍屹立不倒,呈现为一系列宏伟壮丽的世俗建筑,可与同时出现的哥特式大教堂相媲美。城堡不是供奉上帝的房屋,而是统治一个民族的要塞。通常情况下，这些堡垒都建在难以抵达的海岬或河流之上，由一系列巧妙的门、墙和通道组成，以抵抗任何攻击者。新的御敌方法是同心圆防御法：最外层是一条护城河，然后是一道矮墙，再接着是第二道更高的墙，墙上塔楼林立。所有城堡中最宏伟的是卡纳芬城堡（Carnarfon），它将成为国王的政府所在地。它的建造地点在被认为是第一位基督徒皇帝康斯坦丁的父亲的墓地。为了强调这一帝国遗产，爱德华一世设计了华丽的多边形城墙和带有条纹砖石结构的塔楼，以呼应东罗马帝国首都拜占庭（Byzantium）的城墙。三只雄鹰的形象——帝国的象征——被安置在城堡最大的塔楼上，以凸显爱德华的胜利。

然而，苏格兰将是一个截然不同的故事。与威尔士不同的是，到13世纪末，苏格兰已经发展成为一个独立王国，直接仿照了盎格鲁-诺曼王国的模式。苏格兰一开始同威尔士一样，由许多王国组成，但到11世纪末，苏格兰已经统一在承认英格兰为君主国的国王之下。大卫一世（David I）在12世纪中叶成为苏格兰的统治者，在英格兰宫廷中长大的他打算按照英格兰模式建立一个王国，其后盾是低地的洛锡安（Lothian）地区。在他统治期间，苏格兰修建了城堡，建立了教区，苏格兰西北部和西部诸岛都在他的统治之下。13世纪是苏格兰与英格兰关系密切的安定时期，因为亨利三世和爱德华一世的姐妹都是苏格兰王后。但在1286年，亚历山大三世（Alexander III）去世，没有留下嫡系继承人，于是改变一切的机会出现了。

爱德华一世认为这是一种手段，他可以借此让苏格兰臣服于他的意志，使之与威尔士共命运。作为领主，他被要求主持必须决定十三个申请人中谁是下一任苏格兰国王的法庭，这就是所谓"伟业案"（Great Cause）。爱德华答应了这件事，条件是无论谁被选中，都要带着苏格兰贵族向他致敬。在约翰·巴利奥尔（John Balliol）和罗伯特·布鲁斯（Robert Bruce）这两位主要申请者中，爱德华选择了前者。起初一切都很顺利，但当爱德华意图使苏格兰完全失去独立地位时，人们开始反抗。于是爱德华计划沿着威尔士边境线征服苏格兰，打算建造城堡，引进英格兰官员、行政管理和法律。苏格兰人进行了抵抗，但他们在1296年被爱德华发动的战役打败，当时他取得了辉煌的胜利，以至于能够将为苏格兰国王加冕的命运之石（Stone of Destiny）从司康（Scone）运到威斯敏斯特大教堂。

但爱德华的苏格兰计划并不成功。其原因有二。首先，苏格兰人的集体身份认同感和忠诚度远高于威尔士人。其次，更严重的是国王的财政困境，因为连续几届议会都越来越不愿意满足他的要求。他甚至沦落到去没收教会准备用来进行十字军东侵的钱。这种财政资源的匮乏意味着，例如，用木头而不是石头建造城堡。

苏格兰人转而把罗伯特·布鲁斯视为自己的国王，并找到了威廉·华莱士（William Wallace）这位领袖，他是游击战术的高手，出类拔萃，冷酷无情。他在斯特灵桥战役（Battle of Stirling Bridge）中击败英格兰人后，形势开始逆转。从此以后，每年夏天都要进行一次大的战役。最终威廉·华莱士被俘，被带到伦敦，并被残忍地处决。战争拖得越久，爱德华的报复心就越强。1305年，他完全废除了苏格兰王国，宣布它只是一块属于他的"土地"。苏格兰人为罗伯特·布鲁斯加冕，以示反抗。第二年，即1307年，爱德华死于再次踏上征途之时。他命令仆人不要埋葬他，而是带着他的尸骨进军，直到苏格兰人被打败。他的儿子爱德华无视父亲的临终遗言，将他安葬在威斯敏斯特大教堂。

第十四章　一个无能的国王

爱德华二世（Edward Ⅱ）的加冕典礼在仪式上就预示了灾难的到来。在仪式进行过程中，手捧圣爱德华王冠的是最近被封为康沃尔伯爵（Earl of Cornwall）的年轻英俊的加斯康（Gascon）骑士皮尔斯·加维斯顿（Piers Gaveston）。加维斯顿身穿镶有珍珠的紫色天鹅绒长袍，在其他所有在场的贵族中显得鹤立鸡群。让一个新近加封的伯爵在这样的场合担任主要礼仪角色被视为一种蓄意冒犯。加维斯顿刻意的衣着打扮使其穿着传统金色衣装的同辈们相形见绌，这让他更成了大家的眼中钉。嫉妒和怨恨接踵而来，他将永远得不到原谅。国王同贵族之间的自然平衡第一次遭到一个新现象——这位王室的宠儿的严重破坏，国王对此人是如此迷恋，不仅赏赐给他大量的财富和荣誉，而且对他言听计从，且只对他言听计从。

尽管中世纪历史记载了国王与贵族之间的冲突，但在大多数时间里，他们会和谐与共地治理国家。这种和谐是通过国王对互惠互利的奖赏和利益分配的严格审查实现的。为了获得贵族的支持，国王可以动用大量资源：土地的赠予、富有的女继承人的赠予、大庄园继承人的监护权分配，以及朝廷职位的分配。爱德华一世在这方面很有天赋，由于他在威尔士战役中取得的成功，他甚至有更多的东西可提供给贵族们。他的儿子爱德华二世仍然有很多东西可以支配，但问题是，他把手中的东西给了错误的人，即那些贪婪、无情和野心勃勃的人。最后，这将导致他的毁灭。

但当爱德华于1307年在一片乐观情绪中登上王位时，这一切都是无法预见的。当时他二十三岁，身材高大，相貌堂堂，鬈发金黄，肌肉发达，酷爱户外生活。他不仅酷爱打猎，还酷爱其他形式的运动，如划船和游泳，这些运动在当时被认为是与国王身份不符的。然而，这并不是他唯一不符合国王身份的特点，因为他还喜欢把时间花在农民干的杂活上，比如修树篱、挖沟渠和抹灰泥。他和他的所有家族成员一样，脾气十分暴躁，但这比他的懒惰和优柔寡断造成的伤害要小得多。然而，他真正的败因是他对男宠的狂热激情。尽管爱德华与法兰西的伊莎贝拉（Isabella of France）这位"最优雅的淑女和美人"共生下了四个孩子，但他实际上是个同性恋，这在当时被认为是一种近乎异端的不可饶恕的罪过。所有这些结合在一起，极大地降低了人们对于这位君主的尊重。

在国王的眼里，皮尔斯·加维斯顿不会做任何错事，他得到了丰厚的奖赏，这使他越来越招人嫉妒和厌恶。他一点也不圆滑。加冕典礼结束后，他进而在为庆贺此事而举办的锦标赛上将许多最尊贵的贵族挑落马下，使之一败涂地。他用辛辣、诙谐的语言取笑和嘲弄他们。他给每位伟大的伯爵都起了绰号。格洛斯特（Gloucester）是"婊生子"或"王八鸟"，林肯（Lincoln）是"布鲁斯特大肚皮"，莱斯特是"招摇撞骗的小提琴手"，沃里克（Warwick）是"阿尔丁的黑猎狗"。"让他把我叫作狗吧。"沃里克伯爵喊道，"总有一天这只狗会把他咬得体无完肤。"

国王与加维斯顿的关系可以追溯到很久以前。实际上，爱德华的父亲曾对儿子怒不可遏，以至于在愤怒之余，从他头上薅下一大把头发来。爱德华即位后不久，伯爵们就开始频频会面，急于遏制他们眼中日益增长的国王权力，削弱其男宠的影响力。他们一致同意采取行动，确保改革"此前（国王）所做的与其荣誉和王权相违背的事情"。当爱德华加冕时，加冕誓词中增加了一段措辞，据此，他承诺要遵守"王国社区所理应选择的正当法律和习俗"。这两种举动都代表了伯爵们的不安和对皮尔斯·加维斯顿的不信任，最终，他们成功地将加维斯顿驱逐出境。

但是没有加维斯顿，爱德华就活不下去，于是没过多久，加维斯顿就重返王廷。他是如此遭人唾弃，以至于国王开始失去那些一直对其忠心耿耿的贵族的支持。更糟糕的是，爱德华没能建立新的党群来取代那些加入反对阵营中的人。1311 年，贵族们向他提出了一长串被称为"条例"（Ordinances）的要求，其中包括流放加维斯顿。国王拒绝接受。国王和他的男宠双双去了北方。在斯卡布罗城堡（Scarborough Castle），加维斯顿被贵族们包围，被迫投降，尽管他们承诺让他安全前往想去的地方。他被带往南方，这时，一场更大的灾难降临到他身上。他被自己最致命的敌人——他曾戏称之为"阿尔丁的黑猎狗"的沃里克伯爵——抓获。沃里克心里只有一件事：复仇。他把加维斯顿带到沃里克城堡，在那里，加维斯顿被贵族们审判并定罪。这位男宠在镇北一英里处被处决，周遭是群氓的热闹欢腾和号角的阵阵齐鸣。国王听到这个消息后说："天哪，他的行为真像个傻瓜。如果他听了我的劝告，就不会落到伯爵们的手里了。"

在接下来的十年里，伯爵们将国王的表弟——兰开斯特的托马斯（Thomas of Lancaster）视为自己的领袖。他拥有巨大的权力，继承了五个伯爵领地，维持着庞大的随从队伍，拥有同国王一样多的武装骑士。不幸的是，与爱德华一样，他也颇为懒惰，缺乏远见和方向感。在那些年里，贵族们左右着那位地位岌岌可危的国王。他挽回局面的唯一机会失败了。1314 年，他领导了自他父亲发动的战役以来最大规模的军队以对抗苏格兰人。6 月 23 日和 24 日，英格兰人在班诺克本战役（Battle of Bannockburn）中一败涂地，他们的装甲骑士在苏格兰人故意选择为作战地点的沼泽中苦苦挣扎。胜利本可以使爱德华重整旗鼓。失败只会加速他的毁灭。

滂沱大雨也构成了那一年的标志，而第二年再次暴雨如注。雨似乎不间断地从天空倾泻而下。即使种子发了芽，谷物的茎也会腐烂。这就意味着，继沙场惨败之后到来的是饥饿和饥荒。食物少得可怜，价格却一飞冲天。贵族家庭的人手用度大幅减少，这只会增加贫困人口的数量。由于没有什么东西可以喂牛，疾病乘虚而入。牛的减少意味着耕牛的减少，也意味着肉、奶酪和牛奶的减少。那是全体人民都苦不堪言的几年。

这其中的大部分责任不该由国王承担，而是该由兰开斯特的托马斯和伯爵们承担。爱德华开始组织一批新的亲信，但贵族们再次要求将他们免职且达到了目的。后来，苏格兰人占领了伯威克（Berwick），这更被认为是贵族们的过错。到那时，爱德华又有了一个新的宠儿，休·德斯宾塞（Hugh Despencer）。他和加维斯顿一样，既贪得无厌而又野心勃勃。德斯宾塞的目标是在南威尔士建立一个巨大的庄园，他这样做惹恼了英格兰与威尔士边界处的领主们，他们夺取了他的土地，要求将他流放且达到了目的。然而，这一次，国王重整旗鼓，在波洛布里奇战役（Battle of Boroughbridge）中打败了兰开斯特的托马斯领导下的贵族们。在接下来的连续十年里，国王终于能够因贵族们对待皮尔斯·加维斯顿的方式而替他报仇雪恨了。就像加维斯顿在行刑前被取笑和嘲笑一样，兰开斯特的托马斯也被迫骑一匹"精瘦的白马"，戴一顶破旧的帽子游街。当时是冬天，挤在道路两侧的人群朝他扔雪球。据说他曾指望敌方苏格兰人来救他，因此他被迫面朝北方下跪，等待处决。

这是一场规模空前的大屠杀的信号。在小德斯宾塞和他父亲的建议下，一场恐怖统治接踵而来，旨在消灭反对派。二十五个贵族被处死，其他的进了监狱或遭到流放。许多人被迫以高额罚款的方式换取自由。1311年的"条例"被废除。德斯宾塞父子现在以金钱和土地的形式攫取所能获取的一切。人们被迫向他们支付莫须有的债务。富有的女继承人和寡妇受到骚扰，直到她们把庄园卖掉。王室资助了德斯宾塞的每一次心血来潮。所有这一切的反对方来自一个最意想不到的部分，那就是王后，她现在不再被视为最优雅的贵妇和最美丽的女人，而是被视为法兰西的"母狼"。爱德华已经抛弃了伊莎贝拉。当他意识到她的意志是多么坚强时，他发誓，即使他没有其他武器，也要用牙齿咬碎她。

王后带着儿子威尔士亲王爱德华离开英格兰，前往法国，爱德华在那里与海纳特伯爵（Count of Hainault）的女儿订了婚。许多从英格兰流亡出来的人在那里加入了伊莎贝拉的阵营，其中就包括罗杰·莫蒂默（Roger Mortimer），他已被判处了死刑，但他在行刑前夕举办的宴会上给伦敦塔的卫兵下了药，然后逃之夭夭。他成了王后的情人，随后与一小群海纳特伯爵派来的雇佣兵一起，于1326年9月在萨福克（Suffolk）登陆。国王是如此不得人心，以至于他身边的人全都作鸟兽散。伦敦欢天喜地地敞开了大门。面对

第十四章 一个无能的国王

这一切，爱德华和德斯宾塞父子惊慌失措地逃往威尔士。恐惧现在堆积起来。老德斯宾塞在布里斯托尔被抓获，这一次，轮到贵族们报仇雪恨了。他经过审判后被绞死，在市民的呐喊声中被拖拽拉扯，尸体分成了四块。与此同时，国王和小德斯宾塞从切普斯托（Chepstow）起航，在格拉摩根（Glamorgan）登陆。他们的命运甚至更为可怕，因为他们被兰开斯特的托马斯的弟弟亨利（Henry）抓住了。德斯宾塞被带到赫里福德（Hereford），遭到野蛮的处决。

国王被带到凯尼尔沃思城堡（Kenilworth castle）。他拒绝出席议会，当议会开会时，坎特伯雷大主教在一次布道中告诉议会，经大贵族、神职人员和人民的一致同意，爱德华不再是国王。一个包括所有这些团体之代表的代表团被派往凯尼尔沃思去通知爱德华此决定。爱德华悲痛欲绝，昏厥过去，随后乞求怜悯，同意放弃王位，条件是要由他的儿子继承王位。

没有人知道爱德华二世的命运。它仍然是英国历史上最大的谜团之一。罗杰·莫蒂默的确策划了他的死亡，但是他成功了吗？有一种说法会使我们相信他成功了。根据这种说法，国王被故意监禁在肮脏的监狱里，最后在伯克利城堡（Berkeley Castle）被谋杀。另一种说法非常特别，所以可能是真的。根据这个说法，爱德华杀死了看门人，成功地逃了出去。他先去了爱尔兰，然后去了法兰西，在阿维尼翁（Avignon）受到教皇的接见，最后去了意大利，在那里成了一名隐士。不管他的命运如何，人们还是在格洛斯特大教堂为他建造了一座华丽的陵墓。

伊莎贝拉王后和现在的马奇伯爵（Earl of March）莫蒂默的胜利绝不是正义战胜了非正义的胜利。事实上，这一切只意味着，一群残忍贪婪之徒取代了另一群残忍贪婪之徒。这两人灾难性地统治了英格兰三年，直到又一次形成了反对他们的力量。虽然反抗以失败告终，但年轻的爱德华三世（Edward Ⅲ）决定了他们的命运。与父亲不同，爱德华三世善于挑选合适的帮手。1330年，他和朋友通过地下隧道进入了诺丁汉城堡（Nottingham Castle），与女王和莫蒂默对峙。伊莎贝拉恳求道："好儿子，好儿子，可怜可怜温文尔雅的莫蒂默吧。"但她的恳求于事无补。莫蒂默被带到伦敦，被审判和处决。王后被迫退休，以阅读爱情小说的方式打发时间，最终成为圣方济各会修女。

现在开始了爱德华三世的真正统治，但这一时期留下了可怕的遗产。在二十五年的时间里，这个国家一直由一个受到无能贵族挑战的无能国王统治着。作战失利，饥荒频仍。再也没有比报复造成的可怕而残酷的流血事件更严重的损失了。在这出情景剧的背后，真正的问题在于国王和贵族之间的关系。贵族们希望限制国王的权力，限制他选择大臣的权力，限制他将土地赏赐给他认为合适的人的权力。他们认为王室是罪恶之渊，充斥着狡诈和令人讨厌的人物，他们想要得到所能得到的一切。尽管国王很可鄙，但他仍可将自己的权力作为治理国家的有效方式。一次，一位伯爵对他说："陛下，假如你消灭贵族，你实际上就是在贬低自己的荣誉。"国王回答说："没有人会为我难过，没有人会为我的权力与他们做斗争。"

在这些斗争中，议会的重要性几乎是出乎意料地得到了提高，因为它使双方都有了一种手段，使自己像是得到了广泛的支持。若是有位像爱德华一世这样强大的国王，议会就会被用来表明，国家支持他的侵略政策。若是有位像爱德华二世这样软弱的国王，那些聚在一起的人就不再会温顺地同意国王的建议，而是开始提出他们自己的建议。由于国王和贵族都希望证明自己是代表整个国家在行动，所以双方都急于把郡和市镇的代表纳于麾下。王室发布令状征召地方权贵。为了回应令状，郡骑士和自治市议员被选举出来。地方权贵的任务是就重大政策问题提出建议并进行辩论。骑士和市议员将在议会批准支付那项政策的税收。苏格兰战争给了他们越来越多的权力，他们将这些权力用作杠杆，以便在同意确定税收之前得到心中想要的东西。他们回到家乡后的任务是把已经做出的决定告诉每个人。就这样，越来越多的人参与到治理国家的过程中来。

君主政体在公众心目中的地位从来没有像爱德华二世统治时期那样低下。然而，国王是个失败者这一事实丝毫没有动摇人们对王权的神圣性及其在社会金字塔顶端的地位的信念。随着一位能力超群的国王的即位，一切都将逆转，王室的辉煌将得到恢复。

第十五章　百年战争

"在世上所有值得尊敬的人中间，"编年史家弗罗萨特（Froissart）写道，"尊贵的国王爱德华确乎是个极其善良仁慈的人。"在半个多世纪的时间里，爱德华三世一直以理想的国王身份统治着英格兰，直到他上了年纪，且失去了他挚爱的王后，那种使他变得伟大的力量才开始削弱。就像他以之为榜样的祖父那样，爱德华被上天赋予了中世纪国王所需的全部特质。他在战场上是一位勇敢的将军，在和平时期是一位天生的领袖，为人慷慨大方，富于魅力和幽默感，这使他受到所有与他有接触的人的喜爱。爱德华开始使自己成为骑士美德的典范，充分实现了亚瑟王和他的宫廷的功绩，这些功绩被记录在了当时流行的传奇故事中。事实上，他把温莎城堡（Windsor Castle）变成了他的卡米洛特（Camelot）——一个骑士精神的天堂，为表敬意，骑士们从欧洲各地蜂拥而来。隆重的仪式和华丽的场面是当时的风气，而得风气之先的是这样一位统治者：他将是建筑师、画家和音乐家的强有力的赞助人。在爱德华三世的统治下，王权恢复了失去的荣光。

1328年，爱德华与海纳特的菲利帕（Philippa of Hainault）结婚，四十年来，她一直站在他身边，对他具有稳定的影响力，可以遏制金雀花王族那臭名昭著的暴怒脾性，就像她在加来（Calais）被围困后为其善良公民的生命进行调解一样。她为国王生下了不少于十二个幸存下来的孩子，掌管着一个既和睦又幸福的皇室家庭，这样的皇室堪称独一无二。与以前的君主不同，爱德华三世的儿子们没有一个曾在他晚年时密谋推翻他。

这很好地说明了这个人的性格，正是这种性格使他深得民心。这一点也

体现在弗罗萨特的一段描述中。在一场海战打响前不久,他在一艘船上:

> 国王站在船头,身穿一件黑丝绒上衣,头戴一顶黑色海狸皮帽,这让他显得神采奕奕;他那时……还是像一直以来的那么快活。他让他的吟游诗人在自己面前吹奏一支德国舞曲,这支舞曲是由在场的约翰·钱多斯勋爵(Lord John Chandos)最近带来的,然后,作为消遣,他让这位骑士与他的吟游诗人一起唱歌,并从中获得了极大的乐趣。正当国王这样自得其乐之时……瞭望士兵叫道:"嗬!我看见一艘船驶过来了,我想那是一艘西班牙船!"于是吟游诗人们屏声静气……

当敌人的舰队出现时,国王要了杯葡萄酒,"然后他扣上头盔,其他人也照样做了"。英格兰人随后赢得了一场引人注目的胜利。

爱德华三世统治时期最引人注目的是,在面对一场重大战争和被称为"黑死病"(Black Death)的瘟疫所带来的恐怖时,其政治和社会的稳定性。国王把他在国内的成功归功于这样一个事实:不像他的父亲,他意识到正确利用恩惠以保持贵族的忠诚和对其统治的满意度的重要性。

他分封新的伯爵,授予他们土地,甚至把几个女儿嫁给了这些贵族,从而进一步加强了他们对国王的忠诚。但将他们紧紧捆绑在一起最重要的因素是与法国的百年战争(Hundred Years War),事实上,这场战争总共持续了一百一十五年。

这场战争的起因是复杂的。1328年,一个新的王朝——瓦卢瓦(Valois)——继承了法国的王位。在那个国家,继承权只传男不传女,这一原则被称为"萨利克法"(Salic Law)。但在英格兰则不同,在那里女性可以继承王位。如果在法国也如此的话,那么爱德华三世就会因为其母亲伊莎贝拉的缘故而比第一任瓦卢瓦国王腓力六世(Philip Ⅵ)更有资格成为法国国王。但爱德华起初从未寻求过自己的权利,事实上,他向那位新国王表达了对其法国领土的敬意。

然而,随着时间的推移,两国关系开始急剧恶化。围绕边界的纷争不断,法律纠纷频繁，商业竞争频现。最重要的是在荷兰的冲突，而荷兰对英格兰的羊毛贸易至关重要。在英吉利海峡，法国和英格兰的船只起了冲突。然后还有苏格兰，它与法国的结盟意味着法国可从后门进入英格兰。再加上爱德华想从其勇士祖父手中接过火炬的愿望，一场重大冲突的所有因素都已准备就绪。

传说在一次盛大的宴会上，国王面前摆着一只苍鹭，这是刻意的选择，因为苍鹭是所有鸟类中最胆小的，在宴会主人看来，这道菜正适合一位没有去争取合法遗产的君主。在这之后不久，爱德华宣布他对法国王位有继承权，并于1340年公开启用法兰西国王的称号，在他的纹章上刻上了法国的百合花，时至今日，这些百合花仍一直保留在那里。因此，这场战争不同于以往所有的战争，因为它不再是封臣对抗领主的战争，而是真正的国王对抗篡位者的战争。

这是一场十字军全力进行的战争。上帝被认为是胜利的最终评判者，这反映在两个国王不断抛向对方的单挑战书中。单挑从未发生过，但每一场战役和战斗都是怀着全部的骑士精神进行的。爱德华三世充分发挥了自己的作用，身先士卒地挺进战场，并在作战前夜将士兵们召集起来发表动员令。他的儿子伍德斯托克的爱德华（Edward of Woodstock）有"黑王子"（Black Prince）之称，这可能是因为他身穿黑色盔甲的缘故。他比他的父亲更受尊重，被誉为"全世界骑士精神之花"。十六岁时，他就已经率领部分英格兰军队投入战斗了。

战争将各个阶层都团结在了国王的身后。贵族和骑士们践行了骑士的理想，向他们的情妇发誓，说他们不会这样或那样做，直到他们完成了这个或那个战斗壮举。即使在和平时期，爱德华也通过举办壮观的锦标赛的方式来召集他的骑士，锦标赛是训练年轻骑士如何战斗和如何遵守骑士规则的竞技场。他重建了温莎城堡，使之成为他举办这些盛大的骑士节日的场地。1348年，他成立了一个特殊的兄弟会，即骑士团——嘉德骑士团（Knights of the Garter），其座右铭是"Honi soit qui mat y pense"（心怀邪念者可耻），向任何胆敢反对这位英格兰人获得法国王位的人发起挑战。

对贵族和骑士来说，战争不仅仅是扮演一个角色，它还极其有利可图。在英格兰的每一次胜利之后，被俘的法国骑士都会换来巨额的赎金，数额之大，以至于整个城堡都会用这些钱来建造。不仅如此，就连普通士兵、步兵和弓箭手也表现出色。沃尔辛厄姆（Walsingham）所著的编年史写道："很少有女人没有来自卡昂（Caen）、加来和其他海外城镇的东西：衣服，毛皮，床单，餐具。那时，英格兰的每个家庭都有桌布、细麻布、木碗和银碗。"更重要的是，这些男人的收入和装备比以往任何时候都好。熟练的英格兰弓箭手现在被部署来造成毁灭性的效果，他们的箭镞急雨般地从两侧射向敌人。盔甲也得到了发展，因此骑士们得到了比以往更好的保护。大炮于此时初次出现，预示着火药时代的到来。最重要的是，与苏格兰人的战争教会了英格兰人许多战术，尤其是掠夺性突袭的价值，在突袭中，整个村庄将被摧毁，乡村变为荒地，百姓遭到屠杀。在几十年的时间里，对法战争将会受到社会各个阶层的普遍欢迎，因为国王也是公关大师，会借助议会演说、教区布道和时事通信的循环发布，向他的人民灌输其事业的正义性以及其所获得的胜利。

在二十多年的时间里，英格兰人赢得了一次又一次的胜利。1339年，法国舰队在斯路易斯（Sluys）被击溃。七年后，甚至迎来了更为声名远扬的克雷西（Crécy）战役的胜利，这要感谢国王作为将领的才干和弓箭手的能力。随后，加来港遭到围攻并投降，此后它将在英格兰人手中保留两个世纪。爱德华疏散了其饥饿的居民，在他们离开的时候为其提供一顿丰盛的晚餐，后来又让英格兰移民重新定居在小镇上。十年后，另一场传奇性的战役——普瓦捷（Poitiers）战役——打响，在战斗中，年轻的黑王子成为英雄，法国国王被俘。作为当时的骑士风范的标志，王子在餐桌上侍候他的帝王俘虏进餐。法国国王被带到英格兰，进入伦敦，入城时，有人向他撒下了金色的树叶。他被押送到伦敦塔的一所豪华监狱。

战争的辉煌阶段于1360年结束，当时双方达成了和平协议，法国人为其国王支付了三百万英镑的巨额赎金。英格兰在法国的领地扩大了，因为现在其中也包括了加来港，英格兰对它们都拥有完全的主权。虽然战争在1370年再次爆发，但英格兰再未如此成功过。到那时，爱德华已经垂垂老矣，黑

第十五章　百年战争

王子则病得奄奄一息，他将先于自己的父亲去世。瓦卢瓦王朝的国王们精明地避免了战争，并逐渐重整旗鼓，因为英格兰人对法国人的野蛮行径并没有增加对爱德华三世统治的支持。在他的心中完全没有任何给予法国以正义和善政的想法。战争意味着收益。亨利二世的大陆帝国将不复存在。

然而，在伴随这些胜利的所有盛大排场背后，始终潜伏着放债人的身影。国王两次破产。士兵的军饷要按现行利率的两倍一次性加以支付，还有运输和食物的费用，此外还有他给海外盟友的巨额财政补贴。其结果是，爱德华落入意大利放债人之手，而他们自己最终也破产了。然后他转而求助于英格兰商人。议会没完没了地受到资金的压力，结果是逐渐地获得了对财政的越来越大的控制权。不过，不管议会围绕战争成本问题的敌意和批评是多么强烈，爱德华总能安然渡过难关。

随着国王步入老年，批评变得愈加尖锐。当他的王后于 1369 年去世时，一只约束他的手被移开了。爱德华变得越来越懒惰，受到他锱铢必较的贪婪情妇爱丽丝·佩尔勒斯（Alice Perrers）的影响。在史密斯菲尔德（Smithfield）举行的一场盛大的锦标赛中，她戴着已故王后的珠宝，以太阳女神的形象出现。当爱德华处于弥留之际时，据说她把他的戒指从手指上摘了下来，然后溜之大吉。

爱德华在六十五岁时去世，安葬在威斯敏斯特教堂。在他的坟墓上，我们可看到他的青铜雕像，不是金发的年轻骑士的雕像，而更像《旧约》中的先知，留着飘垂的头发和胡须。他深爱的王后菲利帕就躺在他身旁，他的十二个孩子围在坟墓周围，他们及其后嗣将成为金雀花王朝的废墟。回顾爱德华三世的统治时期，人们很快就会发现，它是一个黄金时代，在这个时代里，中世纪晚期君主政体的运数在声望和成就方面都达到了顶峰。

第十六章 黑死病

在以前的英格兰，没有什么比黑死病（Black Death）更可怕的了。罗彻斯特（Rochester）的一位修道士丹恩的威廉（William of Dene）记录了在他的肯特郡教区所发生的事情：

> 使我们极为悲痛的是，瘟疫夺走了许许多多男女老少的生命，以至于找不到一个把尸体抬进坟墓的人。男人和女人把自己的孩子扛到教堂，扔进一个公共墓穴里。从这些墓穴里散发出如此难闻的恶臭，几乎没有人敢在墓地旁边行走。

罗彻斯特主教的教区是个小教区，由于死的人太多了，"没剩一个人可为他做任何事"。总共有四个牧师、五个乡绅、十个仆人、七个年轻教士、六个听差死去。全国各地的情况或多或少都与此类似，因为瘟疫夺去了全国四分之一到三分之一的人口。

对当时的人们来说，这只可能是上帝对其罪孽的审判。欧洲各地都出现了关于灾难即将来临的超自然警告。占星家们仔细观察天空，寻找厄运的征兆，结果发现了1345年3月20日发生的一次非常邪恶的星宿汇合情况：土星、木星和火星都进入了黄道带星座宝瓶座，亦称水瓶座。土星和木星意味着死亡和毁灭。火星和木星进入宝瓶座预示着瘟疫将在空中传播。人们相信，此类疾病会通过大气层传播，像雾或云一样从东方飘过天空，然后神秘地下降，吞没一座城市或整个地区。

第十六章 黑死病

当1348年的瘟疫来袭时，没有人知道它是什么。它的传播途径和杀戮方式令所有人都大为震惊。据说有人只是瞥了一眼受害者便摔倒在地，一命呜呼。其症状很快就为人们所熟悉了，腹股沟、腋窝或颈部可能长出苹果大小的疖子，然后病状迅速蔓延到身体其他部位，在皮肤上产生黑点。吐血的人会在三天内死去，其余的人会在五天内死去。它的拉丁语称谓是 *pestis atra* 或 *atramors*，翻译成英语的意思是"恐怖的""可怕的"或"黑色的"瘟疫或死亡。

今天我们知道，这几乎毫无疑问是腺鼠疫，这是一种传染性疾病，通常出现在世界偏远地区，如印度北部等地，而且确实不时地从这些地方向西传播。14世纪中叶则正是如此，就英格兰而言，直到1665年伦敦大瘟疫（Great Plague of London）之后，它才最终离开英国海岸。把它带来的并不是神秘的迷雾和云，而是黑老鼠，它们在沿商路迁徙的过程中，将带有病菌的跳蚤从东方带至巴格达、亚美尼亚和克里米亚，然后乘船越过地中海进入港口，并从那里传遍整个英格兰。它不仅是腺鼠疫，还具有另外两种可怕的形式：一种是肺部受到攻击，导致吐血；另一种会在数小时内感染致命的血液。这些情况都是致命的。它们都是令人难受的疾病，肮脏可憎，不堪入目，使每一个与受害者接触的人产生恐惧和恐慌。在欧洲大陆的一些国家，当人们祈求上天结束这些恐怖时，瘟疫引发了人们的集体歇斯底里。

英格兰没有发生如此戏剧性的事情，但其结果一样是毁灭性的。1348年6月底，瘟疫首先在多塞特郡（Dorset）的梅坎贝·里杰斯（Melcombe Regis）港登陆。起初传播速度缓慢，但到了7月底和8月，它在英格兰西部迅速蔓延，袭击了埃克塞特和布里斯托尔两座城市。然后，它继续向泰晤士河流域移动，在3月到达了那里。到了7月，它开始向北传播，尽管那时它已经通过其他港口进入。那些认为只要关闭城门就能保持免疫力的城镇是错误的，因为黑老鼠是通过沟渠和下水道进入的。

它对首都伦敦的影响最具灾难性。在为容纳死者而于城墙外修建的两座巨大的新墓地中，有一座坟墓上面刻着这样的铭文："1349年，一场大瘟疫在我主的土地上肆虐，此墓地已被奉为神圣，其中……埋葬了五万多具尸体……上帝已怜悯了他们的灵魂。阿门。"更有可能的数字只是这个数字的一半，但没有人能责怪这种夸大，因为他们每天都会看到堆满尸体的绵延车队。伦敦已经到了暴发瘟疫的时候。它拥挤不堪，人们吃住都在一起，狭窄的巷子里泥泞不堪，污秽遍地，卫生条件十分原始，所有要处理掉的东西都会排入泰晤士河。

这场瘟疫谁也没放过，无论他是富人还是穷人，是牧师还是俗人。事实上，神职人员遭到了重创，因为他们要为病人和垂死的人服务，被感染的概率要大得多。但当时的人们并不这样认为。穷人认为富人轻松地逃离了瘟疫，因为他们看着富人们关闭了房子，前往他们认为的国中安全之地。人们记住的牧师不是那些勇敢地留在后方的人，而是那些抛弃了自己的教众的人。正如一位修道士所写的："在这场瘟疫中，许多随军牧师和雇佣的教区牧师都不愿意无偿服务，其要价之高超出了常理。"但在全国各地，瘟疫的影响各不相同。有些地区的情况要好些，有些地方则非常糟糕。

瘟疫并非只在1349年这一年肆虐。黑死病在14世纪晚期时有发生。它将一次又一次地卷土重来，认领它的受害者。十多年后，在1361年，它又回来了，这一次被称为"婴死病"（mortality of infants），因为死亡的大多是儿童和婴儿。它在1369年和1375年再次出现。每当这种情况发生时，人口就会减少，耕地面积也会缩小。与此同时，那些为数不多的没有受到影响的人可以为自己的工作收取更高的费用，因此工资上涨了。劳动力是如此稀缺，以至于有时牲畜会在无人看管的情况下在田野上游荡，而到了收获季节，庄稼颗粒无收，因为没有人去收割它们。亨利·奈顿（Henry Knighton）的编年史是当时关于那场瘟疫最完整的记述，它生动地描绘了英格兰在瘟疫暴发后的情景：

瘟疫过后，所有大城市、小城镇和自治市的许多大大小小的建筑物都因缺乏居民而倒塌，完全变成了废墟；同样，许多小村庄变得荒凉，没有留下一栋房子，因为所有住在里面的人都死了，似乎很有可能的情况是，许多这样的小村庄永远也不再会有人居住了。

第十六章 黑死病

然而，最大的损失可能是教会承受的。许多神职人员的行为不仅使他们丧失了尊敬，而且死亡几乎消灭了一半的神职人员。结果是，许多匆忙得到任命以填补空缺的人缺乏真正的使命感，使教会名誉扫地。结果，牛津大学和剑桥大学都成立了学院来培养神职人员，以满足对真正有资质的人的迫切需求。温彻斯特主教威廉·威克汉姆（William of Wykeham）于1380年在牛津建立了新学院（New College），在曾经是该市最大的瘟疫墓穴的地方建造了一个花园。

黑死病给人们留下了一种精神危机感，而教会在其现有的形式下并没有对之做出足够的回应。在直到1400年的几十年里，死神一直在欢舞，引发了深切的不安感和挥之不去的阴郁感，其受害者包括主教和修道院院长、教区牧师和修道士、贵族和骑士、商人和工匠、自由人和农奴、富人和穷人、青年和老人。死神那把气势汹汹的大镰刀在人们头顶上盘旋挥舞着，等待着发出致命一击。

即便是在一个人们对婴儿死亡和成年人在四十岁前死亡已习以为常的时代，这场瘟疫的突然发生也几乎让人觉得最后的审判近在眼前。在这个时代，教区教堂的圣坛拱门周围描绘着所谓末日景象，也就是那可怕的最后审判，到那时，人们将被追究责任。天使会把那些过着善良生活的人聚集起来，引导他们去天堂；那些犯罪的人则要被魔鬼的利爪攫住，投进永恒的痛苦之中。黑死病标志着，算总账的日子确实到来了。

第十七章　大起义

亚当和夏娃男耕女织之时，
何曾有绅士之说？

这是牧师约翰·鲍尔（John Ball）在向聚集在伦敦城外的成千上万的农民布道时使用的对句，这些农民是"大起义"（Great Revolt）的主力军。他所谈论的是社会革命："人之初，男女皆平等，人与人之间的奴役是由恶人的不公平交易造成的。因为神若想让这些人当奴仆，让那些人做主人，那他一开始就会对他们加以区分。"

在英格兰，处于社会最底层的最贫困阶级以前从未如此大规模地揭竿而起过。它威胁着被中世纪世界视为神授的一切，即一种以金字塔形式递减的结构，国王位于金字塔顶端，向下依次为领主、骑士、乡绅、自治市议员和自由民。然而，所有这些人在议会都有代表，他们的声音在王国政府中可以被听到。在他们之下的是广大民众，是穷苦的佃农和雇佣劳动者，他们没有这样的发言权。1381年夏天的几个月里，当这个下层阶级差一点成功地将统治阶级从权力宝座上拉下马来时，统治阶级一时间深受震惊，不知所措。

这场起义发生在新国王理查二世（Richard II）在位的第四年。理查二世是黑王子之子，爱德华三世之孙。他于1377年登基时年仅十岁，所以很多人引用了《圣经》中的诗句："大地啊，当你的国王还是个孩子的时候，你就有祸了。"

理查个子高挑，五官精致，金发蜷曲，眼睛湛蓝。他的一举一动都派头十足，他的加冕典礼浩大壮观，目的是让人人都铭记一位受膏国王的神圣性。但事实上，多年来，真正的权力掌握在大领主和权贵的手中，掌握在他的母亲、年轻时被称为"肯特郡美少女"（the Fair Maid of Kent）的琼公主（Princess Joan）的手中。他们奉行的政策是对法国发动毁灭性的战争。

引发"大起义"的是为维持这场战争而产生的对金钱的需求。1380年，议会对全国所有成年人征收人头税（poll tax），金额是一先令。车夫、庄稼汉和牧羊人之类的人一年只能挣到约十三先令四便士。一个男人及其家庭每月的平均工资收入也仅仅约为一先令。人头税是议会中那些贪婪且自私者的里程碑，因为他们故意把赋税的重担推给那些在议会中没有代表的人。一旦开始收税，便出现了广泛的逃税情况。税收缺口是如此之大，以至于在1381年春季，政府官员被派往各郡强制收缴。结果是公开的反抗，因为税收是压在过去几十年里累积起来的义愤情绪上的最后一根稻草。

没有编年史从革命者的角度告诉我们这次起义的故事。他们是文盲，通常不善表达，他们的命运只能用悲惨来形容。佃农过着牛马般的生活。他们被绑定在领主的庄园里，作为回报，他们得到的是散落在几块大片土地上的狭长土地。他们生活在用抹灰篱笆墙搭建的茅屋里，与牲畜和家禽同住。地板是泥地，房子没有烟囱。他们起早贪黑地在田间劳动，其中有三天是在领主的土地上工作，为他放羊、剪羊毛、喂猪、播种、收割。谁也逃不出庄园主人的手掌心，因为他们必须把粮食送到主人的磨坊去磨，把面粉送到主人的烤房去烤成面包。有时，不诚实的磨坊主和面包师还会从中克扣。没有主人的允许，佃农甚至不能结婚，当他死后，主人会带走他最好的牲口。

次一等的牲口会被教会带走。事实上，教士会从一个农奴所生产的所有东西中取走十分之一，也就是所谓什一税。这包括他不管是在田里还是菜园里的所有庄稼、蜂蜜、牛奶，还有柴火。英格兰的佃农除了名字之外，完全就是奴隶。

但在14世纪末，由于黑死病的影响，情况发生了变化。随着人口的急剧下降，劳动力变得昂贵起来，而逐渐积累起财富的农奴有时也能买到自由。然而，大多数人都会遭到拒绝，结果是痛苦的沮丧折磨。1351年颁布的《劳工法令》（Statute of Labourers）使这种沮丧甚至更加严重，法令规定，工资必须保持瘟疫前的水平。任何佃农，如果被抓到取得了超过规定的报酬，或者更糟的是，离开领主的庄园到别处去获取更好的待遇，都将受到罚款、监禁、足枷或颈手枷的惩罚。他们没有权利。冻结工资的尝试不只在乡村造成了痛苦，在城镇，它也影响了那些挣工钱的手艺人，即如织工、砖瓦匠和裁缝这样的人。这是一场雇主对雇工的较量。

所有地主中最保守、最顽固的是教会。因此，当有牧师在其讲坛上谴责神职人员的罪恶时，普通民众会聚精会神地倾听，这也就不足为奇了。尤其是他们从约翰·威克里夫（John Wycliffe）的追随者那里听到这样的事情时就更是如此，这些追随者被称为罗拉德派（Lollards），他们认为教会的角色是精神的，而不是世俗的，他们批评教会的巨大财富和权力，认为这些应该被剥夺。

"大起义"的惊人之处在于它的速度和突然性，这证明存在一个协同工作的广泛网络。5月的最后一天，肯特郡和埃塞克斯郡同时起义。在肯特，农民们发起猛攻，占领了罗切斯特城堡，后来又占领了坎特伯雷。在埃塞克斯，他们占领了科尔切斯特、布伦特伍德（Brentwood）和切姆斯福德（Chelmsford）。义愤填膺的人们成千上万地聚集起来，他们的领袖很快便脱颖而出，即埃塞克斯的杰克·斯特劳（Jack Straw）和肯特的瓦特·泰勒（Wat Tyler）。他们所到之处都释放囚犯，但最重要的是焚烧文件：法庭记录和税单，任何记录农奴制的文件。地主们被抓住，被迫给自己的佃农颁发自由特许状。每个人都被要求对"理查国王和真正的众议院议员"宣誓效忠，因为起义者没有责怪国王，而是责怪他那些邪恶的顾问。

到6月12日，两群人已在伦敦会合，埃塞克斯人位于英里角（Mile End），肯特人在布莱克西斯（Blackheath）。然后他们洗劫了南华克（Southwark）和坎特伯雷大主教的兰贝斯宫（Palace of Lambeth）。政府惊慌失措，无能为力。军队在普利茅斯（Plymouth），准备出发去法国。于是国王和他的母亲躲进伦敦塔避难。理查只有十四岁，但他同意在泰晤士河畔与瓦特·泰勒会面。6月13日，他和他的御前会议成员乘坐一艘驳船前往格林威治（Greenwich）。

国王对造反者说:"先生们,你们有什么话对我说呢?告诉我,我来就是跟你们对话的。"造反者们发出大声的回应,命令他们上岸,但那些服侍国王的人吓得动弹不得,命令将驳船划回伦敦塔。

造反者通过背信弃义获得了进入这座城市的许可,他们在城里有许多支持者。场景触目惊心。他们痛恨国王的叔父,也就是冈特的约翰(John of Gaunt),所以他在萨沃伊(Savoy)的华丽宫殿被洗劫一空,夷为平地。随后,他们转向律师会馆(Inns of Court)里的会堂,那是同样令人生厌的律师们的所在地。会堂被洗劫一空,接着暴徒们继续向伦敦塔挺进,威胁说如果国王不接见他们,就要把城堡里所有的人都杀掉。御前会议内部出现了分歧,但许多人力主正视实际发生的情况,同意造反者的一切要求,然后以协议是在武力强迫下同意的为理由废除它。这要求年轻的国王表现出非凡的勇气,他同意在城外的英里角举行会议。

据记载,在6月14日,理查"像狼群中的羔羊"一样只在少数贵族的陪同下骑着马向六万农民走去。他无所畏惧,勇敢地骑马来到他们中间,大声宣布:"善良的人们,我是你们的君主和国王。你们有什么话要对我说?"农民们请求废除农奴制度,"以便我们永远不再被称为农奴和奴隶"。国王同意可用每英亩四便士的年费来取代他们以前对领主的服务。他还下令让三十名职员为造反者起草赦免令。然后造反者开始四散回家,国王和他的侍从启程返回伦敦塔。

在伦敦塔,在他不在的时候,发生了无以言表的恐怖场面,因为有人愚蠢地放下了吊桥。暴徒们入侵了宫殿,逮捕了大主教和其他人,并将他们全部处决。琼公主被暴徒们挟持到了"女王的衣橱"(Queen's Wardrobe),这是一个靠近圣保罗教堂的储藏室,国王在那里同她会合。伦敦当时处于无政府状态。

第二次会议被安排在史密斯菲尔德广场举行,但这一次,国王及其随从由于担心发生暴力事件,在自己的衣服下面套上了钢制的护身铠甲。国王首先要求伦敦市长威廉·沃尔沃斯(William Walworth)召唤瓦特·泰勒。泰勒走上前来,但对国王毫无敬意。国王问道:"你们为什么不回家?"泰勒随即提出了另外一系列的条件，其中包括完全废除农奴制和没收所有教会财产，国王同意了这些条件。在那之后，国王队列中的一名成员突然谴责泰勒是肯特郡最臭名昭著的小偷。泰勒企图刺杀那人。理查随即命令沃尔沃斯逮捕泰勒。接下来是一场混战，混战中，沃尔沃斯因身穿锁子甲而免于被泰勒所伤，一名扈从用剑刺穿了这位造反者，杀死了他。

接着是一个可怕的时刻。造反者对着王军拉开弓箭，但国王向他们走去，口中说道："先生们，你们要射杀自己的国王吗？我将成为你们的首领和指挥官，你们应从我这里得到你们想要的东西。只要跟着我走就行了。"然后他领着他们朝克莱肯威尔（Clerkenwell）走去。与此同时，沃尔沃斯回到城里，迅速召集了七千人，用长矛挑着泰勒的头颅前往国王和造反者前去的地方。然而，理查不允许大屠杀，而是遣散了造反者，造反者感谢他的仁慈。然后他们一窝蜂地往乡下去了。国王回到"女王的衣橱"，他的母亲含泪迎接他。弗罗萨特记述了她的话："啊，我出色的儿子，我今天为你承受了多大的痛苦和悲伤啊！""当然，夫人，"他回答道，"我知道得一清二楚。但现在你们要欢喜赞美上帝，因为今日我得回了我失去的产业，以及英格兰王国。"波尔多的理查（Richard of Bordeaux）就是这么英勇无畏。

但事情还没有结束。全国各地发生的反叛都必须予以镇压。在伦敦，叛乱分子，包括他们的领袖杰克·斯特劳，被沃尔沃斯围捕并处决。在乡下，他们被追捕，被绞死，被拖去肢解。国王的新任首席大法官威逼陪审团判处叛乱者死刑或监禁。但就那个时代而言，这种待遇算不上过分残酷。"大起义"是失败的，因为农奴制还在继续，直到下一个世纪才慢慢地消亡。统治阶级一劳永逸地学到的东西是，再也不可把富人的赋税负担不公平地转嫁到穷人身上。

第十八章　理查二世的命运

理查二世被称为最后一位中世纪国王。他无疑是最复杂难言的。他的宫廷在品位和富丽堂皇方面树立了新的标准。正是其御厨撰写了第一本英语烹饪书籍——《烹饪之法》(*The Forme of Cury*)，书名来自拉丁语 *curare*，意思是精心制作食物。国王在肯宁顿（Kennington）、辛恩（Sheen）和埃尔瑟姆（Eltham）的宫殿是那个时代的奇迹。它们穷奢极欲，在辛恩，甚至有巨大的青铜水龙头提供洗浴用的冷热水。理查是建筑、雕塑、书籍、音乐和绘画的鉴赏家。他喜欢华丽的衣服、刺绣和珠宝。他甚至发明了手帕。他用专门的块状布料擤鼻涕，在此之前，还没有人为这种事费心。所有这一切并不意味着他会成为一位成功的国王。

为了统治，理查需要一些最有权势的领主的支持。他的祖父爱德华三世曾允许领主们为了对法战争征募私人军队。领主们保留了这些军队，即使是在和平时期。英格兰由少数几个大家族统治，如菲茨兰家族（FitzAlans）、莫布雷家族（Mowbrays）、博尚家族（Beauchamps）、斯塔福德家族（Staffords）、珀西家族（Percys）和内维尔家族（Nevilles），他们拥有广阔的土地、城堡和庄园，形成一系列的国中国。甚至更加权势赫赫的是国王的叔叔们，也就是爱德华三世的儿子们，其中最重要的是兰开斯特公爵冈特的约翰（John of Gaunt）。他傲慢自大，自吹自擂，但精力充沛，野心勃勃。借由第二任妻子，他成了卡斯提尔的王位继承人。理查一直对他的这位叔叔心怀疑虑，但作为国王，他别无选择，只能与这群或那群贵族共进退。与此同时，他试图制造出完全依赖王权的人，这引起了领主和在很大程度上受其控制的议会的不满。

议会只有在国王召集时才会召开,而国王只在需要钱的时候才会召开议会。赋税从来就不受欢迎,在一些领主的怂恿下,下议院利用议会来批评国王和他的宫廷。每当领主们看到国王越来越独立于他们,他们就会着手摧毁他的追随者,将其流放或处死。理查二世的悲剧在于他是在孤军奋战。

  国王致力于寻求和平,这也使他与那些大权贵分道扬镳。他意识到,他从父辈手中继承下来的与法国的长期战争正在毁灭这个国家。大领主们总是迫切要求重新开战,因为他们可通过战争从掠夺和赎金中获利。由于渴望和平,理查也被认为与人们心目中的国王的样子不相符,在众人眼中,国王应该是一个勇敢的骑士,是战场上的国家领袖。在这一点上,他没有达到他的英雄父亲——黑王子——的标准,而人们钟爱黑王子,将之视为理查应当追随的理想榜样。相反,国王虽然无所畏惧,但身体并不强壮,只参加过一次作为宫廷生活之核心的锦标赛。他认为,国王之为国王并不取决于战争,而是取决于这样一个事实:在他加冕时,他是被上帝选中的受膏者,因而他与众不同。他的宫廷庆典和礼仪强调了这一点,因此在他统治末期,有记载说:

> ……在庄严的日子和盛大的宴会上,他头戴皇冠,以王室的排场进入……他在自己的会议厅里安放了王座,在上面从饭后一直坐到晚上,不跟任何人说话,而是俯视着所有的人。如果他看向什么人,不管此人是什么身份或地位,都必须跪下。

而下跪不止一次,而是三次。在他的一生中,理查始终坚持所谓皇室特权,这些权力使他凌驾于所有人之上。

  作为一个男人,理查聪明、有教养,对朋友忠心耿耿。像所有的金雀花国王一样,他也会突然大发雷霆,而且随着年龄的增长,他变得越来越神经质。他睚眦必报,从不原谅,会一直怀恨在心,直到有机会报复。他深爱着他的王后,波希米亚的安妮(Anne of Bohemia),他们于1382年结婚。她性情温和,和他一样有志于优雅的生活。他们没有孩子这一事实并未使其婚姻变得不稳定,因为王位继承权始终是个谁都说不准的问题。安妮于1394年去世时，他的第二任妻子，法兰西的伊莎贝拉，年仅八岁。他也热烈地爱着她。

从早年开始，在"大起义"失败后，国王就试图建立自己信任的顾问圈子，这些人包括他的导师西蒙·伯利爵士（Sir Simon Burley）和牛津伯爵罗伯特·德·维尔（Robert de Vere），他们两人都同他一样热爱艺术。人们一直认为，伯利是对理查关于王权的热忱思想负有最大责任的人之一。理查能够致力于伯利的和平政策，与法国和苏格兰都达成了休战协议。那些被排除在国王核心圈子之外的人不可避免地逐渐形成了对立派。1385年，国王的一个叔父，格洛斯特公爵（Duke of Gloucester），以及沃里克伯爵和阿伦德尔伯爵（Earl of Arundel），利用议会攻击国王，要求撤换他的大臣。国王的回答是："我不会应议会之命遣散我最卑贱的仆人。"格洛斯特提醒侄子，不要忘记爱德华二世的可怕命运，最终年轻的国王被迫屈服。他的朋友和顾问们不是被解职就是被监禁。议会随后任命了其他人来代替他们。

但在放弃抵抗的过程中，国王知道自己的王权受到了侵犯，他转而去征求法官们的意见，法官们同意他的看法。结果，到了年底，双方都拿起了武器。皇家军队被击败，他们的领袖，理查的朋友罗伯特·德维尔，被迫逃往法国。现在被称为"控诉派领主"（Lords Appellant）的胜利一方通过所谓"残忍议会"（Merciless Parliament）实施了报复。国王的顾问们未经审判就一个接一个地被判罪。他们被残忍地处决或流放。王后甚至向阿伦德尔下跪，为她丈夫的老家庭教师西蒙·伯利乞命，但他还是被无情地处决了。在一场大屠杀中，国王几乎失去了所有他最喜爱和信任的人。

理查从未忘记这一点，于是他转而策划复仇。他花了十多年的时间才实现这一目标。一年后，他开始扭转局势，方法很简单：询问控诉派领主自己今年多大了。格洛斯特回答说，他二十多岁了。于是国王说："那么我已经成年，可以管理我自己、我的家室和我的王国了……"于是他解除了格洛斯特的职务，任命了自己的官员和顾问，自己掌管政府。他再次与法国达成了和平，然后把注意力转向爱尔兰，在那里花了八个月的时间会见爱尔兰酋长，并命令在英格兰拥有爱尔兰地产的人物归原主。很少有英格兰国王对爱尔兰有如此开明的兴趣。

与此同时，格洛斯特和他的盟友密谋反对理查，但他们被挫败和逮捕。1397年12月，议会召开，但这一次，议会陷入了对国王的恐惧，国王用自己的由忠诚的弓箭手组成的军队包围了议会，这些弓箭手都佩戴着他的白鹿徽章。格洛斯特早已被带到加来城堡，并在那里被杀害。他死后被判叛国罪。然后是阿伦德尔和沃里克。阿伦德尔被判处死刑，处死地点就在理查心爱的导师离世的塔丘（Tower Hill）上的同一地方。血债得以血偿。现已年迈的沃里克被终身放逐到马恩岛（Isle of Man）。理查似乎大获全胜。他采用父亲的旭日徽章以示庆祝。终于，在三十岁的时候，他似乎成了真正的国王。但事实证明，这只不过是海市蜃楼。

这次行动的问题在于，它让贵族深感不安。如果格洛斯特和他的亲信会遭此对待，那么他们所有人也都有此可能。另外两名贵族的待遇证实了他们的怀疑。诺福克公爵（Duke of Norfolk）和赫里福德公爵（Duke of Hereford）闹翻了，双方同意通过审判和战斗来解决他们之间的分歧。这是一场殊死搏斗，因为谁输了谁就会被带走处死。两人都以勇猛著称。赫里福德的更为人知的称呼是博林布鲁克（Bolingbroke），他是国王的堂兄弟，是兰开斯特公爵冈特的约翰的继承人。他不仅有教养，在政治上精明，而且是一位身强体壮的卓越重骑兵，具有人们所期待的中世纪国王的品质。堂兄弟俩互不喜欢。

1398年9月16日，整个宫廷的人都聚集在考文垂郊外的戈弗斯（Gosforth）观看这次交锋。从欧洲各地拥来了成千上万的旁观者。开始战斗的号角吹响了。参赛者的帐篷被挪开，博林布鲁克把长矛放在大腿上，画了个十字，开始前进。突然，高坐在宝座上的国王站起身来喊道："嗬！嗬！"同时把王杖扔在地上，阻止了打斗，令旁观者惊愕不已。然后他下令将诺福克放逐终身，将博林布鲁克放逐十年。诺福克将死在威尼斯，但博林布鲁克的刑期被缩短至六年，并保证他将继承父亲的巨大产业。

1399年2月2日，兰开斯特公爵冈特的约翰去世。理查食言，没收了其产业。现在人人自危。北方的大领主珀西家族提出抗议，理查下令逮捕他们，但他们逃跑了。对博林布鲁克来说，这是最后一根稻草。他被说服入侵英格兰，但一开始并没有夺取王位的想法。7月4日，他在赫尔（Hull）登陆，离他的兰开斯特城堡很近，不久他就发现，所有的大贵族都拥到了他的旗帜下。

与此同时，国王犯了一个致命的错误。他又去了爱尔兰。当他于7月底回来的时候，已经太迟了。大批人马逃向敌人的阵营。当他到达康威城堡（Conway Castle）时，就连他自己的军队都弃他而去。当他派遣使者去见博林布鲁克时，他们被扣为人质。然后博林布鲁克派出自己的使者去见理查。国王将保有王位，但博林布鲁克将得到兰开斯特的土地和王国总执事之职。国王听信了这一提议，于是骑马出了城堡。在距城堡六英里的地方，他被抓获。他上当了。

从那时起，一切都成了灾难。国王被羞辱和监禁。议会召开，博林布鲁克凭借征服、凭借其亨利三世的王室后裔身份登上了王位。一个由"法律圣贤"组成的小组得以成立，他们说国王可以被废黜，因为他"发下伪誓，亵渎圣物，违规组织军队，对臣民行苛政，盘剥奴役百姓，统治软弱无力"。理查被允许不加审判。听到所发生的一切时，理查喊道："我的上帝，这是一个多么奇妙的地方，一个多么反复无常的地方——它放逐、杀戮、摧毁或消灭了那么多的国王、统治者和伟人……"9月30日，他被迫退位的消息在议会当众宣读，博林布鲁克挺身向前，宣布登基。两周后，他被加冕为亨利四世（Henry Ⅳ）。

理查二世被带往北部的兰开斯特的庞蒂弗拉克特（Pontefract）城堡。他从此再也没有出现过，并于1400年2月14日去世，似乎是被蓄意饿死或谋杀的。新国王为他举行了隆重的葬礼，只为了确保让所有人都知道，理查二世已不复存在。

所有中世纪国王中最杰出又最有缺陷的一位的统治就这样宣告结束。他的想法大多具有远瞻性。他知道与法国讲和是必要的，但这场斗争还要继续一百五十年。他也意识到，王国若任由那些拥有巨额财富和私人军队的权贵贪婪无度，他就无法实行统治。只要王权被孤立，它就有成为两面三刀、残酷无情和背信弃义的贵族的牺牲品的危险。理查征服的失败为"玫瑰战争"（Wars of the Roses）奠定了基础。

第十九章　英格兰诗歌之父

> 当四月的甘霖降下,
> 渗透三月的干旱土壤,浸润草木的根茎……
> 于是人们渴望继续朝圣之旅,
> 而朝圣归来的游方僧则盼望去陌生的海滨,
> 寻找在各处受到礼敬的远方圣徒,
> 人们专程从英格兰各郡的尽头拥来,
> 前往坎特伯雷,
> 意欲追寻神圣有福的殉道者,
> 祈求他在自己身患沉疴时赶快施恩相救。

这是英格兰最著名的诗歌之一《坎特伯雷故事集》(*The Canterbury Tales*)的开篇,作者是杰弗里·乔叟(Geoffrey Chaucer),创作于理查二世统治时期。乔叟被誉为"英格兰诗歌之父",是第一个被葬在威斯敏斯特大教堂的后来被称为"诗人角"(Poets' Corner)的地方的诗人。他的诗歌是一次巨变的结果。因为英语第一次开始被广泛使用。在此之前,贵族说法语,教会和法庭则使用拉丁语。只有普通民众才说英语。然而,由于黑死病,没有足够的教师来教授法语,因此据记载:"在英格兰的所有文法学校,孩子们都丢弃了法语,理解和学习英语。"

乔叟是伦敦人。他的父亲是一个富有的葡萄酒商,即我们所说的酿酒师。英格兰王国最大的城市伦敦坐落在泰晤士河北岸,四周环绕着厚实的城墙，与城外的乡村紧紧毗连，城中的居民甚至能嗅到晒干草的气味。城中有开辟花园的空间，但街道很窄，两边都是高大的房屋。房屋用石头、木头和灰泥建成，以茅草覆盖屋顶。有不少于八十五个教区和一百个教堂，教堂的钟声总是响个不停。最大的教堂是高耸入云的圣保罗大教堂（St Paul's Cathedral）。街道上人声鼎沸，犬马穿行。公共广场上悬挂着罪犯的尸体，蝇叮鸟啄，嘤嘤嗡嗡。河上只有一座桥梁，那就是伦敦桥（London Bridge），桥头上钉着恶徒的头颅以示警告。有城墙可保其内部的安全，有伦敦塔高耸于东端，有阳关大道通向威斯敏斯特教堂，法庭位于西边，这就是伦敦，王国最重要的城市。

乔叟的父亲约翰住在泰晤士街的一幢漂亮房子里。这里没有什么隐私可言，每个房间都是共享的。花园里有果树和猪圈。鸡被关在里面。房子里有一间厨房和一间面包房用于烹饪，一个食品库、一个贮酒室和一个地窖用于储藏，还有一个洗衣房。大厅是大家吃饭的地方。然后是卧室，几个人睡在一张床上。地板上覆盖着灯芯草和稻草，溢出的饮料、口水、食物甚至更脏的东西令其污浊不堪。没有椅子或桌子。人们坐在长凳或树干上，桌子是用支架和木板搭起来供吃饭用的。房子阴冷黑暗。每天晚上都要在规定的宵禁时间熄灭火烛，在那之后便没有人敢外出，因为害怕被谋杀或抢劫。

乔叟于1340年左右出生，只比黑死病早八年，当时爱德华三世还在位。他的父母望子成龙，所以他从小就被培养说法语这一宫廷语言。七岁时，他开始上学，学习如何读写拉丁文。接着，他学习了所谓"三艺"：语法、逻辑与修辞。语法教他如何正确地阅读和写作，逻辑教他如何条理清晰地辩论，修辞教他如何明智地说话。虽然他只是一个商人的儿子，却在国王第三个儿子莱昂内尔（Lionel）的妻子阿尔斯特伯爵夫人伊丽莎白（Elizabeth, Countess of Ulster）家里觅得了一个职位。

伯爵和伯爵夫人过着一个大贵族家庭的传统生活，在其巨大的领地里，不断从一个城堡搬到另一个城堡。这是因为他们家的人太多了，食物一吃完就得搬家。他们随身携带着一切物品：挂毯、家具、衣服、银器、盔甲和打猎用的武器。城堡建在巨大的狩猎公园中间，还有供人漫步的优雅花园。他们的生活丰富多彩。除了狩猎运动外，还有骑士们为争夺奖品和展示技艺而互相搏斗的锦标赛。伯爵和伯爵夫人在装饰华丽的包厢里观看在一个个衣着华丽的仆人的簇拥下入场的骑士。这样的场合还会有杂技演员、杂耍演员、小丑和舞蹈演员。

在神圣的日子里会有宴会。食物以城堡、森林、河流和田野的形式出现，如同满桌的风景。宴会期间会有音乐和表演。

有时，似乎整片森林都进入了大厅，到处是会唱歌的鸟儿，或有机械马在房间各处昂首阔步地走来走去，或有人造狮子和大象这样的野生动物列队游走。在其他场合，吟游诗人会唱起歌谣，或者像年轻的乔叟会注意到的那样，会有一位诗人为参加宴会的人朗读诗歌，令他们或哭或笑。

这确实是适合诗歌的场景。在王国上下的城堡和房屋里，家庭成员会在漫长的冬夜聚集在一起，听某人为他们读书。书当然是非常罕见的，以手写就，用与《圣经》和教堂及修道院使用的布道书籍相同的方式加以装帧。其中最受欢迎的是骑士传奇、惊人的冒险故事，尤其是关于亚瑟王和他的骑士们的故事。在这些故事中，骑士们不仅在殊死搏斗中与其他骑士相遇，还会遇到异教徒、怪物和邪灵。对于14世纪的听众来说，它们反映了他那个时代的理想，反映了骑士的理想及其对上帝、国王和自己情人的责任。

在伯爵夫人家中，乔叟遇到了国王的另一个儿子——兰开斯特公爵冈特的约翰，与之成为终身好友，还将会迎娶他最后一任妻子的妹妹。老国王的情妇爱丽丝·佩莱尔斯（Alice Perrers）也是他的朋友。不久，乔叟就成了一个值得信赖的王室仆从，并被国王派往国外送信。通过这种方式，他了解了法国和意大利诗歌中所有新的东西。

但诗人必须谋生。写诗为他赢得了朝廷的青睐，并最终给他带来了一份工作。年轻的理查二世登基时，冈特的约翰确保乔叟被任命为关税和津贴的管理人。他的办公室在伦敦港，负责检查商人向国王缴纳的所有税款，这是一个重要职位，因为缴纳的羊毛税为与法国的长期战争提供了所需资金。就这样，他得到了一套漂亮的免租金住房和一份年度津贴。然而，他继续"为国王的秘密事务"而出国旅行，晚年，又被赋予了更大的使命，负责照看理查二世最喜爱的两座宫殿——埃尔瑟姆和辛恩。事实上，乔叟变成了有钱人。

乔叟经历了 14 世纪下半叶所有骇人听闻的事件，从未失宠于宫廷，被要求在国王及其宾客面前朗读他的诗歌。有时，他必须给他们读一些爱情故事，如《玫瑰传奇》(Romance of the Rose) 或《特洛伊罗斯与克瑞西达》(Troilus and Cressida)。在其他场合，他会用《百鸟议会》(The Parliament of Fowls) 令他们捧腹大笑。最重要的是，他要给他们念自己的杰作《坎特伯雷故事集》。这首长诗的背景是前往坎特伯雷瞻仰圣托马斯·贝克特之圣龛的朝圣之旅。那时人们去朝圣，就像我们今天去度假一样。朝圣之旅是为了向上帝赎罪，或是为了感谢他让自己从重病中康复，或者其实是为了寻求治愈之道。朝圣者来到一个圣人的坟墓前，祈求他的祷告，向上帝表示感谢。人们通常会成群结队地旅行，因为这样更安全，也因为有好的同伴。

在《坎特伯雷故事集》中，乔叟描述了他的朝圣者们如何在泰晤士河南岸的南华克的一家旅馆里相遇。他选择人物的方式让我们看到了他眼中的英格兰的辉煌全貌。有些人，如那个富商，来自城镇；有些人，如那个可怜的牧师，来自乡下。有男人也有女人，有牧师也有俗人，有上流社会的贵族也有底层的民众。也有一些人不大正派，如那个巴斯的结过多次婚的妻子和那个贪婪修士。

乔叟想必在阿尔斯特伯爵夫人的家里遇到过像这位一头鬈发的乡绅的年轻人：

> 他整天把歌唱，或吹起笛声悠扬；
> 像五月一样神清气爽。
> 他的袍子短，袖子宽又长；
> 他知道如何纵马驰骋，神采飞扬。
> 作歌、写诗、背诵全都会，
> 比武、跳舞、画画、写字样样行。

他笔下的商人迈步走出他所熟知的伦敦：

> 这位可敬的商人铆足了劲儿动脑筋，
> 无人知他债务已缠身，
> 他派头十足巧经营，
> 借贷、商谈，讨价还价不停腾。
> 怎么看他都是个优秀的人，
> 可说实话，我根本叫不出他的名。

他笔下的人物善恶兼备：

> 有位修道士真时尚，
> 最爱巡视农庄及猎场。
> 好人圣贝内特或圣莫尔的规则古老而严格，
> 他常常对它们不理不睬，假装它们不存在；
> 他撒手放开了昨日的旧事，
> 走上了现代世界那更加宽阔的阳关大道。

他还拿修道士来与卑贱的堂区牧师做对比：

> 他的教区辽阔，房屋远相隔。
> 可他不顾风雨或雷电，
> 无论沉疴在身还是心情悲伤，
> 都不忘去拜访
> 最遥远的大大小小的地方，
> 一路步行，手中拄着杖。

他着力刻画女性。有个修女不仅"说一口优雅的法语"，而且：

> ……如果她看见一只老鼠被夹住，

一命呜呼或流血不止，
便会为之下泪，悲伤不已。
她还养了小狗，喂给它们
烤肉、牛奶或精细的白面包。

还有一位有钱的寡妇：

她的长筒袜是最漂亮的猩红色，
袜带系得紧紧的，鞋子新巧又软和。
她的面容很抢眼，俊俏且红润。
生而为女人，她终身受尊敬，再加上
她曾有五个丈夫，都在教堂大门口……

杰弗里·乔叟就这样为理查二世的英格兰描绘了一幅熠熠生辉的画卷。然后，朝圣者们出发了，每个人都承诺要在去的路上讲两个故事，在回来的路上再讲两个故事。如果他写完了此书，那就会有二百二十多个故事。但他再也写不完了。杰弗里·乔叟于1400年10月25日逝世，留下他伟大的未竟之作。

第二十章　阿金库尔的胜利者

"现在正是时候，因为全英格兰都在为我们祷告。所以振作起来，让我们踏上征程。"耳畔回响着这些话语，英格兰士兵向法国人推进，为的是在阿金库尔战役（Battle of Agincourt）中取得一场名扬四海的胜利。这些话是国王亨利五世（Henry V）所言，他视自己与曾祖父爱德华三世相当，率领他的军队去征服他合法的继承遗产——法兰西王国。亨利五世将要在看似辉煌的胜利中使国家团结一致，这场胜利始终是国家神话的一部分，但他将为此付出代价。

当亨利于1413年登上王位时，这种团结是非常必要的。他的父亲亨利四世（Henry Ⅳ）被证明是一个毫无生气、体弱多病的君主，他的整个统治时期都被叛乱所困扰，叛乱既发生在北部，也发生在威尔士，而且这里的叛乱更为严重，因为英格兰人对威尔士的态度很恶劣。相比之下，他儿子在位的短短九年，就像一颗流星倏地出现并掠过夜空。与理查二世不同，亨利五世给了臣子他们想要的东西：与法国的战争。

国王登基时是二十四岁。他是一个天生的领袖、一个骨子里的战士和一个熟练的战术家。他有着一张椭圆形长脸、挺直的鼻子、高高的颧骨、丰满的红唇、深陷的下巴和一双大而灵动的淡褐色眼睛，充满了活力和身体魅力。他对生活充满热情，非常热爱运动。与此同时，他又是一个足智多谋、深思熟虑的人，是一个很好的倾听者，受过良好的教育，具有读、写英语、法语和拉丁语的能力。他完全有当国王的天赋，这是一个他想要将其发挥到极致的角色。

从即位的那一刻起，亨利就宣布了对法国的领土要求，以及与法国国王的女儿成婚的要求。在英吉利海峡的另一边，人们最初认为他不过是个滑稽可笑的人物。法国贵族说："他们将派来亨利，（那位）英格兰的国王，因为他是个毛头小子，只会小打小闹，喜欢躺在柔软的垫子上，直到他长大成人，变得孔武有力。"

法国人很快就后悔说出这样的评论了，因为这位国王已经打定主意要入侵诺曼底公爵的领地，并声称对其拥有主权，这是法兰西的一部分，英格兰人于二百五十年前失去了它。亨利督导了这次远征，未放过一个细节。他意识到，军队需要持续不断的食物和武器供应才能取得胜利。它还需要攻击有城墙的城市的装备：塔楼和云梯，撞击城墙的机械，枪支和火炮。然后还有士兵：首先是重骑兵，即马上骑士，每人可带多达四匹由马夫和侍从照料的马匹；其次是弓箭手，既可骑马，也可步行；最后是炮手、矿工、铁匠、油漆工、军械工、帐篷制造者、木匠、造箭工、弓匠、马夫、车夫和哨兵。国王自己也携带了大部分的家当，包括他的吟游歌手，因为他热爱音乐。总共有不少于九千人乘坐一千五百艘船横渡英吉利海峡。这是一个组织的杰作，国王监督了每一个细节。但它代价高昂，必须通过抵押皇家珠宝等物品来筹集巨额贷款加以支付。

亨利的计划是夺取哈弗勒港（Harfleur），然后以其为基地，重建英格兰对诺曼底的统治。时机刚刚好：法国国王查理六世（Charles Ⅵ）正处于精神错乱时期，当时的法国贵族分裂为势不两立的派别。英格兰舰队于1415年8月11日越过海峡，包围了由坚固的城垛、壕沟和高塔保护的哈弗勒港。攻击者不得不填平壕沟，好让大炮靠得足够近，这样才能发起攻击，因此围城行动进行得十分缓慢，直到9月22日，哈弗勒才被攻陷。到那时，因为疾病，亨利已经失去了三分之一的军队。将不会发生抢劫和掠夺，但两千名市民被驱逐，好为英格兰的殖民让路。亨利真心实意地相信自己是合法的诺曼底公爵，但他将会了解到，时钟不可能那么轻而易举地就被拨回原处。

在这次胜利之后，似乎没有人知道下一步该做什么，直到国王决定经加来返回英格兰。在哈弗勒留下一支卫戍部队后，军队开始了据信将为时八天的行军，行程约一百二十英里。出乎意料的是，法国人摧毁了索姆河（Somme）上的桥梁和渡口。结果，英格兰军队发现自己在上游绕了一个大弯，因此，全体士兵在十七天内走了二百五十英里。10月19日，他们终于渡过了河，与对岸的法国军队形成对峙。第二天，法国人发出交战的挑衅。

战斗于10月25日在阿金库尔村附近的一块空地上进行。法国军队的规模是英格兰军队的三到四倍，但主要由身穿重甲的骑士组成，弓箭手很少。他们希望纯粹靠人数优势取胜。事实上，他们是怀着必胜的信念投入战斗的。但他们缺少两样东西：弓箭手，还有最重要的，领导力。英格兰人两者兼具，再加上另一个意想不到的优势——天气，因为在开战前夕，暴雨如注，把耕过的田地变成了沼泽。

事实证明，最关键的因素是弓箭手，因为他们可以在两百码以外用箭射杀法国人。他们前进到离敌人两百码的地方，然后将木桩打入地下，以对抗法国骑兵。当法军发起冲锋时，场面一片混乱。战马被木桩绊住。法国人是如此之多，以致他们摔倒在了彼此身上。其他人转身撤退，引起了进一步的恐慌。趁着敌人躺在泥里起身不得，英格兰人割断了他们的喉咙。与此同时，箭如雨下，射在了其余的法国人身上。到那时，英格兰人已抓获了大批俘虏，这时，国王看见法国军队即将发起第三波进攻，便下令屠杀俘虏。这违反了骑士精神的所有规则，重骑兵们拒不执行，因此亨利强迫命令他的弓箭手大开杀戒。

这场战役虽然不光彩，但却是一场伟大的胜利，摧毁了法国贵族的精锐。

国王和军队凯旋。他们进入伦敦时，城市举行了盛大的庆典。装扮成圣乔治、使徒、天使和国王的帝王祖先的人物都称赞他为胜利者。英格兰人的自尊心得到了恢复，国王着手计划第二次入侵，不仅打算以诺曼底公爵的身份返回，而且打算以法国未来的国王的身份返回。

在接下来的一年里，英格兰人再次取得了胜利，这次是战胜了法国舰队。与此同时，亨利不仅集结了他的军队，还获得了神圣罗马帝国皇帝西吉斯蒙德（Sigismund）和勃艮第公爵（Duke of Burgundy）这两个盟友。1417年8月，军队再次渡过海峡进入法国。卡昂（Caen）城陷落，接着是法拉伊兹

（Falaise）陷落，最后，在翌年8月，英军包围了诺曼底的首都鲁昂（Rouen）。这是一场持续了六个月的漫长而残酷的围攻。城里的食物被耗尽，12000名妇女、老人和儿童被赶出城门。通常情况下，他们会被允许安全通过英格兰战线，但亨利却让他们饿死在城墙与自己军队之间的壕沟之中。1月19日，鲁昂投降，整个诺曼底都落入亨利之手。

到那时，法国人已经完全乱了套，一件完全出乎意料的事情使亨利五世得到了他梦寐以求的一切。9月，勃艮第公爵在与法国王位继承人即皇太子会面时被谋杀。人们对此的反应非常强烈，以至于法国人发出和平吁求，查理六世同意剥夺他儿子的继承权，并承认与他女儿凯瑟琳（Katherine）结婚的亨利为"法国继承人"。亨利五世以胜利者的姿态进入巴黎，当他带着自己的新娘凯旋英格兰时，举国上下一片欢庆气氛。这段婚姻之子将注定成为统治法兰西和英格兰的双重君主。从表面上看，没有一个英格兰国王能使国家复兴到如此辉煌的地步。但这只是一种幻觉。

最大的困难是，与法国签订的条约规定，亨利可以成为这个国家的国王，但他必须首先为征服这个国家付出代价。他于1422年6月返回法国，开始了这项漫长而艰巨的任务，但就他而言，这项任务的时间被缩短了，因为他于8月31日死于痢疾，这种疾病曾在哈弗勒令他的军队饱受折磨。到那时，其愿景已经模糊。战争代价高昂，议会开始抱怨税收问题。对诺曼底的征服没有发挥作用，事实证明，管理它也是一项不可能的任务。正如法国战争将英格兰团结在亨利身后一样，战败后的法国人也团结在了皇太子身后。不到几年时间，圣女贞德（Joan of Arc）似乎激发了人们对法国王室的新的忠诚，而随着亨利死去，英格兰人失去了他们的指挥官。

从很多方面来说，如果亨利五世没有使法国战争死灰复燃，他会是一个更伟大的国王。在国内，他重振了君主制的命运，并因其对正义的坚定不移的忠诚而受到臣民的尊敬。但是，他对自己权力的信仰使他把自己的国家带入一场永远不可能获胜的战争。他让自己的继承人去面对失败，要是他活得再久一点，那就将会是他的失败。没过多久，双重君主就消失了，不到三十年的时间，英格兰就只剩下了它原来的立足点：加来。

第二十一章　玫瑰战争

亨利六世（Henry Ⅵ）登基时只有九个月大，但三岁时他就召开了议会（他在那里"尖叫、哭泣和跳跃"），十岁时在巴黎加冕成为法国国王亨利二世（Henry Ⅱ）。虽然年幼的国王总是会带来麻烦，但似乎没有理由害怕灾难，因为国王的两个叔叔，格洛斯特公爵汉弗莱（Humphrey, Duke of Gloucester）和贝德福德公爵约翰（John, Duke of Bedford），领导着国家。两人在政治上都很精明，很有修养，贝德福德还是位成功的法国摄政王。但他于1435年去世了。后来，当国王满二十岁时，格洛斯特失宠。

没有人预料到亨利六世会成长为一个蠢材。整个国家的治理都有赖于一个坚强有力且智慧卓越的国王。亨利继承了父亲的名字，却全无他的能力。加尔都西会教士（Carthusian）约翰·布莱克曼（John Blacman）曾是国王的专职教士之一，他这样描述国王："这位国王是上帝勤勉而真诚的崇拜者，他更专注于上帝和虔诚的祈祷，而不是处理世俗的一时之务……"

中世纪的国王无论在和平时期还是在战时都必须拥有领导力。亨利两者都不具备。他是一位有望成为圣徒的人，虔诚可嘉，热爱和平，缺乏主见，是忠诚的丈夫和慈爱的父亲——却是一位极其差劲的国王。他上战场不是去战斗，而是抱着祈祷书站在那里，随时准备被胜利的一方带走。1453年精神崩溃后，他成了篡权者的棋子，成为我们所说的玫瑰战争（Wars of the Roses）中各敌对党派的牺牲品。

如果亨利六世的性格不是这样的话，这些内战就不会发生。因为没有军队和警察部队，所以当时的法律和正义取决于国王能有效地利用他的贵族。

为了让这个体系运作起来，国王必须在贵族阶层中选择正确的盟友，并回报给他们以头衔、土地和官职。他的失败意味着人们不再指望国王会行使法律和正义，结果，人们不得不退而求其次，即在他们居住的地方有能力保护他们的大领主。作为回报，他们将穿上领主的制服，佩戴他的徽章，如果有必要，还会为他而战。这意味着整个英格兰会逐渐分裂为效忠于这个或那个领主的群体，进而这些领主自身也会分裂成支持宫廷中这个或那个派系的势力。除此之外，还必须加上地方的不和以及家族之间的竞争。例如，北部有内维尔家族和珀西家族间的对峙，而西南部则被考特尼家族（Courtneys）和邦维尔家族（Bonvilles）瓜分。王权的崩塌意味着法律和正义逐渐被扭曲，罪犯不会受到惩罚，因为他们拥有一些大领主的保护。雪上加霜的是，所有这些都为内战埋下了伏笔。内战的奖赏是控制王室和政府，以及由此带来的权力和奖赏。

这个国家问题的唯一真正解决办法是摆脱掉那位国王，令人惊讶的是，它花了那么长的时间才得以完成。中世纪的人们虔诚地相信，经过加冕的国王是神圣的。有人花了三十年的时间去夺取王位，但即便到了那时，贵族们还是感到不安。直到四十年后，亨利被谋杀，一个新的强大国王，爱德华四世（Edward Ⅳ），才得以成功统治。

要求继承王位的人一点也不少，因为国王的曾祖父爱德华三世有很多儿子。亨利六世是爱德华三世的第三个儿子、兰开斯特公爵冈特的约翰的嫡系子孙。当他成年时，这位国王犯了一个可怕的错误，将一个也许比他更有资格成为国王的人排除在政府之外，他是爱德华的第二个儿子和第四个儿子的后代。他就是约克公爵理查（Richard, Duke of York），一个野心勃勃的人。1450年，理查开始要求在王国政府中占有一席之地。

起初，他没能如愿，后来，国王生病了，他被任命为英格兰护国公（Protector of England）并开始行使权力。

这开启了被称为"玫瑰战争"的长期不稳定时期，在此期间，政府成为任何能够动用足够力量来夺取控制权的人的受害者。有些人在亨利统治初期就已掌握了权力，他们以意志坚强的王后安茹的玛格丽特（Margaret of

Anjou）为首。亨利于1445年与她结婚。她生性暴躁，是第一个诉诸武力来保护丈夫和她唯一的儿子——威尔士亲王爱德华的人。另一边是约克，以及如内维尔家族那样遭到排斥的人。两方都能召集军队，所以当1455年国王恢复健康时，约克党人不得不拿起武器，在第一次圣奥尔本斯战役（Battle of St Albans）中抓获他，以重新确立他们对政府的控制。然而，那一控制将会是短命的，因为保皇派势力很快就收复了失地。接下来是一段动荡的时期，其间双方轮番控制了这位可怜而软弱的国王，但最终约克党人败退，被迫逃离英国。

在二十五年的时间里，王冠至少六易其主。国王应当被替换的决定带来了重大转机。这转机只会慢慢到来。当约克公爵理查于1460年在切斯特登陆时，很明显，这一次他是来夺取王位的，他怀着这个意图向伦敦进军。当他到达那里时，领主们最可能做的是承认他为法定继承人，而未将亨利六世的亲生儿子考虑在内。约克的胜利是短命的，因为兰开斯特人在韦克菲尔德桥战役（Battle of Wakefield Bridge）中击败了他，约克公爵被杀，他的头颅被戴上一顶纸制王冠，残忍地挂在约克城的城门上。但他有一个精力充沛、能干英俊的继承人，马奇伯爵爱德华（Edward, Earl of March）。他率领一支新组建的约克军队在莫蒂默路口（Mortimer's Cross）取得了胜利，在此期间，天空中预言性地出现了三个太阳，随后他向伦敦进军，被封为国王爱德华四世（King Edward IV）。

然而，他花了十年时间才让自己确立为国王。这不仅是因为兰开斯特家族重新将亨利六世扶上王位的努力，还因为爱德华最大的盟友，被称为"造王者"的沃里克伯爵理查德·内维尔，他被证明是奸诈的。爱德华再次被流放，他的复位在很大程度上要归功于他的同父异母兄弟勃艮第公爵。1471年3月，他在英国登陆，最终到达伦敦，伦敦为其敞开了大门。接着是一场旋风般的战役。在4月的巴尼特战役（Battle of Barnet）中，沃里克被杀。一个月后，威尔士亲王在图克斯伯里（Tewkesbury）被杀。不久之后，亨利六世被谋杀，安茹的玛格丽特最终被流放到法国。兰开斯特家族的覆灭标志着玫瑰战争的真正结束。

第二十一章 玫瑰战争

今天我们可通过莎士比亚的戏剧来看这些战争，这些戏剧创作于一个世纪之后的伊丽莎白一世女王（Queen Elizabeth I）在位之时。在当时，剧作自然而然地将上一个世纪描述为一个动荡的时期，而她的祖父，兰开斯特的亨利七世（Lancastrian Henry VII），通过击败暴君理查三世并迎娶约克公主伊丽莎白为妻拯救了国家。16世纪的作家们用这种方式回顾了上一个世纪的历史，把它描绘成一个血淋淋的战场，成千上万的人死于这场战争，交战双方的徽章分别是约克的白玫瑰和兰开斯特的红玫瑰。15世纪的英格兰的现实情况则大不相同。一位法国编年史家记录道："与其他王国相比，英格兰人具有一种特殊的仁慈品质，无论是国家、人民，还是房屋，都没有荒废、毁坏或拆毁；战争的灾难和不幸只降临在士兵身上，特别是贵族身上。"简而言之，正常的生活一如既往地继续着。城镇和城市都避免偏袒一方或两面下注，试图以此置身于战争之外。事实上，它们几乎没有受到什么影响，很少费心去修理城墙，当然也没有建造新的城墙。贸易照常进行。无论谁掌权，许多政府官员都留在了原有的岗位上。事实上，该国大部分地区根本没有发生过战斗。这场战争之所以引人注目，还在于期间只发生了一次劫掠。

令人惊讶的是，一种新的安全感反映在了建筑上。城堡被改造成带有大窗户的房屋，以便让阳光照射进来，在这里，舒适而非防御才是考虑的关键。全国各地建起了许多漂亮的教堂，它们都具有雅致通风的风格，名为"垂直式"（Perpendicular）。温莎的伊顿学院教堂（Eton College Chapel）和剑桥的国王学院教堂（King's College Chapel）是其中最著名的两座。

因此，关于谁掌权或不掌权的令人困惑的变化，以及长长的战争名单，为我们呈现了一幅非常具有误导性的时代图景。在三十二年中，真正的战争只持续了十三个星期。被杀的只有几百人，而不是几千人。正如同一位法国编年史作家所写的那样，"英格兰有种传统，即战场上的胜利者不杀任何人，尤其是不杀普通士兵，因为人人都想取悦他们……"

之所以没有旷日持久的战争，是因为没有人知道如何供给军队。此外，除了职业士兵之外，军队还由农民和自耕农等组成，他们在土地上工作，总是满怀焦虑地想回家收割庄稼。这场战争也是瞻前顾后的，因为是同类相斗。

双方都有骑兵、步兵、弓箭手和炮兵。由于弓箭会杀死马匹，骑士们就得下马，手持剑、狼牙棒或战斧步行作战。即使这样，他们也觉得很困难，因为他们的盔甲在夏天又重又热。贵族的巨大伤亡缘于他们在战斗中的角色，即领导他们的家臣。他们在旗手的伴随下挺身而出，成了被砍倒的目标。

真正使玫瑰战争的主要时期得以结束的是，人人都意识到，他们需要一个强大的国王。随着战争的进程，贵族们逐渐意识到，这种无休止的动乱并没有给他们带来多少利益，他们的家族成员失去了生命，他们的土地落入敌手。他们越来越避免加入任何一方。这种态度的出现将确保爱德华四世和后来的亨利七世（Henry Ⅶ）的统治的成功。

第二十二章　回归秩序：爱德华四世

在1471年重新掌权后，爱德华四世作为一个极其成功和受欢迎的国王统治了十二年，几乎具备了人们期待的君主的所有品质。他身高超过六英尺，以英俊的外表和优雅的举止而闻名，但也拥有罕见的天赋——平易近人。意大利人曼奇尼（Mancini）这样描述他：

> 爱德华性情温和，性格开朗……他对朋友和其他人（即使是最不起眼的人）都和蔼可亲。他经常将陌生人叫到身边……他的问候是那么亲切，如果他看见一个新来的人因他的外表和皇家气派而不知所措，就会把一只手友好地放在那人的肩上，赋予他说话的勇气。

令贵族们惊恐的是，他会为富有的伦敦商人举办狩猎派对。如果说他有什么弱点的话，那就是喜欢食物（随着年龄的增长，他变得越来越胖）和女人，因为他有很多情妇，其中最受宠的是简·肖尔（Jane Shore），伦敦一个杂货商的遗孀，她对他有良好的影响。根据托马斯·莫尔爵士（Sir Thomas More）的说法，"每当国王闷闷不乐时，她都会安抚他，缓和他的情绪；每当有人不受待见，她总要使他们得到他的恩宠。对于许多严重冒犯她的人，她都予以宽恕……"，很明显，她冰雪聪明，富有魅力，莫尔接下来说："她为人机智，能读会写，乐享他人的陪伴，反应敏捷，应对迅速……"

随着15世纪即将结束，全欧洲的人都越来越把统治者视为维系一个国家的中心。在他生命的最后十二年里，爱德华得以让君主制再次成为国家生活的中心。这就要求他把这一角色扮演得尽善尽美，而他做到了，他总是穿着最时髦的华美服装，与穿着一件蓝色旧长袍的亨利六世截然不同。爱德华还会在盛大的庆典上，在济济一堂的众人面前仪式性地戴上王冠。皇室上下变得井然有序，这不仅是为了提高效率，使物尽其用，也是为了呈现帝王气派，旨在给他的臣民和外国宾客留下深刻印象。例如，一位佛兰德大贵族访问温莎时，被带到了三个"令人心生欢喜的房间"。第一个房间的床上铺着饰有貂皮的金色床罩，第二个房间的床上挂着白色纱幕，第三个房间有两个放置在帐篷里的浴盆。有精心安排的行程、宴会和舞蹈，还有令人眼花缭乱的礼物。这位贵族想来会在回到他的主人勃艮第公爵（他的宫廷风格会成为他人效法的对象）那里时，向他讲述英格兰宫廷的辉煌壮丽。

爱德华更加意识到金钱的重要性，他知道最易遭人非议的行为就是要求议会批准税收。当时，王室的公有财产和私有财产是没有区别的。当爱德华宣布他打算"自力更生"时，他的意思是试图用自己的财富来支付治理国家的费用。这涉及让国王成为这个国家最富有的人。他首先建立了一个新的财政部门——"内务府"（King's Chamber），这样他就可以密切关注财政支出。由于他太过关注此事，以至于在其统治后期，他被指责为吝啬鬼。皇家庄园得到整顿，以便创造更多的收入，其规模也在不断扩大。当国王的弟弟克拉伦斯公爵（Duke of Clarence）因叛国被判有罪时，其土地便转归王室。爱德华的二儿子娶了诺福克公爵的女继承人，在她死后，她的大部分土地也归了王室。随着爱德华的统治带来了和平，贸易一片繁荣，于是他就想法确保大量的关税由"精明的人"收取。他不仅招待商人，而且他自己就是商人，投资进出口贸易，赚取丰厚利润。在唯一一次出兵法国、重燃战火的时候，他无所顾忌地接受法国国王的收买，获得了每年五万克朗的津贴。结果，爱德华四世成为近三百年来第一位没有背负债务死去的国王。

国王的金库里必须有钱，但他还需要在国家的偏远地区确立自己的权威，这些地方他如果不是从未去过，也很少前去。首先，爱德华将尚在襁褓中的儿子威尔士亲王爱德华送到勒德洛（Ludlow），并在那里设立了一个委员会，以他的名义管理威尔士与英格兰的交界地带。他的弟弟，格洛斯特公爵理查

（Richard, Duke of Gloucester），前往距离约克四十英里的城堡，成为国王在北方的代表。国王家族的其他成员则被派往其他地方。这样一来，不仅恢复了秩序，而且也恢复了正义。实际上，爱德华自己也不时地坐下来充当法官。

他的王后伊丽莎白·伍德维尔（Elizabeth Woodville）至少生了十个孩子。这些都是宝贵的资产，因为通过联姻，国王可以提高约克家族在欧洲的地位。结果，一个公主将成为法兰西王后，第二个将成为苏格兰王后，而其他的公主则注定要嫁入西班牙和低地国家的皇室和王侯家族。事实上，正是在这一时期，英格兰与后者的关系最为密切，因为国王的妹妹是勃艮第公爵夫人。

国王和王后都会资助艺术和学识，认为它们对王冠增光添彩很重要。温莎城堡的圣乔治教堂（St George's Chapel）是现存的爱德华时期的最著名建筑。它的建造是为了给嘉德勋章（Order of the Garter）的年度庆典增添更大的光彩，并成为这个王朝的陵寝所在地。他是亨利六世的基金会、国王学院、剑桥和伊顿公学的慷慨捐助者，而他的王后则向剑桥的王后学院捐款。爱德华喜欢书，尤其是史书和爱情小说，他创建了一个皇家图书馆，里面装满了在布鲁日为他制作的带有精美插图的手稿，其中的许多现在还可见于大英图书馆。

然而，在爱德华统治的辉煌成就中有两个致命缺陷，一个是他能够预见到的，另一个是他无法预见到的。谁也没有预料到，他会在四十岁时死去，留下一个十二岁的孩子继承他的王位，这随后会带来形形色色的问题。他本应该为其婚姻带来的后果做好准备的。此事是感情用事的结果。

伊丽莎白·伍德维尔是骑士约翰·格雷爵士（Sir John Grey）的遗孀，已经有两个儿子。她与国王的婚事是秘密进行的，只是在国王面临要与一位外国王室公主进行门当户对的王朝联姻的压力时才被公开。正是在那时，他被迫承认自己已经结婚了。伍德维尔家族不大受待见。他们被认为是"下等人"，爱德华则面临着供养王后庞大而贪婪的家族的问题。这涉及头衔、财产和与有钱的女继承人的婚姻。伍德维尔家族很快就招致强烈的憎恨，更糟糕的是，他们还被爱德华的兄弟格洛斯特公爵理查所憎恨。爱德华一定知道这一点，但他并没有努力去解决如果他早死可能带来的问题。因此，当国王于1483年4月9日死去的时候，他身后的约克家族分崩离析，造成了可怕的后果。

尽管如此，爱德华四世拯救了这个国家，把它从荒芜和灾难中带向了繁荣昌盛。尽管他领导了一场侵入法国的战役，并被迫与苏格兰开战，但他本能地向往和平。结果，几十年来，君主政体再次成为这片土地上秩序和正义的保障，以及政治权力的源泉。这场胜利之后的悲剧将使爱德华变成英格兰被遗忘的伟大国王之一。

第二十三章　狂暴的插曲：理查三世

爱德华四世死后留下了一个十二岁的儿子。通常的运行安排是在国王未成年期间由委员会来管理王国。委员会成员之间当然存在冲突，但没人预料到已故国王的兄弟——格洛斯特公爵理查，会不惜一切代价夺取王位。起初没有人猜到这一点，只是慢慢地人们才明白格洛斯特脑子里在想些什么。我们不知道公爵是在什么时候做出最后决定的，但当他做出决定的时候，已经来不及阻止他了，因为他已经做出安排，对任何阻拦他的人格杀勿论。

理查身材匀称，体格健壮，尽管肩膀有轻微的倾斜，那是脊柱侧弯的结果。他有其兄长的魅力，但更富活力。他非常能干，对待朋友慷慨大方，而且内心虔诚，但这些特征都无法完全掩盖他同时也是一个冷酷无情、野心勃勃、彻头彻尾背信弃义的人。在兄长担任国王期间，他对其忠心耿耿，为其守护着北方。与此同时，他还向女继承人们施加压力，劝说那些惊恐的老妇人放弃她们的遗产，从而积累了大量的财富。但这一切都不会让任何人怀疑他的兄长死后会发生什么。

为了夺取王冠，格洛斯特需要消灭敌人，巩固盟友。他有支持者，尤其是在北方，并且同样可以依靠那些在前朝失宠的人，特别是那些憎恨以王后为首的伍德维尔家族的人。格洛斯特的同盟以白金汉公爵（Duke of Buckingham）、即将成为诺福克公爵的约翰·霍华德（John Howard）以及娶了格洛斯特的姊妹的萨福克公爵（Duke of Suffolk）为首。他们的第一个目标是控制国王。

格洛斯特向南进发时，国王离开了勒德洛，与他同行的是他的舅舅兼监护人——王后的兄弟里弗斯勋爵（Lord Rivers）。格洛斯特在旅途中与白金汉公爵会合，他们一起与里弗斯勋爵和国王相遇。那是1483年4月30日，三位贵族在狂欢中度过了夜晚。第二天早上发生的事情就完全不同了。理查控制了爱德华五世（Edward V），逮捕了里弗斯勋爵等人，并将他们押送至北方关押。这是他的第一次重大打击。当这一消息传到王后耳朵里时，她和她的女儿们以及最小的儿子约克公爵（Duke of York）前往威斯敏斯特修道院寻求庇护。

格洛斯特已经摆脱了伍德维尔家族。从表面上看，还没有迹象表明年轻的国王将享有同样的命运。5月4日，两位公爵护送他进入伦敦，大约在一至两周后，他被带到伦敦塔，那是君主加冕前通常居住的地方。在此事件悬而未决之时，委员会任命格洛斯特为英格兰护国公。

接着是第二次打击。王后明智地拒绝离开避难所，但随后她被指控密谋反对格洛斯特。格洛斯特以此为借口逮捕了已故国王的三位重臣，未经审判就处决了黑斯廷斯勋爵（Lord Hastings），而在此之前，他一直被格洛斯特当作朋友。有些人认为，正是在此时，公爵下定决心要篡夺王位。接下来发生的事情证实了这一观点。三天后，还是婴儿的约克公爵被带离威斯敏斯特，与他的哥哥一道被关在伦敦塔。人们再也没有见到过活着的他们，似乎是在格洛斯特当上国王后，按照他的指示，他们在某个不为人知的日子被杀害。据说他们是在床上窒息致死的。

然而，格洛斯特若要成为国王，仍然需要证明他比塔中的王子们更有资格继承王位。6月22日，圣保罗教堂的一场布道告诉伦敦人，两位王子的身份不合法，它错误地宣称，这是因为爱德华四世与伊丽莎白·伍德维尔的婚姻无效。两天后，格洛斯特再次出击，下令处决那些被他囚禁在北方的人。反对派似乎已经被消灭，白金汉公开敦促格洛斯特即位。6月26日，议会成员开会，正式选举格洛斯特为理查三世（Richard III）。几天后，他接受了加冕。

理查三世登上英格兰王位的道路上沾满了受害者的鲜血。他成功了，因为没人怀疑他的真正动机，直到为时已晚，而他的每一个受害者都像羔羊一样走向了屠宰场。他是玩弄奸诈和欺骗手段的大师。但他犯了一个致命的错误。他没有想到的是，当人们从这些令人震惊的事件中恢复过来时，他们便开始团结起来，形成统一的反对阵营。对新国王的反感在南方蔓延，导致了秋天的叛乱。此时理查已经同帮助他登上王位的人闹翻了。白金汉叛变，他也被处死。

理查三世做了两件让当时的所有人都深恶痛绝的事。第一件是侵犯继承权，第二件是谋害儿童，即杀婴。他被视为屠杀无辜者的希律王（Herod）。理查曾是王子们的保护者，他却把他们杀死了。所有人都义愤填膺。

从那以后，诸事不顺。理查巡视了英格兰的一些地区，希望赢得民众的支持，但未能如愿。北方人被带到南方，并被安排在引起广泛不满的位置上。他失去了英格兰南部的约克党人的支持，其结果是致命的。他的王后死了，他的继承人也死了。人们甚至相信，他为了能迎娶侄女——约克的伊丽莎白（Elizabeth of York）而谋杀了妻子。结果，在1484年这整整一年中，一个新的联盟得以形成，当伊丽莎白与兰开斯特王室后裔的次要继承人亨利·都铎（Henry Tudor）联姻时，这个联盟看清了未来的道路。

亨利被流放到布列塔尼（Brittany），所有希望看到理查三世被推翻的人都逃到了那里。1485年8月，里士满伯爵（Earl of Richmond）亨利·都铎在威尔士的米尔福德港（Milford Haven）登陆，并经由什鲁斯伯里向博斯沃思（Bosworth）的莱斯特（Leicester）附近进发，与那里的王室军队相遇。8月22日的博斯沃思战役将成为英格兰历史上决定性的战役之一。理查三世的军队规模更大，但很多参战者非出己愿，有些人甚至反戈一击。国王在战场上倒下，胜利者被宣布为亨利七世（Henry Ⅶ）。

理查三世始终是一个独特的人物，他的罪行在当时被认为是如此令人厌恶，甚至没有人依照传统对他的尸体表示尊重。他的下场是这样的：

> 在那时，国王理查的尸体被剥去了所有衣物，浑身赤裸地躺在马背上，胳膊和腿从两边垂下来，被带往莱斯特方济各会修士的修道院，说实话，这是一个悲惨的场面，但对这个人来说是恶有恶报，两天之后，他被埋葬，没有举办任何盛大隆重的葬礼。

他的死标志着都铎王朝的到来。一个多世纪后，在最后一个都铎君主伊丽莎白一世的统治时期，威廉·莎士比亚将写下他的戏剧《理查三世》(*Richard III*)。到那时，这位国王已经从他那个时代的无情罪犯变成了我们今天在舞台上看到的那个邪恶的驼背人。然而，理查三世是英国历史上屈指可数的人物之一，至今仍有人强烈地谴责他，也仍有人热情地为之辩护。就像爱德华二世和理查二世的命运一样，没有人确切地知道两位王子在塔内发生了什么。他们到底存活了多长时间以及如何被害的问题一直在引起激烈的争论，这让很多人对以下选项留有了余地：理查实际上并没有责任。矛头甚至指向了他的继任者亨利七世。但有一个事实是毋庸置疑的，即理查没能获得足够的支持来维持自己的权力。即使有一天他被证明没有杀婴行为，他仍然是一个失败的君主。

第二十四章 威廉·卡克斯顿：印刷机

印刷术在英格兰的出现比玫瑰战争期间统治者的任何变动都重要得多。在此之前，书籍都是由抄写员在修道院或其他作坊手工抄写的，这是一个漫长而艰苦的过程。因此，书籍极其稀少，而且非常昂贵。机器印刷意味着图书数量增多且成本下降。随着越来越多的人学会阅读，书籍中包含的知识也可以传播得更广，向新的读者普及。当威廉·卡克斯顿（William Caxton）于1476年在威斯敏斯特教堂辖区内安装印刷机时，这将成为英国语言和文学、日常生活和文化史上的一个里程碑。

事实上，英格兰接受印刷术的时间相当晚。15世纪中期德国人约翰·谷登堡（Johann Gutenberg）发明了铅活字。它从那里向莱茵河上游传播，传入低地国家，并向南传至意大利。卡克斯顿在他五十多岁的时候，向科隆一个名不见经传的印刷商学习印刷工艺。在15世纪，就开启第二职业而言，五十岁是个相当老的年龄。他的生活生动体现了经历玫瑰战争是一种什么样子。最重要的是，他表现出了韧性。对我们来说，幸运的是，卡克斯顿是一个嗜写作如命的作家，他通过作品揭示了自己的性格。他这个人总是兴高采烈的，在生意上精明能干，对信仰无比虔诚，对约克党的事业忠心耿耿。这对他的职业生涯既有利又有弊。

"我在威尔德地区（Weald）的肯特郡出生并学习英语。"他写道。这一定是在亨利五世统治时期。卡克斯顿来自诺福克家族，羊毛贸易将他们带到了伦敦和肯特两地。卡克斯顿的生活遵循的是当时的商人和贸易阶层的男孩子的标准模式。负责英格兰羊毛织物出口的最重要的伦敦公司是布商公司（Mercers），因此在 1438 年之前不久，他就被送去给布商罗伯特·拉吉（Robert Large）当学徒。拉吉是一位向佛兰德斯出口布料的重要商人，后来当上了伦敦市长。布商公司也属约克党。卡克斯顿在他家里培训了十年左右，他发誓要服从他的主人，好好侍奉他，保守他的商业秘密，不自立门户。这段时间快结束时，按照惯例，任何有前途的青年都要被派到国外去代表其主人待一两年。这正是威廉·卡克斯顿的经历，他被派往布鲁日。

就其财富、华丽程度和文化而言，布鲁日是当时欧洲伟大的城市之一。它是北欧优雅、奢侈宫廷（即勃艮第公爵的宫廷）辖区的一部分，公爵们的目标是在那片低地国家区域建立自己的王国。"好人"菲利普公爵（Duke Philip the Good）过着无与伦比的奢华生活，其风尚为爱德华四世和亨利七世等英格兰国王所效仿。布鲁日是奢侈品贸易的中心，无花果、橙子、柠檬、胡椒、蜡、水银、绸缎、地毯、鹦鹉和猴子都在其列。它自己的产品包括丰富的丝绸、珠宝、蜡烛和彩绘手稿。这里的书商和手稿绘制者有自己的高度组织化的作坊，与欧洲各地的出口贸易十分兴盛。

但卡克斯顿不在其列。他最初是英格兰殖民地的一员，住在英格兰街的公共住宅里，这里有点儿像一所牛津学院。也许是为了避免国内的内战，他留在了这里。1462 年，他被任命为商会会长，这是一项全职工作，负责照管该市的英格兰商人的利益。他担任这个职位长达九年，直到兰开斯特国王亨利六世重新掌权的短暂时期才失去它。忠诚的约克党人卡克斯顿必须找一份新的职业。

然而，他并非没有重要的朋友。1468 年，爱德华四世的姊妹玛格丽特（Margaret）嫁给了勃艮第公爵。她是会制作精美的插图书籍的作家、抄写员和艺术家的大赞助人。她热衷于阅读骑士传奇和献身宗教的书籍。卡克斯顿成了她的兼职顾问和业务代理，因为她也涉足羊毛贸易。他已经开始翻译一本正是公爵夫人喜欢读的那种书——《特洛伊史》(The History of Troy)。他告诉我们，她要看它，然后"她发现了我英语中的一个错误，并命令我改正……"更重要的是，她命令他完成这次翻译。

卡克斯顿首先是个商人。1471 年 9 月，他完成了那本他知道已是勃艮第宫廷畅销书的翻译。公爵夫人肯定想要几本，英格兰的需求量会很大。就在这个时候，他代表爱德华四世出使科隆（Cologne），在那里他看到了解决问题的答案——印刷机。他在那里待了十八个月，学习印刷技术。回到布鲁日后，他开始创办自己的出版社。他一定是从科隆带了人来，因为制作一本书涉及许多操作：排版、操作印刷机、装订书页。1474年底或新年伊始，他终于出版了《特洛伊史》，这是有史以来第一本以英文印刷的书籍。他怀着极大的骄傲记录这一事件："我投入极大的精力和分配（开销）去学习和练习，以使这本书用你们看到的方式和形式得到印刷，它不像其他书籍那样用钢笔和墨水写就，最后，每个人都可以立即拥有它……"

该书的印刷数量可能多达四五百本。如果用手抄的话，这将花费众多抄写员数年的时间。然而，卡克斯顿非常谨慎地使他的印刷书页尽可能地与宫廷使用的手抄本相似。一幅木版画展示了他向公爵夫人献书的情景。他刚被允许进入她的觐见室，跪在她面前，周围聚集着戴有褶裥的精致头饰的侍女、叽叽喳喳的朝臣，还有一只宠物猴子。

卡克斯顿的许多印刷书籍将被出口到英格兰。1476年，勃艮第公爵被打败，整个国家陷入混乱，这时，他决定返回英格兰。那年晚些时候，卡克斯顿在威斯敏斯特教堂的牧师会礼堂旁边开了自己的店。这是一个理想的位置，因为它在连接宫殿和教堂的道路上。贵族、律师、牧师、政府官员和那些来伦敦参加议会的人会沿着这条路川流不息地穿梭往来。卡克斯顿知道爱德华四世和他的宫廷喜欢什么。他们想了解勃艮第宫廷的时尚。所以他开始印刷一系列的书籍，它们反映了王后和她的亲戚——伍德维尔家族的兴趣。有些书甚至由她兄弟里弗斯勋爵翻译。这些书包括爱情小说、学校教科书、旅行者用语手册、圣徒传记、英格兰历史，以及众所周知的乔叟的《坎特伯雷故事集》。

他的生意兴隆，不久，他以"红白"（Red Pale）的招牌开了新店，就在今天维多利亚街（Victoria Street）工商部所在街区的玻璃办公楼的位置。但随后情况开始急转直下。在理查三世的统治时期，他的主要赞助人伍德维尔家族倒台了。卡克斯顿一直对他们忠心耿耿，他写了很多书，把它们的灵感归功于王后和她的家人，因为担心冒犯篡位者，他在书中隐藏了他们的名字。但到了 1484 年春，卡克斯顿被迫向新政权妥协，将一本书敬献给理查三世。可惜的是，在亨利七世继位后的第二年，卡克斯顿失去了皇室的宠爱，他将要等上好几年才会重新获得这份殊荣。但他确实活了足够长的时间来实现这一目标，把书籍献给新国王和他的继承人。他死于 1491 年，将生意留给了他的主要助手温肯·德·渥尔德（Wynkyn de Worde）。

第二十五章　回归秩序：都铎王朝

1485 年 8 月，当二十八岁的亨利·都铎以胜利者的身份站在博斯沃思战场上时，那一刻绝谈不上是一个新时代的黎明。当时，这只是两个对立王朝漫长的争夺皇位斗争中的又一次命运转折。半个世纪后，在他儿子亨利八世（Henry Ⅷ）的统治时期，人们对这件事的看法才发生了根本性的转变。到那时，都铎家族的即位被认为是一个新时代的开始。这一转变是由两件事引起的。第一件是都铎统治的成功，能在不流血的情况下子承父业；第二件是该家族本身对此理念的促进。那些希望奉承他们的人自然会诋毁理查三世，掩盖爱德华四世的成就，夸大玫瑰战争的恐怖。这样就产生了玫瑰联盟（Union of the Roses）的传说，即兰开斯特的红玫瑰和约克的白玫瑰相结合，组成了都铎玫瑰（Tudor Rose）。

但事实截然不同，亨利七世统治时期以及他儿子在位的前二十年实际上是过去的延续。亨利七世是爱德华四世的翻版，是知道如何运作及调整现有体制使之对自己有利的国王。但与爱德华不同的是，他没有个人恶习，这使得他成为一个有点缺乏个性的君主，与爱德华四世和亨利八世那种鲜明的强迫性人格和张扬的性格特征形成了对比。然而，亨利七世具备成功王者的品质：勤奋、努力、耐心、组织能力，以及对王室荣耀的坚定信念。

在他的统治下，这种信念不断增强，弥补了他最缺乏的东西，也就是继承王位的正当资格。亨利在血缘上距王位甚远，一方面依赖于祖父与亨利五世遗孀的婚姻，另一方面依赖于冈特的约翰的情妇所生的一个孩子，所以这一家族被明确排除在王位继承者之外。

这种名不正言不顺的感觉在亨利七世统治的大部分时间里都萦绕不去，这使得他必须确立都铎家族作为英格兰合法统治者的地位，使之不仅在国内得到承认，在国外也要得到承认。与此同时，他必须确保政府秩序井然，恢复人们对王权的尊重。他在即位时非常清楚这一弱点，所以他没有为自己争夺王位之事辩护，只是告诉议会，王位是他的，这源于继承权，也源于战场上神的审判。随后，他开始了铲除王位竞争者的漫长任务。这些竞争者都源于上一个世纪皇室与贵族成员的通婚。于是，在都铎王朝时期发生了一次巨变——君主与贵族之间有意地逐渐疏远了，但这经过了漫长的过程。

亨利的最初之举是迎娶约克家族的女继承人——爱德华的女儿伊丽莎白。1486年9月，她生下了一个儿子，以英国传奇国王亚瑟的名字命名。从这一刻起，英格兰的主题就成了约克和兰开斯特的玫瑰联盟。问题是，还有其他几朵真真假假的白玫瑰在接下来的十七年里试图夺取王位。其中一位声称有资格称王的人——爱德华四世的弟弟克拉伦斯之子沃里克伯爵爱德华——被羁押在伦敦塔内。这样，亨利就控制了一个符合条件的成年男性，这就意味着约克家族不得不转而求助于冒名顶替者。其中的第一个是一个无害的年轻人，名叫兰伯特·希姆尔（Lambert Simnel）。牛津的一个牧师先是把他说成是塔楼里被谋杀的王子之一，后来又说成是沃里克伯爵爱德华。亨利七世带着真正的伯爵游街示众，但毫无效果。希姆尔被带到荷兰，在那里他得到了爱德华四世的妹妹伊丽莎白的儿子、林肯伯爵约翰的支持。这个冒名顶替者航行到爱尔兰，在都柏林被加冕为爱德华六世，之后他和林肯一起在兰开夏（Lancashire）登陆。1487年6月16日，他们在斯托克城战役（Battle of Stoke）中战败。林肯被杀，而希姆尔，这位国王的讽刺幽默的受害者，被贬至皇家厨房当了个打杂的。

较危险的是第二个冒名顶替者波金·沃贝克（Perkin Warbeck），他用了八年时间去扮演塔楼中的两个王子中较小的一个，即约克公爵理查。沃贝克是一个图尔奈（Tournai）船夫的儿子，在1491年秋被说服接受这个角色。当时的外交形势极大地帮助了他，因为与亨利不和的外国统治者乐于接纳并承认一个王位竞争者。第一个这样做的是法兰西国王，但当法国希望与亨利达成和平协议时，沃贝克被迫迁往荷兰，在那里被低地国家的统治者马克西米利安大公（Archduke Maximilian）接手，后者带着他在欧洲各地游行示众，并于1495年资助了一次对英格兰的无效入侵。几百名追随者在肯特郡的迪尔（Deal）附近登陆，但立即遭到屠杀。沃贝克继续前往爱尔兰，但在那里未能拿下沃特福德（Waterford），于是他又前往苏格兰。詹姆斯四世（James Ⅳ）接纳了"英格兰的理查王子"，并赐予他一位贵族新娘。他再次试图从北方发动对英格兰的侵略，其结果是一场灾难；1495年，他又一次从南方发动入侵，这又是一场灾难。保皇派军队向埃克塞特挺进时，沃贝克出逃以寻求庇护，后来投奔国王以求宽恕。他被送至伦敦塔，与沃里克为伴。故事并没有就此结束。两年后，出于对又一场阴谋的担心，亨利处死了他们两人。

随后，焦点转向了爱德华四世的妹妹伊丽莎白的儿子、萨福克伯爵埃德蒙（Edmund）以及他的兄弟理查（Richard）。萨福克担心最坏的情况发生，于是逃离了这个国家，最终在1506年他被交还给亨利七世。七年后，亨利八世将他处死。萨福克的兄弟理查将在1525年的帕维亚战役（Battle of Pavia）中落败。尽管从表面上看，此举消灭了所有的王位索求者，但都铎家族仍然不放过任何声称有权继承王位的人，无论这些人在多么遥远的地方。亨利七世的孙女伊丽莎白在位的四十五年间，她一直拒绝确定继承人，甚至也不愿提名继承人。

继爱德华四世之后，亨利七世同样坚信稳健的财政状况是成功统治的关键之一。当这位国王在统治了二十四年之后去世时，一位意大利人写道，他是"现在世界上已知的最富有的领主"。这有些夸大其词，因为事实是，他死的时候只是刚刚具有偿付能力，但这事本身就是一项重大而罕见的功绩，是通过利用他作为君主应得的收入来实现的，这些收入源于王室土地、关税和与封建权力相关的支付费用。作为博斯沃思战役的胜利者，亨利能够通过褫夺公民权和剥夺财产的法案来对抗他的敌人，从而接管他们的领地。不同寻常的是，他一直保留着这些地产，从而使其收入增加了两倍多。他避免发动花销巨大的对外战争，这意味着贸易的繁荣和通过海关进入的钱款的增加。他还坚持所有的封建税费，这使得那些严格收取税费的人非常不得人心。同爱德华四世一样，他确保这些收入没有进入讨厌的国库，而是进入他的内务府。在那里，他亲自查账，小心翼翼地在每一页的底部写上自己名字的首字母。

君主制需要非常、非常富有才能成功实施统治。它还需要广泛征求意见，而正是在亨利统治期间，君权的中心开始建立在御前会议的基础上。委员会总共有一百五十名议员，包括贵族、律师、内官和教会人士。他们很少同时会面，而是形成了支持国王的流动小组，体现了覆盖政府各个方面的专业技能。随着时间的推移，其中一些小组开始履行一些特殊的职能，如处理穷人请愿的议员，他们逐渐变成了所谓债权法庭（Court of Requests）。

君主制也需要全国的支持，以及占据着伦敦以外地区（比如北部和威尔士边境）的众多关键职位的议员的支持。但更为重要的是，士绅阶层成员的地位得到了提升，国王指定他们担任治安法官（Justice of the Peace）的角色。在都铎王朝的统治期间，他们是在农村执行皇室政策的基层官员。这个制度的唯一弱点是，他们没有报酬。但都铎王朝的君主们敏锐地察觉到了基层舆论的脉搏，很少要求官员们执行一项遭到压倒性反对的政策。

所有这些都表明权力集中于统治者手中是都铎王朝统治的基调。这改变了权力的性质，它成了不再由武装扈从支持的东西，而是通过宫廷的财富和政治影响力来行使。男人们开始依附于一位深受国王宠爱的贵族，认为这是唯一的出路。因此，出入宫廷和成为王室官员成为贵族们的最大野心。都铎王朝的国王们将此视为一种控制手段，并进一步完善了国王的角色，这个角色在中世纪就已经很神秘了，因此到16世纪末，统治者几乎享有了半神的地位。皇家特权，即根据国王意志赋予的无限的保留权力，被普遍认为是神圣不可侵犯的，对国家运转至关重要。所有这一切都是通过君主政体在礼仪和排场方面的稳步升级而实现的，君主的每一次出场展现都逐渐呈现出一种趋于表面形式化的无与伦比的壮观景象。在亨利七世的统治时期，国王被称为"阁下"，而在他儿子的统治时期，国王被称为"陛下"。

亨利七世的晚年因长子亚瑟的不幸去世而蒙上阴影。1501年，亚瑟与新统一的西班牙国王之女阿拉贡的凯瑟琳（Catherine of Aragon）结婚，为这个王朝赢得了国际认可。1509年4月21日,亨利去世,享年五十二岁,继位的是其当时年仅十八岁的二儿子,他很快便娶了哥哥的遗孀为妻。从表面上看,没有比此更富于戏剧性的变化了,因为亨利八世具备了他父亲完全不具备的外向性格。他是个英俊的金发青年,受过良好的教育,既能成为学者,又可去当运动员。他是一位天才音乐家,能在神学辩论中捍卫自己的观点,热爱艺术和学习。与此同时,他还是一名技艺精湛的骑手,充满了对骑士精神的热爱,决心以重骑士的姿态,在宏伟壮观的比武场和战场上大显身手,散发光芒。亨利有一个致命的缺点:他不喜欢政府事务。在他统治的前二十年的大部分时间里,他在一个人的身上找到了解决自己无意于政府事务的办法,此人就是才华横溢的天才托马斯·沃尔西(Thomas Wolsey)。沃尔西为国王统治英格兰,能够满足国王的每一个愿望,免去他管理国家的讨厌负担,好让他可以尽情享受每一个漫长的节日。

在幕后,统治体系未受影响,但它不是由国王直接控制,而是由他的重要臣子运作。这很快滋生了怨恨,尤其是在较古老的贵族家族中。沃尔西是伊普斯维奇(Ipswich)的一个屠夫和牛贩子的儿子,通过教会飞黄腾达。他于1507年成为亨利七世的属下,在新王当政时期以流星般的速度飞升:1514年升任林肯主教和约克大主教,次年升任司法大臣和红衣主教。由于坎特伯雷大主教迟迟不死,沃尔西设法让教皇任命自己为宗教特使(legatus a latere),即特殊的驻地使节,其权力延伸至整个英格兰教会。以前从未有高级教士拥有过如此广泛的权力或如此高涨的工作热情。但沃尔西很骄傲,他讲究排场的风格,包括建造汉普顿宫(Hampton Court),引起了旁观者的嫉妒。他的礼仪官托马斯·卡文迪什(Thomas Cavendish)提供了一个令人难忘的印象:

> 在他前面……首先是英格兰国玺,然后是他的红衣主教的帽子,由一个端正庄严、没戴帽子的贵族或某个值得尊敬的绅士捧着……他就这样向前走去,前面有人执着两个大银十字架,还有两根大银柱子,以及他的手持一支镀银权杖的警卫官们。接着,他的礼仪官们喊道:"噢,老爷们,主子们!给主教大人让路!"

沃尔西的首要任务是满足国王的愿望，使英格兰成为欧洲政治舞台上的主要角色，此时英格兰在欧洲的地位与上世纪的大不相同。大陆上的焦点都集中在法兰西的瓦卢瓦国王与占据了西欧大部分地区的哈布斯堡（Habsburg）统治者之间的大争斗上。在这场对抗中，沃尔西认为英格兰可以作为调解者发挥关键作用。唉，这将被证明是一个代价高昂的错觉。然而，这为一系列华丽壮观的外交会议提供了存在的理由。其中最著名的是1520年在亨利和法国国王弗朗西斯一世（Francis Ⅰ）之间举行的"金布之地"（Field of the Cloth of Gold）会见，该事件的奢华已成传奇。有超过五千人侍奉亨利和他的王后，还有超过六千人劳心劳力地建造一座临时小镇，由华丽的帐篷和亭台楼阁构成，其中最引人注目的是一座由油画和木头建成的金碧辉煌的宫殿。为了装饰这座宫殿，英格兰几乎罄尽了珍稀织物和珠宝。

像往常一样，沃尔西对每一个细节都很关心，甚至担心是否有足够的啤酒和葡萄酒、绿鹅、兔子、鹳、鹌鹑和奶酪来喂饱每个人。这是国王与大臣之间的典型关系，这种关系一直未受干扰，直到亨利八世的愿望转向了一个更危险的方向，而沃尔西无法遂其所愿。1527年春天，亨利认为他与哥哥的遗孀的婚姻是有罪的，要求废除这一婚姻。这一简单的决定促成了英格兰自1066年以来所经历的最大变化。它也导致了沃尔西的覆灭。

第二十六章　改革与革命

当亨利八世通知沃尔西，他希望教皇撤销自己的婚姻时，此时的人们去教堂做礼拜的体验与过去几个世纪如出一辙。会众聚集在中殿倾听拉丁语弥撒。教堂的墙壁和窗户熠熠生辉，因为上面装饰着描绘福音故事和圣徒生活的绘画和彩色玻璃。教堂里有圣母和圣人的雕像，人们在这些雕像前点燃蜡烛祈祷，请求他们在天堂为自己说项。中殿和圣坛之间隔着一块屏风，俗人是不能越过屏风的，屏风上方悬挂着一幅真人大小的十字架上的基督画像，两侧是圣母和圣约翰，这就是人们所知的基督受难像。屏风再过去是圣坛所，是教堂中归牧师所属的神圣区域，它的东头有一个石头圣坛。有时，圣坛附近会展出圣人的遗物，要么是圣骨，要么是衣服碎片，保存在一个用珍贵材料制成的容器中。圣坛上装饰着富丽堂皇的帷幔，这些帷幔根据教会历的季节而更换，复活节用白色，殉道者的节日用红色。圣坛是整个教堂的焦点，因为每天的弥撒都会在圣坛上演基督在十字架上牺牲的一幕。牧师穿着刺绣的法衣，香被点燃，在庄严的时刻，钟声会被敲响。圣坛上方有一小块被奉为神圣的面包，即圣体的代表，陈列在一个被称为圣体盒（pyx）的悬浮容器中，上面盖着纱或布。这样，即使在弥撒之外，基督的身体也永远存在，天堂降临人间。中世纪的天主教是一种主要通过视觉感官来体验的信仰。

半个世纪后，这种体验将截然不同。尽管由于将彩色玻璃更换为普通平面玻璃的费用高昂，彩色玻璃可能还会保留下来，但教堂内部实际上已被剥离一空，每一幅绘画或雕像要么被涂上油漆，要么被移走，要么被污损，墙壁被粉刷成白色，仅用《圣经》中的文字装饰。描绘基督受难的屏风上方没有十字架，而以皇室纹章代之。圣坛所内的石头圣坛和圣体盒都不见了。取而代之的是一张只有在举行圣餐礼时才会偶尔使用的木桌，圣餐礼是代替弥撒的仪式，举行仪式时，木桌会被抬到教堂的主体部分，上面只罩着块亚麻布。教士不再穿法衣，而是穿着白色僧衣。大多数星期天的礼拜都是晨祷，不是用拉丁语，而是用英语，会众也会参与其中。宣读的训示来自英文《圣经》，主要焦点不再是圣坛，而是用以布道的讲坛。一种以视觉感官为主的基督教已经被以听觉为主的基督教所取代，其目的就是要倾听和接受上帝的话语。

就英格兰人而言，这将是本世纪最大的变化。在1527年，没有人能预见到这将是以国王的婚姻问题为开始的长期后果。这一巨变还需要置于席卷欧洲的宗教改革运动的更广阔背景之下。直到16世纪初，天主教会一直是一个整体，教皇是其领袖，通过他的主教们来实施统治。在许多世纪以来，教会经历过春风得意的时期，也经历过晦暗无光的时期，但总能及时对改革做出反应，避免分裂和分歧。也就是说，情况一向如此，直到16世纪，应对措施姗姗来迟，但它加强了分歧而非减少。其结果是，基督教王国分裂为天主教和新教（Protestant），一派依旧忠于罗马和天主基督教，另一派则拒绝罗马，信奉新教教义（Protestantism）。这在整个西欧造成了灾难性的分裂，不仅影响了家庭，也影响了整个国家，导致了血腥的迫害和战争。

当亨利八世想要与阿拉贡的凯瑟琳离婚时，这场伟大的运动在马丁·路德（Martin Luther）的领导下已经在德国兴起，他的思想传到了英格兰。这些思想预见了很多最终将在未来的几十年中发生的事情：教皇的权威遭到抑制，宗教修会被废除，牧师可以结婚，俗人有权在弥撒或圣餐礼上接受葡萄酒和面包，教会礼拜活动使用本地语言，对圣母和圣徒、朝圣和圣物的崇拜被扫除。中世纪教会一直宣扬七件圣事：婴儿的洗礼，儿童的坚信礼，婚配和圣秩，净化心灵的告解，滋养灵魂的圣餐，以及安慰病弱和垂死者的受膏。路德只宣扬两件事：洗礼和圣餐。神学上关于在举行圣餐礼时该干什么的争论非常激烈，改革者更多地把它看作一种纪念活动，而不是将面包和葡萄酒在字面上转化为基督的肉体和血液。似乎所有这些还不够，改革者还重新定义了人与上帝的关系，使教会积累起来的许多东西——善行、朝圣、赦免、正式的告解、为死者灵魂所做的弥撒——都变得多余了。返回圣保罗的改革者们宣布了路德的话，即人可被证明是正义的，或者仅仅靠信仰就可以得救。这些信仰改变了神职人员的本质：他们不再是在上帝和世人之间充当中间人的等级阶层。

1527年，亨利的王后年届四十，已过生育年龄。她唯一幸存的孩子是一个体弱多病的女儿，玛丽。国王认为这是对他娶了哥哥的遗孀的判决，是某种《圣经》明令禁止的事，只有通过教皇的特别豁免才有可能实现。亨利想要个儿子，而他现在深爱着宫廷里的一位女士——安妮·博林（Anne Boleyn），她还足够年轻，可以生儿育女。安妮是一个野心勃勃、受过良好教育的女人，她在法国宫廷的经历使她同情改革者。沃尔西的任务是获得教皇的离婚许可，从而使她可以与国王成婚。他没有做成此事，不仅因为教皇认为没有理由让亨利离婚，还因为在此期间，沃尔西得听命于王后的侄子——神圣罗马帝国皇帝查理五世（Emperor Charles V）。这位红衣主教的努力持续了两年，直到1529年，教皇看到了一种甚至可以进一步延续这一长篇传奇的方式，即在英格兰设立一个法院，由沃尔西和一位意大利红衣主教主持。它存续了五个月，经过了1529年的整个夏天，但收效甚微，直到教皇突然将这个案子收归了罗马。

国王怒不可遏。此时，无论从何种程度来看，都是国王第一次表现出怒气将会支配其剩余统治时期的个人性格特征。亨利八世会成就人，但当他们成为自己的绊脚石时，他也会要他们的命。沃尔西将是他的第一个主要受害者，由于不得人心，他几乎没有引起人们的同情。他腹背受敌，满盘皆输。这位红衣主教被指控犯有"王权侵害罪"（*praemunire*），即在这个国家行使了非法的管辖权，这暗指他的特使权力。被剥夺了大臣职务后，他动身去拜访他的约克主座。一年后，他被逮捕并被押送到南方，但他病了，在莱斯特修道院寻求庇护，后来死在了那里，从而避免了刽子手的斧头。他的临终遗言是："我若像侍奉国王一样殷勤侍奉上帝，上帝必定不会在我白发苍苍时舍弃我。"

事态此时开始急转直下。国王任命了新的首席大臣——托马斯·莫尔爵士（Sir Thomas More）。更重要的是1529年11月召开的议会。事实证明，这是议会历史上的一个转折点。亨利需要支持。议会不仅由领主组成，更特别的是还由城镇和各郡代表组成。因此，这是一种手段，借助它，君主在其对罗马的战争中可以被视为是与国家一体的。议会不久后即将通过的伟大法令表明了一种新的伙伴关系，为未来奠定了模式。国王也很幸运，因为他能够受益于下议院强烈反对教会干预政治的情绪。人们嫉妒教会的财富，因为教会拥有全国三分之一的土地。他们憎恨缴纳什一税，憎恨教会法庭。他们厌恶许多神职人员的腐败，其典型是沃尔西的世俗做派。在此开始阶段，甚至更有利于国王的是神职人员对罗马的怨恨，这是沃尔西凭借其特使权力对他们作威作福的结果。

就这样，即将给英格兰带来1066年以来最伟大变革的事件发生了。这些变革始于对教会的猛烈攻击。1530年12月，所有神职人员都像沃尔西一样被指控犯有"王权侵害罪"，即行使了非法管辖权。两个月后，亨利赦免了他们，换来了巨额的罚金，以及其对国王是"基督法律所允许的英格兰教会最高领袖"的承认。就这样，严峻的考验被扔给了教皇，而教皇对此不予理睬，并禁止国王再婚。

1531年12月，托马斯·克伦威尔（Thomas Cromwell）获准加入御前会议的核心圈子，这给了这些初始行动以契机。与其曾一直效力的沃尔西一样，克伦威尔出身卑微。他才华横溢，但冷酷无情，精于算计，拥有一流的头脑和懂得如何操纵议会的狡猾战术家的特质。在克伦威尔身上，亨利不期然地找到了一个能操纵其意志的人，各种官职纷纷落在他头上。他被任命为财政大臣和书记长（Principal Secretary）。

事态开始更为迅速地发展。议会向宗教法庭发起攻击。在恐慌中，约克和坎特伯雷的教士集体投靠了国王，此举被称作"教士的服从"（Submission of the Clergy）。亨利现在控制了教会。1533年年初，他与已经有孕在身的安妮·博林秘密结婚。3月，议会通过了《上诉约束法案》（Act in Restraint of Appeals），使教会与罗马教廷剥离开来，实际上是在创建英格兰的教会，以对抗在英格兰的教会。该法案的序言宣称："英格兰王国是一个帝国……由一个至高无上的领袖和国王统治。"凭借着一种强有力的姿态，英格兰从普世教会中分离出来，国王用他自己取代了教皇。

与此同时，年老的坎特伯雷大主教去世，这让亨利得以任命一位既同情他的困境，同时又是一位改革者的托马斯·克兰默（Thomas Cranmer）。他批准国王离婚。随后亨利再婚，9月，新王后生下了女儿伊丽莎白。与罗马断绝关系后的一年以《至尊法案》（Act of Supremacy）而告终，该法案把以前送缴教皇的所有教会税费都移交给了作为"英格兰教会最高领袖"的国王。在那些日子里，一切都依赖于先例，国王声称他所做的不过是把时钟拨回到早期教会的时代。在他看来，他所获得的管理教会、向教会征税、控制教会的法律和法庭乃至定义教义和制定仪式的新权力，都是罗马皇帝在被教皇僭越之前就享有的权力。

令人惊讶的是，这场革命几乎没有引起反对。也许人们认为这只是暂时的错位，以后会得到修正，但他们错了。那些意识到全部影响并提出抗议的人受到了野蛮对待。修女伊丽莎白·巴顿（Elizabeth Barton）曾预言，如果国王继续推行这些政策，他将面临可怕的命运，结果她和她的同伙被围捕并处决。最初的《继承法案》（Act of Succession）要求所有成年人宣誓承认国王的第一次婚姻无效，他的继承人将是安妮·博林所生的孩子，在此之后，出现了更多的受害者。少数最严格教团的修道士，如加尔都西会教士，因拒绝宣誓而被残忍地折磨、绞死、摘去内脏并肢解。两个圣人，罗彻斯特主教约翰·费希尔（John Fisher）和托马斯·莫尔爵士被送上断头台。但总的来说，这场摧毁中世纪英格兰的教会的宗教改革是未流血的改革。

然而，事情并未到此为止。1535年1月，克伦威尔以英格兰国教会代理主教（Vicar-General）的新身份，派出调查专员，让他们报告各修道院的状况。他们的发现在被写出来之前大家就已猜到其内容了。国王需要钱，而修道院占有全国四分之一的土地。君主制还需要将自己与那些支持议会通过法令的人捆绑在一起。这些隐藏土地的授予将确保人们对这种新现状的持久热情。1536年至1540年间，总共约八百座修道院被解散，这一举措结束了这种长达三个世纪的宗教职业，改变了城市的景观。马车把修道院里面的东西运进了国王的宝库，之后，拆房团伙就一拥而入，从屋顶上拆下铅头，砸碎窗户，拧掉所有的配件，剩下的一切都被破坏了。大修道院图书馆的书籍要么被没收，要么被卖到国外，要么被销毁。里面的人要么被迫退休，要么成为教区牧师。只有三位修道院院长奋起反抗，他们的下场是被绞死在自己修道院的大门上。

与此同时，曾是朝圣核心的圣物和图像被摧毁。马车再次出现，皇家官员们将珠宝、黄金和白银装进马车，准备运往伦敦。朝圣者们所崇敬的一些著名的神像被集中起来当众焚烧。圣徒的神龛本身被夷为平地。

事情在没有发生大范围内乱的情况下发生，这一事实证明，至少在南方，这些政策得到了相当程度的支持，同时也证明了君主的权力。反对的声音只出现在北方，首先是在林肯郡，它很快就消失了，而更强烈的是在约克郡。1536年，南北方之间的紧张局势再次上演：对被击败的约克党的挥之不去的喜爱与因强加的宗教改变而产生的沮丧情绪结合在了一起。约克市宣布支持叛军，叛军找到的领袖是当地的律师罗伯特·阿斯克（Robert Aske）。阿斯克说这不是一场叛乱，而是一场求恩巡礼（Pilgrimage of Grace），这个名称从那以后被一直传承下来。反叛者把基督在十字架上所受的五处伤作为自己旗帜的图案。不仅是平民，连士绅和贵族阶级的成员都被吸引到这项事业中来。如果他们立即南下，就很可能击败政府，但他们贻误了战机，开始与国王的代表诺福克公爵谈判。公爵承诺将把他们的要求交给国王，包括停止关闭修道院，恢复与教皇的关系，议会不受国王的管制，以及解除克伦威尔及其亲信的职务。诺福克诱使反叛者相信，这些要求中的大多数都会得到批准，于是他们四散回家。几乎没有人能猜到他们不久后的命运。诺福克和国王都无意屈服于反叛者的要求，1537年2月再次爆发的叛乱给了他们所需要的借口。超过二百人被围捕并处决，其中包括阿斯克。这些处决被刻意地在北方各地上演，为的是杀一儆百。

王权得到前所未有的行使。为了确保都铎王朝对北方的统治，一个由皇室官员组成的委员会在约克成立。三年前，一个类似的机构已经成立以管理威尔士。1536年，威尔士被并入英格兰，并被划分为几个郡，由治安法官负责确保政府政策也能在这些郡得到执行。从来没有一个统治者能如此真正地成为英格兰的国王，能够在王国的每一个角落如愿行事。

　　王权的这种彰显极大地得益于变革所带来的大量财富。王室的收入翻了一番，需要新的财政部门来处理新的收入来源。克伦威尔确保政府结构也发生了改变，以满足国王的意愿。此后，他所担任的书记长一职成为政府的关键职位。他通过创建一个永久的内部圈子——枢密院（Privy Council）——而发展起来的委员会是今天内阁的前身。更重要的是赋予议会的地位，特别是赋予下议院的地位。王室的影响力得以建立，例如，确保了支持王室的成员的选举。但基本上，尽管面临压力，这种选择却掌握在地方贵族和士绅手中。所有这些都标志着国王、贵族和士绅的新的伙伴关系，它通过议会制度借助法令手段得以表达。

　　与此同时，宫廷里发生了另一种变化。安妮·博林未能生育男性继承人。更糟糕的是，有流言说她对自己的亲信非常慷慨。前任大主教一去世，她的命运就注定了。1536年5月19日，新任大主教宣布第二次婚姻无效，国王娶了另一位宫女简·西摩（Jane Seymour）。安妮被处决。在"求恩巡礼"遭到残酷镇压的同时，简生下了期待已久的继承人爱德华，但不久她就去世了。

　　到16世纪30年代末，宫廷格局开始呈现出一种未来的特征——在不想进一步改变或实际上甚至想重走回头路的人与要求更多改变的人之间出现了分歧。这两个敌对派系一个以诺福克和加德纳主教（Bishop Gardiner）为首，另一个以克伦威尔和克兰默为首，他们谁能取得成功全看国王的心情。在国外，天主教势力纷纷聚集到一起，国王被迫寻求与新兴的新教势力结盟，这是克伦威尔通过亨利的第四任王后克里夫斯的安妮（Anne of Cleves）一手策划的。这一婚配是场灾难，尽管国王于1540年4月任命克伦威尔为埃塞克斯伯爵（Earl of Essex），但他并没能长久享有自己的地位。亨利的目光落在了保守的诺福克的淫乱侄女凯瑟琳·霍华德（Katherine Howard）身上。不久之后，克伦威尔发现自己被关进了伦敦塔，随后被处决。一个人的生命就这样结束了，他曾招人憎恨，但他对这个国家的历史的影响是不可估量的。

克伦威尔死后，保守党占了上风，新王后臭名昭著的过去被曝光，她也上了断头台。亨利与凯瑟琳·帕尔（Catherine Parr）结婚，这是他的第六次也是最后一次婚姻。此时，他已成为传奇中的怪物，但她让他与自己的孩子们重聚，并产生了重大影响，因为她确保了爱德华和伊丽莎白会受到那些支持改革的人的教育。亨利八世于1547年1月27日去世，享年五十七岁。

　　自近五百年前的"诺曼征服"以来，英格兰从未经历过如此巨大的自上而下的变化。其牺牲品仍会激起我们的同情，但若将之放在所发生的事情的巨大影响之下去考虑，也就谈不上有多少牺牲品了。教会和国家已融为一体。君主、贵族、士绅之间形成了新的联盟，共同摧毁了中世纪的教会。国王的权力被提升到前所未有的高度。一个新的政治身份已经确立：英格兰全体公民。令人惊讶的是，它是如何熬过接下来的灾难性十年的。到目前为止，教会内部几乎没有被动过。虽然1536年在王室主持下发行了一本英语《圣经》，但拉丁语弥撒保持未变。亨利八世刚刚下葬，都铎政府的干预之手就开始以一种更加戏剧性的方式触及英格兰人民日常的宗教生活。

第二十七章　四季之人

对于深陷其中的人来说，宗教改革带来了一种前所未有的忠诚冲突。人们被迫在忠于国王与忠于普世教会之间做出选择。随着16世纪的到来，这种两极分化发展成为相互对立的信仰。但在16世纪30年代，这种情况还没有发生，当时，两难困境导致了其第一批受害者。其中最著名的是托马斯·莫尔爵士——亨利八世的博学而圣洁的司法大臣。

莫尔出生于爱德华四世统治的最后一年，他的父亲约翰·莫尔（John More）是林肯会馆（Lincoln's Inn，林肯会馆是几个律师会馆之一，是法律专业人士在伦敦的总部）的一名律师。按照惯例，托马斯被安排在一个贵族家庭——坎特伯雷大主教红衣主教莫顿（Cardinal Morton）的家中。在那儿，他的早慧立刻便得到了赏识。红衣主教说："无论是谁，只要活得够久，就会看到这个等在桌边的孩子成为一个出类拔萃的人。"正是看到了这一点的大主教把小托马斯送进了牛津，指望他将来进入教会。莫尔终其一生都是个虔诚的人，他甚至偷偷地贴身穿一件刚毛衬衣，这是一种永久的苦修形式。尽管考虑过宗教生活，但他意识到这并不是自己真正的职业，于是他在1502年获得了律师资格。那时，他已成为他那一代人中拉丁语和希腊语方面最杰出的古典学者之一，因为他成长的时代正好是处于欧洲遥远边缘的英格兰对伟大的文艺复兴（Renaissance）做出反应的时期。

文艺复兴运动起源于距当时一个多世纪前的意大利。它始于被称为"人文主义者"的学者们，他们把注意力转向了希腊和罗马的作家，他们的作品在中世纪经常被损毁，或者已经丢失，现在被重新收集。人文主义者之所以会转向这些作家，不仅是为了重新建立一种纯粹的写作风格，而且是为了恢复失去的知识和思想。这是一种充满激情的追求，由此产生了一种新学问和新艺术，其焦点是具有上帝形象的人，但他们在事物的格局中占据了与其中世纪前辈截然不同的位置。在其新角色中，人类可以使自己与上帝的宇宙达成和谐一致，方法是研究和发现其基本原理，这些原理被认为是通过数字和比例来表达的。要实现这些目标，就要研究物理现象，并借助承自古代世界的书面遗产和视觉遗产。这种回归的一个方面是寻找往昔伟大作品中最早也是最真实的文本，尤其是《圣经》的早期文本和早期基督教作家的作品。人们相信，从原始的希腊语中获得纯净的、未受破坏的《新约》文本，是一种接近上帝话语的手段。在阿尔卑斯山以北，此观念最伟大的倡导者是伊拉斯谟（Erasmus），他成了莫尔了不起的朋友之一。通常而言，他们会仿效罗马学者西塞罗（Cicero）以优雅的新式拉丁语相互通信，而不是使用中世纪业已退化的非正宗的拉丁语。

二十六岁时，莫尔与一位埃塞克斯乡绅的女儿简·柯尔特（Jane Colt）成婚。她为他生了三个女儿和一个儿子，但年纪轻轻就死了。出于对照顾幼子众多的家庭的担忧，莫尔在妻子死后不到一个月就迎娶了寡妇爱丽丝·米德尔顿（Alice Middleton），按当时的说法，她"年长色衰，粗鲁无礼"，但他爱她。他们的家庭是一个虔诚的家庭，也是一座有关人文主义学识的新价值观的纪念碑。莫尔是女性教育的先驱，他的孩子们既接受宗教教育，也接受古典教育，"因为女性的博学，"他写道，"是一种新事物，也是对男性懒惰的一种谴责。"所以她们学习拉丁语、希腊语、哲学、神学、数学和天文学。莫尔一家先是住在伦敦城，后来又住在他于泰晤士河畔的切尔西（Chelsea）建造的大宅子里。将新的人文主义肖像艺术带到英格兰且为莫尔及其家人画像的著名德国画家汉斯·荷尔拜因（Hans Holbein）形容它"体面但不奢华"。

1516年，莫尔最著名的著作《乌托邦》(Utopia) 出版，该书描绘了一个虚构的国家，由一个航行至美洲的旅行者讲述，而这个国家的发现仅在13年前。莫尔用此叙述来攻击社会的贪婪和傲慢，但也进而讲述了对即将到来事物的非凡预言：对狩猎的攻击、安乐死、宗教宽容、火化死者，以及女牧师和女兵。这是他的作品中唯一一本传阅至今的。

在《乌托邦》出版的前一年，莫尔已开始为亨利八世效力，并迅速升为御前会议成员。他的魅力和智慧令国王着迷，国王经常召他前来侍候，甚至邀请他到宫殿的屋顶上"同他一起思考恒星和行星的多样性、轨迹、运行和运作方式"。国王也会来到切尔西。娶了莫尔的长女玛格丽特（Margaret）为妻的威廉·罗珀（William Roper）描述了这样一次拜访：

> 出于他的陪伴所带来的快乐，国王偶尔会突然造访他在切尔西的家，和他一起度过愉快的时光；他会在出其不意的时刻到来，与他共进晚餐，然后，在他漂亮的花园里，用胳膊搂着他的脖子，与他散上一个小时的步。

莫尔深得皇室的青睐，被封为爵士，成为副财政大臣和下议院议长。

很快，他就被召来为教会辩护，反对16世纪20年代从德国传入英格兰的理念。这样的理念甚至已经渗透到他自己的家庭中，他不安地发现他的女婿罗珀相信，"只有信仰才是正当的，人类的工作没有任何好处……"莫尔震惊于错误教义（即偏离了普世教会之教义的异端思想）的传播，在长长一系列著作中猛烈抨击宗教改革者。然后，身为司法大臣的他不得不根据法律处置那些相信此类事情的异教徒：在火刑柱上烧死他们。

他极不情愿地接受了沃尔西之后的司法大臣的职位，他提出了一个条件：在任何时候都不能要求他在国王的离婚事宜上采取任何行动。莫尔完全接受教会的裁决，即亨利的第一次婚姻是合法的，阿拉贡的凯瑟琳不能被抛弃。

随着16世纪30年代各事件的展开，他对"改革议会"（Reformation Parliament）通过的将英格兰与普世教会分离的法令感到震惊。在教士承认国王是教会最高领袖后的第二天，他放弃了官印和与之相关的大部分收入。他的家人吓坏了。他对他们说："我们也许不能奢望躺在羽毛床上上天堂，事情不是这样的。"这位才华横溢的大臣不愿公开支持国王，这让国王很恼火。当莫尔拒绝参加安妮·博林的加冕典礼时，新王后的家人想要了他的命。他们没等多久。

那位曾预言如果国王把阿拉贡的凯瑟琳送走的话就会死于非命的肯特郡修女将莫尔作为自己的支持者之一提及。当她被围捕时,莫尔接受了审问,但成功地为自己进行了辩护。随后国王停止向他发放作为顾问的薪水,以此对他施压。1534年3月,第一个《继承法案》通过。它要求每个成年人都必须宣誓承认国王的第一次婚姻是无效的,并宣誓效忠亨利与安妮所生的孩子。任何反对这些事情的人都被判叛国罪,惩罚是没收财产和死亡。在莫尔被召去宣誓的那天,他知道这将是他最后一次与家人团聚。他没有让他们护送自己登上泰晤士河的驳船(他过去常在那里亲吻他们每个人,与之道别),而是在花园门口与他们告别,然后"怀着沉重的心情"与女婿罗珀单独上船。当船顺着水流向前推进时,他突然转向罗珀,在他耳边说:"我的孩子罗珀,感谢上帝,本场比赛赢了。"

莫尔两次被劝说宣誓,但他都拒绝了。他被关押在伦敦塔。他的家人悲恸欲绝,尤其是他的妻子爱丽丝夫人,她完全不能理解他的拒绝。她去探望他,责备他抛弃了一切。莫尔的女婿威廉·罗珀记录了这段对话:

  静静地听她说了一会儿后,他带着愉快的神情对她说:"我请求你,好爱丽丝太太,告诉我一件事。"

  "什么事?"她问。

  "这房子,"他说,"不也和我自己的一样接近天堂吗?"

到目前为止,他面临的是监禁和财产损失,但议会通过了一项新的《叛国法案》(Act of Treason),其中规定,如果有人在证人面前否认王室对教会的至尊权力,就将被判处死刑。

现在只是时间问题了。四个月后,托马斯·克伦威尔和其他议会成员对莫尔案件进行了反讯问。他又一次成功地回避了这个问题。不久之后,教皇任命因同样的罪行而入狱的罗彻斯特主教约翰·费希尔为红衣主教。亨利暴跳如雷:"让教皇随心所欲地给他送上一顶(红衣主教的)帽子吧。我已经准备好了,无论何时,只要他想把它戴在头上,那他就会无头可戴。"

第二十七章　四季之人

不久之后，费希尔中计，否认了王权的至高无上，在塔丘被处决。类似的事情也发生在莫尔身上。7月，他终于受到审判。他勇敢地为自己辩护，但判决已成定局。就在宣判之前，他打破了长时间的沉默，宣布效忠于普世教会，认为无论是亲王还是议会都无权篡夺教会的权力，因为它们是由基督委托给圣彼得和他身为教皇的继任者的。

当莫尔离开威斯敏斯特大厅向伦敦塔码头（Tower Wharf）走去时，他的大女儿玛格丽特跪在地上接受他的祝福。她推开人群和警卫，"当着众人的面，拥抱他，搂住他的脖子，亲吻他"。莫尔在伦敦塔的牢房里给她写了最后一封信："再见了，我亲爱的孩子，为我祈祷吧，我将为你和你所有的朋友祈祷，希望我们可以在天堂愉快地相见。"

第二天，即7月6日，早上9点钟不到，莫尔在塔丘被砍下了头颅。"在登上摇摇欲坠的绞刑架时，他欢快地对司狱长说：'我请求你，司狱长，确保我安全地上去，至于下来，就让我自己来吧。'"国王命令他少说话，他遵从了命令，"抗议他杀死了他的好仆人，但上帝是第一位的"。他的尸体被扔进一个叛国者的坟墓，他的头，按照惯例，被钉在尖桩上，在伦敦桥上示众。后来，他的女儿玛格丽特解下了它，将其埋葬。

莫尔的处决在整个西欧都引起了恐慌。他是英国宗教改革早期的牺牲品之一。几十年后，斗争双方的受害者都成倍地增长。莫尔坚信，亨利八世与妻子离婚违反了上帝的法律，议会无权干涉。他认为，国王和议会都没有权力撕破普世教会天衣无缝的外衣。莫尔是少有的担任政府要职却从不放弃自己信仰的人之一。从那时起，没有一个人不被这个故事所感动。这个故事讲的是一个为自己的原则而献身的人，他面对这个事件时，既非沉默地顺从，也非虔诚地说教，而是说了一个笑话。

第二十八章　十年动荡

亨利八世留下了三个面色苍白、头发浅黄的孩子：继任国王的九岁的爱德华，三十二岁的玛丽和十四岁的伊丽莎白。他们都继承了父亲的坚强意志和傲慢，但他们在宗教方面各执一端。随着这几个孩子一个接一个地继承王位，这种分歧将对16世纪中期产生深远的影响，王位的每一次转换都将把国家带向不同的方向。爱德华天生是个自命清高的神学信徒，是新教事业的狂热的、实际上是极端的奉献者；玛丽的信仰受到母亲的残酷命运的塑造，她渴望回归中世纪的天主教；伊丽莎白居于两者之间，一心想让情况保持父亲死时的状态，即没有教皇的天主教。

但是，宗教的变化并不是这些年里唯一对所有人都产生了重大影响的事情。除了宗教，还有其他一些因素累积起来，将导致社会的动荡、骚乱乃至公开叛乱，其规模威胁到了现有的秩序。一个因素是疯狂的通货膨胀。在一个多世纪的时间里，价格基本上是稳定的。然后，在16世纪的上半叶，它们翻了一番。当时没有人明白个中原因，于是将其归咎于贪婪的领主。随着价格上涨，政府自然需要更多的钱，于是在亨利八世统治后期决定走捷径，降低硬币面值，也就是减少每枚硬币的银含量，这很快就被认为是一个灾难性的错误。到1550年，硬币的银含量仅为1500年的六分之一。一开始，货币贬值使政府变得更加富有，因为钱更多了，但很快，人人都意识到货币实际上更不值钱了，所以他们提高了价格。

如果人们提高物价，那么自然每个人都需要更多的钱来维持生活。不仅社会底层的穷人变穷了，富人也是如此。两者都面临着金钱压力，这引发了变革。受挫最甚的是王室，它在这个世纪的发展中变得越来越穷，因为其收入依赖于固定的租金。因此，它不得不寻求其他筹集资金的方式或向议会求助，而这是任何统治者都不愿意做的。规模较小的土地所有者也必须寻找增加收入的方法。一是增加大规模的牧羊。它的劳动力成本很低，一个牧羊人和一个男孩就可照料庞大的羊群。但要做到这一点就需要牧区，这与以前将土地划分为条块状的体系大不相同。一些地主开始尽可能多地合并其土地，驱逐农民，甚至拆除整个村庄，开始建立用篱笆、树篱和沟渠圈起的封闭田野，这就是我们今天所知道的乡村的模式。他们甚至把所有人用来放养牲畜的公共土地也圈起来。圈地对牛的作用与对羊的作用一样大。地主会尽可能地提高租金，当佃户付不起钱时，他们就失去了自己的土地，面临着要么成为赚取工资的劳动者，要么背井离乡去流浪的选择。农民通过照管领主的私有土地来换取条块状土地的古老制度开始逐渐消失。但这是一个持续了三百年的漫长过程。所有这一切的受益者都是地主，以及成了租赁农民的最具进取心的劳动阶级。失败者变成了没有土地的劳动者。一种乡村生活模式就这样确立起来，它将一直延续到20世纪，只有当机械化到来时才会消失。

大规模养羊是对通货膨胀压力的一种措施，但还有其他方式的措施。拥有煤炭或锌矿等自然资源的土地所有者开始开发这些资源。商人们采取的措施是开辟新的市场。这通常是通过股份公司来实现的，股份公司的组成人员不仅是商人，还有士绅乃至朝臣，他们集资去资助一个企业，然后分享其利润。在该世纪的推进过程中，商人们致力于在非洲、印度、俄罗斯和黎凡特为英国商品寻求出口途径。代表着都铎王朝之辉煌的豪宅开始从那一过程中出现。

从这个意义上说，成功的地主是不折不扣的胜利者。他可以是贵族，也可以是乡绅，从一个身份到另一个身份的转换通道掌握在君主手中，因为君主可以授予骑士和贵族的头衔。成功是关键词，因为从政治上的无能到经济上的乏力，各种原因都会导致家族的兴衰。但所有这些都不能削弱土地所有者比以往任何时候都多的事实。他们是在宫廷和政府中谋取职位并获得任职的人,是郡的治安法官,是当选的议会议员或下议院议员。他们的范围很广:贵族、士绅、商人、律师,甚至是自由民。

他们现在拥有了前所未有的权力。为了贯彻改革,王室寻求与他们结盟,他们绝不允许以后的王冠佩戴者忘记这一点。所以,在维多利亚女王统治之前,为国家制定政治议程的是地主阶级。没有他们的支持,任何君主都不能顺利地统治这个国家。在下议院,他们有表达异议的手段,并且越来越多地主张这是一种权利。

这些深刻的变化在16世纪中期达到高潮,而一连串的收成灾难加剧了这些变化的影响。1555年和1556年的收成非常之糟糕,以至于有人写道:"面包的短缺是如此严重,致使平原上的穷人真的以橡子为食,以水为饮。"雪上加霜的是,这两年还发生了可怕的瘟疫。如果政府有能力,这一切中的许多后果本可以避免,但它没有这个能力。十年来,都铎王朝统治所主张的一切都受到了威胁。早期成就的力量可以通过这样一个事实来衡量:他们的统治在这十年中艰难地维系了下来。并且在最后一个都铎国王于1558年登基时,毫发无损地再次交到了有能力的人手中。

16世纪30年代发生的事件有效地重置了国家的权力结构,尽管没有实实在在地触及多少日常生活的节奏。但这样的事情将会越来越多。《伦敦灰衣修士纪事》(*Chronicle of the Grey Friars of London*)记录了两件改变了持续达一个世纪的古老生活方式的事件。第一件事发生在1547年9月,"条目:九月的第五天,国王莅临(圣)保罗大教堂……所有的图像都被撤下……于是当时全英格兰所有的图像都被拆除,所有的教堂都新涂成了白色,墙上写着(十)戒律……"接着在一年后,"条目:复活节之后,在(圣)保罗教堂和其他不同的教区教堂开始了英语礼拜仪式……"第一个事件改变了这个国家所有教区教堂的外观,因为圣母和圣徒的肖像要么被拿出来烧掉(如果它们是木头的),要么被用锤子砸碎(如果它们是石头的)。那些讲述福音书和圣徒故事的彩色壁画消失在了书写着《圣经》经文的白色墙壁下。第二个事件开创了用英语而非拉丁语进行礼拜的先河。

到爱德华六世统治末期,古老的拉丁语弥撒已被废除,取而代之的是在教堂中殿的桌子上举行的圣餐仪式。但这种情况只是偶尔发生，因为主要的礼拜形式变成了晨祷，其重点是唱赞美诗和讲坛上的布道。英国宗教逐渐形成一种将延续到20世纪的模式。

像在16世纪30年代一样，它是自上而下的变化。在这整个世纪，人们对古老崇拜方式的渴望都盘桓不去。中世纪天主教的礼仪并不是一夜之间就消失的。事实上，尽管有些无可奈何，但几乎所有人都赞同这些变化，这反映了人们对都铎王朝统治者的普遍尊重和这些统治者所引发的普遍恐惧，尽管就像爱德华六世那样，当时的统治者只是个孩子，还不怎么讨人喜欢。

爱德华同他的姐姐伊丽莎白一样，在智力上颇为早熟。此外，他还自以为是，十分残忍，这是他父亲的特点，作为童年期的特点，他还很容易受人指使。由于他的成长环境，他献身于新教，痴迷于各种形式的神学辩论。在亨利八世统治后期，宗教变革停滞不前，而新任国王希望将其继续推进，在这一点上，他找到了两个盟友，这两个人为他有效地管理着王国。第一个是他的叔叔，萨默塞特公爵爱德华·西摩（Edward Seymour, Duke of Somerset），他是一名勇敢而睿智的战士，被任命为护国公。萨默塞特有空想的特质，这种特质会让他去关心那些遭受圈地之苦的人的命运。同情穷人和受压迫的人不是都铎王朝政治家的特质。这种同情最终导致了他的毁灭，因为它使之疏远了那些本应是他权力基础的土地所有者。他们将他统治的那几年仅视为对其自身的一种威胁，其形式是来自底层的叛乱和暴动。

但在统治伊始，随着护国公在平基战役（Battle of Pinkie）中对苏格兰人的大获全胜，一切在表面上都妥帖安好。宗教辩论的禁令被解除，宗教改革者们大量拥入这个国家，把它变成了互相冲突的宗教观点的通天塔。为亡灵做弥撒的歌祷堂被解散，它们的土地和财富被没收归国王所有。这是一系列影响到每个人的变化中的第一个，因为它清除了一些简单的行为，比如在教堂里点燃蜡烛来表示代祷。很快就传来了移除图像和雕塑的命令，这一命令被逐渐放大，并一直延续到1551年，到那时，一切都将被抹杀。人们认为教堂理应是空的，其外观理应是裸露的，这种观念将持续到维多利亚时代。牧师被允许结婚，俗人在圣餐仪式上接受葡萄酒和面包。与此同时，坎特伯雷大主教托马斯·克兰默编撰了一本《公祷书》（Book of Common Prayer）来取代旧的祈祷书。它用英语写就，保留了很多天主教的习俗，包括仪式和法衣的使用。1549年6月，议会通过了《教会统一条例》（Act of Uniformity），强制在每个教堂推行使用。

尽管一年前在英格兰西南部和中部地区已经发生了动荡和骚乱，但这种新礼拜仪式却在康沃尔引发了一场大规模的暴动。令政府惊愕的是，叛军开始向东挺进，但幸运的是，他们后来改变了主意，包围了埃克塞特。8月，政府派遣了一支军队，于是暴动被扑灭了。与此同时，在东安格利亚还发生了一场更严重的暴动，其领袖是一个名叫罗伯特·凯特（Robert Kett）的自耕农。暴动始于7月反叛者攻占诺维奇（Norwich）城之时。这次的不满不是源自宗教，而是源自社会，而对圈地运动的憎恨加剧了这种不满。政府最初平复叛乱以失败告终，直到派出由沃里克伯爵约翰·达德利（John Dudley）统领的军队，这次叛乱才随着一场血腥的战斗和处决而结束。

都铎王朝的统治阶级最害怕现有秩序被推翻，萨默塞特政府执政的两年彻底打消了王室对他的信心。国王从来就不喜欢萨默塞特，而公爵在御前会议中也没有可与他共同管理国家的朋友。10月，他被逮捕并送入伦敦塔。此时权力落在了一个完全不同的人身上，那就是沃里克，两年后，他成为诺森伯兰公爵（Duke of Northumberland），在他的监督下，萨默塞特被如期处决。诺森伯兰是个毫无顾忌、野心无限的人，实际上你很难从他的性格中找出任何可取之处。当时发生的事情恰如上世纪的王室，当时的权贵们竭力想控制国王以获得政治权力，而他们行使这些权力仅仅是为了满足个人的贪欲。诺森伯兰掌控了少年国王。宗教改革如今空前深入。第二版《公祷书》于1552年问世，这一次规定了对任何不使用《公祷书》的人的惩罚。通过这种方式，旧有的天主教弥撒的全部残余都被清除得一干二净。教区教堂仅存的那一点点财宝都被充公。新教主教得到任命，而每一次任命都是剥夺教会土地的借口。

当人们得知国王身患致命的肺结核时，这种捞钱和玩忽职守的行为变本加厉了。到1552年夏天，国王的生存机会明显渺茫。诺森伯兰意识到，一旦国王去世，自己的权力将不复存在，因为根据法令，继承权将传给信仰天主教的玛丽。因此，国王和诺森伯兰非法地下手改变王位继承权，让亨利八世的妹妹、萨福克公爵夫人玛丽（Mary, Duchess of Suffolk）的后代，她的孙女简·格雷夫人（Lady Jane Grey），继承王位。诺森伯兰千方百计地设法把她嫁给了自己的长子。御前会议对这种违规之举极其不满，但他们在胁迫之下只能投降，因为诺森伯兰"大发雷霆，暴怒不已"，国王"言辞尖刻，怒容满面"。

1553年7月6日，爱德华终于去世，于是，在四天后，简·格雷夫人被封为女王。这是一个普遍不受欢迎的举动，即使是信仰新教的伦敦人也对之深恶痛绝。它违背了两个根深蒂固的信念：继承人合法继承的神圣性，以及都铎王朝的尊贵性。这两种感觉都是如此强烈，以至于远远压过了人们对玛丽尊崇旧信仰的任何考量。一听说诺森伯兰发动了政变，玛丽就逃到了萨福克，在那里她被宣布为女王，很快，民众纷纷对她表示支持。诺森伯兰前去与她交锋，却发现在骑行过程中，他的支持者们都渐渐不见了踪影。最后，就连他也被迫声明拥护她，坐等被捕，并最终以叛国罪被处决。

玛丽就这样在群情激愤之中登上了王位，而她接下来却因误读而驱散了这种民众情绪。"到处都是数不清的篝火，"有报告称，"人们又喊又叫，震耳欲聋，再加上钟声大作，谁都无法听清别人在说什么。"新女王是一个意志坚强的都铎家族的人，因为对母亲和天主教的忠诚而遭受了二十年的屈辱和虐待。这使她显得少年老成。但她举止优雅迷人，对人情世故持有一种孩子般的天真。她将使自己重新夺回权力的浪潮视为人们对回归宗教改革前的英格兰的渴望。没有什么比这更脱离现实的了，但她凭着都铎式的固执性格，为了她母亲的家族——西班牙哈布斯堡家族的荣誉，不偏不倚地着手去实现这一目标。她知道三十七岁的自己几乎过了生育年龄，急需一个男性继承人。唉，她听说的新郎只有哈布斯堡皇帝查理五世的儿子腓力。

尽管遭到了巨大的反对，但女王还是一意孤行，这是不明智的选择，因为她的臣民眼见英格兰又将沦为庞大的西班牙哈布斯堡帝国的又一个省。尽管议会通过了立法，意在恢复1547年的宗教状态（这是与罗马教会重新聚首的第一步），但议会反对她与腓力的婚配。新教主教们被剥夺了权力，但任何试图逆转土地所有权之巨变的尝试都遭遇了失败。就这样，玛丽开始失去那些能让她掌权的阶级的支持。

人们对女王与西班牙人的婚配是如此深恶痛绝，以至于它引发了叛乱。托马斯·怀亚特爵士（Sir Thomas Wyatt）率领三千人从肯特郡向伦敦挺进。玛丽虽然成功地召集了伦敦人来支持自己，镇压了起义，但她没有重视这场叛乱带来的警告。更残忍的后果之一是简·格雷和她的丈夫被处决。玛丽一意孤行。1554年7月，腓力登陆英格兰，他们在温彻斯特成婚。很快，她相信自己怀孕了，英格兰将会有一个继承人。事实证明，这一信息是错误的。但在11月，当她的堂兄、流亡了几十年的红衣主教波尔（Cardinal Pole）以教皇特使的身份到达时，她的一切努力似乎都达于圆满。议会废除了有关改革议会的法案，英格兰正式与罗马和解。波尔被任命为坎特伯雷大主教，取代了被罢黜的克兰默。但这一切都被证明是空洞的成功。

总的来说，人们乐见玛丽最初对1547年的宗教的恢复。如果她就此止步，可能会更加成功。取而代之的是，她让教皇卷土重来，这重新点燃了民众强烈的反教权主义情绪，并让那些从教会消亡中获益的人感到了威胁：从长远来看，他们在过去二十年里所获得的好处很可能会被夺走。

玛丽恢复了有关异端的律法，这使情况变得更糟。从1555年1月起，一长串的当众烧死异教徒的活动开始上演，这为未来的英格兰教会带来了其殉道者。她的任何政策对脆弱的天主教事业造成的伤害都没有此举大。到玛丽死的时候，大约有三百名男女因为自己的信仰被烧死在火刑柱上，其中有一些非常正直的人，比如前坎特伯雷大主教托马斯·克兰默。没有什么能从大众的想象中抹去这种恐惧。它强化了将在几个世纪的时间里主导英国人思想的态度，即新教信仰与脱离外国势力的独立密不可分。

还有最后一击。作为哈布斯堡王朝的领地之一，英格兰被卷入了与法国的战争。这场战争不仅不得人心，而且是灾难性的。1558年1月，在数个世纪的时间里都曾是英格兰在欧洲大陆的最后一个前哨站的加来落入法国人之手。再没有比这更大的国耻了。11月17日，玛丽在绝望中死去，十二个小时后，红衣主教波尔随之离世。伦敦殡仪执事亨利·马辰（Henry Machyn）在日记中写道:"伦敦所有的教堂都敲响了钟声,晚上,(人们)在街上生起篝火,摆出桌子,吃吃喝喝,为了新任女王而欢欣雀跃。"悲剧就这样结束了。

玛丽短暂的统治是一次彻头彻尾的失败,因为她失去了把她推上权力宝座的那些人的合作和支持。她拒绝接受现状,并在回归老路的道路上走得太远,从而使他们现在切实地将新教解决方案视为唯一能为其提供安全的方案。她对新教徒的迫害和与西班牙的眉来眼去帮助造就了英格兰是新耶路撒冷的神话。在她的统治下,殉道者血流成河,国家一直受制于外国势力,这势力不仅来自教皇,还来自西班牙。因此,一切都为新女王的登基做好了准备,她对新教的同情是众所周知的。她的到来将呈现为一种神圣的解救。真正幸运的是,这位注定要扮演此角色的年轻女子接受了这一角色,在将近半个世纪的时间里尽其所能地扮演这一角色,从而在她身后留下了一个传奇。

第二十九章　一种新身份

伊丽莎白一世（Elizabeth Ⅰ）二十六岁登上王位，这时的她是个身材高挑的年轻女子，神态持重威严，有一头赤褐色的头发和一双锐利的灰黑色眼睛。她的统治时间将比都铎王朝的任何一位君主都要长——四十五年，那是未来的事。在1558年，人们看到的是，一个没有经验的未婚女子将接管时乖运蹇的英格兰。同她姐姐的情况一样，伊丽莎白的童年绝谈不上幸福，并且危机四伏，因为作为玛丽的继承人，她被怀疑染指了种种阴谋。所有这一切都使她用一种模棱两可的品质来掩盖她那惊人的洞察力。新女王总是为自己留出回旋的余地，以免陷入最难以开解的政治困境。但她对事物总能做出精准的判断，对人的判断更是如此。她对官员的选择很少出错，因此，她身边逐渐出现了一批有凝聚力的、受过良好教育的高智商官员，他们给王国带来了持续的稳定。他们中的大多数都选自她母亲家族的支裔，或是她的首席大臣威廉·塞西尔（William Cecil）的支裔。

塞西尔是北安普敦郡（Northamptonshire）一位绅士的儿子，他曾在萨默塞特和诺森伯兰两人手下任职，但在玛丽统治时期丢了官。像伊丽莎白一样，他在宗教问题上也顺时而动。女王即位时，任命他为书记长，十多年后，他成为财政大臣。她统治的历史是一位伟大的女王（她睿智、勇敢、尽可能地宽容，同时又有些虚荣和反复无常）与一位像她一样具有保守本能（他也信奉谨慎行事，认为宗教事务是一扇不应向人的灵魂敞开的窗户）的大臣间的联盟故事。这是一段持续了四十年的伟大合作，其主要目的不再是革命而是巩固，在伊丽莎白父亲于16世纪30年代奠定的基础上，通过建设为国家带来和平。

毫无疑问，英格兰将回归新教。问题是：什么样的新教？这正是女王将施展巨大影响之处，因为她的愿望是回归到亨利八世死后不久的状态。她的难题在于：她需要其支持的那些人想要一种更为极端的新教形式。在她姐姐玛丽的统治期间，这些舆论制造者一直在欧洲大陆流亡，他们接触到的是在英国闻所未闻的各种更为激进的新教主义，它们要求驱逐主教，以一个教堂会众选择的由牧师和长老构成的体系取而代之。1559年，正是这类人使自己当选为伊丽莎白首届议会的议员。不幸的是，对女王而言，自她父亲统治以来，所有宗教上的变化都是通过法令实现的。她别无选择，只能循规蹈矩，在此过程中，她发现自己不得不接受一种比她想要的更为极端的信仰。在她统治的剩余时间里，她将阻止任何朝着那一方向的进一步行动。因此，她对英格兰教会的出现比其他任何人都要负有更大的责任。

一开始，她希望循序渐进地进行宗教改革，但在1559年春与法国媾和后，政府得以推进宗教和解。伊丽莎白不能指望她姐姐的主教们的支持。他们辞了职，她不得不重新任命一些比她想要的更激进的人。她希望回归中和之道，仍以1549年的天主教祈祷书为主，但她不得不做出让步，恢复1552年的激进得多的版本，尽管她要确保消除或淡化它的一些极端态度。法衣和教堂内部将与1548年如出一辙，人们跪着接受圣餐。女王本人不再是至高无上的领袖，而是教会的管理者。而且，就像以前的情况一样，实施这些改变的行动是自上而下的。

英格兰实际上仍是天主教国家。随着统治的推进，后来成为英国圣公会（Anglican Church）的宗教形式逐渐出现。它被政治事件塑造和激化，并随着知识分子的出现而逐渐得到定义，坚持其介于天主教和那些希望"净化"或进一步改革教会的人构成的所谓清教徒（Puritan）之间的立场。女王的地位至关重要，因为她抵制了议会的一再干预，并确保对天主教徒的严厉惩罚不会得到严格执行。尽管双方都有遭受迫害的受害者，但与英吉利海峡对岸的法国和荷兰因宗教而引发的战争所导致的流血事件相比，它们简直是小巫见大巫。

天主教徒在伊丽莎白统治的头十年里被教皇抛弃了。他们中的大多数人偶尔会遵从圣公会,由于没有要求他们宣誓效忠的压力,他们并没有面临任何选择的困境。这正好迎合了女王政府的胃口,因为当教皇开始行动的时候,很多人已经默认加入了圣公会。

1570年,一切都突如其来地发生了改变,因为在那一年,教皇将女王逐出教会,也就是说,他宣布她为异教徒,不适合佩戴王冠,从而免除了臣民服从女王的所有必要性。天主教徒现在必须在教皇和女王之间做出选择。大多数人选择了后者。那些没有这么做的人必然会被视为国家的敌人,议会要求对其加以严惩。女王拒绝了这一要求。那十年间,在专门的神学院受过培训的牧师开始从国外抵达,所以那些一直忠于罗马的人重燃了自己的信仰。随后,在16世纪80年代,一种类型截然不同的牧师来到英格兰,他们是耶稣会(Society of Jesus)的成员,被称为耶稣会士(Jesuits),接受过一种被称为"反宗教改革"(Counter-Reformation)的狂热的复兴天主教的训练。对他们来说,对教皇的忠诚是至高无上的。尽管牧师被告知要避免发表任何关于女王身份的声明,但如果他们被抓住,他们也无法回避教皇诏书的含义。以新教徒为主的议会把拒不参加教会活动的罚款提高到每月二十英镑,并宣布其人为叛国。西班牙是当时英格兰最大的敌人,也是天主教事业的急先锋。面对这种情况,伊丽莎白政府别无选择,于是开始出现殉道者。大约有二百五十名天主教徒因其信仰而遭到监禁或处决。这大大背离了女王宽容的意愿。

到她去世的那一年,天主教已经稳定下来,成为一个小而紧密的团体,尽管不时会受到围攻。他们的信仰使其从公职和大学中被清除了出来。这种排斥直到19世纪才被扭转。他们几乎无一例外地忠于女王和国家,但其信仰与英国的海外敌人的基本等同,这让他们遭受了很大痛苦。

在女王看来,清教徒构成了更大的威胁,因为他们在现有教会和议会结构的内部发力,想要改变它。他们在宫廷中有强大的盟友,包括女王宠爱的莱斯特伯爵罗伯特·达德利(Robert Dudley,Earl of Leicester)。

然而,两极分化是渐进的。随着16世纪60年代的推进,女王的新任大

第二十九章 一种新身份

主教马修·帕克（Matthew Parker）开始强行实施一致的规范，比如，他坚持认为应当穿披风和法衣，洗礼时要用十字架标志。结果是，清教徒开始在教会内部组建自己的团体，并通过议会推动变革，这些变革不仅要废除主教，还将废除任何能让人想起罗马的仪式。一次又一次，下议院以其有言论自由这一声明为基础，试图通过立法来影响变革。女王一次又一次否决了任何有关这一话题的讨论，认为这侵犯了她的王室特权这一君主独有的神圣权力。下议院的一名成员，彼得·温特沃斯（Peter Wentworth），因这一冒犯而两次被送进了伦敦塔。女王和下议院之间的这些小冲突为下一个世纪更严重的冲突奠定了基础。

实际上，清教徒失败了，而且从长远来看，他们像天主教徒一样，被迫离开了英格兰教会，特别是在伊丽莎白统治后期，建立了一个教会法庭以消灭不信奉英格兰国教的人。尽管如此，新的教会还是以一种出人意料的包容姿态开始出现，其认定的身份既是天主教的，又是改革派的，这始于一项基本声明：国家成员身份等同于教会成员身份。像宗教改革之前那样，仍然存在一个教士等级制度，但成员由女王任命，天主教仪式和色彩在一定程度上保留了下来：披风、法衣、风琴和音乐的使用。它的崇拜和信仰在三部著作中得到了庄严的体现，这些著作在将近四个世纪的时间里为所有英国人所熟悉，深刻地影响了他们思考和看待周围世界的方式。这三本书都是用白话写成的，其中两本至今仍被列为英语的经典名著。它们的意义无论怎样评价也不过分，因为它们在每个教区的教堂和家庭中都被阅读和使用。

第一部是托马斯·克兰默的祈祷书，内含英格兰国教的礼拜仪式，每个去教区教堂的人都很熟悉这些仪式。其文辞的崇高性从未被超越，甚至一直被沿用至今。第二部著作将在伊丽莎白的继任者詹姆斯一世（James I）开始统治的几年后问世。这部《钦定英译本圣经》（*Authorised Version of the Bible*）至今仍在辉煌灿烂的英国文学中占有一席之地。这两本书都影响了一代又一代英国人的思想和心灵，不仅是在他们的祖国，也在他们航行且定居的世界上的任何角落，都是如此。这两本书都是英国国教圣公会（Anglican）的虔诚基础，这种虔诚将公众崇拜中强烈的尊严感和秩序感与对内在精神生活的相同承诺结合在一起，往往会在众多富有诗意的启示中找到其最真实的表达。

这三部著作中的最后一部不仅让普通民众看到自己的教会是宗教改革之前就已存在的宗教的真正延续，而且看到了自身的历史及在其中的地位。它的影响一直持续到我们如今的时代。约翰·福克斯（John Foxe）所著的《使徒行传与纪念碑》（*Actes and Monuments*），即众所周知的《殉道者名录》（Book of Martyrs），不仅叙述了新教徒在玛丽统治下所经历的苦难，还把英格兰和英格兰人塑造成一个英雄角色，说英格兰是已抛开了罗马镣铐的天选之国。整个人类和英格兰的历史被铸造成一个富于戏剧性的故事，在其中，光明战胜了黑暗，新教战胜了天主教，勇敢的英格兰国王战胜了邪恶的罗马教皇。它的高潮是一位童贞女王的登基。在福克斯的眼中，救世主伊丽莎白的到来是巅峰。随着时间的推移，女王的统治实现了这些预言，最初的虔诚愿望变成了现实。尤其是在西班牙派出的无敌舰队被击败之后。

第三十章　无敌舰队

英格兰教会分担了宗教问题，避免了在欧洲其他地方发生的天主教与新教之间的血腥冲突。它为一种新的民族认同感奠定了基础，而这种认同感将因来自外部的威胁而进一步巩固。外部威胁的惯常效果是把敌对各方团结起来，一致对抗共同的外部敌人。这个外部敌人是西班牙，它一直到伊丽莎白统治时期都是都铎王朝在海外的重要盟友。1558年，它仍是英格兰的盟友，但三十年后，它派遣了一支军队——庞大的"无敌舰队"（Armada）——前来征服英国，废黜女王，复兴天主教。然而势力遍布全球的庞大的西班牙帝国，却被一个小小岛国的海军所击败，这一事实震惊了整个欧洲。伊丽莎白身上散发出一种近乎广大无边的威严光环，整个国家也有了新的使命感和目标感。

然而，在伊丽莎白统治伊始，敌人仍然是法国，当时还有一件雪上加霜的事：法国国王娶了苏格兰的统治者——苏格兰女王玛丽（Mary），由于她是亨利七世的女儿玛格丽特的后裔，所以倘若伊丽莎白没有孩子，玛丽就会成为英格兰王位继承人。玛丽是位天主教徒。对英格兰政府来说，幸运的是来自法国的威胁突然减少了，因为法国国王死了，玛丽会被迫返回她的祖国。苏格兰女王玛丽是一位美丽而充满激情的女性，她激发了人们对她深切的忠诚，但她也固执己见，在政治上颇为无能。她发现自己的祖国正处于宗教改革的阵痛中，而她的统治是一个长期的灾难，以至于1568年她被迫越过边境到英格兰寻求她的表亲伊丽莎白的帮助。

伊丽莎白面临着一个骇人的问题，尽管她迅速意识到，玛丽无论是回到法国还是苏格兰都可能带来更大的问题。当她逃到英格兰时，这位苏格兰女王被控参与了谋杀她的第二任丈夫达恩利勋爵（Lord Darnley）的阴谋，对这一指控的调查已在进行，虽无定论，但足以使玛丽背负足够的可供审判的罪名，从而在接下来的近二十年里，她被囚禁在英格兰中部地区的一系列堡垒中。

尽管如此，作为伊丽莎白的继承人和一名天主教徒，玛丽始终是一个永久的威胁。随着时间的推移，这位苏格兰女王将成为一系列取代伊丽莎白的阴谋的焦点。这些阴谋中的第一个紧随着1569年的叛乱而至，这是唯一一次重大的反对新政府的起义。这一阴谋涉及诺福克公爵以及韦斯特莫兰（Westmorland）和诺森伯兰这两位北方伯爵，他们都是天主教徒，都对威廉·塞西尔和其他构成新统治集团的人掌握大权深感不满。诺福克还没来得及采取行动就被送进了伦敦塔，而其余两人却企图煽动北方叛乱。这次阴谋彻底失败了，策划者不仅付出了自己的生命，还付出了其他八百人的生命，因此北方再次臣服于都铎王朝的统治。此次叛乱剧情的背后是诺福克应与苏格兰女王联姻并实行联合统治的意图。两年后，在一次被称为"里多尔菲阴谋"（Ridolfi Plot）的密谋中，这一计划被重新实施，这次涉及西班牙大使。诺福克因此被处死，但这也为之后一系列反对伊丽莎白的阴谋设定了模式，而所有这些阴谋都与苏格兰女王有牵涉。

伊丽莎白早期的统治非常脆弱，但她将得益于两件事。首先是她的政府性质，它打下了坚实的基础，在社会的广大阶层中建立了广泛的支持，此外，在16世纪中期急剧飞升的通货膨胀之后确保了金融的稳定。其次是英格兰的大陆诸邻国的解体，它们陷入了旷日持久的内战。在法国，天主教徒与新教徒之间爆发了长达三十年的内战。新教徒又被称为胡格诺派教徒（Huguenots），女王会不时地援助他们，直到西班牙的势力强大到使法兰西与英格兰成为盟友。在英国最重要的商业纽带——低地国家，发生了反对西班牙国王统治的起义。伊丽莎白再次得以谨慎地干预其中，援助叛乱者，但她总是小心翼翼地避免任何可能导致与西班牙直接对抗的事情。

这种做法在二十多年的时间里都行之有效，在这段宝贵的时间里，伊丽莎白一世王朝得以站稳脚跟，赢得了信任和其人民的深切忠诚。但在16世纪 80 年代，情况发生了巨大变化，一系列事件促成了庞大的无敌舰队的航行。西班牙确实是一个世界强国。腓力二世（Philip Ⅱ）统治着整个伊比利亚半岛，不仅征服了葡萄牙，还征服了意大利的大部分地区、低地国家和整个南美洲。其家族的其他成员，即哈布斯堡家族，统治着德国和中欧。直到 16 世纪 80 年代，腓力二世的辽阔帝国主要的敌人是法国人和土耳其人。后来，突如其来地，英格兰人的威胁在许多方面都变得严重得多。以弗朗西斯·德雷克爵士（Sir Francis Drake）为首的新一代英勇无畏的海上冒险家增加了对西班牙帝国所赖以生存的来自新大陆的金银船队的攻击。更糟糕的是，西班牙对新大陆的统治受到了英格兰人的威胁，因为英格兰人为向女王表示敬意，试图建立一个名为"弗吉尼亚"（Virginia）的殖民地。最终，在 1585 年，伊丽莎白实际与低地国家的叛逆者荷兰签订了条约，并派遣了一支由她的宠臣莱斯特伯爵率领的英格兰军队。在同一时期，她支持和鼓励声称有权继承葡萄牙王位的人对西班牙殖民地的攻击。所有这一切使腓力得出结论：他的声誉受到了严重损害，英格兰及其女王应该被消灭，成为庞大的哈布斯堡帝国的一个省份。当苏格兰女王玛丽在另一场阴谋之后于 1587 年 2 月被判决处死时，这一结论得到了强化。

玛丽立即被宣传为天主教事业的殉道者，这触动了西班牙国王的敏感神经，比任何事情都更能驱使西班牙国王去进行报复。腓力二世召集了庞大的舰队和军队。被征召加入的士兵为征服英格兰做准备的方式与其准备对付土耳其人的方式如出一辙。以教皇为首，大多数欧洲天主教国家都为无敌舰队贡献了船只、人力和金钱。教皇甚至祝福了装饰其旗舰的旗帜。西班牙的修道院为这场战争的胜利祈祷。从一开始，腓力就毫不怀疑地坚信，上帝是站在他这一边的，他有责任废黜一位异教徒女王，恢复英格兰的天主教信仰。

如此强大的威胁需要英格兰方面具有对等的狂热目标。女王是一位杰出的演员，以被上帝选中的人的姿态出现在人民眼前，她是一位贞女——因为现在已经很清楚她永远不会结婚——神圣不可侵犯，专为领导新教事业而生，不仅是在英格兰，而且是在整个欧洲。到 16 世纪 80 年代，11 月 17 日，女王登基纪念日已经成为一个全国性的节日，举国上下都为之庆祝，将女王的登基视为从西班牙和教皇的联合枷锁中的神授解脱。辉煌显赫的君主制和母仪天下的女王取代了宗教改革前那盛极一时的天主教会，提供了一个新的强效的忠诚聚焦点。当1588年庞大的无敌舰队终于起航时，欧洲未来的命运在很大程度上将体现在这场对抗中。

腓力的庞大舰队是他针对英格兰的战略的一部分。然而，它的主要目标是使西班牙军队能够从低地国家和陆地渡过海峡。因此，从一开始，这场战役就从未被看作一场海战，而是一场入侵之后向伦敦推进的战争。这一计划始终如此，最早可以追溯到1586年，当腓力首次决心入侵时。两年之后，无敌舰队才终于起航，这一事实不仅反映了计划的改变和资金的短缺，还反映了1587年4月弗朗西斯·德雷克爵士在加斯港（Cadiz harbour）袭击西班牙舰队所造成的毁灭性影响，当时有三十艘船沉没。当无敌舰队最终于第二年4月起航时，它由一百三十艘船和大约七千名水手和一万七千名士兵组成，还有一万七千名士兵将从荷兰出发。

那时的英格兰还不是海上强国。它共有三十四艘皇家战舰，再加上被征召来为作战进行了装备的一百九十艘私人船只。因此，英格兰船只的数量比西班牙船只多，更重要的是，英格兰船只的类型也不同。它们要小得多，因此比笨重的西班牙大帆船更容易操纵。此外，英格兰的大炮和重炮被认为是世界上最好的，在交战时可以远距离射击，造成致命的影响。1587年年底，埃芬汉的霍华德勋爵（Lord Howard of Effingham）被任命为舰队司令，亨利·西摩勋爵（Lord Henry Seymour）担任副司令。1588年6月，当无敌舰队逼近时，霍华德和德雷克带领九十艘船等在普利茅斯，西摩则带领另外三十艘船在别处等待。与此同时，陆地上也有类似的军队集结以保卫国土。十五年前，县民兵组织已经建立起来，各县都承诺要挑选和训练士兵使用长枪和火枪作战。在沿海高地上设置的一系列灯塔会向七万六千名士兵发出集结信号。7月30日，这一时刻到来了，无敌舰队出现在视野中，沿康沃尔海岸的灯塔发出了耀眼的光芒，宣告它的到来。

与此同时，伦敦已经准备就绪，成千上万的人准备保卫女王。在不远的蒂尔伯里（Tilbury），一支由一万七千人组成的军队在莱斯特伯爵的指挥下扎下营地。在那里，伊丽莎白像亚马孙女战士一样身穿护胸甲，检阅了她的军队，发表了她统治时期最伟大的演说，把自己塑造成人民爱戴的统治者，将无所畏惧地带领人民为上帝和国家而战：

>……我来到你们中间……决心与你们一起在激烈的酣战中出生入死。为上帝、为我的王国、为我的百姓献上我的荣耀，哪怕是血溅尘土。我知道我有一个软弱无力的女人的身体，但我有着一个国王的内心和胆识，也就是一个英格兰国王的内心和胆识……

尽管当时没有人知道，但她的演讲是在危险已经过去的时候发表的。最初的炮火7月已从普利茅斯发射，但并非决断性的。8月1日，无敌舰队向前推进，在英国舰队眼中，它就像一弯巨大的新月。更多的战斗接踵而至。8月6日，无敌舰队到达加来，等待将从低地国家横渡英吉利海峡的西班牙军队的消息。西班牙人不知道的是，那支军队已经被荷兰叛军拦了下来。接下来是英格兰人的大师手笔——进攻船只在夜间被派去包围无敌舰队，迫使它们起锚并向北航行，从而重新打响战斗，与此同时，使无敌舰队与从荷兰越境而来的部队无法取得任何联系。现在轮到了格拉沃利讷（Gravelines）海岸线外的重头戏，西班牙一方在此一役中损失惨重。在这一天结束的时候，无敌舰队面临着被风吹向沙洲的危险，除非它驶进北海（North Sea）。在那些千疮百孔的船只上的西班牙人别无选择。他们被迫做了一次环绕苏格兰的可怕航行。当时已经有大量人员伤亡，食物也所剩无几。天气极其寒冷，他们对此完全没有准备。雪上加霜的是，在苏格兰和爱尔兰海岸，一艘又一艘的船只要么失踪，要么遇难。超过一万一千人死亡，幸存下来并抵达西班牙的是一支残破不堪的舰队。

英格兰航海史编年史学家理查德·哈鲁克伊特（Richard Hakluyt）写道："1588年，我们粉碎了可怕的西班牙无敌舰队，这是耶和华赐予我们的无可比拟的最辉煌、最伟大的海上胜利。"对于英格兰和信奉新教的欧洲来说，这被视为上帝的审判，他的侍女在人民的欢呼中以胜利者的姿态穿过伦敦的街道前往圣保罗大教堂向其感恩致谢。伊丽莎白在其有生之年成了一个传奇。从某种意义上说，她就是英格兰。西班牙无敌舰队的失败使她的政府努力实现的目标成为现实，即一个团结在国王周围的民族，他们是新教徒，是爱国主义者，会英勇无畏地保卫女王和国家。虽然从政治的角度看，这场胜利并没有带来多少改变，英格兰将在伊丽莎白统治的剩余时间里继续参与了一场代价高昂的战争，但从道义上看，它给予了人们一种信心和创造力，它是一个新的文明和社会——伊丽莎白一世的英格兰的根基所在。

第三十一章　荣光女王的英格兰

伊丽莎白于1603年去世，她留给继任者的是一个与她祖父在1485年所接管的截然不同的国家。在1569年的北方叛乱后，开始了漫长的和平时期，政府的首要目标是实现稳定。这个时代的所有压力都在于秩序、等级和程度，人们对可能扰乱它的任何事或任何人都怀有深深的恐惧。下级服从上级是它的座右铭。在许多方面，它都是一个极度保守和专制的社会，会去惩罚那些不按照政府命令思考和行动的人。令人惊讶的是，这并没有妨碍它的非凡能量，它创造了一种新的充满活力的世俗文化，其影响力在之后的数个世纪里仍在散发。

女王站在它的顶端。尽管伊丽莎白多年来一直受到外国王子的殷勤追求，但最终她终身未婚，从而避免了所嫁非人可能带来的灾难性后果。对她来说，这可能是一场个人悲剧，但随着人们对童贞女王的尊敬在几十年中刻意建立起来，从而将王室提升到半神圣的地位，此事便变成了一种优势。社会的每一组成部分都向她致敬：年轻的贵族将自己化身为浪漫的骑士，为捍卫一位"仙后"（Faerie Queene）而战；诗人赞颂她为他们的十四行诗女神；神职人员大声说出其坚信的看法：国家受到了祝福，拥有了一个堪与《旧约》中的统治者相比肩的统治者。伊丽莎白以同样的热情回应了所有这些角色，在华丽壮观的仪式中向人民展示自己。此外，她还很有亲和力，在演讲中总是把自己塑造成她所敬爱的人民的化身。君主制的影响前所未有地波及全国。尽管她的大多数臣民从未亲眼见过她，但每个星期天，他们都能在教堂里看到她印在《圣经》扉页上的王座，以及她在圣坛所拱门上方的纹章。在附近的大宅子中，她的肖像是第一个被挂起来的，那是一个闪闪发光、镶珠嵌宝的偶像，是新近流行的长拱廊的焦点。

王室的总部基本上设在伦敦，宫廷会沿泰晤士河从一座宫殿搬到另一座宫殿：白厅（Whitehall）、格林威治（Greenwich）、里士满（Richmond）和汉普顿宫（Hampton court）。一年的设置模式将在伊丽莎白死后一直延续下去。它始于11月初，也就是说，女王会在每年的11月17日女王登基日的庆祝活动中声势浩大地按时进入伦敦，这时，全国都会敲响钟声。每座教堂都会在此时举行礼拜和布道，在宫廷，人们会举行盛大的化装舞服比赛。一个月后，圣诞节和迎接新年的狂欢到来。在春季，宫廷会搬到其他宫殿，然后，在6月，动身开启为期数月的行程。这就需要数以百计的大车和马来运输所有的人和东西。女王住在其臣子新建的豪宅里，但这些房子很少足够大，住不进去的人只能睡在外面的帐篷里。她所到之处都会钟声齐鸣，人们都会出来迎接她。

她旅行经过的乡村与她孩提时记忆中的乡村迥然不同。这些地方的风景曾经被城堡和修道院所点缀，现在则点缀着豪宅。由于贵族和士绅们竞相建造适合接待女王的住宅，出现了建筑热潮。这样的房子统领着周围的土地，通常都建在山顶上。它们不再是为防御而建造的，而是以大面积的玻璃为吹嘘资本，以至从远处就能凭借其在阳光下的熠熠光辉吸引人们的目光。在屋内，宽敞的房间和拱廊反映了一种新的奢华生活，而在屋外，第一次出现了可供散步的精心布置的花园。从此以后，富人们挥霍钱财，不是为了修建教堂或者捐赠钱财来举行据说对其灵魂有益的弥撒，从而在来世为自己购得一席之地，而是为了炫耀和当下的舒适。他们给教堂增添的唯一一样东西将是坟墓，其风格咄咄逼人，浮夸华丽，通常建造在中世纪祭坛曾经矗立的地方。

毕竟，通往顶峰的道路不再经由教堂。事实上，再也没有神职人员担任政府职务了。在宫廷中受宠的大领主现在获得了晋升之道。与在伦敦律师会馆学习几年的基础法律相比，大学教育并不重要。如今人们的理想是成为一个字面意义上的新文艺复兴时期的绅士。为此，一个人必须接受教育，广泛阅读经典，学习外语。此外，他还应该去旅行，观察外国的土地和人民。他不仅要像中世纪那样是个战士,而且还要具备所有的宫廷才能,要会跳舞、演奏乐器和引吭高歌。所有这些特点使他与下层社会区分开来,尽管下层社会仍然是一个流动的社会。家族的兴衰取决于能力和政治偏好,但第一次出现了一个持久的相互关联的权势阶层:塞西尔家族(Cecils)、凯瑞家族(Careys)、诺利家族(Knollys)、卡文凯许家族(Cavendishes)、杜利家族(Dudley)和德弗罗家族(Devereux)。通往成功道路的途径是能力、王室的青睐、为官和与一位女继承人联姻。女性也发挥了自己的作用,因为上层社会的女性往往受过良好的教育。妇女也可以像一个自耕农的女儿伊丽莎白·巴洛(Elizabeth Barlow)那样,通过一系列婚姻成为臭名昭著的"哈德威克的贝丝"(Bess of Hardwick),也就是什鲁茨伯里伯爵夫人(Countess of Shrewsbury),她是英国仅次于女王的高贵的夫人。

它也不是一个对商人阶层封闭的社会,因为无论是贵族还是士绅都会投资贸易,毫不犹豫地娶一位富有的城市女继承人。城镇蓬勃发展。得益于在荷兰的战争所导致的安特卫普(Antwerp)港口的混乱,伦敦以令人瞠目的速度增长。到1600年,伦敦人口超过了二十万,他们越过城墙,拥向南华克的南岸。没有其他城市能与伦敦匹敌,它们大多看起来不过是杂草丛生的村庄。就人口而言,诺维奇排在第二,有一万五千个居民,然后是约克、埃克塞特和金斯林(King's Lynn)。到女王去世时,十个人中就有一个住在城镇里。人们花钱的方式又一次发生了变化,因为现在社团的骄傲不再表现在富裕的教区教堂上,而是表现在精致的市政建筑上:市场、医院、市政厅以及为穷人和老人提供服务的救济院。

伦敦是出版印刷的家园。尽管政府的审查制度很严格,但这并没有妨碍大量书籍和小册子的出版。书房很快成为所有受过教育的人的常去之地,这在几十年前还不为人所知。成为充满活力的学习中心的不是牛津或剑桥,而是伦敦。1596年,女王的金融家托马斯·格雷欣爵士(Sir Thomas Gresham)的遗嘱开始生效,成立了格雷欣学院(Gresham College)。这里教授的课程是应用科学中具有前瞻性、实践性的课程,即在现实的商业世界中直接有用的课程,比如优秀的会计所必需的数学,或对航海者探索新的贸易路线至关重要的航海知识。

伊丽莎白时代的社会比其前身更具分裂性，各阶层之间的差距日益扩大。有些阶层比其在过去时更为重要。站在社会顶层的仍然是贵族，一个静止不动的阶级，总共不到六十人，其中一半只是男爵。伊丽莎白尽量确保不增加贵族的数量。她的大多数官员的晋升从未超过骑士级别。结果，贵族虽然依旧显赫，其权力却在削弱。到了伊丽莎白统治末期，玫瑰战争时期典型的大批家臣已成为明日黄花。但贵族为保持其社会地位就必须让人们看到自己，而这是代价高昂的，导致要靠借债和出售土地来筹集资金。最大的变化是贵族本身不再重要。只有得到女王的青睐，他们才会变得重要起来。

与之形成鲜明对比的是，士绅阶级在迅速壮大。在16世纪40年代至80年代间，他们的人数激增。到了1600年，每个村庄都有自己的乡绅的格局已有目共睹。土地是衡量一个人能否自称为绅士的真正标准。此外是教育。这些人致力于获得武器，并在公园中建造狩猎用的大宅子。

这样的住宅势必会给人留下深刻的印象，有供家庭使用的私人房间、巨大的壁炉、华丽的石膏天花板、镶板和华丽的装饰。士绅们靠地产租金生活，也涉足工业，甚至更多地从事航海事业。但这样的家族可能有起有落。他们靠与女继承人的联姻和可继承遗产的儿子来延续家族命脉。女儿们都是败家子，因为其财产要与女婿对分。

在他们之下是另一个阶层：在农村是自耕农，在城镇是能工巧匠。就这两类人而言，他们的兴盛也通过建筑表现出来，他们的房屋（许多仍屹立不倒）反映了新获得的舒适感，是橡木框架或砖结构的坚固房屋，有许多房间、壁炉和玻璃窗户。他们地位的最大象征是烟囱。这些人建立了数量可观的农场，或者是日渐形成的消费社会所带来的富裕商人。羊毛和织布仍然是支柱工业。但现在出现了一种新的现象，即股份公司。在这种公司中，来自多种渠道的资本合并起来投资事业，比如开辟外国市场或殖民，以在成功带来的利润中分得一杯羹。

奋发向上的士绅阶层、自耕农阶层和商人阶层体现了这个时代的前瞻性活力、变革的力量和动因。所有这些动态都不应掩盖这样一个事实：许多东西仍一成不变。大多数人继续从事自给农业，依靠少至十五英亩的土地勉强维持生计。这是一种混合农业，因为牧场需要用作饲料的燕麦和酿制啤酒的大麦，而耕地农场则依靠牲畜为种植玉米的田地施肥。为了维持生计，人们往往还要承担纺织工作。还有一些自己种菜养牛的贫穷村民。虽然已经出现了圈地和森林砍伐，但土地仍然主要以条块的形式被耕种，满目皆是森林和绿色植物。第一次出现的调查和地图绘制唤起了人们对乡村的回忆，那是一幅令人着迷的马赛克图画，由灌木林和公共用地、开阔的耕地、树篱环护的小牧场、普通草地和优美的公园组成。

最基本的单位仍然是教区。在宗教改革之前，人们以宗教兄弟会的形式聚集在此，而现在，他们在教会委员会的庇护下会面，讨论如何照顾穷人、修路、任命校长或解决地方争端。从1538年起，所有的出生、婚姻和葬礼都必须被记录下来，从而第一次为每个社区创建了自己的档案，建立了一种社区认同感。每个星期天，村民们都在教区教堂聚会，聆听上帝的话语。出席是强制性的。只有非常富有的人才付得起不去教堂的罚款。牧师继续收取其什一税，但现在他往往是已婚男子，有妻子和孩子要养活。他比其中世纪的前辈们所受的教育要好得多，可能上过大学，会读书学习。他的地位与自耕农相当。

治安法官的作用继续扩大，成为地方行政和管理法规执行的主要代理人。特别是1597年和1601年的济贫法律授权他们经管一个将持续两个世纪的救济和福利体系。每个教区都指派了两名贫困者监察员来采集贫困比率数据，据此来资助救济、照顾病人和为失业者提供工作。但人们对穷人的普遍看法是，是他们自己的懒惰造就了其贫困问题，因此他们受到的对待往往是冷酷的。

我们必须在此繁华景象之下说说伊丽莎白统治的最后十五年，这是饱受国外战争、饥荒、瘟疫和国内的通货膨胀折磨的十五年。1588年以后，英格兰一直处于对外来入侵的戒备状态。除了派去攻打西班牙的舰队外，它在低地国家还有一支军队，另一支则时不时地在法国活动，还有第三支军队试图征服爱尔兰。所有这些都造成了严重的损失。战争是代价高昂的，伊丽莎白不得不召集了不少于六次的议会申请补贴，这些申请最终得到了批准。即便如此，她也不得不出售王室土地、筹集贷款和授予垄断权（对特定商品的专有权）。这些举动给她的继任者带来了麻烦。与此同时，这是一段庄稼歉收的时期，出现了1592年之后人类记忆中最潮湿的四个夏季。结果就是饥荒和通货膨胀，而从战场归来的士兵的贫穷、生病、受伤和失业又使情况变得更糟。

这些乌云使1588年的辉煌黯然失色。造就了这个时代的伟人一个接一个地离世：女王的宠臣莱斯特于1588年去世，海上英雄德雷克于1596年去世，她的首席大臣塞西尔于1598年去世。人人都感觉到了一个时代的结束，因为女王本人已经年过六旬，这在当时已是高寿。但她的判断力并未减弱，选择了塞西尔才华横溢的次子罗伯特（Robert）作为他的继承人。

她的晚年颇多烦恼，因为她迷恋上了一位年轻迷人的贵族埃塞克斯伯爵罗伯特·德弗罗（Robert Devereux）。他英俊潇洒，魅力十足，迷住了年迈的女王。然而，她精明地意识到了他在政治上的无能，拒绝了他试图在王国政府中占据一席之地的企图。他以"荣光女王"（Gloriana）之骑士的身份参加了对西班牙的海陆战役，并最终率领军队进入爱尔兰。整整一个世纪以来，英格兰人一直在努力征服爱尔兰，如今，它被视为西班牙进入英国的后门，因而变得加倍危险。英格兰人的控制范围很少超过被称为帕莱（Pale）的都柏林周边地区。除此之外，野蛮的爱尔兰部落过着数世纪以来几乎没有什么变化的生活，充满了部落战争、血仇、掠夺和杀戮。但在16世纪90年代，对爱尔兰的征服得到认真对待，而确实在女王去世时达到了目的。但这却毁了埃塞克斯，因为他违背了她的指示，更糟的是，出于对宫廷里的敌人的畏惧，他横穿英格兰去申诉冤情。他甚至在女王的侍女们给她穿衣服时闯进了女王的卧室。他的结果是被监禁。接下来，他的地位一落千丈，这导致埃塞克斯和他的追随者们于1601年初试图占领伦敦并夺取宫廷权力。那是一场灾难。埃塞克斯接受了审判并被处决。

在埃塞克斯身上反映了新一代人的所有不安分，他们厌倦了老女王似乎永无休止的统治。但直到最后，伊丽莎白仍然保持着她的魔力。在伯爵走上断头台的同一年，她接待了下议院的一个代表团。她在此场合发表了最后一次公开演讲，这次演讲非常有名，被称为"黄金演说"。作为这个国家的活化身，她说：

> 神虽把我举到高处，我却以我冠冕的荣耀，借着你们的爱做王……你们虽曾经有过、可能现在还有许多更强大、更聪明的王储可坐在这个位子上，但你们从未有过，也将不再会有比我更爱你们的人……

她接着对他们说，她信任他们，感激他们，然后做了最后一个手势，请他们一个接一个地走上前来吻她的手。一位虚弱而威严的老妇人在接受其臣民的尊敬，这个有关童贞女王的生动场景展现了她精神上真正伟大的一面。

她于1603年3月24日去世，享年七十岁。尽管她晚年遇到了种种问题，但什么也不能影响她的成就。伊丽莎白登基时，英格兰是一个战败的、破产的、士气低落的国家。四十五年后，当她去世时，它正一往无前地迈向成为一个强权大国的道路。更重要的是，她的统治孕育了一个伟大的文明。

第三十二章　永恒的莎士比亚

如果说君主制和新英格兰教会是将社会融合成一种基于共同假设和理想的新身份的两股力量，那么第三股力量就是那个时代的文艺复兴。在宗教改革之前，文化主要集中在作为艺术和学识之赞助者的教会。在新的后宗教改革社会，焦点转移到宫廷、贵族，尤其是伦敦。尽管拉丁语仍然是任何受过教育的人都必须了解的一门语言，但在这个时代，英语获得了前所未有的地位。当时没有所谓的标准英语，这种语言仍然是流动的和地区性的，但它以一种无与伦比的美丽和丰富的形式出现，吸收了大量的拉丁语、法语和希腊语的词汇。如今，在每一个周日，在教区教堂里回响着的是英语而非拉丁语，而印刷机则以从实用手册到布道词、从政治小册子到诗歌的丰富读物，为更多受过教育的公众提供了精神食粮。

新的人文主义的文艺复兴文化颂扬了赞助者的角色，认为它宜由王子和绅士担当，并进而认为它值得大书特书。女王写诗，她的许多朝臣也写诗，其中包括菲利普·西德尼爵士（Sir Philip Sidney）和沃尔特·罗利爵士（Sir Walter Raleigh）。他们还认识并赞助当时的伟大诗人，如埃德蒙·斯宾塞（Edmund Spenser），他未完成的浪漫史诗《仙后》（*The Faerie Queene*）颂扬伊丽莎白为"荣光女王"。新文学逐渐创造出自己的经典作品，受过教育的阶层都将这些作品视作其共同身份的组成部分。

第一次出现了类似于民族文学的东西。与此同时，也出现了一些在欧洲其他地区绝无仅有的现象：具有保留剧目的大众剧场的出现，宫廷对戏剧剧目的需求与对年轻的伦敦学徒的需求一样大。这是一群杰出的剧作家的成就，他们奠定了英国戏剧传统的基础，其中包括克里斯托弗·马洛（Christopher Marlowe）、本·琼森（Ben Jonson），但最出类拔萃的是威廉·莎士比亚（William Shakespeare）。

莎士比亚于1564年4月出生在沃里克郡（Warwickshire）的埃文河畔的斯特拉特福（Stratford-upon-Avon）镇，是约翰·莎士比亚（John Shakespeare）和玛丽·莎士比亚（Mary Shakespeare）之子。约翰是附近的斯尼特菲尔德（Snitterfield）的一个佃农的儿子，他的职业是牧羊人，但他也做羊毛生意。他的妻子出身于一个由上等自耕农晋升为士绅的家庭，是威尔姆科特的雅顿家族（Arden of Wilmcote）的一分子，这个家族的血统可以追溯到"诺曼征服"以前。玛丽·雅顿带来了一笔遗产，迅速提升了约翰·莎士比亚的地位。当他的第三个孩子亦即第二个儿子威廉出生时，他已经当上了民政官，四年后成了镇长。

莎士比亚夫妇还将再生四个孩子，最后一个孩子出生于1580年，那时，约翰因为财政困难已经不再参加镇议会会议。有迹象表明，这家人虽然遵循政府的宗教解决方案，但可能与它格格不入。在16世纪60年代，这并没有造成什么问题。政府没有大力推行对英国国教的信奉，而英国天主教徒被切断了与罗马的任何指令的联系。但随着统治的进程，宗教的界限明晰起来。幼年的莎士比亚将在一个信仰朝着前后两个不同方向拉动的家庭里度过他的童年。他自己的作品中大量引用了《公祷书》和主教们在每个教堂诵读的《圣经》的内容，因此有理由相信，莎士比亚的思想随了大流。

人们对他所受的教育一无所知，但作为镇民政官的儿子，他当有资格在国王的新学校里免费上学。在这里，他应该学会了字母表、教义问答、"我们的天父"（Our Father）和如何写字。然后他会继续学习拉丁语和古典作品。1582年11月，他十八岁，获得了与安妮·哈撒韦（Anne Hathaway）结婚的特殊许可。那时她已经怀了他的孩子，因为仅仅六个月后，她就生下了他们的第一个孩子，一个名叫苏珊娜（Susanna）的女儿。安妮是休特里（Shottery）的理查德·哈撒韦（Richard Hathaway）的女儿，比莎士比亚大八岁。很明显，他给她惹了麻烦，除了娶她，他别无选择。三年后，他们生下了双胞胎哈姆奈特（Hamnet）和朱迪思（Judith）。按照那个时代的习俗，婚姻是牢不可破的，但所有迹象都表明，他们的这种结合仅仅是一种持久的形式上的婚姻。莎士比亚的妻子似乎从未离开过斯特拉特福，她比莎士比亚多活了七年。然而，莎士比亚自己的生活却走上了完全不同的方向。

他一直无声无息，直到1592年，在他二十八岁的时候，出现在伦敦，在当时最著名的剧团里当演员。这是如何发生的，我们无从得知，但不知何故，他被这个时代的文化大爆发中的大众剧场所吸引，并深陷其中。1576年，第一批公共剧院——维幕剧院（Curtain）和剧院（The Theatre）——在伦敦建成，它们都建在城墙以外的北部田野上，为的是确保市政府官员对之鞭长莫及。这些官员是清教徒，对剧场深恶痛绝——"去那些地方的……通常是大量轻浮下流之人"——因而他们会利用任何借口使其改弦更张。但他们未能得逞，因为剧院不仅大受欢迎，而且还得到了贵族和宫廷的支持。它们是如此成功，以致在十一年后，它们传播到了泰晤士河南岸，甚至南华克区的河岸，在那里，剧院之花得以绽放。

这些剧院的形状是圆形或多边形的，其顶层楼座可以俯视下方的舞台，舞台面朝西南，为的是捕捉每一束光线，因为剧作是在下午上演。舞台本身是一个升高的平台，地面上被围起来的中央场地挤满了站着的观众。瑞士游客托马斯·普拉特（Thomas Platter）这样描述自己的亲身经历：

> 因此，每天下午两点……两三部喜剧在不同的地方上演，人们在这些地方共襄盛事，演得最好的地方就会获得最多的观众。这些地方建得很好，演出在一个升高的平台上进行，人人都可以将表演看得一清二楚。不过，这里也有独立的顶层席座，也有较舒服且可以坐下来的看台，但这要花更多的钱。

随着时间的推移，这些露天剧场变得越来越精致，油漆装饰使其柱子看起来像大理石。在舞台的上方还有一个廊台，这样演员们就可以在不止一个层面上演出。服装丰富多彩，效果也变得越来越错综复杂。不过，这些戏剧很容易适应在其他场所的表演，如宫廷中的大厅或贵族住宅，甚至是剧团巡回演出时的客栈院子。

这些剧院主要与一些特定的剧团有关，剧团演员享有一个大贵族的赞助和保护，这是必要的，因为市政当局认为这些剧院是罪恶的窝点。莎士比亚可能是在伦敦剧院的建造者詹姆斯·白贝芝（James Burbage）的剧团中学会他的技艺的。这个剧团拥有一系列大权在握的赞助人，包括女王的宠臣莱斯特伯爵，后来则是女王的堂兄汉斯顿勋爵（Lord Hunsdon）。在伊丽莎白继任者的统治时期，剧团如日中天，成为"国王剧团"（The King's Men）。尽管清教权威对演员怀有敌意，认为他们是扰乱和平的人，但普通演员的生活必须是严守纪律的。一个星期可能要演出不少于六出不同的剧作，六个月可能演出多达三十出戏。每一出戏都必须学习，演员必须同时扮演多个角色，然后排练，所有这些都需要精力和高度的注意力。每个作品都需要详细的指导，因为要制作服装和道具，要监督音乐和音效，此外还有剧院的前台工作（从运营票房到确保演出期间出售的茶点供应）。

当莎士比亚确定出现在伦敦的时候，他已经开始演戏，实际已开始写剧本了。说得更直白些，他证明了自己创作有巨大票房收入的剧作的能力，如呈现了命运多舛的亨利六世统治全景的具有创新性和广受欢迎的历史剧。经过接下来整个十年的全系列剧本创作，剧团大获成功，以致在1595年的圣诞节，它被召去在女王面前表演。这些在宫廷的演出一定非常成功，因为第二年它又被召回了。按照惯常的说法，伊丽莎白对约翰·福斯塔夫爵士（Sir John Falstaff）这个角色非常喜欢，于是吩咐莎士比亚写一部有关他的爱情剧。其产物就是《温莎的风流娘儿们》（The Merry Wives of Windsor），人们认为，它是在1597年春新嘉德骑士（Knights of The Garter）诞生时上演的。

到1600年，莎士比亚的事业如日中天。他的父亲申请并获得了盾徽，这意味着他和儿子都成了绅士，有资格被称为"先生"。随后，莎士比亚买下了他家乡第二大的房子"新居"（New Place），随后又在附近购置了大片土地。此外，他还拥有1598年在伦敦河岸新开的环球剧院（Globe）的股份。

所有这些都描绘了一位成功的企业家、演员兼剧作家的已为人知的简单生活，他能够准确地生产出观众想要的东西。但是莎士比亚的其他方面仍然是个谜。在其戏剧大受欢迎的同时，他也确立了自己的诗人地位，1594年，他将自己的诗歌《鲁克丽丝受辱记》（The Rape of Lucrece）献给了年轻的南安普敦伯爵（Earl of Southampton）。这位年轻贵族是以伊丽莎白最后的宠臣埃塞克斯为中心的圈子中的一员，据信莎士比亚为他写了一系列十四行诗，但此事无法被证实。同样无法证实的是莎士比亚为其写了更多的十四行诗的那个贵妇的身份，她因长着黑头发、黑眉毛和黑眼睛而被称为黑夫人（Dark Lady）。（尽管已有许多学者进行过尝试，但这些谜团仍有待令人信服的开解。）但有人觉得，剧团不知怎的处于埃塞克斯集团的边缘，因为他的一群追随者曾付钱令其在伯爵试图发动伦敦人起义的前夕演出莎士比亚的《理查二世》（Richard Ⅱ），剧中有被当局禁止的国王被罢黜的场景。莎士比亚的赞助人南安普敦被判死刑，后来减刑为无期徒刑。但这些似乎都没有影响到该剧团，它继续在宫廷演出。

环球剧院获得了巨大的成功。在詹姆斯一世的新统治时期，事实证明他比伊丽莎白更热爱戏剧，宫中上演的戏剧数量翻了一番。所有这一切都意味着，莎士比亚需要增加保留剧目，并根据新时代人们的喜好来写作。国王对女巫的沉迷在《麦克白》（Macbeth）中得到了迎合，而宫廷对视觉幻想的与日俱增的兴趣也在《伯里克利》（Pericles）等戏剧中得到了体现。为了响应这种风尚，一座新的室内剧院在黑衣修士区（Blackfriars）得以建造，它只有七百个座位（而环球剧院有三千个座位）。它吸引了一批更为独特的观众，他们渴望戏剧演出有人工照明，并且第一次使用了特效和机械。莎士比亚为他们提供了变化和奇迹，这使他的晚期戏剧如《冬天的故事》（The Winter's Tale）和《暴风雨》（The Tempest）更加生动。

1613年6月，环球剧院在一场可能是莎士比亚最后一部戏剧《亨利八世》（Henry Ⅷ）的演出中被烧毁。到那时，甚至在更早的时候，他似乎已经搬回了家乡斯特拉特福，并于1616年4月23日在那里去世。在遗嘱中，他几乎把全部财产都留给了他的长女苏珊娜，也就是约翰·霍尔医生（Dr. John Hall）的妻子。他唯一的儿子几十年前就过世了，他也没给第二个女儿留下些什么，这都是一段糟糕的婚姻造成的。他在遗嘱中甚至没有提到他妻子的名字，只给她留下了一张床及其帷幔。

莎士比亚是那种穿越过历史长河却什么也没透露的神秘人物之一。他存有六个签名，但他自己的作品中没有一行是他的笔迹。虽然他作为一个成功的商人和作家的职业生涯可以得到追溯，但他的心路历程仍然不为人知。他为之写十四行诗的那个青年男子和那个黑夫人是谁？他的宗教信仰是什么？他与家人和赞助人的确切关系是什么？他戏剧的真实纪年是什么？所有这些问题仍然没有得到解答，这导致了在我们自己的时代兴起了一个庞大的学术产业。

很明显，莎士比亚的作品在他生前就受到了赞赏，但他仍然只是一个普通的剧场诗人。幸运的是，在他死后，他的剧团剩下的两名成员意识到有一份遗产要传授，开始着手出版他的全集。此事始于1621年夏天，两年后，全集最终呈现在人们面前。第一部传诸后世的对开本是《威廉·莎士比亚先生的喜剧、历史剧和悲剧》(*Mr. William Shakespeare's Comedies, Histories & Tragedies*)。这三十六部戏剧的序言是他的同时代人本·琼森（Ben Jonson）所写的悼词：

> 凯旋吧，我的不列颠，
> 你有一位让全欧洲俯首敬拜的人。

对于这个出版决定，整个世界必须永远表示感恩。

第三十三章　一个不值得信任的王朝

　　一个不能生育的童贞女王将王位传给了一个有王后和三个孩子的国王。这是半个世纪以来第一次没有出现继承问题。人们怀着赞美之情接受了这位国王，在多年的经济停滞之后，热切地期待着变革。伊丽莎白在临终时提名苏格兰女王玛丽之子、苏格兰的詹姆斯六世（James VI of Scotland）为她的继承人。她的大臣罗伯特·塞西尔在她统治的最后几年里铺设下了所有必要的沟通途径，以确保王位继承的顺利。1603年，苏格兰的詹姆斯六世成为英格兰的詹姆斯一世（James I of England），时年三十八岁。他几乎从一出生就成了苏格兰国王，并在16世纪晚期坎坷多艰的苏格兰政治中学习了治国之道。多年来，他的目光一直在望向南边的那片乐土。当他从落后、贫穷的北方王国启程前往英格兰时，贵族们争先恐后地在他前所未见的富丽堂皇的豪宅里接待他，这一反差实在太富戏剧性。当詹姆斯拥有了已故女王的众多豪华宫殿时，他一定在想自己真是交了好运。他继承了伊丽莎白的所有荣耀，但实际上这些都是海市蜃楼，掩盖了一份有缺陷的遗产。这个国家迫切需要的是一位力行改革的君主。它所得到的却是一个满足于众多物质享受的人，在经历了多年的斯巴达式的贫困后，他意外地得了这块从天上掉下来的馅儿饼。

　　詹姆斯接手的最大问题是如何为政府买单。管理王国正变得越来越昂贵。

　　人们仍然希望国王能"自食其力"，也就是说，依靠于几百年前的封建时代掌握在手的皇家土地收入和其他税收过活，向议会要钱只是为了支付战争费用。这一体系在伊丽莎白统治末期已经面临严重的压力。在詹姆斯和他的儿子查理一世（Charles I）统治时期，这种紧张状态达到了极点。管理政府的资金可以有两个来源，而这两个来源都将在经济崩溃之前的四十年里开辟出来。第一条出路是让议会认可和平时期的定期税收的必要性，以便支付政府的日常运行、官员工资和庞大的国家肌体之成本、法庭、财政部、陆军、海军以及皇家法院的费用。作为对此认可的回报，国王将停止借助中世纪遗留下来的许多过时的和不受欢迎的方式筹集资金，比如如果有人拒绝被授予骑士称号，或是违反几个世纪之前制定的森林法律，便罚没他们一定数量的收入。第二条出路是废除议会（这与发生在当时欧洲的其他地区的情况一致），将君权神授说发挥到极致，以便征收各种税收和会费。每种方法过去都有先例，所以国王和议会都能对等地主张自己的权利。

若是心怀善意，或许就能达成一项解决方案。事实是，这并没有反映出新王朝带来的一个重大变化，即君主与人民相互之间的信任逐渐受到侵蚀。所有都铎王朝的君主，甚至包括初为女王时的玛丽，都曾得到大多数国民的深切信任。即使是在伊丽莎白统治的最后十年的困难时期，当麻烦日积月累、应接不暇之时，这种信任也没有动摇过。但现在它逐渐开始被侵蚀。这可以归因于头两位斯图亚特国王的性格。

在这两个国王中，詹姆斯一世造成的灾难要小得多，尽管在他统治时期已开始出现了严重的裂痕。他步履蹒跚，笨手笨脚，是个迂腐之人，但头脑聪明，有时反复无常，敏感易怒。他的爱好是神学、狩猎和俊俏青年，因为他骨子里是个同性恋。他非常讨厌公开露面。这与都铎国王们形成了无出其右的鲜明对比，后者几乎都是公共舞台上的超级演员。尽管到世纪末，都铎王朝被赋予了近乎神圣的地位，但他们从未主张过这一地位。与之形成鲜明对比的是，詹姆斯一世在其著作和公开演讲中都声称，国王是上帝在人间的副手，这种信仰被奉为君权神授（Divine Right of Kings）。倘若詹姆斯没有就此向议会喋喋不休地说教，或者他的宫廷保留了其前任卓越的冷静持重，这样的盛赞就不会显得那么糟糕。相反，宫廷变成了奢侈和腐败的代名词，因为国王给自己的亲信授予了不计其数的官职、头衔、土地和金钱。这种挥霍使得说服议会投票通过定期征税的提案变得困难重重，因为人们所看到的只是一掷千金的挥霍浪费。更严重的是王室与整个国家的关系。伊丽莎白总是将那些意见与自己相左的官员留在身边。她有亲信，但她总是小心谨慎地只提拔那些真正有能力的人。在詹姆斯的治下，情况发生了变化。他也有自己的亲信，无疑都很漂亮，但全无政治能力。可他还是会提拔他们，赋予他们权力，从而造成了持久的破坏。然而，他确实维持了伊丽莎白打造的各种利益间的平衡，从而在全国范围内保持了广泛的支持和沟通网络。

所以，尽管有种种的不尽如人意之处，都铎政府的老机器还是一路吱吱嘎嘎地进入了新世纪。詹姆斯一上台就与西班牙讲和，这立即带来了亟须的经济活动的激增。同年，即1604年，他在汉普顿宫召集了一次神学会议，以便清教徒们能够表达他们对进一步改革英格兰教会的要求。尽管该事件本身一败涂地，但詹姆斯和伊丽莎白一样，保持了国教的综合性质。事实上，在他的统治下，局势在某种程度上是比较轻松的，因为他从小就是加尔文主义者，也就是说，他是改革者约翰·加尔文（John Calvin）的信徒，而加尔文在日内瓦所奉行的极端新教学说是英国清教运动的基础。在詹姆斯统治期间，越来越多的神职人员是大学毕业生，他们有能力成为可以布道、阅读和解释《圣经》的积极的"敬神牧师"（godly ministers）。清教徒的生活是一种信奉行动的生活，为公共道德和秩序线划定了一条鲜明的界线。它有能力与圣公会并存，几乎没有遇到什么会干扰这一能力的压力，而圣公会的关注点与之大不相同，它保留了许多中世纪天主教的信仰和习俗，比如认为其自身是一个具有等级制度（特别是主教）的机构，维护体面的信仰崇拜仪式的重要性，该信仰的主体是将基督作为榜样的沉思。直到詹姆斯的统治接近尾声时，这种和平共处的局面才被打破。

天主教徒一如既往，尽管"火药阴谋"（Gunpowder Plot）的后果似乎为其带来了巨大的挫败。1605年，一群天主教徒密谋在国王召开议会时炸毁它。一次巨大的爆炸将使上议院、下议院和大多数王室成员灰飞烟灭，然后国王的一个孩子将登上王位，嫁给一个外国天主教王子。一名忠诚的天主教贵族泄露了这一阴谋，这一事实表明，该计划没有得到始终忠于旧宗教的广大民众的支持。一时间，天主教徒被罚款、监禁，然后乌云散去，一切回归正常。与西班牙的和平，以及詹姆斯想要成为欧洲和平缔造者的热情（方法是把一个孩子嫁给新教徒，把另一个孩子嫁给天主教徒），让王室的处境较为轻松。"火药阴谋"的不幸之处在于，国王决定将每年的 11 月 5 日定为一个纪念日，要在每个教区教堂举行特殊的仪式，这种做法一直持续到维多利亚女王统治中期。这个一年一度的事件使大多数人在脑海中确定了那件始于玛丽统治时期并随着无敌舰队而得到巩固的事情：从国王对抗教皇、新教对抗天主教的角度对公共事务作初步的解释。它滋生了一种恐惧和怀疑的气氛，事实将证明，在这种气氛下，玩弄起手段来会易如反掌。

詹姆斯很幸运地沿用了罗伯特·塞西尔，将之封为索尔兹伯里勋爵（Lord Salisbury）。索尔兹伯里开始了唯一一次重大尝试，想通过议会将政府的财政整顿得井井有条。他首先对皇家土地进行了改革，对几十年来一直保持不变的地租进行了调查，并以更高的价格引入了新的租赁。但他并没有就此罢手，又建议议会彻底清除老的封建税收来源。1610 年的议会收到的提案是，废除所有这些税收，作为回报，提供六十万英镑来偿还现有的皇家债务，并保证其每年有二十万英镑的固定收入。最终，被称为"大契约"（Great Contract）的谈判破裂。议会拒绝接受为政府运作买单的现实。王室现在别无选择，只能从其他地方寻求收入。此事早在 1606 年就已经打下了基础，当时，法院裁定，为商业管制而征收的关税是外交政策的一部分，而任何与外交政策有关的都属于王室特权。正是基于这个决定，詹姆斯，尤其是查理，都将兴风作浪。

索尔兹伯里于 1612 年去世，与国王的长子亨利死在同一年。在这两人死后，情况开始急转直下。索尔兹伯里的才干无人能取代，詹姆斯的次子也无法取代精力充沛的亨利。王室开始因丑闻而蒙上阴影，尤其是臭名昭著的谋杀托马斯·奥弗伯里爵士（Sir Thomas Overbury）的案子。奥弗伯里爵士是詹姆斯早期的宠臣之一、被他任命为罗切斯特子爵（Viscount Rochester）的罗伯特·卡尔（Robert Carr）的政治顾问。1611 年，罗切斯特开始与年轻的埃塞克斯伯爵的妻子弗朗西丝·霍华德（Frances Howard）偷情。她容貌美丽，天真烂漫的外表下隐藏着一副蛇蝎心肠。弗朗西丝是霍华德家族的一员，而霍华德家族的成员在王室担任着最重要的职务。他们视她为对国王施加进一步影响的手段。为了嫁给罗切斯特，弗朗西丝不得不争取与丈夫埃塞克斯离婚，而这在当时几乎是闻所未闻的。然而，奥弗伯里成了她的敌人，他反对她。詹姆斯也不喜欢奥弗伯里。于是奥弗伯里被扔进伦敦塔，不久就死了。这为离婚铺平了道路，1613年12月，罗切斯特与弗朗西丝举行了隆重华丽的婚礼。这一胜利是短暂的，因为不久之后就有人发现，奥弗伯里被下了毒，指控和证据的线索都指向了弗朗西丝和她的同伙。结果，她和丈夫成了一场轰动一时的审判的主角。虽然她的同伙都被绞死了，但多亏了国王，弗朗西丝和罗切斯特被送进伦敦塔，随后获准过上了隐居的生活。但这整个肮脏事件暴露了王室的腐败，而国王是歪曲正义的唆使者。

宫廷中反对罗切斯特和霍华德家族的派系刻意地加速了罗切斯特的败落。这些反对派知道，摆脱他们的唯一办法是用另一个人取代罗切斯特赢得国王的宠爱，而这一机缘落在了莱斯特郡的一位绅士乔治·维利尔斯（George Villiers）的一贫如洗的小儿子身上。他被认为是他这个年龄的最英俊的男子。反对派有意培养他以引起国王的注意，而他们成功了。维利尔斯飞速崛起：1616年成为维利尔斯子爵，1617年成为白金汉伯爵，1618年成为侯爵，1623年成为公爵。白金汉比他的前任们更危险，因为他有政治抱负，却无政治才干。但詹姆斯给了他权力，事实上，随着年龄渐长，詹姆斯变得如此迷恋他，若是没有他，詹姆斯便无法做出任何决定。白金汉足够精明地意识到国王已经老了，如果他想活下去，还需要利用自己的魅力去俘获王位继承人的青睐。在这方面他很成功，由此白金汉开始了历经两任国王的十年主导期，直到他于1628年去世。

白金汉的悲剧同国王的悲剧如出一辙。他不是改革者，但像詹姆斯一样，他知道如何让现有的体制继续运转下去，尽管他在这个过程中树敌更多。这是因为这样一个事实：他是一个大家族的一员，该家族的每个成员都必须得到头衔、显赫的婚姻、金钱和土地的赏赐，这只会增加人们对宫廷是罪恶的深渊的印象。如果詹姆斯没有发动战争并由此带来所有可怕的财政问题，一些东西本来可以得以保全。他在统治伊始便全心全意地想要寻求和解。他的女儿伊莉莎白嫁给了神圣罗马帝国的新教领袖，帕拉廷选帝侯腓特烈

（Frederick, Elector Palatine）。腓特烈已被选为波西米亚国王，从而威胁到了信仰天主教的哈布斯堡王朝对中欧的统治。一支军队被派往波西米亚。腓特烈战败，被迫流亡国外，这一事件引发了被称为"三十年战争"（Thirty Years War）的欧洲大灾祸，这是一场可怕而血腥的政治暨宗教权力斗争，一度涉及几乎所有的欧洲强国。

在英格兰，许多人，特别是清教徒，希望加入新教事业，但詹姆斯认为可以通过外交手段达成和解。他继续他的调解政策，与西班牙就他儿子与一位公主的婚事达成协议，这是一项极不受欢迎的提议。詹姆斯被迫召集议会，要求议会为发动战争提供补贴。下议院同意了，条件是战争针对西班牙，而且要中止婚姻谈判。詹姆斯非常愤怒，告诉议员们，他们是靠他的恩典而存在的。国王的行为让下议院以郑重声明的形式定义了自己的地位，该声明说，选举产生的议会是每个英格兰人"古老而毋庸置疑的与生俱来的权利"。这惹得国王大发雷霆，他从下议院记录议事日程的日志中撕掉了该文件。在同一届议会中，上议院为了应对他们眼中的腐败大臣，重启了15世纪的弹劾动议，目的是将司法大臣弗朗西斯·培根（Francis Bacon）从政府中除名。如果詹姆斯更聪明一些，本可避免这两件事的发酵。事实上，它们给未来留下了危险的遗产。

与西班牙联姻的计划以灾难告终，随之而来的是为了安抚王位继承人受损的荣誉而向西班牙发动战争。这意味着王室要在国家陷入本世纪最严重的经济萧条时向议会要钱。欧洲大陆上的战争业已导致了宽幅毛布出口的大幅下滑。国内出现了歉收和继之而来的饥荒。尽管如此，于1624年再次召开的议会还是投票同意支付约三十万英镑，以便英格兰与荷兰联手对西班牙发动海陆攻击。

议会对詹姆斯心存疑虑，对白金汉对詹姆斯的影响更是放心不下，所以要求资金由自己任命的司库负责。事实上，詹姆斯没有理会自己的承诺，而是把这笔钱花在了补贴外国军队上，这些外国军队有可能使腓特烈和伊莉莎白在帕拉廷重新上位。但他们失败了。

詹姆斯死于1625年3月27日。从某种意义上说，他的死并没有中断处于白金汉的致命影响下的事件的进程。从另一种意义上说，事情又确实如此，因为正是他儿子的性格将更显著地加速王室与议会关系的崩溃。在詹姆斯的统治下，国家这艘船可能漏水越来越严重，但它还是设法保持了航向。在他的继任者的统治下，它将沉没在一片相互指责的汪洋大海之中。

第三十四章　国王的海市蜃楼

新国王与他父亲信仰相同，但没有父亲的恶习。对查理一世而言，君主确实是神圣的，是被区别对待的，这一点通过他严肃矜持的态度和他引进在西班牙宫廷中所见的刻板仪式（他曾到西班牙宫廷中向公主求爱）的做法得到了强调。虽然他的父亲会勉为其难地公开露面，查理的公开露面则少之又少，他的宫廷变成了一个封闭的世界，他将那些观点与自己不一致的人拒之门外。结果是，君主制逐渐失去了民众的支持。查理的羞怯、缺乏自信和口吃对他来说也毫无帮助，因为他是国王这一事实使他的每一个行动和决定都具有神圣的正确性，不管这些行动和决定有可能多么错误。他的坎特伯雷大主教威廉·劳德（William Laud）写到他时说，他"既不知道如何成为伟人，也不知道如何被塑造成伟人"。在 1625 年，这一切都预示着厄运的来临，因为他继承的遗产比他父亲的要糟糕得多：到那时，王室的信誉已经完全耗尽。

这个国家仍在进行一场它负担不起的战争。对国王的不信任，以及被视为来自白金汉的恶劣影响，导致在他统治时期的第一届议会只批准了一年的关税，即吨税（tonnage）和磅税（poundage）。在此之前，每一届议会都会自动授予君主终身获得这些关税的权力。下议院随后进而攻击白金汉，他正在领导一场事实证明是灾难的战争。议会无法控制战争进程，于是拒绝为这些处置不当的战争买单的模式就此开启。这导致了双方的痛苦和相互指责，最终导致两极分化。1626 年，皇冠珠宝被典当，第二年，查理将剩余的大部分皇家土地转让给了伦敦城以偿还皇室的旧债，并延缓了另一笔贷款的偿还。这一行为代表了中世纪王权的有效终结，因为失去土地后，国王就不再有任何"他自己的"东西来支付治理费用。如果议会拒绝合作，国王唯一的出路就是动用王室特权，提高税收。

查理再次召开议会。那些被选上的人充满敌意，他们从各郡会集而来，心中怀着对于从一场灾难演变成另一场灾难的战争和国王借以获取财政来源的手段的不满。查理通过所谓的强制贷款（forced loans）来筹集资金。五名骑士因拒绝付款而被捕。简而言之，他们这样做是在挑战国王的行为，但查理不为所动，拒绝让法庭检验这种贷款的合法性。法官们支持他，因为他们一致认为国王必须拥有逮捕权。这一切的结果是促使下议院编制了一份不满清单，即《权利请愿书》（Petition of Right），谴责被他们视为王室新发明的资助政府方式。渴望回归伊丽莎白时代的他们发现自己逐渐扮演了捍卫者角色，守护其眼中的"古已有之的自由"（ancient liberties）。现实是，议会想要的是不花钱的政府。事实上，王室的政策更有前瞻性。悲剧在于，王室筹集的资金被用在了资助失败上面。

1628年8月23日，白金汉被暗杀，国王痛失至交。民众和下议院都欢欣鼓舞。这不仅没有解决查理与议会之间的紧张关系，反而将使之变本加厉，因为白金汉和詹姆斯一世一样，一直都很精明地站在不止一个阵营里。白金汉被除掉后，国王如今开始致力于走一条不允许任何偏差的坚定道路。他怀着倨傲之至的态度被迫接受了《权利请愿书》，然后立即将之束之高阁。议会再次召开，结果又一次陷入僵局。

查理意识到，只要避免战争，他就可以在没有议会的情况下实施统治。1629年，他决定就这么做，开始了十年的被称为"亲政"（Personal Rule）的时期。

从国王的立场来看，这个决定是明智的。在他眼中，议会已经成为一个令人厌烦的过时机构，阻碍了高效的良好政府的形成。它没有跟上时代的步伐。在海峡对岸，类似的代表机构正在消失，因为统治者们会更高效地管理自己的国家，不用缩手缩脚地去应付民选代表的会议。无论如何，英格兰议会都是靠着国王的恩惠才存在的，没有他，它的行为就没有法律约束力。议会非必要不用召集，而詹姆斯在位的十年里没有召集过议会。当时没有人抱

第三十四章　国王的海市蜃楼

怨，因为长时间的会议费用很高，还要求代表们住在伦敦，不能打理乡下的事务。如果没有两件事，议会可能会陷入停顿并消失。第一件事是由于持续了数年的战争，议会几乎变成了一年一度的活动，所以其成员互相有了了解，形成了一种共进共退的感觉。再者，国王的行动迫使他们首次制定议会的权利。这一切都不容易被忘记，但它本来是可以被忘记的。第二件事是战争的再次发生。最终让议会卷土重来的是一件国王从未预料到的事——他自己王国内的战争。

但有十多年的时间，查理成功地在没有议会的情况下亲自统治国家。他与法国和西班牙讲和，从此将英国在国外的影响力限制在外交领域。取代了他对白金汉的宠信的是他信奉天主教的法国皇后亨丽埃塔·玛丽亚（Henrietta Maria），他们同心协力地着手让自己的宫廷成为国人效仿的美德和秩序的典范。继他父亲的淫荡宫廷之后，查理的宫廷成了克己节制的丰碑。例如，卖官被严格禁止。老枢密院重新焕发活力，法官在全国巡回时被视为皇家改革的代理人，士绅们被鼓励留在自己的领地履行地方义务。和平带来了商业繁荣，随之而来的是查理根据自己的权利征收关税所带来的王室收入。在财政上，国王把他的王室特权延展到了极致：对拒绝接受封爵者的罚款、对古代森林法的强制执行，以及王室为了在危险时期建立舰队和海军防御而征税的权利，这种税被称为"造船税"（Ship Money）。

自塞西尔家族权倾一时以来，政府从未如此稳定过。此外，国王还有两位才干卓著的大臣，一位是托马斯·温特沃斯（Thomas Wentworth），他以巡抚（Lord Deputy）的身份有效地管理着北方和爱尔兰；另一位是威廉·劳德，他是伦敦主教，后来是坎特伯雷大主教，负责执行皇家宗教政策。两人都像国王一样，痴迷于温良恭顺的态度和良好的秩序。麻烦在于，对此愿景唯唯诺诺会树立敌人，也会导致那些不愿言听计从的人被排斥在外。在查理统治之前，事情是有回旋余地的，特别是在本可兼收并蓄的信仰问题上。现在没有了这种回旋余地，而事实证明，那正是君主制建立其上的主要基石。

查理一世的宗教立场不同于他的父亲。对他而言，清教徒是异端，需要连根铲除。他视英格兰教会为宗教改革前的旧时的天主教会，经过改革和净化清除了滥用和迷信。这个伊丽莎白一世曾经持有但从未强制实施过的立场现在变成了现实。它的追随者被称为阿民念派（Arminians），以荷兰神学家阿民念（Arminius）的名字命名，但总的来说，这是一个特别的圣公会运动。英格兰教会的信条在伊丽莎白治下被编纂成一份名为"三十九条"（Thirty-Nine Articles）的文件。虽然对其可进行清教徒式的解释，但它们绝非极端的新教主义。这是一个充满强烈而富于激情的信仰的时代。只要以不同方式阅读"三十九条"的人沉寂不动，就不会出现问题。但这在詹姆斯一世统治结束时开始改变，新一代神职人员断言英格兰教会在神学上具有独特性，不仅独立于罗马，而且独立于日内瓦。他们重申了一种信仰，即人在此生所做的事确实有助于他的灵魂得到救赎，这种态度被清教徒们视为是极端恐怖的，他们认为每个人从出生起就注定不是上天堂就是下地狱。新一代神职人员还重申了圣礼的重要性，特别是圣餐礼的重要性。为了强调它的圣洁性，那张被带到中殿举行圣餐的桌子现在被保留在宗教改革前圣坛的位置上，用栏杆围成一个圣所。"圣坛"这个词又出现了。随着这一运动的发展，秩序、仪式和艺术之美被重新引入教堂：彩色玻璃、耶稣受难像、烛台、向圣坛鞠躬礼和法衣。此外，还有停止剥夺教会资产、恢复教会捐赠的承诺。

新的圣公会运动是清教运动的反映，因为它不仅是狂热的，而且是咄咄逼人的。更重要的是，它首先获得了白金汉的支持，然后又获得了国王的支持。查理一世几乎更换了所有主教和高级神职人员，只任命那些愿意进行改革的人。他的首席代理人是1633年接任坎特伯雷大主教的威廉·劳德。劳德不够圆通，爱发牢骚，坚持不懈地推进宗教改革，镇压清教。在国王"亲政"之前的几年里，下议院对该运动的攻击与对王室财政的攻击齐头并进。议员们绝大多数都是清教徒。没有了议会会议，他们就失去了自己的喉舌。

然而，从表面上看，国王的长期和平似乎是海市蜃楼（Arcadia）。与上一个世纪相比，这个国家已发生了很大变化。随着伦敦以牺牲地区利益为代价持续扩张成为一个港口，南方逐渐占据主导地位。对那些现在开始购置市镇住宅的地方士绅来说，到访作为宫廷（它不再四处巡行）、政府和法律的所在地的伦敦成了强制性行为。结果，伦敦成为从食品、煤炭到奢侈品等各

第三十四章　国王的海市蜃楼

种商品的最大消费地。到 1640 年，它有大约三十五万居民。全国第二大城市诺里奇仅有两万人口。其他地方的城镇就像是杂草丛生的村庄，其街道很快便让位于田野和乡村。

尽管英国的道路系统糟糕透顶，但在某种程度上，它仍是一个高度商业化的国家，只有意大利北部和低地国家能与之匹敌。尽管经历了一场毁灭性的经济衰退，但许多人的生活还是比以前改善了很多，这一事实反映在了他们的遗嘱中，这些遗嘱显示，即使是非常卑微的家庭现在也用白镴制品吃东西，用铜锅烹饪食物。继承自都铎王朝的社会结构的流动性仍在继续，这使英国与欧洲大陆的区别显著，在欧洲大陆，贵族变成了一个种姓。在英国，贵族会纳税，与平民结婚，从事商业投资。国王通过给那些因商业努力而致富的人授予贵族头衔，促进了这种流动性。贵族、士绅和自耕农阶层效仿国王，开始使土地利润最大化。他们的成功可以从遍地开花的庄园住宅中看出。商人们也飞黄腾达，通过确立乡绅的身份，奠定了将财富转化为土地的模式。以律师和神职人员为主的职业阶层第一次有了身份。神职人员现在具有了富裕的自耕农的特征，受过大学教育，能够结婚，是王朝的奠基人。他们地位的上升将使教区牧师住宅成为士绅阶层的次子们的合适住所。

所有这些都与当时日益扩大的贫富差距形成了鲜明的对比，一方面是蒸蒸日上的富裕阶层，另一方面是注定人数会越来越多的流离失所的贫困阶层。没有土地的贫民的数量日益增加，据估计，他们占了人口的三分之一。他们中有越来越多的人背井离乡地前往城镇去找工作。政府日益痴迷于确保征收地方济贫税（poor rate）来应对这澎湃的贫困浪潮。情况是如此之糟，它将是 17 世纪 20 年代向新英格兰移民的最初浪潮的驱动力。

这是早期斯图亚特社会的不利之处，除此之外，它的不稳定性也是非常显著的。聪明的人可以提升自己的社会地位，到 1640 年，大约三分之一的男性有读写能力。教育的动力来自新教，特别是清教徒的冲动，因为一个人得会阅读才能学习《圣经》。清教主义是有文化的人的宗教信仰。在社会的底层，要想往上爬，只能通过学徒和文法学校的教育。为有才干的人设置奖学金屡见不鲜。到 17 世纪中叶，大多数城镇都有了一所文法学校，许多城镇还有好几所。对教育的需求不仅受到宗教的推动，还受到商业方式变化的推动。如今，经商要求复杂的书面合同和簿记。

人们不再是静止不动的。不再依附于土地的家庭因婚姻或工作需要而在社会的各个层面流动。虽然没有节育政策，但由于婴儿死亡率很高，家庭成员很少超过五人。它仍然是一个男性主导的社会，在这个社会，女性中只有拥有财产的寡妇才会拥有地位。妇女的角色是主持和服务家庭，因此妇女不必接受教育。她们的生活处处受限，除了工作，她们唯一的出路就是宗教。

然而，英国不是一个统一的国家。尽管詹姆斯一世恢复了它在古罗马时期的名字，宣称自己是大不列颠的国王，但他和儿子统治着三个截然不同的王国，每一个都有自己同样特色鲜明的传统。苏格兰和爱尔兰都是贫穷、落后和被忽视的国家，是远离白厅宫（Whitehall Palace）的受害者。詹姆斯和查理都没有去过爱尔兰，而且只是在迫不得已的情况下才去了苏格兰。如果查理一世没有把他对秩序和统一的执着延伸到他的其他王国，这种现状可能还会继续下去。就爱尔兰而言，国王幸有托马斯·温特沃斯，他高效率地完成了这种管理和宗教方面的改革。然而，当查理将注意力转向苏格兰时，却没有这样的盟友，结果被粗暴地赶出了自己的梦想世界。

苏格兰人准确地感觉到自己在社会的各个层面都被边缘化了。这个国家有种极端的新教传统，它可以经由伟大的苏格兰改革家约翰·诺克斯（John Knox）一直追溯到加尔文和日内瓦。苏格兰没有英格兰那样的神学上的模棱两可。尽管如此，查理从未片刻偏离过他所选择的统一自己王国的道路，于1637年出版了一本供苏格兰使用的英语祈祷书。它甚至不是1552年的版本，而是1549年的更具天主教性质的版本。它没有经过苏格兰议会或教会会议的协商就被引入。结果是暴动和叛乱。查理成功地将反对他的贵族和平民联合在了一起，苏格兰人签署了一份旨在保护其教会的《国民契约》（Covenant）。他们向南看去，相信自己看到的是从后门引入的教皇制。王后公开践行其天主教信仰，并切实地行了皈依礼，而国王甚至同意让一位教皇代理人居住在宫廷里。英格兰教会在劳德治下的转变，向苏格兰人宣告了反基督时代的确已经到来。他们拿起武器，长途奔袭，穿过边境。

第三十四章　国王的海市蜃楼

国王所努力实现的一切都取决于能否避免战争。现在战争爆发了，它不是来自外部，而是祸起萧墙。在不召集议会的情况下，查理可以应付入侵的唯一办法是诉诸中世纪国王向其总佃户发出的武装动员令。由此聚集起来的军队与现代军队毫无相似之处。一支衣衫褴褛、装备简陋、训练不足的拼凑部队向北进军，在苏格兰人面前溃不成军。1639年6月，查理被迫拖延时间，签署了《伯威克条约》（Treaty of Berwick）。苏格兰人的优势不止一种，因为在南方，一个重大危机正在逼近，英格兰人意识到这只会对他们有利。在这场危机中，查理求助于一个也许知道该如何处理它的人，他就是托马斯·温特沃斯。现在被尊为斯特拉福德伯爵（Earl of Strafford）的托马斯·温特沃斯回到英格兰，告诉国王，他必须做一件他一直努力避免的事：召集议会。

第三十五章 危机中的三个王国

在某种意义上，一种类型的内战早已开始了。从表面上看，这是一个王国的反叛，针对的是一个国王在其他两个王国推行的政策。但苏格兰人知道他们在边境以南有盟友。怨气不断堆积，却无法表达出来，尤其是那些清教徒，他们赞同"契约者"（Covenanters）的观点，认为国王的宗教政策是反基督的。他们在新的仪式和对圣公会的崇拜中看到了向罗马投降的先行者。在《圣经》的浸染下，那些愤愤不平的人不需要什么想象力就会相信，他们正在经历《启示录》（Book of Revelation）的预言得到实现的过程。

所以，当议会于1640年4月召开时，国王被铺天盖地的抱怨吓了一跳。不仅有宗教上的，也有财政上的，人们猛烈抨击国王利用其特权提高税收，认为这是没有法律依据的不正当手段。他们反对最强烈的是"造船税"。在苏格兰人发起反叛的同一年，也就是1637年，国王征收此税的权力在法庭上受到挑战，但大多数法官都宣布支持国王。不过，有五个法官没有这样做。但这个对王室特权而言似乎是一场胜利的事情将在三年后为反对派提供攻击王室所需的弹药。

沸腾的抱怨让查理不堪其扰，不到三周时间，他便轻率地做出解散议会的决定，该议会被称为"短期议会"（Short Parliament）。它没有批准任何补贴。事实证明，解散议会是一个极其短视的举动，因为这一举动只会加剧人们的不信任，而此时，只要国王做出一些让步，他就可以获得应对苏格兰人的挑战所需的补贴。事实上，他又一次退而求其次地发布了封建征兵令，在塞尔比（Selby）征集起第二批装备更差的人。这些人在途中宣泄了其对清教徒的同情，方式是将所有按照大主教规定的方式重新布置的教堂洗劫一空。一股反对罗马天主教的浪潮席卷了军队，军队中充满了对天主教阴谋的恐惧。8月，当"契约者"越过边境时，英格兰军队再度解体。

国王再次试图绕过议会，恢复了中世纪的贵族大咨询会。大咨询会在约克举行，与"契约者"达成和解，但代价高昂：每天八百五十英镑。王室破产，贵族们坚持召开议会。这一次，国王别无选择。

在参加1640年11月3日的议会的人中，无人能预料到他们将成为英国历史上最长的议会——"长期议会"（Long Parliament）——的成员。当议会成员聚集在一起时，他们只对一件事感兴趣，那就是回到他们现在所认为的"荣光女王"的黄金时代，那时，统治者和国家是一体的。他们希望劳德的创新连同"造船税"一起被一扫而空。除非查理满足其要求，否则他们不会给查理一分钱来支付与苏格兰人约定的价钱。国王不仅疏远了下议院，也疏远了上议院，而现在他们团结在一起了。

由约翰·皮姆（John Pym）领导的下议院处于高度亢奋中，对由清教牧师煽动鼓吹的天主教阴谋充满担忧。议会通过了一项法令，规定议会举行的间隔不应超过三年。《三年法案》（Triennial Act）确保了长达十年的"亲政"不会重演。然后，议会发起弹劾，旨在清除特权统治的代理人——斯特拉福德、劳德以及宣布支持国王的法官们。面对这场来势汹汹的攻击，国王的咨询会议实际上已经崩溃，为了避免报复，查理开始用曾因与他观点相左而被他排除在宫廷之外的贵族来填补每一个政府空缺。然而，国王仍然坚信自己是正直的，坚信他可能采取的任何手段都是合情合理的。他试图在国外筹集资金，然后又试图利用残兵败将去解救被囚禁在伦敦塔中的斯特拉福德。5月3日，有关这一阴谋的消息传到了议会。对国王的愤怒以前所未有的规模爆发。伦敦的清教暴徒向白厅宫进逼，国王开始担心自己和王后的性命。他违背了对斯特拉福德的承诺，签署了有关他死刑的执行令。5月12日，斯特拉福德被斩首。

国王曾计划动用武力，而且如果有机会，他肯定会再次这样做，这一事实打开了闸门。现在，议会法案汹涌而至，将十年"亲政"所代表的一切横扫一空。造船税、森林权和骑士罚金被废除，随后，议会将注意力转向了特权统治得以维持的机构。星室法庭（Court of Star Chamber）和最高法庭（Court of High Commission）被废除。清教徒们觉得世界末日正令人惊恐地逼近，这时，他们变得疯狂起来：下议院抹去了劳德的宗教政策的一切痕迹，然后开始鼓动废除主教。

这些行动是革命的缩影，直接挑战了现行的社会秩序。大贵族们撤身后退，转而支持与他们并肩坐在上议院的主教们。他们站在《祈祷书》一边。尽管这种对主教和《祈祷书》的辩护强烈地预示了可能出现的阶层分裂，但上议院和下议院仍暂时保持了一致。国王宣布了他去北方的打算。议会又一次对他可能的作为充满恐惧，但到了8月，他还是北上了。任何形式的皇室控制都已崩溃，议会从仅仅通过法令，现在转向了对政府的实际控制。

10月底，议会在休会后重新召开，针对这些事件的反作用开始出现。伦敦的暴民骚乱已经蔓延到全国各地，教堂遭到暴力洗劫。在一个短暂的时间里，事情似乎会朝着有利于国王的方向发展，因为上流阶层对这种走向无政府状态的趋势感到沮丧。然而，查理没那么幸运，因为尽管苏格兰军队在拿到议会支付的钱款后被解散，但爱尔兰爆发了反对新教定居者的天主教徒的起义。没有比这更致命的了，再次谣言四起。这是第二个起义的王国，国王需要一支军队来镇压它。考虑到最近的事件，议会不打算投票支持给国王钱财以组建军队，因为几乎可以肯定，国王会动用它来对付他们。因此，议会决定自己承担行政职能。

一旦跨越了这一边界，一种截然不同的两极分化就开始发生。皮姆和他在议会的追随者不顾一切地继续推进，起草了一份控诉国王统治弊病的长篇起诉书——《大谏章》（Grand Remonstrance）。它仅以微弱的多数票通过。查理拒绝了它，而站在了英格兰教会一边，因为它在《祈祷书》中被奉为神圣。国王几乎是欢迎对抗的，他继续寻求出路，如果需要，不惜诉诸武力。伦敦完全反对他，伦敦的政府为清教徒激进分子所把持，他们认为查理不值得信任，宫廷是教皇制的温床。

国王认为议会侵犯了他的神圣权利，作为回应，他于1642年1月3日提出控告，检举以皮姆为首的五位最具革命精神的下议院议员。第二天，查理带着一群决心逮捕他们的士兵亲自前来，但是，如他所说，议会已是鸟去巢空。由于这场戏剧性的遭遇，国王到了无法回头的地步。1月10日，他骑马离开了白厅宫，直到七年后，在他被判死刑时才回来。他先去了汉普顿宫，然后去了约克，竭力想取得对武装部队的控制权，并征募军队。极端分子动员民兵反对他们眼中的"教皇般邪恶"的敌人，这让议会中的温和派陷入绝望。宗教的歇斯底里的情绪的爆发，导致议会作为王室与民众之间的调解人和桥头堡的传统角色彻底崩塌。温和派自然转向了国王，而清教宗派主义者继续将议会投入它从未占据过的角色——作为上帝的工具，引导圣徒的统治。

一位反对任何建立桥梁的尝试、拒绝向中间地带迈出一步的桀骜不驯的国王的垮台在很大程度上可谓咎由自取。对于那些被卷入其中的人来说，这些似乎都是与基督复临（Second Coming）有关的灾难性事件。一群从未想要战争的迷惑不解的人，逐渐被迫按照自己良心的指示站边。现在已不受政府控制的印刷厂印发了大量的宣传册，把这些事件描述为光明与黑暗、真宗教与假宗教、基督与反基督的斗争。任何经历过国王的海市蜃楼幻想的人都不会料到会有如此可怕的报应。世界确实是天翻地覆了。

第三十六章　不列颠的维特鲁威

国王离开伦敦在另一种意义上标志着一个时代的结束，因为它标志着欧洲最文明的宫廷解体了。查理一世是史上最伟大的坐于王座上的艺术赞助人。在他统治期间，意大利文艺复兴在建筑、雕塑、绘画和戏剧等方面的成果都传到了英国。这场以孤僻、内向的国王和宫廷为先锋的革命，其意义不亚于取代君主制的革命。此后，一切都发生了改变，因为它改变了英国文明的方向。房屋、城镇、剧院、雕塑和绘画实际上看起来都不一样了。它们之所以如此，不仅是因为国王的支持，还要归功于一个人的天才，他是国王艺术事务方面的顾问，在其作为建筑物鉴定人的办公室里负责所有皇家建筑事业。伊尼戈·琼斯（Inigo Jones）的地位是如此重要，以至于人们称他为"不列颠的维特鲁威"（British Vitruvius），使他成为堪比一世纪那位罗马人（维特鲁威有关建筑的著作是新文艺复兴风格的基石）的英格兰人。

由于宗教改革，英国在 16 世纪被切断了与意大利的直接联系，而意大利是文艺复兴的发源地。在意大利，15 世纪和 16 世纪的人们对于古希腊、古罗马时期的艺术品的充满热情的研究复兴了古典风格的建筑，使人们宛如置身于古希腊、古罗马时期的剧院建筑。人们直接模仿幸存下来的古典样板的雕塑、将重要创新（如在平面上定义空间的透视法）合并在一起的绘画。英格兰一直远离这一切，导致这种割裂的是亨利八世与罗马教廷的争吵，以及教皇最终将亨利的女儿伊丽莎白逐出教会的举动。很少有英国新教徒能够安全无虞地访问意大利。其结果是一种令人称奇、别具一格的文化，在这一文化中，古典元素得到利用，但未得到理解，在一个本质上仍是中世纪的框架中加以使用，使得伊丽莎白时代的宏伟的庄园式住宅与中世纪的大教堂有更多的共同点，注重具有异国情调的轮廓线和来自远方的形状，其表现方式是点缀着女儿墙和尖塔的屋顶线条以及由一块块闪闪发光的玻璃构成的墙壁。

这一切的终结体现在古典建筑统御规则中的那种井井有条、克制矜持的秩序的有意引入，在古典建筑规则中，精确的数学比例决定着建筑内外的形状。没有施展想象力的余地。这种严谨、克制的建筑风格为一位一心追求国家秩序和纪律的国王所刻意采用，这绝非巧合。

伊尼戈·琼斯出生于伊丽莎白时代。1573年，他生于伦敦一个从事布料贸易的家庭，在1603年之前，人们对他知之甚少。他很可能当过画家的学徒，肯定在16世纪90年代去过意大利，当时，得益于大陆宗教战争的结束，新教徒去那里旅行变得较容易了。他可能是作为一个大贵族家的随员去的，但他在那里待了足够长的时间，掌握了当地的语言。后来，他为丹麦国王工作，想必是国王把他推荐给了自己的姊妹，即詹姆斯一世的王后丹麦的安妮（Anne of Denmark）。为了她，詹姆斯一世于1605年发动了自己的第一次革命。

琼斯与诗人兼剧作家本·琼森（Ben Jonson）共同完成了这一目标，后者为主显节（Twelfth Night）的宫廷演出撰写了《黑色假面舞会》（*The Masque of Blackness*）。这是琼森在长达四十年的时间里为斯图亚特宫廷举办的一系列假面舞会的第一个。假面舞会是一种精心准备的娱乐活动，皇室和贵族成员都会参加。这些假面舞是歌曲和诗句、哑剧和舞蹈的混合体，由令人叹为观止的场景和服装结合在一起。其配方从未改变过。每个假面舞会都被整齐地分成两部分。在第一部分中，演员们装扮成怪物、恶魔或社会弊病之代表，出现在反映这种混乱的场景中——地狱之口、废墟或波涛汹涌的大海。然后将出现一个转换场景，所有这一切都会被神奇地一扫而光，露出穿戴着华丽服装和珠宝的假面人，他们飘浮在熠熠生辉的云彩上、寺庙里或海船上。假面人从来不说话，实际上，他们戴着掩饰自己身份的面具，尽管所有观众都知道他们只会是最显赫的人物。在这最初的令人惊叹的舞台表演之后，他们慢慢走向舞台前方，然后一步步走下舞台，进入一个圆形场地，跳一系列的芭蕾，然后邀请旁观者与之共舞。琼斯的任务是设计服装和布景，指导舞台上的表演并提供照明,后来还帮助设计情节。

这些娱乐节目的主题使观众清楚地看到了王室的神圣本质。难怪查理一世不仅在其间跳舞,还和伊尼戈·琼斯一起帮助策划其情节。假面舞会随着内战的爆发而消失,但其遗产是一场剧院革命,即镜框式舞台(proscenium stage)的引入。在镜框式舞台上,舞台位于房间的一端,为看似画框式的结构所环绕,在其后面,借助于着色百叶窗沿着凹槽的推拉,舞台场景可以改变数次,令人联想到不同的地点。舞台设置使用了同样是新鲜事物的透视法,旨在创造出远景。此外,还有能使云层下降或山脉上升的器械。通过这种方式,伊尼戈·琼斯为剧院带来了视觉奇观,标志着莎士比亚时代露天剧场的终结。到17世纪后半叶,剧院变成了一种室内体验,观众透过一个位于有着一层层座椅的马蹄形结构的末端的框架观看场景的变化。

但这只是琼斯的革命之一。第二项革命是在建筑方面。1613年,他与大贵族阿伦德尔伯爵(Earl of Arundel)一道再次启程前往意大利。他时年四十岁,但这次旅行使他遍游意大利,所以他不仅可以畅享每一个细节,而且带着威尼斯文艺复兴时期最伟大的两位建筑师——帕拉迪奥(Palladio)和斯卡莫齐(Scamozzi)——的建筑图纸回到英格兰。他于1615年返回,担任建筑物鉴定人一职,负责管理整个皇家建筑计划。

琼斯在另一个方面也是独一无二的。他会画画。更重要的是,他是第一个用与书写不分轩轾的素描和设计的形式来表达自己想法的英国人。他的第一座建筑将会是另一场革命:1616年为王后丹麦的安妮建造的位于格林威治的"皇后之家"(Queen's House),这是在英格兰出现得最早的古典风格的意式别墅。它将成为成百上千座庄园式豪宅的鼻祖。三年后,曾上演宫廷假面舞会的白厅宫宴会厅被烧毁,为了取代这座宫殿,琼斯建造了英国历史上第一个古典建筑之伟大典范。新建的宴会厅是仿照古罗马长方形教堂建造的双立方结构,高耸于都铎王朝那杂乱无章、缺乏对称的红砖宫殿之上,这在当时一定引起了不小的轰动。

查理一世从来没有足够的钱来建造他希望建造的建筑。伊尼戈·琼斯为建造一座巨大的新宫殿设计了无数方案,但始终没有建成。不过,国王出资为圣保罗大教堂建造了宏伟的新柱廊。它也是古典风格的，高五十六英尺，巨大的立柱统御着整个城市，象征着皇室对英格兰教会的奉献，而这种奉献是伦敦的清教徒所憎恨的。伦敦正在迅速扩张，琼斯在这里也留下了自己的印记：他设计了伦敦的第一个广场——位于科文特花园（Covent Garden）的意式广场，这是个典雅的柱廊式围场，其焦点是另一项创新——第一座将按圣保罗教堂之古典庙宇风格建造的教堂。

琼斯在游历期间熟悉了文艺复兴时期的大师们的作品。因此，他与英格兰最早的艺术品收藏的形成密切相关，也就是亨利王子、阿伦德尔伯爵和查理一世的收藏。收藏艺术品这个想法本身就是全新的，出身于王室或贵族的人的品位和知识体现在充满了绘画、青铜器、古董金币和奖牌、微缩模型以及各式各样的珍品的房间里。查理一世是所有英国君主中收藏艺术品最多的，他宫殿的墙壁上满是杰作，从而让人们第一次了解到文艺复兴的成就。这反过来又促使查理资助了一些国际知名的画家。阿尔卑斯山以北最伟大的画家彼得·保罗·鲁本斯（Peter Paul Rubens）受其委托，以赞美詹姆斯一世的油画绘制了白厅宫宴会厅的天花板。他的学生，安东尼·范·戴克（Anthony van Dyck），使查理一世、他的王后和他们的孩子在一系列的肖像画中永垂不朽，继续散发出一种虚幻的神奇魅力。

"虚幻"或许是一个关键词，因为伊尼戈·琼斯对这些英国文明革命的贡献将它们塑造成了为政治权力服务的艺术。难怪后来清教徒们卖掉了皇家收藏，它们中充斥着天主教的宗教画作，这证实了清教徒的观点，即宫廷是教皇制的巢穴。国王和王后在其中被呈现为天神的假面舞会被视为狡猾的视觉骗局，而宴会厅则被视为"皇后跳舞的谷仓"。任何形式的表演和舞蹈对他们来说都是罪恶的。

内战爆发时，伊尼戈·琼斯已年近七旬。1645年，他在"贝星院宅"（Basing House）被包围时成为囚徒。在这场野蛮的遭遇中，这个地方遭到残忍的蹂躏，只留下一处冒着烟的没有屋顶的废墟。时年七十二岁的琼斯被士兵们剥光衣服，用毯子裹着离开现场。他的晚年为黑暗所笼罩。六年后，他在伦敦去世，他是一个富有的人，但他活着看到了在自己帮助下创造的文明似乎已被摧毁。

第三十七章 战争

当人们意识到这个国家即将陷入一场谁都不想要的战争时，每个人都惊呆了。在各县，人们竭力保持中立，不想介入即将发生的冲突。然而，所有人迟早都会被迫站边。一位议会领袖的妻子露西·哈钦森（Lucy Hutchinson）写道："每个县……内部都有内战。"因为这个国家的每一部分都有双方的支持者。内战将社会一分为二，划分了贵族、士绅、商人和职业阶层。它甚至撕裂了家庭，导致了悲剧性的对抗。驱使人们选择一方或另一方的动机可能是多种多样的，但最大的分歧在于宗教。这将是英格兰唯一的宗教战争，不是欧洲大陆上的那种天主教徒与新教徒之间的战争，而是在新教传统的两种解释之间的战争。

议会方面发现，自己正在为维护一个不仅其权力受到威胁，而且其生存本身也处于危险之中的机构而战斗。下议院的清教徒成员将自己标榜为投身于对抗反基督势力斗争中的虔诚者，这些反基督势力体现在天主教企图控制英格兰的秘密阴谋中。他们生活在一种强烈的宗教狂热氛围中，致力于教会的进一步改革，从而扫除他们眼中的罗马教廷之糟粕的全部痕迹。那种重组将采取何种形式始终不清不楚，而且从长远来看，重组将导致分裂，但这在一开始时是无法预见的。他们所渴望的是回到国王和议会共同代表统一国家的旧日美好时光。"荣光女王"时的英格兰散发出金色的光辉。实际上，在整个战争中，议会议员们都坚持认为，他们是在为被邪恶的谋士误导了的国王而战。

保皇派也在为国王而战，为维护新教，也就是英格兰教会而战，它在伊丽莎白统治下建立，其秩序和礼拜仪式被载入《祈祷书》，奉为神圣。他们还拥护现有的格局，拥护从君主向下延伸的等级制度（在此体系中，每个人都知道自己的位置所在），认为对它的任何威胁都是对社会秩序的威胁，并将导致无政府状态。

这将是一场完全不同于玫瑰战争的战争，后者只影响了少数人和国家的一小部分。内战将是由冲突、战斗和围攻构成的血腥战争，几乎影响到整个国家。这是一场现代战争，作战使用的火器散发出刺鼻的烟雾，几乎使士兵失明。到1643年，10%的男性人口被武装起来。超过3.5%的人口将以这样或那样的方式死亡，鲜有家庭不受影响。来自什罗普郡（Shropshire）乡村米德尔（Myddle）教区的二十一名士兵参加了战斗，其中有十三个人没有回来。战死沙场只是一种命运，因为战争带来了层出不穷的疾病和瘟疫。参与了城镇或城堡的围攻的人，不能忘记其经历：战友的饥饿，城墙的攻陷，对城内人的屠杀，然后是洗劫和焚烧。事实上，"劫掠"（plunder）一词就是在这个时期进入英语体系的。格洛斯特的五分之一被摧毁，陶顿的三分之二被破坏，伯明翰（Birmingham）、博尔顿（Bolton）和莱斯特（Leicester）被残酷掠夺。由于租金下降和工业衰退，到处都出现了混乱，导致民生多艰。这些并不是内战唯一的副作用，因为农村还必须面对劫掠成性的军队，他们破坏庄稼，抢夺牛马，攻击那些从事其日常工作的人。双方在税收和财政上都苛求无度。大多数县在一个月内支付的钱相当于它们以前一年支付的造船税。

资金和筹集资金的方法是战争的关键。能够最有效地筹集资金的一方最终必将获胜，因为它不仅能给士兵提供军饷，而且能在战场上提供充足的给养。国王一开始有军队的优势，但在金钱方面，他主要依靠有钱的支持者，从长远来看，这对他不利。作为唯一的权威和指挥者，他似乎还有另一个优势，但他优柔寡断，更糟糕的是，他可能同时朝着两个相反的方向前进。保皇派也分成了两派，一派希望尽早恢复和平，至少回归1641年的状况；一派则如王后那样，一心只想消灭议会议员。

战争开始时，国王的军队由林德赛伯爵（Earl of Lindsey）率领，但占据公众想象力的人物是国王英俊的侄子——莱茵河亲王鲁珀特（Rupert of the

Rhine），人称"马将军"（General of the Horse）。鲁珀特是查理的姊妹、孀居的波西米亚王后的儿子，他为保皇党带来了最新的骑士技能，在战场上塑造了一个勇敢而浪漫的形象。但他倨傲无礼。保皇派集体被称为"骑士派"（Cavaliers），这个词带有嘲讽意味，意指他们不过是在玩打仗游戏的文雅绅士罢了。

反对派被贴上了"圆颅派"（Roundheads）的标签，这个词也带有蔑视性，指那些认为可以通过剪短头发来保持头脑清醒的虔诚者。议会一方有个组织天才，即下议院领袖约翰·皮姆，他清楚地看到了战争机器的重要性。在他的指挥下，议会在各地成立了委员会，其任务是收税和没收保皇派的土地。不久，国内货物税（excise）被引入，虽然普遍不受欢迎，但这意味着士兵可以拿到军饷。虽然议会参战时只有一支在埃塞克斯伯爵统率下的国民卫队，但事实证明，对伦敦及其巨大的财政资源的控制对议会的成功至关重要。海军对议会的支持也至关重要。不过，从一开始，议会方面就受到地方主义的困扰，因为一个地区的军队不会去支援另一个地区的军队。

如果权威被一系列的委员会瓜分，那么这场战争也无法顺利进行。令人震惊的是，随着战争的进行，必要的时局迫使议会有效地担当起国王的角色，充当了行政机构。

虽然查理于8月22日就在诺丁汉树起了王室的旗帜，但第一次战役直到两个月后才打响。10月23日，都在向伦敦挺进的双方军队在沃里克郡的边山（Edgehill）不期而遇。这是一场为后续战斗奠定了模式的战斗。保皇派从一开始便在策略问题上争吵起来。战斗打响后，鲁珀特亲王率领一支精锐骑兵发起冲锋，冲出战场去追击敌人，却不知道留在他身后的其余保皇派军队已不堪重负，林德赛伯爵重伤倒地，命悬一线，国王本人也危在旦夕。尽管如此，议会军队仍未能获胜，结果是双方打了平手。但是国王随后放弃了获胜良机。在向伦敦进军时，保皇派在特纳姆格林（Turnham Green）再次与议会军队相遇，但选择了不作战。取而代之的是，国王选择了向牛津进军，战争期间，他在那里建立了自己的行宫。

边山之战使议会一方士气低落，元气大伤。在没有战斗的冬季的几个月里，双方再次采取既定模式，致力于流产的和平谈判。议会与国王各自要求自己的特权，结果总是僵持不下，因为查理永远不会屈服于议会提出的要求，废除主教制度，放弃他对军队的控制，也不会放弃自己选择大臣和否决立法的权力。当战争结束时，这所有无力妥协的后果将更加突出。

议会将目光投向北方的苏格兰和"契约者"军队，寻求解决方案。作为回应，"契约者"不仅要求议会支付其军饷，还要求将英格兰教会转变成英格兰版的苏格兰教会，由牧师、选举出来的长老和委员会管理，完全不受世俗权威的控制。如此一来，在议院中希望沿着这条路一直走下去的人和坚决不走这条路的人之间就产生了分歧。即将发生的分裂暂且被巧妙地回避掉了，问题被交给了一个名为威斯敏斯特会议（Westminster Assembly）的机构，议会于1642年成立了该机构，目的是为教会改革提供支持。随后，议会与苏格兰人宣誓签署了《严肃同盟合约》（Solemn League and Covenant）。

1642年至1643年冬，国家开始出现地理上的分裂，因为各县都落入碰巧是最强大的派别的控制。议会巩固了其对东英吉利和东南部的控制，保皇派控制了北部和西南部。在1643年的战役中，鲁珀特亲王占领了布里斯托尔，为保皇派提供了一个重要港口。另一场无关紧要的战斗发生在纽伯里（Newbury）。真正的变化直到第二年才出现，当时，20000名"契约者"越过边境，向北方的保皇派军队发起进攻。7月2日，内战中最重要的一场战役在约克郡的马斯顿荒原（Marston Moor）打响。两支保皇派军队对阵三支议会军队。保皇派的骑兵似乎又一次取得了胜利，他们飞奔着离开战场去追逐战利品，而剩下的军队则只能面对失败。为议会带来胜利的很可能是以率领了一支骑兵的亨丁顿郡（Huntingdonshire）乡绅奥利弗·克伦威尔（Oliver Cromwell）为首的东部联军的行动。与保皇派骑兵不同的是，他们没有离开战场，而是重组队伍，再次冲锋。"上帝让他们成为我们刀剑下的残渣"，克伦威尔这样生动地描述了对保皇派士兵的屠杀。两周后，约克郡投降，其总督得到了所能得到的最好条件。他写道："我们就这样垂头丧气地行军，准备离开我们的家园……不敢看自家的房子，也不敢与孩子们道别……"国王失去了北方。

1644年的战役远没有这么富于戏剧性，保皇派在西南部的洛斯特威瑟尔（Lostwithiel）获胜，埃塞克斯战败，而在纽伯里的第二次交战也同样无关大局。但是保皇派事业已经摇摇欲坠。它的命运将在第二年春天注定，当时，议会创建了"新模范军"（New Model Army），它被保皇派戏称为"新面条"（New Noddle）。在此之前，议会部队一直以地区为基础，对地方怀有强烈的忠诚。现在，一支新的国家军队即将建立起来，指挥官是托马斯·费尔法克斯爵士（Sir Thomas Fairfax），副司令是奥利弗·克伦威尔。6月14日，这支势如破竹的军队在北安普敦郡的纳斯比（Naseby）战役中击败了保皇派。在人数上，保皇派以二比一的优势胜出，而国王几乎落入敌手。从国王的角度看，带来灾难的是他的信件被截获，其中透露了他与天主教徒和爱尔兰人的谈判，这两项行动都使他在议会眼中成为背信弃义的象征。一个"圆颅党"人这样描述这场战斗："我看到战场上到处是死马和死人，横陈的尸体绵延长达四英里，但国王站立的小山上堆积的尸体最厚。"一个月后，在萨默塞特郡的朗波特（Langport），保皇派的残余军队被新模范军歼灭。克伦威尔将这场胜利视为上帝的审判："看一看吧，难道这不是上帝的面孔吗？"

9月，布里斯托尔投降，在英格兰，一次由蒙特罗斯伯爵（Earl of Montrose）领导的保皇派起义被击败。战争结束了。国王意识到他的军事生涯已经完结，不得不投降，但是向谁投降呢？在伦敦，议会对他与天主教徒的关系大为恼怒，这只是证实了他们对自身当中的反基督者的恐惧。1646年4月，国王伪装成仆人，带着两个人溜出了牛津。在漫无目的地游走了一周后，他转向北方，在两害相权取其轻的心理作用下，他选择将自己交到苏格兰人手中。

现在，一个全新的阶段即将开始，因为战争非但没有解决任何事情，反而使事情变得更糟。人人都发现，事物的既定秩序被彻底颠倒。乡绅已经降级到被赶出了自己庄园的普通逃亡者的层面，教区牧师被赶出了居所，房屋被驻扎的军队所征用，货物被收缴。人们所到之处，总能看到等级制度受到挑战，财产权被忽视。男人们被从地里赶出来，变成国家军队的士兵，前去打败那些他们眼中的或被告知的反基督者的军队。他们相信,他们的胜利将标志着圣徒时代的黎明,是在为基督复临做准备。审查制度消失了,以前从未发过话的人说出了自己的心声,预示着一个不仅没有国王的位置,也没有私人财产或向任何人脱帽致敬的社会。

第三十八章　天翻地覆的世界

政府的崩溃意味着审查制度的崩溃。直到内战之前，所有印刷品都必须通过审查，以确保任何攻击君主制或教会的东西都不会出现。如果有，则那不是在国外印刷的，就是秘密印刷的。在伊丽莎白统治时期，清教徒就有这样一家报纸，对现有教会进行了一系列谩骂攻击。但与17世纪40年代和50年代的洪流滚滚的印刷品相比，它就是小巫见大巫了。不夸张地说，数以千计的报纸和传单源源不断地流出，表达了以前从未发出过声音的社会阶层的观点，包括工匠、手艺人和普通工人，他们占到了总人口的一半，通常沉寂无声。这些表达观点的人因为能阅读，所以能够研究《圣经》，从中发现一个与自己生活的世界截然不同的世界。这两群人都处于高度的宗教狂热状态，常常欣喜若狂，相信圣灵会直接对他们说话。这种愿景催生了对其他社会形式的需求，在这种社会中，根本没有国王、贵族或有组织的教会的一席之地。

1646年，战争结束后，那些曾为议会而战的人形成了两大阵营。有些人仍然希望保留一个国家教会，尽管它按照长老会（Presbyterian）的路线进行了改革，也有些人已经放弃了这个想法。后者被称为独立派（Independents），这些人认为，国民身份应该与教会成员身份相分离，宗教应该可以自由地采取任何形式，只要不是天主教或主教派（Episcopalian）的就成。1642年，议会迅速解散了英格兰教会。劳德大主教于1645年被送上断头台，这标志着长长一系列摧毁圣公会教堂的法令。主教被废除并被迫流亡，忠诚的神职人员被赶出自己的居所。大教堂和一般教堂遭到了一拨破坏圣像运动的强烈冲击，在此运动中，大部分遗留下来的彩色玻璃和装饰都被销毁殆尽，劳德的所有创新，如分隔圣所的栏杆，都被夷为齑粉。1647年，议会将使用《祈祷书》、庆祝圣诞节、耶稣受难日、复活节和圣灵降临节定为刑事犯罪。

将一个机构横扫到一边是一回事，就应该用什么来取代它而达成协议则是另一回事。议会对此产生了意见分歧。宗教团体多种多样。其中的独立派［后来被称为公理宗（gregationalists）］成员形成了自己的圣会，它不再基于旧的教区体系，而是基于这样一个体系：一个群体自发地聚集在一起，以他们认为合适的方式崇拜上帝。他们相信宿命论，认定那些上帝命中注定要救赎的人现在就可以被认出来。这些被选中的人称为上帝的选民（Elect），是唯一值得领受圣餐的人，其余的教众只能坐在边上干看着。上帝的选民被视为圣徒，而根据《圣经》，他们的出现是基督复临的信号，表明基督与他们共同统治的时刻即将来临。

一群由此信仰得出自己符合逻辑的结论的人深信，政治权力不再像过去那样属于国王、贵族和士绅，而是属于圣徒。他们被称为"第五王国派"（Fifth Monarchists），认为自己生活在基督和反基督势力间进行决战的最后日子里。在这种情况下，等级和财产这一现存社会之基础是毫无意义的。因此，第五王国派反对现行的法律体系（该体系对侵犯财产的罪行处以重罚，比如盗窃），而要求重判任何违反道德准则的行为。

另一个更加重要的群体，即平等派（Levellers），发起了一场运动，它吸引了自耕农、小商人和工匠，最重要的是，后来还吸引了来自新模范军的普通士兵的追随者。他们同样质疑一个以财产拥有为基础的社会，希望"铲平"极端财富，并要求投票权不再局限于那些拥有所需的财产资格的人，而是扩展到除仆人和乞丐之外的所有人。他们认为自己是"诺曼征服"的受害者，在那时，威廉一世使本土的英国人沦为奴隶，成为外国贵族的附庸。平等派还反对一个纠缠于侵犯财产罪的法律体系。他们敏锐地意识到，正是这种法律维护了现有的社会结构，因而致力改革它的运动，并大力支持废除上议院、向神职人员缴纳什一税以及令人讨厌的货物税。事实上，他们要求的很多东西都是中产阶级在 19 世纪和 20 世纪想要得到的。

这两个群体都无法在 17 世纪 50 年代存活下来，但另外两个群体将得以延续，形成了充满活力的异见和非主流传统，与一直延续到 20 世纪的社会激进主义异曲同工。浸礼会教徒（Baptists）不把教会看作一个组织，而是将之看作那些把接受洗礼视为一种有意识的承诺之举的人的集合。就这样，他们形成了分散在全国各地的社区。贵格会教徒（Quakers）也关注精神，但他们与浸礼会教徒的情况相反，其社会和宗教激进主义将更多地得以幸存下来，这正是他们遭到惨无人道的迫害的原因。他们将否定所有的民间权威或等级制度，这体现在他们拒绝向任何人脱帽致礼的举动上。

这些并不是唯一的群体。此外还有喧嚣派（Ranters）、掘地派（Diggers）、寻求派（Seekers）和玛格莱顿派（Muggletonians），他们对英国的苦难都有自己的解决方案。在内战结束后的几年中，出现了对以前被视为理所当然的一切的前所未有的颠覆、质疑和重新评价。旧的价值观、旧的信仰和旧的制度遭到空前的质疑。所有这些骚动都将顺其自然地推进下去，直到身陷其中的人幻想破灭，因为基督并没有和他的圣徒们一起前来统治英格兰，取而代之的是，英格兰陷入了无政府状态，充满纷争和混乱。与此同时，仍有一股强烈的舆论渴望恢复一种既定的社会秩序。

仿佛这一切还不够似的，那个掌握着解决国家问题关键的人，也就是国王，也仍然抱有幻想，认为存在一种无论如何都不会动他一根手指的信仰和社会。他认为保皇派的战败是上帝因他违背对斯特拉福德的诺言的惩罚。君主制和教会在他眼中都变得甚至更加神圣了，以至于他觉得自己得到了赦免，可以随心所欲地走上任何可能使它们得以复兴的道路，无论那道路是多么曲折。

面对如此不可动摇的观点，议会在试图打造某种形式的和平方面毫无进展也就不足为奇了。国家危机四伏。军队必须得到军饷。放眼四顾，满目萧条，物价上涨，食物短缺，瘟疫肆虐。大雨破坏了收成，人们开始拒绝纳税。现在每年征收的补贴费用相当于战前十八项补贴的总和。所有这一切促成了对和平的深切渴望。现在再回头看去，查理一世的"亲政"时期似乎不是种暴政,而是种海市蜃楼。

如果说国王坚如磐石的立场于事无补,那么现在议会内部的大分裂也无济于事。有些人将在英格兰长老会教会的基础上与国王讲和,还有些人,即独立派,拒绝信任国王,要求继续保有军队,要求"良心自由"(liberty of conscience)。这一僵局的解决要归功于一股来填补真空的全新的政治力量,这就是奥利弗·克伦威尔领导的新模范军。

这支军队与之前和之后的任何一支军队都截然不同。它的人数约为两万两千人:骑兵六千六百人,机动步兵一千人,普通步兵一万四千四百人。在和平时期,这是一支庞大的军队,而且构成这支军队的不是通常由三教九流构成的普通雇佣兵、求取功名的士兵和被强行征召的士兵,而是敬畏上帝的人。它的将领是虔诚的清教徒。军队生活在一种宗教狂热和积极虔诚的氛围中,受到布道的激励,致力于定期祈祷、斋戒和《圣经》学习,并受到严格的道德规范的约束。它把自己当作神圣旨意的工具,是由上帝派来摧毁反基督者的。其领袖奥利弗·克伦威尔认为自己同国王一样都是神圣意志的执行者。克伦威尔将每个事件都视为呈现上帝意图的证据。经过思考,他开始认为,议会中有些人阻碍了他所认为的上帝的意志。

议会同军队闹翻了。议会开始采取行动解散军队,军队则随即看到了他们眼中的解决问题的关键——国王本人。1647年6月,新模范军起草了一份庄严的《协约》(Engagement),声明在正义得到伸张之前不会解散。紧接着是另一份文件《声明》(Representation),要求将那些被认为是腐败的人从议会中除名,呼吁议会只在固定的时段召开,并要求"良心自由"。

如果说1647年一步步陷入了混乱,那么接下来的一年就更糟了。同样信念坚定的国王毫不犹豫地与苏格兰人达成了秘密协议。作为将长老会引入英格兰的回报,苏格兰人同意从北方入侵。这次入侵是席卷全国的大范围动乱的一部分,该动乱的挑起者是因伦敦政府未能达成协议而受挫的保皇派。军队很快镇压了这些人,还在普雷斯顿战役(Battle of Preston)中消灭了苏格兰人。对来自天堂的信号时刻保持警觉的克伦威尔把这场胜利看作上帝的旨意。

政治权力现在属于已经有了自己行动纲领的大获全胜的军队。这年春天，军队进行了为期三天的斋戒，大家一致同意，在军队彻底击败敌人后，将"要求查理·斯图亚特这个杀人成性的人血债血偿"。这个戏剧性的决定意味着他们拒不相信国王是上帝在地球上的总督。相反，他们认为国王的权力不是来自上帝而是来自人民，这是一种神圣的信任，一份查理一世违反了的契约。对于奥利弗·克伦威尔和他的军队来说，国王是他们在《旧约》中读到的那种暴君，是上帝唤来进行复仇的那种暴君。在克伦威尔看来，查理是"反对耶和华亲证之人的人"。

为了实现正义，军队需要驱逐那些他们眼中腐败的议会成员。这些人包括任何将与国王打交道的人、将解散军队的人以及反对"良心自由"的人。11月，军队包围了议院，将任何反对其政策的成员排除在外。只有九十六名议会成员留了下来，他们被称为"尾闾议会"（Rump）。12月29日，他们通过了审判国王的法令。由于法院的存在只是为了以国王的名义伸张正义，因此这一行为本身就颠覆了现状。现在，下议院，或者说残存的下议院，篡夺了君主的角色。一场决定社会权力之所在的革命正在发生。

1649年1月6日，法院开庭审讯国王。查理自然拒绝承认它的合法地位。此时，他已是一个疲惫不堪、头发花白、年事已高的人，但他还是笔直地站起身来扮演现在提供给他的角色，因为该轮到他以英国人民的自由与自主的捍卫者的身份来展示自己了。审判结果已成定局，1月27日，他被判处死刑。然而，只有五十九名签署人在他的死刑令上签了字。

三天后，伦敦市民目睹了一场前所未闻的奇观——处决一位国王。对于那些信奉君主制的人来说，这种行为是一种亵渎，是对上帝的受膏者的杀戮。对军队及其追随者来说，这是神对暴君的审判。断头台竖立在伊尼戈·琼斯建造的白厅宫宴会厅前，这里是查理曾以神的形象出现在宫廷中的宏大假面舞会的背景地。现在看来，那一切似乎不过是为此终极巅峰——他自己的死刑——而进行的排练。由于害怕公众的骚乱，绞刑架被士兵包围了起来。在伦敦主教的陪同下，国王走了出来，说道："我将王室从腐败带向了清廉，那里不会有任何骚乱。"直到最后，他都从未怀疑过自己事业的正义性。在

第三十八章　天翻地覆的世界

这场有关他自己死亡的假面舞会的最后一幕中，他已经把自己塑造成一个将升入天堂的殉道者。当他的头从身体上猝然落下时，围观的人群发出了可怕的呻吟，这声音并未标志着君主制的终结，而是标志着君主制在不可避免地回归。

第三十九章　一个失败的共和国

教堂不见了。国王离开了。对于那些志在扫除这些机制的先锋者来说，这种举动预示着新时代精神的到来。《但以理书》（Daniel）和《启示录》（Book of Revelation）中的预言就在此时此地应验了，基督的地上王国即将来临。然而，他的方式需要与政府的行动相协调，以创造一个敬畏上帝的社会，一个正直、道德和虔诚的社会。这些年来，极端的新教派别不断壮大，笼罩在对基督复临——即所谓的千禧年主义（Millenarianism）——的永恒期待之中。全国各地的普通百姓被卷入宗教歇斯底里的浪潮之中，它造就的社会与半个世纪前伊丽莎白一世的统治曾努力达成的社会正相反，后者会确保教会和国家两者的稳定和秩序，每个人都安分守己，各司其职。

因此，这十年充满的不是希望而是恐惧。国王、贵族和士绅共享权力和职位的旧社会结构的关键已经不复存在。自从农民起义以来，人口中那被埋没的剩余部分第一次抬起头来，对财产和地位形成威胁。很多众所周知的日常生活的古老基础架构已经或即将被冲走。像"五朔节"（May Day）和"圣诞十二日"（Twelve Days of Christmas）这样简单的乡村乐事遭到禁止。

全国各地的社会都脱离了原位，引发了动荡和骚乱。这个世纪最严重的商业萧条和被暴雨破坏的农作物收成只会加剧普遍的绝望情绪。在19世纪以前，由于沮丧、幻灭和经常被剥夺财产，移民到新英格兰殖民地的人比任何时期都多。

但对处于事态中心的人们来说，这是一个欢庆的时刻，他们在欢呼新时代的到来。议会现在可以自由地建立任何形式的政府，只要它认为有利于圣徒统治即可。那些幸存下来的成员，即"尾闾议会"成员，自1641年第一次会议以来，已经走过了很长的道路。然而，他们仍然保留着对其士绅阶层的忠诚，怀着深深的疑虑审视着各派对社会改革的广泛要求，还担心选举会带来不确定的后果。他们的态度早就反映在对"平等派"的镇压以及后来大力推行新闻审查制度以遏制他们认为具有颠覆性的思想洪流的做法上。如果他们有一个榜样的话，那就是威尼斯，一个稳定了几个世纪的共和国，但它是一个非常特殊的共和国，确保了选举权和执政权只局限于一个由富裕的商业家族构成的封闭圈子。

1649年2月，君主制和上议院被推翻。2月13日，由下议院选举产生的国务委员会（Council of State）成立，以便管理国家。5月，英格兰宣布成为上帝庇佑下的"联邦自由国度"。一部新宪法已就位。现在缺乏的是一个对事态发展方向有明确政策的政府。

似乎已经实现了其政治目标的克伦威尔的新模范军暂时处于沉寂状态。7月，它漂洋过海去对付信奉天主教的爱尔兰人。对军队来说，这是活生生的《启示录》景象。他们是基督派去打击反基督者的力量。任何形式的同情或怜悯都无立锥之地，德洛格达（Drogheda）和韦克斯福德（Wexford）的居民倒在了无情的利剑之下。毁灭并未就此止步，因为亨利·艾尔顿（Henry Ireton）领导下的军队继续摧毁每一幢建筑，烧毁田野上的庄稼，使该国因饥饿而最终屈服。几乎一半的人口死亡，克伦威尔身后留下了一个活生生的恐怖传奇。

第二年春天，议会开始着手通过创建圣徒社会的法案。对淫乱、通奸、诅咒和亵渎实行死刑。然而，法院从未实施过它。议会随后要求所有成年男子宣誓效忠新政权，即《协约》政权。这是一个巨大的错误，因为全英格兰的人民都表示拒绝，因此丢掉了职位，从而形成了一个反对新政府的实质性团体。

从某种意义上说，国王从未死去，他的继承人查理二世（Charles II）现在成了那些依然效忠保皇事业的人或将之视为推翻新共和国之手段的人的关注点。其中包括苏格兰的"契约者"，他们希望将其严格的宗教制度强加于英格兰。查理二世像他的父亲一样厌恶他们，但为了想要的结果，他可以委曲求全。克伦威尔和他的军队刚从爱尔兰回来就立即前去对战苏格兰人，并在邓巴战役（Battle of Dunbar）中获胜，三千名"契约者"被杀，一万名步兵被俘虏。苏格兰人的领袖亚历山大·莱斯利（Alexander Leslie）足智多谋，撤退到了高地的防御阵地。查理二世进而加冕为苏格兰国王，次年，他率领一支苏格兰军队越过边境。一路上，他几乎没有得到多少百姓的支持，因为面对又一支向南跋涉的苏格兰军队的他们早已疲惫不堪。由于对保皇派的起义不抱希望，查理放弃了向伦敦的进军，朝西向过去的保皇派的心脏地带进发。克伦威尔也迅速南下，于邓巴战役的周年纪念日在伍斯特（Worcester）击溃了保皇派军队。国王侥幸逃脱了抓捕，最终走上流亡的道路。

鉴于尾闾议会政府的构成和外界对它的期望，它注定要失败。尾闾议会由拥有财产的士绅和律师组成，他们不太可能热情地接受会对他们自身地位造成巨大威胁和改变的激进改革。公民权的任何扩展都将侵蚀他们的特权。同样，尽管一个法律改革委员会提出了许多建议，但都没有得到批准。在宗教方面，又出现了惰性。政府制订了重新划定教区边界的计划，以确保每个人都能在方圆三英里以内到达一座教堂，但这些提议再次牵涉了太多的既得利益。尾闾议会的唯一成就是成立了一个委员会，在被视为保皇派和天主教大本营的威尔士及北部地区传播福音之光。但就连这也在不到几年的时间里失败了，尽管以长期的异见传统来衡量，其在威尔士的冒险取得了成功。事实上，唯一得以实施的重大改革源于来自邓巴战役后的军队的压力，当时，一项法案确立了"良心自由"并废除了每周日去教堂的义务。

政策匮乏的另一个原因是缺钱。尽管征了重税，政府的财务困境仍然堪忧。它所有的资金都被用来支付内战和军队费用。所有能卖的都卖了：大教堂、皇家宫殿、国王令人惊叹的艺术收藏、所剩无几的皇家土地，以及属于修道院院长和教会的土地、属于主教和被剥夺了财产的保皇党人的土地。财政状况如此糟糕，以至于政府预征了四年的国内货物税。

与荷兰的对外战争为这一切雪上加霜。除了农业，任何与海洋和航运有关的企业都是英国最大的企业。荷兰人凭借其庞大的船队，接管了波罗的海和美洲殖民地的运输贸易。议会通过了一项法案，规定所有进口必须要么用英国船只要么用原产国船只。战争在1652年爆发，英国人取得了胜利，但代价高昂。虽然破产在即，但英联邦的统治者们仍然认为他们在一时之间取得了巨大的成功。

他们没有考虑到的是军队。虽然尾闾议会倾向于保守主义，尤其是在宗教问题上，但军队的核心仍然保持着激进的热情，他们的领袖是耶稣国王，他们从《启示录》的角度去看待事件。因此，军队越来越不信任和讨厌尾闾议会，认为他们不是在推进而是在阻碍圣徒统治。在几周惯例性的"等候我主之命"之后，克伦威尔怒气冲冲地召集起自己的军队，于1653年4月20日解散了属于"长期议会"的尾闾议会。

政治真空再次出现，在这个真空中，关于这个国家应该如何为基督的到来做准备的各种想法纷至沓来，莫衷一是。克伦威尔的解决之道是一个由军队士兵提名的议会。它的任务是进行必要的改革，以确保人民的虔诚。这个由一百四十四人组成的团体被讽刺为"皮包骨议会"（Barebones Parliament），得名于位于其成员之首的皮具销售商、激进的"赞美上帝的皮包骨"（Praise-God Barebones）。议会第一次包括了来自苏格兰和爱尔兰的候选人。它在1653年7月4日开幕时的气氛有一种千年不遇的狂热。克伦威尔告诉议会成员，他们的职责是重塑社会道德结构，为回归正常的议会做准备："实话实说，上帝召唤你们是为了与他一起统治，并为他服务。"

新议会精力充沛地开始了它的任务，随之而来的是一系列的立法，将三个国家统一起来，引入了民事婚姻，改革了法律，挑战了什一税制度和俗人体验教会生活的权利。随着其工作的推进，有些成员开始发现，该计划剥夺了他们长期享有的权利。温和派的舆论开始担心，他们所了解的财产和社会正处于危险之中。到1653年年底，各县的和平委员会发生了变化。曾经支持尾闾议会的治安官们被扫地出门，自耕农和商店主人初露锋芒。当人们看到，历史悠久的士绅阶层的特权可传至社会下层的手中时，形势便开始恶化。"皮包骨议会"里也有"第五王国派",他们所持的平等主义同样敲响了警钟。于是,在12月12日清晨,温和派赢得了胜利,他们投票支持军队及其领袖奥利弗·克伦威尔重新掌权。英国对共和主义的短暂试验宣告结束。

第四十章　失败的受保护国

奥利弗·克伦威尔担任护国公时已五十四岁。他出生于1599年，是亨廷顿郡一位绅士的儿子，很早就被清教主义所吸引。这个家族的财富少得可怜，他的父亲被迫在儿子于1628年首次当选议会议员的前一年卖掉部分家族地产。克伦威尔与当时其他虔诚的清教徒绅士没有什么不同。对个人罪恶的过分关注是时代风气的一部分，尽管就克伦威尔而言，这似乎让人联想到躁郁症的许多典型症状。在"长期议会"期间，他参与支持所有旨在废除劳德大主教政策的措施，但他还是一点也不出众。直到战争爆发，他作为埃塞克斯伯爵麾下的上尉加入了议会军队，人们才开始认为他在方方面面都卓尔不凡。然后，他成为一个人们对之"言听计从"的人。菲利普·沃里克爵士（Sir Philip Warwick）在回忆录中这样描述他："衣着十分普通……身材魁梧，面庞肿胀发红，声音尖厉刺耳，宏论滔滔，充满狂热。"

克伦威尔很快就显示出自己是一名出色的士兵和战术专家，当新模范军组建时，他被选为托马斯·费尔法克斯爵士麾下的中将。克伦威尔是一个极其复杂的人，他的动机和目的直到今天仍有争议。他一会儿似乎是无所不用其极的冷酷的权力追求者，一会儿又扮演起崇高的理想主义者的角色，为受迫害的少数族群辩护。他强烈的宗教责任感会激发他做出灵光乍现般的快速决定，但同样也能使他陷入精神折磨的痛苦之中，几个星期后他才会从痛苦中恢复过来，做出这样或那样的判断。他完全认同几千年来清教徒思想的博大精深，相信在万事万物中都能看出上帝的旨意。在他身上，狂热的清教徒与脚踏实地的绅士结成了后来被证明是不稳定的联盟。随着时间的推移，必须使这两者调和一致的压力开始显现。他所信奉的独立派的清教主义把他引向了政治激进主义的方向，这种激进主义提出了从扩大公民选举权到改革法律的所有要求。作为士绅阶层的一员，出身和背景决定了他是现状的捍卫者，具有与生俱来的保守主义和面对变化时的小心谨慎，最重要的是，具有一种根深蒂固的信念，即财产是社会的基础。

那种二元性在克伦威尔身上从未得到解决，但在1647年秋季于帕特尼（Putney）举行的一系列重大辩论之后，他将会背离清教徒角色，滑向更靠近绅士角色的边缘，这些辩论是在军队中的保守人士（他们被称为"显贵"）与那些信奉平等派信条的人之间展开的。在这些辩论中，克伦威尔站在了"显贵"一边，他们反对任何形式的民主，唯一赞成的是以财产资格为基础的投票。事实上，在短命的共和制下，克伦威尔将参与对军队中的平等派残余的追捕，并于1649年在牛津郡的伯福德（Burford）射杀了他们。

由军队起草的《政府章程》（Instrument of Government）是英国第一部成文宪法，奥利弗·克伦威尔据此成为护国公。它规定，未经议会同意不得征税或立法，必须对国民卫队进行联合控制，在某些事情上，克伦威尔只能同国务委员会协调行动。无论如何粉饰这一点，都不能否认这代表着向君主制倒退的第一步，护国公据此建立了一个相当于宫廷的机构。为了赢得国民的忠诚，强制要求人们承认废除了国王和上议院的《协约》被废弃。这一姿态的效果是有限的，因为没有什么能掩盖存在于护国公与其议会的全体成员间的长期不和。在某种意义上，议会成员是支持他的，因为他和他们一样忠诚于土地权益；另一方面，他又代表了他们最痛恨的制度——军队。克伦威尔最大的缺点是他的权力基础，这阻碍了为其政权获取平民支持的任何尝试。

如果说他在军队问题上与议会分道扬镳了的话，在宗教问题上也同样如此，因为对他来说宽容是最基本的信条。他说："我宁愿在我们中间允许伊斯兰教的存在，也不愿一个上帝的孩子受到迫害。"问题在于，各种教派的激增不仅带来了五花八门的宗教体验和崇拜，而且在贵格会教徒这样的例子中，也带来了挑战现有社会秩序的态度。尽管克伦威尔从未试图走"皮包骨议会"之路，攻击什一税和俗人对教士俸禄的资助，但他对每个教派（无论其有多少怪异）的容忍还是使议员们惊骇不已。《长老会训诫书》(Presbyterian Book of Discipline）正式取代了《公祷书》，但每个教区教堂的礼拜形式实际上是由牧师和会众决定的，而不再由政府决定。此外还有各种五花八门的教派，这些教派跨越了所有教区的边界，吸引能够吸引的人，并形成其自身的网络。面对愈演愈烈的混乱局面，教士们团结起来，试图阻止局势滑向无政府状态。无怪乎到17世纪50年代中期，怀疑和幻灭开始出现。1656年，渥斯特席尔会（Worcestershire Association）的成员报告说："我们从悲伤的经历中发现，人们不理解我们的当众教导，尽管我们学着尽可能通俗易懂地说话，结果，经过多年的布道……有太多的人几乎说不出我们对其说了些什么。"清教运动很快就失去了动力。

但对护国公来说，军队和宗教宽容是碰不得的。所以，1654年秋，当他的第一届议会对这两者都发起攻击时，他解散了它。从那以后，裂缝就变得不可弥合。实际上，《政府章程》规定，护国公的统治必须得到议会批准，而议会拒绝批准它。在整个1655年，护国公都是在没有任何授权的情况下进行统治的，这开始在法庭上受到质疑。那一年的保皇派起义导致克伦威尔犯下了他最具灾难性的错误，即将国家划分为十一个地区，每个地区都由一个陆军少将统管。地方上的动荡并不是他唯一的动机，因为出现在1656年和紧接着的1666年（1666这个数字也标志着《启示录》中的更多预言的实现）中的代表末日的数字6的结合也在呼吁人们赶快为敬虔者的统治做好准备。在主要将领们的支持下，出现了对不道德行为的大规模打击：禁止周日的体育活动，关闭酒馆，禁止斗鸡和赛马。仅兰开夏郡的一个地区，即布莱克本百人区（Blackburn Hundred），就有两百家酒馆被关闭。

但让人们不安的不只是这些令人扫兴的政策。或许更重要的是外来者对受军队掌控的威斯敏斯特的直接统治的不满，而这些外来者往往被视为较低阶层的人。地方利益受到损害。向保皇派征税的决定也得罪了人，因为它揭开了旧伤疤，而一个明智的政府应该设法愈合这些伤口。所以，一点也不奇怪，1656年9月召开的议会反映了人们对将军们是多么深恶痛绝，以及对军队和税收是多么地深恶痛绝。克伦威尔被迫让步，首先是在宗教宽容问题上，允许对约翰·奈勒（John Nayler）进行野蛮的惩罚，后者宣称自己是新弥赛亚，并在布里斯托尔重演了基督进入耶路撒冷的故事。主要将领被免职，但对保皇派的征税仍得到保留。议会随后将注意力转向宪法，抛弃了《政府章程》，拼凑起自己的章程，它体现在一份名为《恭顺请愿和建议书》（Humble Petition and Advice）的文件中。这使得局势进一步回归到 1640 年的状态。最初，议会建议克伦威尔称王（他拒绝了），但护国公任命了由贵族和军官组成的第二上院。尽管他拒绝成为国王，但这意味着护国公之职将得到世袭。1658 年 1 月，此新议会召开了会议。

它又一次与护国公发生了冲突，他又一次解散了它。

尽管宪法要经历这些连续不断的修改（但没有一个行之有效），可政府还是得千方百计地继续下去。苏格兰和爱尔兰的问题，以及英国在欧洲政治的更广泛视野中的地位问题，都必须得到解决。通过修宪，苏格兰和爱尔兰都失去了自己的议会，取而代之的是在威斯敏斯特各获得了三十个席位。此举并不受欢迎。克伦威尔鼓励苏格兰的"独立派"脱离苏格兰教会的举动亦不受欢迎，它激起了叛乱。在爱尔兰，他最初的残暴传承得以牢固地建立起来，其基础是：四万名信仰天主教的地主被迫移民到多岩石的西部。从此以后，任何信仰天主教的公民都将自动被剥夺受训权，或从事任何城市贸易或职业以及担任公职的权利。爱尔兰天主教徒被故意贬低到下层阶级的水平。

在欧洲，克伦威尔的脑海中充满了对无敌舰队时代的怀念之情，他设想建立一个新教联盟，它将打败信仰天主教的哈布斯堡王朝，并在罗马本地打击教廷中的反基督者。可惜的是，事实却远非如此。1654 年 4 月，英国与荷兰人讲和。在罗伯特·布莱克（Robert Blake）的率领下，英国舰队获得了狭窄海域的统治权，由此带来的结果是，欧洲的统治者们开始对护国公表示尊重。他对西班牙加勒比帝国发动了灾难性的远征，重新执行了伊丽莎白一世时期对西班牙的战争政策，只是在夺取牙买加之后才挽回了损失。但这是一项昂贵的政策，使得护国公在一次又一次的金融危机中摇摇欲坠。

时间的流沙已经耗尽。1658 年 9 月 3 日，在他两次伟大胜利（邓巴战役和伍斯特战役）的纪念日，克伦威尔与世长辞。他的统治失败了，这一事实是无法掩盖的。它在全国各地几乎没有得到支持，人们对军队和沉重的税收负担恨之入骨。然而，又过了一年，舆论才终于决定性地转向支持斯图亚特王朝的回归。

克伦威尔的儿子理查德（Richard）成为护国公，此次继承表面上进行得一帆风顺。然而，理查德缺乏他父亲的精力和权力感。更糟糕的是，他对军队没有任何控制力。结果是一系列几近荒谬的事件。1659年1月，议会召开，逐渐着手剥夺军队的权力。眼看着这一切即将发生，军队迫使理查德·克伦威尔解散议会。之后，军队决定重新召集"尾闾议会"，讽刺的是，正是他们自己于1653年遣散了它。当"尾闾议会"召开时，事实证明，它不再能使军方满意。被其毫无结果的辩论激怒了的军队在10月第二次抛弃了"尾闾议会"，并建立了自己的临时政府。

伦敦的军队没有预料到的是，它在苏格兰、爱尔兰和约克郡的弟兄们会支持"尾闾议会"。结果，军方被迫解散了其临时政府，12月24日，"尾闾议会"再次召开。与此同时，率领在苏格兰的军队的乔治·蒙克将军（General George Monck）挥师南下。三周后，他意识到局势已完全陷入僵局。"尾闾议会"不得人心，军队四分五裂。在愈演愈烈的混乱中，他得出的结论是，唯一的选择就是把时钟完全倒转回去。1660年2月21日，1648年被军队扫地出门的议会成员被允许重新就职。他们曾经因为对保皇派持温和的同情态度而被排除在外，他们的回归，或者更确切地说，他们中那些还活着的人的回归，意味着共和派肯定会在投票中被击败。3月16日，于1641年首次召开（它由此获得了这一称呼）的"长期议会"宣布解散。近二十年的政治和立宪骚乱走到了终点。

在此之后，那些经历过这一切的人一定会扪心自问，如果有什么收获的话，它们到底会是什么？战争的主要原因之一一直是皇室利用特权征税，这反映了如何支付政府费用的核心问题。在这方面，什么也没有改变。税收一直很沉重，远远超过了查理一世亲政时期的水平。然而，共和国和受保护国的生存状态与前两个斯图亚特国王如出一辙，只能勉强维持生计，背负着一大堆的未偿债务。

那宗教呢？这个至少表面上曾经达成一致的地方，现在却四分五裂。在那些令人兴奋的岁月里，男男女女们真的相信自己正经历着《启示录》中所描述的激变性冲突，其中有奇异的怪物出没，天空中充满了神迹和预兆。但到了1660年，这一切都化为乌有，因为预言的一切都没有真正实现。基督和他的圣徒们都没有来宣布对其王国的权利。人们被多年的宗教争论弄得筋疲力尽，国民的情绪急剧转向一种更有序、较安静的信仰和虔诚。

1642年，坐在下议院中的士绅和律师认为，君主制通过特权统治对其财产造成了威胁。到1660年，与来自下层的多头怪物——质疑财产、等级和地位的各派别——的愤怒相比，王室的这些侵犯行为势必就显得无伤大雅了。宗教改革后，英国一直是国王与拥有财产的阶级互为联盟，分享政治权力。君主政体现在被视为使这一局面得以延续、来自下层的威胁得以遏制的唯一保证。现在，这个国家已经准备对前二十年发生过的所有一切做出强烈反应。管理阶层将与国王和解，因为这是确保其对国家统治权的唯一途径。这一观点将一直盛行到维多利亚时代，那时的改革者们将重新发现克伦威尔时代遗留下来的丰富思想，重新激活这些思想，以证明新兴的中产阶级最终分享政治权力的要求是合理的。

第四十一章　探索稳定

1660年5月29日,一支华丽壮观的行进队伍逼近伦敦城。打头的是十几辆镀金马车,它们在穿着银色紧身上衣的马夫的护送下颠簸向前。紧随其后的是一千名士兵,然后是身佩金色饰带的市治安官,以及身穿黑色天鹅绒和金色衣服的号手。在它迫近之时,一个在一支总共约有两万人的似乎永远也走不完的骑兵队伍簇拥下的人显得尤为突出,他就是查理二世,这天是他三十岁的生日。查理身材颀长,发色暗黑,五官阴沉,装束严肃,只有帽子上飘拂的深红色羽毛略显张扬,他"以空前庄严的姿态"向人们举着那顶帽子。游行队伍花了七个小时才穿过伦敦的街道,到达白厅宫。日记作者约翰·伊夫林（John Evelyn）站在滨海街上看着它经过,他写道:"……这是上帝的行为,自犹太人从巴比伦的囚禁中回来算起,这样的光复在古代或现代的任何历史中都没有提到过。"

但并不是所有在场的人都和他一样欣喜若狂。"神降罪于所有国王",当国王骑马经过时,一个女人喊道。

这个反对的声音反映了现实,而此现实也反映在国王向在白厅宫中等待的那群摇尾乞怜的贵族所作的评论中:"我疑心缺席这么久是我本人的过错,因为我看到没有一个人不坚决地表示说他一向希望我能回来。"事实的真相是,查理二世的回归是重新建立均衡态势的最后尝试,这一次要回溯到1642年,人们力图将过去的十八年时间一笔勾销,这十八年中,无论是发生的事件还是思想观念而言都极其混乱。没过多久,人们就意识到这项任务是不可能完成的。共和主义,特别是宗教激进主义,是无法被完全清除干净的。它们要么转入了地下，要么不得不被容忍（无论是在系统内还是在系统外）。尽管如此，在经历了多年的无政府状态、混乱和专制统治之后，士绅阶层对和平与社会秩序的根深蒂固的渴望，使表面上的稳定借助所谓的"复位和解"（Restoration Settlement）得以实现。但这种稳定极其脆弱，以至于不到十年，国王同议会就再次陷入严重的争执，这与引发内战的那次交锋有很多相似之处。

但在1660年，国王、政府和社会精英联合起来重申他们对政治权力的掌控。君主制的特点再一次成为确保其成功的重要因素。查理二世平易近人，这在斯图亚特王朝中是个例外，而这种平易近人曾使都铎王朝深受人民爱戴。查理二世是个和蔼可亲、迷人随和的男子，十分好色（因为他将拥有一连串声名狼藉的情妇），热爱美好生活，渴望永远不再流亡。虽然他很懒散，但在政治上却很精明（尽管有些愤世嫉俗），对人有敏锐的判断力。然而，在他的表面下却隐藏着更神秘的想法，它们只会在统治进行到一定时期时才会浮出水面。人们不可能知道它们在一开始时是怎样的存在。在流放期间，查理在法国度过了一段时间，在那里，路易十四（Louis XIV）以说一不二的君主身份统治着西欧最伟大的国家。他最著名的言论总结了这一地位："L'etatc'estmoi"，意思是"我即国家"。确保他的意志得到执行的是一个由拿薪水的皇家官员组成的庞大官僚机构和一支强大的军队。路易的专制统治体现在他位于凡尔赛的宏伟宫廷中，与之相伴随的是对天主教信仰的坚定不移的忠诚。查理钦佩他的法国堂兄，赞赏那种制度。他的姊妹亨丽埃塔很快就要嫁给路易的兄弟了。相形之下，查理发现自己统治的国家是在他那个时代的欧洲的一个例外（荷兰除外），其官员是无薪资的业余人士，国家没有足够的常备军，王室一穷二白，国民不是只有一种信仰，而是有很多种信仰，在这里，议会依旧存在，使政府的治理无法有效进行。

但为了重新夺回王位，查理必须接受这些限制，继续推进那些构成"复位和解"的法案。这将是他的头两届议会的主要工作，它们一个是1660年4月召集的"公约议会"（Convention Parliament），正是它邀请了他回归。另一个是1661年5月召集的"骑士议会"（Cavalier Parliament），它将在查理二世统治的大部分时间里存在，其超过一半的成员都曾为保皇派事业而战，或因之而饱受折磨。查理与议会携手打造了和解局面，或者更确切地说，未能最终达成和解。

议会通过的许多法案既务实又谨慎，例如，一些法案承认了王室空位期间法律裁决的有效性，或是赦免了所有共和派（真正的弑君者除外），但在更广泛的问题上，这些法案是失败的。近二十年来一直扮演着行政部门角色的议会现在又恢复了过去的咨询职能，再次由上院和下院组成。但过去十八年的经验不会那么轻易地被忘记，其作为政府的有一定组织性的反对者的观念最终将会在我们现代政党的前身中重新出现。向1642年回望意味着所有那些国王与议会为之争执不休的悬而未决的灰色地带的回归。王室特权又恢复了，包括执行外交政策、控制行政、为国家安全采取行动以及使议会休会或解散议会的权力。只有一项规定召集议会的间隔不得超过三年的《三年法案》才会对在没有议会期间施政的君主施加一些制约，但到了查理统治的最后几年，他甚至能够置此法案于不顾。

经济解决方案也没有好到哪里去。事实上，财政一直是导致内战的主要原因之一，议会没有意识到，政府需要花钱。尽管议会现在评估了这一成本，但仍未能满足其需求。即使加上旧有的国内货物税和新增的每个家庭都要支付的壁炉税（hearth tax），其数额仍然远远低于所需。事实上，议会害怕让国王在财政上独立，因为这会削弱议会自身的权力。其结果是债款激增，最终迫使查理不得不秘密地从路易十四那里领取年金，这也就意味着英国在欧洲地位的削弱。

国王和议会联合起来促成了新模范军的解散，担心它是激进社会思想的温床。但它被一种不合时宜的做法所取代，即回归到由地方招募的掌握在士绅手中的民兵组织，这是一种彻底过时的保卫国土的方式。由于一场不大的叛乱，议会勉强同意组建一支规模较小的常备军，但与法国的军事机器相比，它显得微不足道。

宗教仍然是最棘手的问题。国王自己的观点是自由的，他急于达成一项妥协，好让那些长老会教徒（他们对他的回归功不可没）在复兴的英格兰教会中得到接纳。结果他又一次失败了。长老会教徒和圣公会教徒无法达成一致,全国各地对古老的圣公会崇拜形式的忠诚如潮水般再次出现。充斥着保皇派圣公会教徒的"骑士议会"通过了一项《统一条例》(Act of Uniformity),重新引入《公祷书》。所有拒绝遵守这一条例的教士都将被剥夺俸禄。结果,有九百多人离开了。他们加入了不同教派,为了反对这些教派,议会通过了一系列法案,以国王的首席大臣克拉伦登伯爵(Earl of Clarendon)的名字命名,即《克拉伦登法典》(Clarendon Code)。这个宗教解决方案与1642年的没有任何相似之处。人们首次意识到,本国的新教内部存在官方分歧。尽管较为宽容的主教们努力想将长老会教徒留在教会,或对他们的回归持开放态度,但一个新的宗教下层阶级还是被造就了出来,它加入了天主教徒的行列,受到迫害、骚扰和社会排斥,如被排除在所有公职和大学之外。

通过这种方式,地位较高的士绅们重新确立了其作为王权与人民之间的调解人的固有地位,重新扮演起他们的惯常角色,在各郡担任无偿的政府公职人员,是维持和平与秩序、执行司法和控制民兵的官员。作为回报,除了为当地社区争取到了特权外,他们还在宫廷中获得了荣誉、职务和优待。但这是一个什么样的社会呢?1660年后的英格兰同样无法回到过去,因为国家即将进入重大变革时期,此变革将使其与17世纪30年代的英格兰相比不可同日而语。

这种变化在很大程度上源于所谓的"商业革命"(Commercial Revolution),这场革命的影响远比复辟本身大得多。它带来的新繁荣主要建立在《航海法案》(Navigation Acts)的基础上,该法案限制外国船只进入在英联邦时期得到了恢复的英国港口。到17世纪60年代末,英国迅速发展起欧洲最大的商船队,并逐渐成为欧洲大陆的"entrepôt",即转口贸易中心。发展中的北美和西印度殖民地的农产品,以及来自东方,特别是印度的农产品,被带到英国,以换取本土产品。进口的商品随后再出口到欧洲各地。金属和纺织品被出口到非洲以换取奴隶,这些奴隶被带到巴巴多斯或牙买加,在种植园劳作,而种植园的糖又被运到英国。美国的殖民地弗吉尼亚和马里兰生产烟草,这些烟草又通过英国进行贸易。布业也将在小亚细亚、西班牙、葡萄牙以及它们在新大陆的殖民地寻找新的市场。在世纪即将结束之际，在资本资源和潜在投资方面，西欧没有任何一个国家能与英国匹敌。商人和诸如东印度（East India）、皇家非洲（Royal African）和黎凡特（Levant）等大贸易公司的财富惊人。到17世纪80年代，仅布匹就占全国出口的六成左右，这在1600年是不可想象的。

在农村，生产活动有所增加。农业生产方式得到改进，以满足发展中城镇对鲜肉、蔬菜和水果供应的需要。煤炭工业大规模扩张，也是为了满足城镇居民家庭取暖的需求。来自国外的新教难民带来了新的技能和技术，这不仅扩大了纺织品的范围，还引入了全新的制造领域：瓷器、花边、丝绸、细亚麻布、钟表和乐器制造。

即使是那些被认为是"穷人"的人，很快也发现他们的鞋子上有扣环，帽子上有缎带。17世纪晚期，大多数阶级的生活水平都稳步提高。英国迅速发展成为一个消费社会，国内市场大幅增长，拥有舒适生活并可以追随时尚的人比以往任何时候都多。结果，社会金字塔变平了。尽管查理二世封了四十个新贵族，但大约一半的土地属于士绅阶层，这些阶层的数量成倍增加，包括"城市士绅"（urban gentry）等新形式。作为一个阶级，他们的阶层分化更加严重，位于最上层的是准男爵（baronets），这是詹姆斯一世于1611年引入的爵位，他意识到需要一个介于领主与骑士之间的新爵位。准男爵之后是骑士，然后是无贵族头衔的绅士，就土地而言，其中一些人比他们有贵族头衔的上司要富有得多。

对未来更重要的是出现了更清晰的职业形式：法律、医学、军队、教会、宗教和教育。那些毕生为政府服务的人，即后来被称为"公务员"（Civil Servants）的人，第一次作为一个可识别的群体出现，如著名的日记作者塞缪尔·佩皮斯（Samuel Pepys）。此外，音乐家、画家、建筑师甚至文人也获得了新的地位。所有这些职业都成为社会下层提升地位的途径。它们的到来是一个需要其所能提供的服务的更加复杂、文化程度更高的社会的反映。如果我们把社会阶梯往下移动一个级，就会看到"中等阶层"——工匠、商店和客栈老板——也同样在迅速生长，生动地反映了"商业革命"的现实，即所有人都在新发现的繁荣中分得了一杯羹。

所有人，也就是说，最初王室除外。随着17世纪60年代的推进，政府的地位不断恶化。英格兰在外交政策方面捉襟见肘。与荷兰的战争在1665年和1672年再次爆发，但没有取得真正的胜利。接着是1665年的大瘟疫（14世纪黑死病的最后一次重演），造成数千人死亡，次年的伦敦大火（Great Fire of London）实际上摧毁了整个城市。在英国商业高歌猛进的背景下，其主要敌人是荷兰，所以摧毁他们是所有外交政策的首要目标。1670年，查理签署了秘而不宣的《多佛条约》（Treaty of Dover），这是他与法国签署的一系列条约中的第一个，据此他成了路易十四的年金领取者（尽管是有节制的），用条约的话说，条约志在共同致力于"灭掉荷兰议会（The States General）的威风"。在1670年，几乎没有人能预见到，在不到二十年的时间里，法国将在长达一个多世纪的权力斗争中成为英国的敌人。未对外宣告的部分是对天主教徒的宽容和查理自己对天主教的皈依。没人能准确地解释国王这样做的动机，甚至路易十四也有所保留。事实上，查理直到临终前才改变了信仰。

这种外交政策与一种与日俱增的反法情绪以及对王后、国王的情妇和一些大臣在宫廷中标榜天主教的敌意背道而驰。议会对这一切越来越怀疑。1672年，作为缓解天主教徒处境的一步，国王颁布了《宽赦宣言》（Declaration of Indulgence），停用了相关刑法，包括针对所有非圣公会教徒的臭名昭著的《克拉伦登法典》，允许天主教徒在私人场所举行仪式，允许持异议的新教徒在许可的地方进行礼拜。"骑士议会"中的圣公会保皇派的反应是如此强烈，以至于他们在第二年开会时，威胁要削减皇家财政。国王被迫撤回了《宣言》。议会随后通过了《宣誓法案》，规定任何担任公职的人都必须对现有教会宣誓效忠，确认自己对天主教的憎恶。这不仅导致了大批天主教徒的离职，还揭露出国王的弟弟，约克公爵詹姆斯，已皈依了天主教。由于查理的妻子，葡萄牙天主教徒布拉干萨的凯瑟琳（Catherine of Braganza）不能生育，詹姆斯成了王位继承人。尽管天主教徒仅占人口的百分之一，但恐惧的扭曲作用使人们普遍相信，宫廷里发生的事情是某种国际阴谋的一部分，目的是使整个国家改变信仰（在必要时还会诉诸武力），并引入法式统治。

正是这种"温室阴谋"的气氛，为那些炮制所谓的"天主教阴谋"（Popish Plot）的人提供了肥沃的土壤。这样的阴谋从来没有在其炮制者的头脑外存在过，这位炮制者是一位阴险狡诈的前圣公会牧师，名叫提图斯·奥茨（Titus Oates）。他的这一幻想的政治后果是令人惊骇的，因为它们唤醒了英国人对天主教的全面的、非理性的恐惧意识，这种恐惧要追溯到玛丽统治时期的焚烧异教徒之举，进而追溯到无敌舰队和"火药阴谋"，再到国王的父亲与罗马法庭的交易导致的恐惧。奥茨与另一个声名狼藉的神职人员伊斯雷尔·汤奇（Israel Tonge）沆瀣一气，联手编造了一个阴谋的诸多细节，包括放火烧毁伦敦城、英格兰被法国和爱尔兰军队入侵（他们将杀死任何拒绝皈依的人）以及谋杀国王好让其信仰天主教的弟弟登上王位。这两个阴谋者声称，整个计划都是由教皇资助，是在耶稣会的支持下策划的。

查理二世和政府中的许多人从一开始就意识到，这一切纯属幻想，事实上，要不是命运的两次打击，它不会带来任何结果。奥茨曾向地方法官埃德蒙·戈弗雷爵士（Sir Edmund Godfrey）发誓说他的故事是真实的，而爵士被一把剑刺死了，民众立即将其死因归咎于耶稣会。接下来，约克公爵的前秘书发现了一些信件，这些信件表示期待詹姆斯登基后天主教的复兴。不幸的是，那个人的名字也在奥茨开列的阴谋参与者的名单中。

再没有比这两件事同时发生更具灾难性的了，因为它们似乎证实了奥茨和汤奇所描述的事实。"天主教阴谋"引发了大规模的反天主教的歇斯底里，导致沙夫茨伯里伯爵（Earl of Shaftesbury）发起的将约克公爵排除在继承权之外的运动。这反过来又加速了议会中可辨认的党派的出现。政府已经培养了一个同情其利益的"法院"党来对抗其反对党，一个由绅士组成的松散联盟，名为"乡村"党。但现在，面对危机，这些组织将变得强硬，并获得更明确的界限，拥有了名称：托利党（Tories），即那些视皇冠为神圣不容侵犯的圣公会教徒，以及辉格党（Whigs），他们认为君主出自人们的信任，如果允许一个天主教徒即位，就是对君主的背叛。

1679年到1681年的主宰事件被称为"废黜危机"（Exclusion Crisis）。如果沙夫茨伯里和辉格党获胜，就意味着议会可以决定王位的继承权，实际建立起一种选举君主制形式。它也暗示了对帝王权力的限制。1679年，当"骑士议会"召开时，它开始攻击国王的首席大臣丹比伯爵（Earl of Danby）。查理对此大举进攻的应对措施是解散议会，然后召集新的议会。这一行动是他最大的错误，因为在反天主教情绪高涨的情况下，原议会卷土重来，成功当选。在三年的时间里，查理靠着他军械库中唯一的武器——皇家特权——抵挡着议会的攻击，根据这一特权，他有权使议会休会或解散议会。每当议会即将通过《排除法案》（Exclusion Act）时，就会发生这样的事情。此外，他试图通过邀请尽可能多的辉格党人加入政府来削弱反对派。第三次也是最后一次驱逐詹姆斯的行动是特意在保皇派位于牛津的大本营召开议会。不到一周时间，国王就解散了它，并且议会在他有生之年再未召开过。

　　国王表面上取得了胜利，但这次交锋将留下一个重要的遗产。这场斗争使有一定规模的组织得以兴起，它进而形成了一个政党。辉格党有其领袖沙夫茨伯里，他和一个委员会运筹帷幄，不仅组织了在大都会的宣传活动，还组织了在各郡的宣传活动。该联盟遍布全国，着手确保或多或少支持其政治纲领的成员当选。对托利党来说，皇室特权是神圣的，在他们看来，君权是至高无上的，国王身份来自上帝，而不是人民，人民的唯一角色是服从，或者至多是被动地反抗。对于辉格党来说则相反，君权取决于人民（他们指的是大约20万有投票权的成年男性），它依赖于体现为统治者与被统治者之间达成的契约或协议的最终赞同手段。如果这个协议被违反，那么人民就有权反抗。

　　由于商业的繁荣、法国年金的更新以及财政部的改革，皇家财政第一次获得了前所未有的独立，所以这种充满挑战的思想骚动暂时停止了。许多辉格党人流亡国外。事实上，沙夫茨伯里本人逃到了荷兰，并将死在那里。与此同时，英格兰的君主制彻底走上了许多人担心的道路。

第四十二章　意想不到的革命

1685年2月6日早晨，查理二世去世，留下十四个私生子，都是他与那些纵情声色的情妇的后代，但他的妻子没有诞下继承人。他的晚年见证了君主制的复兴。尽管必须每三年内就要召集一次议会，但1684年并没有举行议会，也没有人对此提出抗议。前一年，一些极端的辉格党人参与了一起阴谋，即"黑麦屋阴谋"（Rye House Plot），计划暗杀王室兄弟二人，这引发了另一波效忠国王的浪潮。几乎没有迹象表明，约克公爵詹姆斯继承王位会标志着任何重大的方向转变。事实上，不得不召集起来为国王在位期间的财政投票的议会成员几乎是清一色的托利党人。

然而，詹姆斯二世（James II）的性格与他的兄弟截然不同。查理是黑发，詹姆斯是金发。查理具有讨人喜欢的平易近人的气质，而詹姆斯却缺乏热情，流露出一种冷若冰霜的帝王的傲慢。在他的肖像画中，他俯视着观众，而不是朝外看向观众。作为一名军人和海军大臣（Lord High Admiral），他信奉铁腕纪律，而部下的首要任务就是无条件地服从。此外，他还与父亲一样坚信国王的神圣性。在担任约克公爵期间，他娶了克拉伦登伯爵的女儿安妮·海德（Anne Hyde）为妻，她为他生了两个女儿，玛丽（Mary）和安妮（Anne）。她们都被培养成了新教徒，但她们的母亲在去世的前一年却成了天主教徒，不久后，她的丈夫也皈依了天主教。这件事曝光后，引发了"废黜危机"。詹姆斯最终让路易十四为他挑选了一个新娘，一个信仰天主教的意大利公主摩德纳的玛丽（Mary of Modena）。

詹姆斯对天主教事业的公然承诺将导致他的覆灭。如果他仍是圣公会教徒，历史就会朝着不同的方向前进，因为一个与英格兰教会和各郡保皇的托利党紧密结盟的君主政体很可能会成功地沿着法国君主政体的路线将英国转变为一个专制国家。但这种转变所依赖的支持因詹姆斯的宗教承诺而逐渐被他蚀毁了。令人惊讶的是，他居然能将自己的政策推行到如此地步，直到1688年春天，事情才到了紧要关头。这一延迟的原因是害怕，害怕1642年后的岁月重演。1660年，作为维持社会秩序和确保拥有土地的士绅阶层掌握权力的唯一手段，君主制重新回归。直到詹姆斯无情地陆续将士绅们赶下官位，代之以天主教徒和非国教徒，这一符咒才被打破。

国王的首要思想是：如何让英格兰成为天主教徒的安身立命之所，以及从长远来看，如何让整个国家重新皈依罗马。要让事情朝这个方向发展，需要非凡的机智和耐心。不幸的是，国王两样都没有。更有甚者，就在"天主教阴谋"发生后仅五年，反天主教思想经历了一次最疯狂的非理性爆发。在法国，路易十四为了建立一个纯粹的天主教国家而驱逐了五十万新教徒。其中的很多人来到英格兰，他们不仅带来了受人欢迎的商业技巧，还增加了人们的恐惧：如果詹姆斯采取类似的政策，那将会发生什么。

为了实现其目标，詹姆斯必须确保自己选出的候选人不仅能控制中央和地方政府，还将被选入议会。王室的渗透过程在查理二世晚年就已经开始了，但在詹姆斯治下明显加速。这种政策是一种走向极权统治的举动，同时也将英格兰教会从其特权地位上拉下马来。此外，为了实现他的宗教目标，这意味着要把将他推上王位的那些人——托利党圣公会保皇派——赶下台。詹姆斯的短视是致命的。

起初他运气不错。1685年，查理二世的私生子蒙茅斯公爵詹姆斯（James, Duke of Monmouth）声称自己有权继承王位，被衰落的辉格党人当作理想的王位候选人。他在西南部登陆，吸引了一大批惧怕国王的教皇主义的追随者。尽管蒙茅斯攻下了汤顿（Taunton），但政府将军队规模扩大了一倍，并在塞奇莫尔（Sedgemoor）击溃了叛军。他们被残忍地镇压，蒙茅斯被处决。这场胜利被詹姆斯解读为"上帝的审判"。

军队并没有散去，而是继续保留了下来。总共有两万人。一支庞大的常备军是所有专制君主的主要支柱之一,它的继续存在引发了一种惶恐的不安感。如果国王不曾豁免其六十余名天主教徒军官,使之不用服从禁止天主教徒担任王室职务的《宣誓法案》,这种不安感可能就会消失。一次,那一豁免权被交付法庭审判。为了应对这些突发事件,詹姆斯延续了他哥哥的政策,即撤除所有违背王室意愿的法官。结果,国王打赢了官司,但每个人都清楚,法律被扭曲了。

渐渐地,中央政府开始清除温和派,引入信仰天主教的大臣和顾问。对人们来说,在白厅宫建造一座宏伟壮观的天主教教堂——国王和王后都大摆阵仗地前去听弥撒——似乎一定是相当令人震惊的。在此之前,斯图亚特王朝的王后们的天主教礼拜堂都是谨小慎微、秘而不宣的所在。如今,天主教信仰以其巴洛克式的华丽色彩成为宫廷生活的中心。尽管查理二世试图利用他的皇家豁免权为天主教徒和非国教徒带来宗教宽容,但他失败了。詹姆斯二世将更频繁地使用这种权力来精准地达到这一目的。1686年,他禁止神职人员在布道时涉及任何有争议或煽动性的内容,他指的是任何攻击不信仰英格兰教会者的内容。当一位牧师违背了这一规定时,伦敦主教亨利·康普顿(Henry Compton)拒绝让他停职。国王成立了一个专门处理教会案件的委员会,它让两者都停了职。詹姆斯相信,教会现在沉默了下来,会继续自己的角色,在讲坛上宣讲对王权的服从。

在把天主教徒引入军队和中央政府后,詹姆斯的下一步行动是把他们往地方安置。1687年1月,五百名新的治安法官得到任命,其中超过六成是天主教徒。国王再一次利用他的豁免权,免除了天主教徒向国教宣誓效忠的义务。三个月后,他发表了一项《宽赦宣言》,中止了针对天主教徒和非国教徒的刑法和《宣誓法案》。越来越多的人惊恐地看着事态的发展,但没有迹象表明存在有组织的反抗。

国王曾声明,他将获得议会对《宽赦宣言》的批准,这意味着他必须确保绝大多数议员会投赞成票。要做到这一点,不仅需要对地方政府进行清洗,还需要对城镇进行清洗。到1688年3月,约有一千两百人被撤职,取而代之的是天主教徒和非国教徒。然而,仍然没有公开反对的迹象。国王将此解读为默许，但它实际上是种疏离。这意味着，如果出现某种挑战，不管发起者是谁，它都可以依赖不会站出来为国王辩护的多数人的消极态度。

对国王的服从和不反抗是托利党的信条之一。詹姆斯已失去了他们的支持。他已冒犯了那些本会支持他掌权的人。通过《宽赦宣言》，英格兰教会将被降至一个竞争性宗派的层面。更糟糕的是，詹姆斯解散了君主制与英格兰教会的联盟，转而求助于教会之外的人，即天主教徒和非国教徒。他利用其解散议会的权力，使议会的权力削弱到了似乎无关紧要的程度。在全国范围内，英联邦统治时期的情形又一次重演：各郡中许多最有权势的人，如骑士和准男爵，过去有骑士身份的士绅，都被淘汰，取而代之的是通常社会地位较低下的天主教徒和非国教徒。

扭转局势的一切因素都已到位，但还没有人想到要取代国王。他的妻子，摩德纳的玛丽，一直没有子嗣，他的继承人是他的长女玛丽，一个坚定的圣公会教徒，她已嫁给了荷兰新教统治者奥兰治的威廉（William of Orange）。1688年春，没人能预料到詹姆斯会在年底逃走，而威廉和玛丽会取代他成为联合君主。当英国贵族成员开始向威廉示好，要求其干涉时，没有人会想到这一点。

请威廉干涉的要求在这年夏天达到高潮。4月，国王发布了第二次《宽赦宣言》。以坎特伯雷大主教威廉·桑克罗夫特（William Sancroft）为首的七位主教，拒绝命令他们的神职人员在讲坛上宣读《宽赦宣言》，并进而质疑其合法性。国王于6月8日下令逮捕他们。他们接受了审判，于6月30日被宣告无罪。作为新教堡垒的伦敦城欣喜若狂。当天晚上，奥兰治的威廉收到一封正式的请柬，要求他入侵这个国家。即使在那时，贵族中真正签名的人也少得惊人。6月10日，一位威尔士亲王的出生也促成了这封信的诞生。人们第一次清楚地意识到，詹姆斯的统治将不是一种异常现象，他可能成为大不列颠天主教国王中的第一人。

在海峡对岸的荷兰，一支庞大的军队和舰队开始集结。直到8月中旬，詹姆斯和他的大臣们才意识到，这支舰队会驶向英格兰。他们认为它是在为荷兰与路易十四的斗争的下一阶段做准备。从某种意义上说，他们是对的，威廉对英格兰的兴趣正是出于这样一种需要：让英国去扮演查理和詹姆斯都曾弃置的角色，领导欧洲对抗法国。威廉在 9 月 30 日的宣言中列出了他进行干预的理由，而在这些公开的理由背后是那不成文的设想：他需要让英国的财富和权力成为联盟的一部分。威廉开列出的理由里包括去除"邪恶的顾问们"，即天主教徒，重新引入《宣誓法案》，解决不信奉国教的问题，最重要的是，选举自由且合法的议会。在这些理由中，有一项声明暗示，改朝换代已势在必行。在没有任何可信证据的情况下，襁褓中的威尔士亲王被宣布为冒名顶替者，是被偷偷带入王后卧室的。

英格兰终于陷入了恐慌，但为时已晚。在整个秋季的几个月里，在一些离奇事件发生的全部时间里，幸运几乎一直站在威廉一边。詹姆斯拒绝了法国人的帮助，法国人完全错误地判断了形势，因而坐视他们的年金领取者丧失王位，将其传给了他们最致命的敌人。詹姆斯也相信，威廉永远不会攻击自己的岳父，更不用说在冬季来临的动荡岁月里派遣一支军队和一支舰队横渡英吉利海峡了。所以，直到 9 月底，国王才接受了英国将被入侵的事实。其结果是仓促做出让步。诸如教会委员会之类的东西被废除了，通过新章程获得城镇控制权的运动也被扔进了大熔炉，甚至连举行普选的令状也突然撤销了。政府已经失去了勇气，这是致命的，因为国王仍然大权在握。尽管军队中有些人叛逃了，但其大部分仍然完好无损。各地也没有任何公开叛乱的迹象。

由于天气原因，入侵被推迟了。其最初的意图是在约克登陆，然后向南挺进，但舰队却在西南部的托贝（Torbay）登陆。与此同时，皇家军队已向索尔兹伯里挺进。但詹姆斯并没有带领军队径直投入战斗，而是拖延不前，促成部队进一步地倒戈。三年前还认为上帝站在自己一边的国王现在崩溃了。由于鼻子流血严重，他的身体受到严重伤害，情绪低落的他未经战斗就返回了伦敦。结果是一场灾难。

回来后，詹姆斯得知他的二女儿安妮已背弃了他。他派专员与威廉交涉，后者要求免除所有天主教徒的职务，并要求国王召集自由议会。与此同时，詹姆斯的思绪转向了逃跑。他的王后和儿子先成功地逃走了，然后在 12

11日，他通过一条秘密通道逃离白厅，前往海岸，在那里他被认出并护送回伦敦，而伦敦此时已经向威廉敞开了大门。詹姆斯拒绝了所有的提议，被护送到了罗切斯特（Rochester）。12月22日，他第二次尝试逃离这个国度，这次成功了，主要是因为在威廉的纵容下，没有人试图阻止他。奥兰治的威廉还不是国王，也没有人提及此事，但詹姆斯一走，便只有他一个人掌握着可确保生命和财产稳定的所有牌。简而言之，英格兰自1066年以来第二次被外国军队征服。这次的征服不同之处在于，是一次没有流血的胜利。

随后仓促举行了选举，复辟前的事件在许多方面重演。又一次出现了"公约议会"，因为没有君主对之进行召集。议会于1月22日召开会议，当时辉格党和托利党都在讨论国王逃亡的影响。对暴力和叛乱的恐惧再次成为接下来的核心问题。没有人希望17世纪50年代的重演。问题是如何使威廉借助武力夺取的权力合法化。2月6日，议会投票同意，王位现已空出，国王因逃亡而退位。辉格党自"废黜危机"时期的论点现在重新浮现。一位天主教国王和他的继承人被排除在外，议会将王位共同授予玛丽和威廉，尽管除非凭借他的婚姻和军事胜利，否则威廉没有任何资格当这个国王。事到如今，威廉已非王位不可。新国王和王后作为国家摆脱教皇制和专制统治的救世主被介绍给国民。

政权的这一兵不血刃的变化不仅是由于詹姆斯未能去战斗，也是因为圣公会托利党士绅的缄默，他们也许并不欢迎一位外国国王，但肯定将其视为保证他们继续掌握政治权力的唯一选择。统治精英在1660年重新确立了自己的地位。他们在1688年再次重申了它。它将在将近一个半世纪的时间里不会受到强烈的攻击，尽管在事实上，1688年也标志着詹姆斯党人（Jacobite）威胁的开始。陪同奥兰治的威廉入侵英格兰的索尔兹伯里主教吉尔伯特·伯内特（Gilbert Burnet）正确地将这一事件称为"意想不到的革命"。

第四十三章　强国的诞生

威廉三世（William Ⅲ）从来就不是一个受人欢迎的国王。他性格冷淡孤僻，举止僵硬拘谨，没有任何使他的新臣民爱戴的特点。但他是一位令人敬畏的政治家和将领，正是他的这些特点把他带到了英格兰。威廉会从欧洲的角度看待这个岛国，他将改变它的地位。自从伊丽莎白一世对西班牙的战争以来，英国还没有在欧洲政治中扮演过如此重要的角色。在查理二世的统治下，国家被降为法国的附属国。在詹姆斯二世统治时期，它选择了孤立主义。现在这一切都将改变，因为有着巨大的商业、金融和海上资源的英格兰将在对抗法国的"大同盟"（Grand Alliance）中发挥一己之力，旨在遏制法国的扩张政策，恢复力量的平衡，即没有一个国家凌驾于其他国家之上的状态。这场战争最初被视为一项势在必行的短期之事。没有人想到它会包括两场大型战争和为期十九年的大规模对抗；也没有人想到，英国会从中崛起为世界强国。

这场战争成为直到18世纪还对英国有所影响的改变契机的两个事件之一。另一个是革命性解决方案本身。这一解决方案从根本上改变了王权的本质。威廉之所以能登上王位，是因为他是那位正当合法的女王的丈夫，而她之所以能掌权，部分原因是别无选择。他们共同执政，但实际上权力掌握在威廉手中。正如一位同时期的人观察到的："在我看来，今日之事将导致英格兰君主制的毁灭，因为我们已经使国王可通过选举产生。"威廉从不承认他的地位与他的前任有任何不同，但事实上是不同的。议会通过的《权利法案》（Bill of Rights）表明君主制政体的存在是有条件的。王室中止议会的权力被宣布无效。在和平时期，未经议会同意，国王不再能保留常备军。从此以后，所有天主教徒都被排除在王位继承权之外。任何希望革命能使英格兰教会更具包容性的愿景都以失败告终，就像它们在1660年一样。1689年5月通过的《容忍法案》（Toleration Bill）仅为非国教者提供了有限的信仰自由，但没有采取丝毫措施去改变他们作为二等公民的地位。

研究辉格党历程的历史学家们在回顾过去时认为，1688年是有限议会君主制发展过程中的一个里程碑。然而，令人震惊的是，变化微乎其微。君主与政府仍然密不可分。大臣们继续由君主挑选和任命。事实上，大臣们只有在得到王室青睐的情况下才能继续执政。他们还依赖于议会中那些得到国王庇护的人的支持。国王拥有大量可随意支配的官职、年金和其他津贴，直至19世纪，情况都是如此。国王对外交政策的控制实际上一直都未受到质疑。

这两场战争跨越了两个国王统治时期，但与早期不同的是，新君主的登基并没有预示着政策的改变。威廉和玛丽没有子嗣，1702年威廉去世后，王位传给了他的妻妹安妮。她时年三十七岁，身体结实，心胸狭窄，痴迷于闲聊和打牌。但她并不缺乏政治敏锐性。她忠于职责和英格兰教会，在人们的眼中，她沐浴在他人成就所折射出的荣耀之中。她和姐夫一样认为王室特权尊贵崇高，坚决抵制任何侵蚀王室特权的企图。

然而，在三十年的时间中，国家被一场战争所左右，这场战争是与自罗马帝国以来欧洲最强大的军事机器的对抗。多达四十万名士兵全副武装，能够在不止一个前线维持战斗。两场战争中的一场是"九年战争"（Nine Years War），从1689年持续到1697年，另一场是"西班牙王位继承战争"（War of the Spanish Succession），从1701年持续到1713年，它们都将削弱法国主宰欧洲的野心，尤其是法国在哈布斯堡帝国的最后一任国王查理二世去世后通过声称对西班牙王位有继承权来称霸欧洲的野心。1688年，路易十四入侵德国，次年年初荷兰对法国宣战，这是德国皇帝、英格兰、萨沃伊和德国的许多州组成"大同盟"的序幕。直到詹姆斯二世入侵爱尔兰，英格兰的热情才被点燃。

詹姆斯二世对爱尔兰的入侵引发了爱尔兰天主教民族主义浪潮，导致长老会教徒为了安全而逃往伦敦德里（Londonderry）和恩尼斯基伦（Enniskillen）。5月，一支英格兰军队解救了伦敦德里，但8月派出的第二支军队却以灾难告终。第二年，威廉亲自率军入侵这个国家，在博因河战役（Battle of the Boyne）中大获全胜。即使如此，他也将花一年多的时间来完成对爱尔兰的重新征服。英格兰人对爱尔兰起义的报复将会留下一笔延续数个世纪的血腥遗产。议会对所有公职人员重新实施了圣公会的《宣誓法案》，结果是所有天主教徒和长老会教徒都被禁止从政。尤其是天主教信徒遭受了残酷的法律惩罚，这实际上把他们从拥有土地的阶级中抹去了。爱尔兰被无情地沦为殖民地附庸国，屈从于一个专制的、信奉爱尔兰教会的、拥有土地的少数族裔的统治。

直到今天，威廉仍然受到北爱尔兰新教徒的崇拜，但对他来说，整个事件只是一个遥远而令人厌烦的附带事件，转移了他在欧洲大陆与法国人展开大战的精力。那里的战场是西属尼德兰（现在的比利时），其模式是每年夏季进行一场由非决定性的战斗和长时间的围城构成的战役。威廉的征战并不是特别成功，但在1695年，他占领了纳慕尔（Namur）。在那之后，路易十四准备和谈，并于1697年签订了里斯维克条约（Treaty of Ryswick）。根据条约，除了斯特拉斯堡（Strasbourg）和阿尔萨斯（Alsace）的一部分，路易放弃了他自1678年以来占领的所有土地。更重要的是，路易承认威廉为国王。

和平没有解决什么问题，因为西班牙王位的继承权仍然是一个悬而未决的问题。在其间的几年中，威廉和路易就应该发生的事情达成了两项协议，即两项《分治条约》（Partition Treaties）。当这两项协议在1700年被公之于众时，民众群情激愤，以致这种愤怒开始侵蚀作为王室特权的外交政策。威廉的受欢迎程度降得更低了。人们对他的长期不在国内、战争的开销和军队的维持都怀有强烈的怨恨。王位继承的不确定性加剧了人们的怨恨，因为在1700年，安妮唯一的儿子去世了。其结果是，在1701年，《继承法》将王位授予了詹姆斯一世的女儿伊丽莎白的后代，即汉诺威选帝侯（Electors of Hanover）。同年，病恹恹的查理二世最终去世，将西班牙王位留给了路易十四的孙子，安茹的腓力（Philip of Anjou）。法国国王立即置两项《分治条约》于不顾，也置承认威廉为国王的认可于不顾，而是在詹姆斯二世死后承认他的儿子为詹姆斯三世（James Ⅲ）。

这在英国激起了重燃战火的渴望，但这次不是由已经度过了其军旅生涯的威廉领导。他任命约翰·丘吉尔（John Churchill）为英军总司令，后者后来成为马尔伯勒公爵（Duke of Marlborough）。威廉不喜欢丘吉尔，尽管他意识到了丘吉尔的潜力。然而，国王没能活着看到战火重燃的那一天，他于1702年初死去，无人爱戴，无人哀悼。丘吉尔多年来一直在幕后观望等待，而新女王的出现（丘吉尔的妻子是她最亲密的心腹）只会使他的声望不断提升。"西班牙王位继承战争"将成为这位才能卓著的士兵指挥英国军队的媒介。这位英俊的男子天生优雅，富有魅力，彬彬有礼，是完美的朝臣。他也有缺点，因为伴随他那些特点的是对私利的冷酷追求和贪得无厌。但他是一位杰出的军事指挥官和战术家，在他的领导下，整个战争进程发生了急剧的变化。丘吉尔信奉作战，着手调动军队，奇袭法国军队，迫使其发起战斗。随之而来的是一系列传奇般的胜利，这使丘吉尔成为欧洲的英雄。1704年，法国军队在布伦海姆（Blenheim）遭遇了两代人以来的首次失败，伤亡两万三千人，一万五千人成为俘虏，其中包括法军元帅。女王封丘吉尔为马尔伯勒公爵，并将伍德斯托克（Woodstock）的皇家庄园赠予他，在庄园上修建了布伦海姆宫（Blenheim Palace）以纪念他的荣耀。

这将是长长一系列胜利中的第一个，继而是1706年的拉米利斯战役（Ramillies），这些胜利导致了西属尼德兰的投降。两年后到来的是奥登纳德（Oudenarde）战役，1709年发生了马尔普拉奎特（Malplaquet）战役。在西班牙，战争进行得不那么顺利，英国人在阿尔曼扎（Almanza）被打败，但那时法国人已经筋疲力尽了。马尔伯勒知道，只有对法国在西班牙、德国、荷兰和意大利的所有边境持续地进行压制，法国才有可能最终瓦解。他一直致力于此，但在所有这些胜利之后，盟军开始争吵，而对马尔伯勒来说，致命的是，国内开始对战争感到厌倦。安妮女王在听到奥登纳德战役的消息时评论道："哦，主哇，这种可怕的流血事件什么时候才能停止？"马尔伯勒因一项莫须有的指控被撤职，和平谈判于1713年4月在乌得勒支（Utrecht）

取得成功。

这是英国历史上的一个转折点，它得益于一位不受欢迎的国王，他确保了英国在欧洲舞台上的重要性。到 1714 年安妮女王去世的那一年，英国享有了自中世纪最伟大的国王时代以来不为人知的国际地位。任何欧洲大国都不能忽视她，英国也再不能对欧洲大陆弃之不顾。在整个 18 世纪，保持力量平衡的确成了英国外交政策的核心内容。这种情况的发生并不完全是由于威廉三世或政客们的心血来潮，而是因为人们越来越意识到英国在欧洲的重要地位，这种意识主要是由媒体的增长带来的。1695 年《许可证法》（Licencing Act）的失效意味着，赞成和反对参与战争的事例都会在印刷品上刊印出来，供每一个受过教育的人阅读，使得公众认识到，英格兰无法再对欧洲袖手旁观，并确信英格兰的商业财富、她的海上力量乃至新教传承都将不会受到威胁。

根据《乌得勒支条约》（Treaty of Utrecht），路易十四受到了有效的制约，实际上，他在一项秘密条款中保证，不再援助流亡的斯图亚特王朝。条约还同意，法国王室与西班牙王室永远不会合并。英国开始有了一些租界：哈德孙湾（Hudson's Bay）、纽芬兰（Newfoundland）、新斯科舍（Nova Scotia）、阿卡迪亚（Arcadia）、圣克里斯托弗（St Christopher）、米诺卡（Minorca）和直布罗陀（Gibraltar），它们开始形成一个新兴帝国。积累起的商业优势，特别是在与西班牙帝国的贸易方面，是巨大的。

两次战争都对国家产生了巨大的影响。两个世纪以来，英国从未经历过类似的事情。自 15 世纪以来，这是英国军队第一次每年都在欧洲大陆进行一场战役。这场战争时间漫长而代价高昂。特别是第二次战争的地理范围是史无前例的，是涉及西班牙、尼德兰、德国、意大利和西印度群岛的军事行动。英国军队在 1706 年至 1711 年的鼎盛时期约有十二万人（不包括军官）。曾令统治阶层惊恐万分的詹姆斯二世的军队只有两万人。在陆军扩张的同时，海军也在扩张，这不仅表现在船只的数量上，而且表现在质量和性能上。到战争结束时，皇家海军已成为欧洲最大最强的海军。两场战争的总成本为一亿四千万英镑，这一事实可以衡量出英国财富增长的一些指数。

如此大规模的战争需要基层民众对国家的支持。只有身处穷乡僻壤的托利党士绅除外,因为辉格党和托利党在外交政策上并没有大的分歧。战争可能是由那位荷兰国王发起的,但随着战争的发展,它们越来越多地表达了一种国民情绪。从此以后,外交政策不仅要得到内阁和议会的支持,而且还要得到国民的支持。当国民的支持减弱时(就像1713年以前那样),就必须改变政策,实现和平。

第四十四章　稳定与变化

那场"意想不到的革命"实际上没有解决任何问题。它带来了长达三十年的政治不稳定,其规模非常之大,以至于人们会惊讶于这竟然没有导致内战的爆发。社会从上到下都陷于分裂,从辉格党到托利党,从王室到国家,一种两极分化因革命而得到了决定性的强化。辉格党人支持所谓的"新教传承"(Protestant Succession),还支持某种宗教宽容,这无疑得到了非国教者的支持。他们坚定地拥护威廉三世的战争政策,认为有必要对抗强大的法国,实现欧洲内部的权力平衡。托利党也由那些被迫接受1689年和解方案的人构成,但他们认为詹姆斯二世是合法的国王,尽管他们对一个天主教徒并不忠诚。他们信奉旧的体制,认为国王是上帝在人间的副统治者,相信教会和国家是个统一体,捍卫英格兰教会的单一主权,不想令其受到任何异教势力的侵蚀。他们也不愿意英国卷入欧洲的战争,因为它会耗尽国家的人力和财力。

即使没有随后的恶化,这种分歧也已经足够尖锐了。战争的压力,加上其对需议会投票决定的持续的资金需求,使得威廉在1694年接受了一项《三年法案》,这意味着议会现在必须每三年改选一次。然而,国王保留了解散议会的权力。因此,在接下来的二十二年里,至少举行了十次普选。选举的狂热刚刚消退,就需要重新启动,因此辉格党和托利党一直处于活跃状态。

1695年,在《许可证法案》失效后,这种永远都处于一种争斗中的感觉更加强烈,由此引发了规模巨大的政治辩论,因为双方都沉浸在一场口水战中。更重要的是报纸的出现。到1700年,已经有了大约二十家报社,这意味着选民对内政和外交事务信息的了解比以往任何时候都清楚。

但到目前为止，还没有完全由一个政党——辉格党或托利党——组成政府的问题。威廉三世和安妮都会认为这是对其王室权力的侵犯，所以一小撮被挑选来代表他们的贵族扮演了"管理人"的角色，设法组建了一个既不完全由一方也不完全由另一方组成的政府。一个部门会莫名其妙地接手另一个部门。然而，各部门内部始终由某些大臣把持，提供了一种乍看上去似乎不存在的连续性。在此期间，治理国家的是我们今天所说的联盟。

从表面上看，这种治理国家的方式只会导致国家彻底崩溃。实际上这些频繁的变化没有导致崩溃或更糟的情况，其原因不仅是由于两个政治派系中的温和派的观点非常相似这一事实，也是由于正在发生的深刻变化，这种变化会在未来世纪给英国带来独特的和令人羡慕的稳定。尽管由于战争的压力，大臣们去留频繁，但双方都意识到政府必须维持下去。要实现这一点，就必须有一个庞大而高效的机器，由公务员组成，不管谁掌权，他们都会继续工作下去。在1689年以后的三十年里，公务员的人数增加了两倍。职业外交官等新的公务员种类出现了，新的部门也出现了：邮局、海军办公室、海关与货物税务署。这些发展增加了王室的权力，其可授予的官职不断增加。在这些部门工作的都是专业人士，通常拿着适当的薪水，不像他们的前任那样靠酬金和津贴为生。他们还开始以一种反映正在发生的科学进步的方式运行政府，比如首次使用了统计学。

于是，政府成了一种专职。如果说这是一种变化，那么另一个更大的变化也将对稳定有所贡献：金融革命。在这整个世纪，中世纪的观念仍然存在：国王应该"自力更生"。议会不愿意投票赞成给任何君主足够的收入，因为他们认为这会削弱其权力。对法战争可以说是最终改变了这种观念，因此，政府必须得到报酬的基本原则终于被接受了。1698年，议会大举废除了由来已久的普通支出和预算外支出之间的区别。取而代之的是，议会投票同意为国王提供"王室年俸"（Civil List），其中包括其家庭开支和文官政府开支。所有其他开支都必须通过增税来支付，并由议会投票通过。为了应付战争每年需要的史无前例的五百万英镑，英国引入了历史上第一个高收益税，即土地税（Land Tax），一种对土地和房地产的租金和产品征收的税。

第四十四章 稳定与变化

与此同时,王室债务转化为国家债务,其体系是,议会从公众那里筹集资金,然后借给国王的政府。这些资金是通过彩票、年金债券销售和主要贸易公司的贷款筹集得来。如果这成了为战争融资的一种方式的话,那么另一种方式就是1694年成立的英格兰银行(Bank of England)。那些支持其创建的人承诺将其初始资本的一半借给国王,以换取皇家特许状。这样一来,商业革命的果实支持并最终确保了战争的胜利。这场战争是靠英格兰的信誉赢得的。

两方面的发展都反映了我们今天所知道的伦敦金融城的兴起,它是国家的金融中心,像政府一样,为之服务的是新一代的专业人士,包括金融家、银行家、经纪商和股票投机商,他们实施新的方法来运作和处理金融事务,如火灾保险和汇票。

然而,公众还需要了解合理投资与不合理投资之间的区别,这一教训只能通过经验来学习。1720年,经验教训伴随着所谓的"南海泡沫"(South Sea Bubble)到来。南海公司(South Sea Company)抛出了巨额资本利得的诱饵,吸引了大批股票买家。其结果是整个金融业都为之癫狂,到了秋天,当外国投资者撤出其资本时,这导致了一场突如其来的灾难性崩溃。人们开始恐慌,引发公司走向毁灭,使得成千上万的投资者要么血本无归,要么破产了事。

金融城的出现标志着人们关于财产概念的转变。在过去,财产总是指能产生收入的土地。当然,这个定义还在继续,但它的含义逐渐扩展到有官职收入或年金,以军官或城市专业人员为例,这两种方式都能保证收入。1688年的革命确立了财产所有者的神圣权利,由于这一重新定义和国家的高度繁荣,到1720年,出现了更多的财产所有者。这也意味着选民人数在扩大,现在约有三十四万人,占成年男性人口的四分之一或五分之一,但在那之后,选民人数就会下降。事实上,1716年之后的选举并不频繁,激烈的竞争属于例外。人们对财产的痴迷导致侵犯财产的行为有所增加,而保护财产的法律则逐步健全,如果触犯了这些法律,将被处以死刑。举例来说,如果一个人盗窃了价值仅五先令的货物,就可能被处以绞刑。虽然到1800年,死罪的数量翻了三倍，但处决的数量下降了。

有产阶级的增长是带来长期稳定的潜流之一。社会结构内的其他变化产生了稳固而非对抗。与早期不同的是，这时更多的人拥有土地，其规模是如此之大，以至于它在事实上导致了公爵的数量大幅增加至二十五位。公爵们的生活方式变得越来越浮夸，乡间别墅变成前所未有的豪华宫殿，里面堆满了珍宝，旨在向人们夸耀其奢华的生活。

与此同时，士绅和自由民开始从事各种职业：神职人员、律师、陆军和海军，以及行政部门的公务员。同时，人口的减少消除了其他压力。再加上农业生产方式的改进，下层阶级的生活比以往任何时候都要好。与低地国家以外的其他西欧国家不同，英国只有极少的农民。

早期开始的商业革命既受到了战争的阻碍，也得到了战争的帮助。说它受到阻碍，是因为战争扰乱了贸易路线和市场，妨碍了原材料的流通。说它得到了帮助，是因为战争的胜利使英国与西班牙、葡萄牙、意大利和黎凡特的贸易得到了更快速的发展。对于西班牙殖民地而言也是如此。现在，法国人割让的加拿大部分土地也被加到这些产出之中。再加上商船队规模的大幅增长，以及海军从此再也没有离开过地中海水域的事实，这都为英国在欧洲的商业统治奠定了基础。

更广泛的工业园战争得到了发展。伯明翰在为军队制造枪炮和刀剑方面发挥了作用，由此开始发展起来。随着造船业成为一项主要工业，查塔姆（Chatham）、朴次茅斯和普利茅斯的船坞迅速扩张。在这几十年里，下一个世纪工业革命的坚实基础已被打下。托马斯·纽科门（Thomas Newcomen）的蒸汽泵于18世纪早期开始使用，是所有技术中最重要的进步，标志着机器时代的到来。不久之后，贵格会的炼铁大师亚伯拉罕·达比（Abraham Darby）发现了一种利用煤炭冶炼铁矿石从而生产出耐用、可加工的铁的方法，这是一个巨大的突破。全国各地的工业都变得更有组织性，把以前分散在人们家中和作坊里的工序集中到了一起。

这使得以特定工业或活动为特征的城镇开始了快速发展：布里斯托尔、利物浦（Liverpool）和怀特黑文（Whitehaven）以港口著称；普利茅斯、斯卡布罗（Scarborough）和桑德兰（Sunderland）以造船业著称；利兹（Leeds）和哈利法克斯（Halifax）成为新的服装工业中心；沃尔弗汉普顿（Wolverhampton）、沃尔萨尔（Walsall）、达德利（Dudley），尤其是伯明翰和谢菲尔德，都以金属制造为特点。这些城镇总体上体现了一种从东南部向中部和北部的地理转移，以及中部和北部的工业化到来。

这些行业将成为新世纪的主要力量，这与在上一个世纪居绝对主导地位的宗教形成了惊人的对比。在这几十年里，英格兰教会迷失了方向，到1720年，在政治上被边缘化。《容忍法案》首次允许非国教者在获得许可的情况下建造自己的集会地，正式承认英格兰教会不是无所不包的存在。到1700年，超过三千座非国教教堂已经建立起来，使得分裂现象昭然若揭。圣公会教徒感觉到了似乎在四面八方都十分兴盛的非国教教徒的威胁。审查制度的取消也使他们感受到了威胁，因为这不仅为教派之间的辩论打开了闸门，也使那些宣扬通常是异端和反基督教思想的文学作品在一个致力于追求科学和理性规则的时代得到了推崇。革命本身已经动摇了英格兰教会的根基，因为英格兰教会认为，教会与国家理当是联袂而行的，国王是主的受膏者。那样的世界一去不复返了。相反，圣公会教徒面对的实际上是一位信仰加尔文主义的民选国王，这些教徒将那位被他们视为上帝的受膏者的人当作天主教流放者。大约四百名神职人员，包括七名主教，不能接受威廉为国王，于是离开了教会。即使是那些留下来的人也几乎不掩饰他们对流亡的斯图亚特王朝的忠诚。教会，特别是教会的高层，不可避免地要与托利党结盟，而事实证明，这种结盟是致命的。可以理解，威廉三世没有时间搭理教会，拒绝召集教会会议（Convocation），即坎特伯雷和约克的神职人员的集会。在第一位汉诺威王朝君主乔治一世（George Ⅰ）统治时期，反对辉格党霸权的教会会议最终被镇压。随着传统信仰受到攻击，加上其对世俗人的控制急剧削弱，且无力应对变革，英格兰教会不免感到垂头丧气，四面楚歌。曾主宰了这个世纪的宗教狂热形式的强烈反应也对其不利。尽管如此，其形态也并非千篇一律。在许多教区，英格兰教会仍保持着活力，而那些自满、低效的教会的那些缺乏精神承诺的陈旧观点是不能持续的。乔治王时代的教会有自己的圣徒。对大多数人来说，乡绅和牧师是固定在生命苍穹中的双生轴。

苏格兰的宗教情况则完全不同，因为作为革命解决方案的一部分，长老会被接受为该国的官方信仰。尽管其君主也自称为大不列颠国王，但事实是，他始终是三个独立王国——英格兰、苏格兰和爱尔兰——中的一个国王。爱尔兰可以忽略不计，因为它充其量不过是一个附属省份，但苏格兰保留了自己的法律和政府体系，包括一个活跃的议会。1689年的宗教解决方案只增加了分裂和派系，使威廉三世决心与英格兰实现完全的政治联盟。虽然他没有成功，但这一想法仍留在了政治议程中，后来当苏格兰议会为支持汉诺威家族而拒绝确认《继承法案》时，这一想法又重新浮出水面。1703年，它甚至更进一步，宣称要等到安妮女王死后才能决定未来的统治者。这种行为让边境以南的人感到沮丧，因为这不仅意味着王位可能旁落，而且苏格兰军团可能会从欧洲战场撤离。但在苏格兰，有一方支持汉诺威王室，这最终导致了谈判。两国议会最终通过了《联合法案》（Act of Union），1707年10月，"大不列颠议会"（Parliament of Great Britain）第一次召开会议。

这并不是苏格兰的终结，它保留了自己的法律体系，一条议会法案也不能抹杀多少世纪以来独立的政治和文化发展。导致1707年的联合的压力根源在于经济。苏格兰的经济很糟糕。与英格兰的联合最终扭转了这一局面，因为通过废除两个王国之间的边界，一个新的国家诞生了，它将成为整个西欧最大的自由贸易区。

社会和经济中呈现出的所有这些不同趋势都是稳定状态到来的指标，但当时没有人意识到这一点。整个17世纪，大家都在寻找国王与大臣以及国王与议会之间的新的工作关系。在国外，与在都铎王朝最终崩溃后的八十年里持续不断的内战、革命、叛乱和阴谋相比，其他国家必定都看似有序、稳定和安宁。另外，人们珍视这些斗争的遗产：自由、代议制和习惯法的规则，这些东西在欧洲其他国家实际上是没有的。为此付出的代价是政府的不断更迭以及辉格党和托利党之间激烈的党派斗争。

1714年，当安妮女王去世时，那些分歧依然严重且根深蒂固，但王位传承却很顺利。这部分归因于《继承法案》和辉格党，部分要归因于反对党托利党的混乱。被路易十四承认为詹姆斯三世的詹姆斯二世之子，即那位被称为"老王位觊觎者"（Old Pretender）的人，曾被劝说改信英格兰国教，但他拒绝了。这一拒绝导致了托利党的分裂，使其大部分人在乔治一世声称自己是大不列颠国王时无动于衷。然而，一年后，那位"老王位觊觎者"登陆苏格兰，他的支持者向南挺进，直到普雷斯顿（Preston）才被最终击溃。只有战胜了这一对新王朝的严重挑战，汉诺威王朝（House of Hanover）才能真正开始统治。

乔治一世的到来令人看到了一个解决办法。他的两位前任都认为，如果完全支持一个政党或另一个政党，自己的权力就会受到侵蚀。与他们不同，新国王毫不犹豫地与一个政党——辉格党——结成联盟。1716年出现了另一个里程碑:《七年法案》（Septennial Act），它将议会的寿命从三年延长到七年。这项法案帮助辉格党稳固了自己的权力，但也使其参与党派之争的热情降了温。对于罗伯特·沃波尔爵士（Sir Robert Walpole）来说，一切都准备就绪，足以完善迄今所构建的最复杂的庇护体系，为的是确保老牌的辉格党继续掌权。那些潜伏于1688年后的为期三十年的典型动荡之下的稳定因素现在终于找到了政治表达。寡头统治时代即将开始。

第四十五章　从魔法到科学：艾萨克·牛顿

所有这些变化与被称作"科学革命"（Scientific Revolution）这一伟大变化相比都算不了什么。这一变革在一个单身汉的生活中得到了体现，他就是艾萨克·牛顿爵士（Sir Isaac Newton），他出生在内战爆发的那一年，死于乔治二世（George Ⅱ）登基的那一年。牛顿的伟大著作《自然哲学的数学原理》（*Principia*，1687）和《光学》（*Optics*，1704）将被视为现代科学最伟大的基石。它们最终都改变了人们看待周围世界和头顶天空的方式。这些充满渊博学识的卷帙将会影响人们思考宇宙的方式，将对实用发明的伟大时代的到来做出贡献。在那个时代，人们为了更加便利的交通修建了运河和公路，发明了标志着"工业革命"（Industrial Revolution）的蒸汽机。

工业革命最初的推动力是17世纪人们在与世隔绝的研究中进行的思想探索。这其中，牛顿的伟大探索是旁人无法企及的。他是一个目不识丁的自耕农家庭的孩子，慢慢地被认为是他那个时代最具智慧的人。他是个智力超群的人。结果，他成了一个孤独、痛苦、专注于自身、没有朋友的人。随着年龄的增长，他呈现出一种只能用令人不快来形容的特征：厌恶任何形式的批评，具有想要主宰一切、为所欲为的钢铁意志。牛顿得到了同时代人的尊敬和钦佩，却从未受到爱戴。但他博学的头脑留下了一笔遗产，它将开辟出一条至今仍影响深远的道路。

尽管他被称为科学家，但直到19世纪这个词被发明出来以描述一种新的职业之前，这样的人是不存在的。那些将成为科学的东西源于古典时期，尤其是古希腊时期的科学文献遗产。正如人们对这一成就的兴趣重燃和研究引发了文艺复兴、在某种程度上也引发了宗教改革那样，它也促成了科学革命的到来。但就科学而言，情况要复杂得多，因为至少有三条截然不同的线索，它们各自以自己的方式对我们今天称为科学的东西做出了贡献。在那个时候，没有人能判断出这些线索中的哪一条会比其他线索更准确。这种判断只能在事后才能做出。然而，回顾过往，站在桥头堡的牛顿被看作现代科学的奠基人。但他是自己那个时代孕育出来的人，尽管他的许多想法和发现属于未来，属于今天的世界，但也有一些属于过去，属于那个我们现在把它看作一个被魔法和迷信所困扰的世界。

三种传统中的第一种是有机学派，起源于希腊哲学家亚里士多德（Aristotle）。它绘制了中世纪时期的图景：地球是平的，太阳和行星在绕着地球转。地球上的一切都是变化的和终将腐朽的，而天上的世界是永恒不变的。每一种现象都有其自然的过程，无论是橡子变成橡树，还是石头由于自身的重量而向下坠落。星宿主宰着人类的命运，而作为原动力的上帝主宰着一切。这幅图景很容易同《圣经》中描绘的图景结合在一起，因此，无论是天主教还是新教的两派神学家都极力捍卫这幅图景。事实上，对于它的挑战被视为对基督教信仰的威胁。在 17 世纪晚期之前一直为宗教狂热所主导的欧洲，这一传统得到了复兴，并牢牢地扎根于所有了不起的大学。它也并非一种毫无成果的传统，因为它产生了许多伟大的发现，比如内科医生威廉·哈维（William Harvey）关于血液循环的发现。

第二种传统是魔法，它是典型的文艺复兴时期的传统，因为文艺复兴时期也是魔法的时代，为其提供力量的是当时被认为是古埃及圣贤的著作的发现。它们描绘了一幅截然不同的宇宙画面，其中地球不再是世界的中心。它不是平的，而是圆的，同其他行星一起绕着太阳旋转。在这一事物格局中，上帝被视为通过数字揭示宇宙之神秘的存在。由哥白尼（Copernicus）率先提出的这一理论，在整个 16 世纪产生了巨大的影响，因为它导致了数学的发展，而数学被认为与上帝的思维运转方式相似（如果不是完全相同的话）。坚持这些观点的学者被称为 *magi*，即"智者"，他们深刻地了解自己所知的宇宙知识，致力于只与少数幸运者分享其秘密。因此，他们的观点事实上是与《圣经》中发现的世界相矛盾的，于是人们常带着深深的怀疑去看待智者，这种怀疑是如此之深，以至于其中的一个智者——乔达诺·布鲁诺（Giordano Bruno）——于1600年在罗马被以异端罪烧死。

这个魔法传统也开启了新的世界，比如，它促成了天文学的巨大进步，因为对星辰的更精确了解意味着人们可以抛出更好的占星术。总的来说，这是一种与有机宇宙观完全不同的宇宙观。根据这一宇宙观，人们相信，智者可以通过自己的数字知识和他们在数学和几何方面的工作，实实在在地驾驭自然和超自然的力量。对他们来说，上帝是他们所有人中最伟大的魔法师。

牛顿属于这条线，但他也跨越了第三条线索，即机械论，这条线将在17世纪末取得胜利，并导致维多利亚时代科学家的诞生。机械论既不是有机传统，也不是魔法传统。它起源于对希腊数学家阿基米德的重新研究。在机械论追随者眼中，上帝是伟大的工程师，宇宙被视为一个巨大的机器，它有规律可循，永恒不变，可加预测。他们和那些属于魔法那条线上的人一样痴迷于数学，这并不是因为数字有魔法能力，而是因为它们提供了那台机器运行的钥匙，人们也可以通过实验和观察来接近这台机器。因此，他们的许多伟大贡献是在机械和工程领域，这并不令人惊讶，例如，他们带来了机械钟的发展。在17世纪出现的情况是，机械论越来越流行，并接过了魔法传统对日心说的坚定认知，即地球是绕着太阳转的。

这些新思想的传播得益于越来越多的人能够从事数学工作。而在那时，数学被人们视为一种新语言，所有伟大的科学家和思想家都为之着迷，因为它使思维的复杂性成为可能。这种思维很快被认为超越了人类其他形式的推理，它开辟了新的知识领域。机械论和机械论世界观在英格兰的盛行是17世纪50年代反对宗教暴行的直接结果。而正是在这一时期，艾萨克·牛顿步入了成年。

1642年圣诞节，牛顿出生于林肯郡格兰瑟姆（Grantham）以南七英里的伍尔索普（Woolsthorpe）。他的父亲在他六个月大的时候就去世了，母亲在他三岁的时候也去世了。但他们给他留下了一笔钱，可供他接受教育。他是一个非常早熟的孩子，沉默寡言，与其他的孩子格格不入，看起来像个书呆子。然而，当他离开当地的文法学校时，校长称赞他是他们学校前所未有的最聪明的学生。1661 年 6 月，也就是查理二世复辟的一年之后，他去了剑桥，从此告别了乡村生活，开始了他一生的思想之旅。内向而孤僻的他很快发现，这所大学是一潭智识的死水，他必须开创自己的研究课题。

牛顿的思想卓尔不凡，会向许多方向发散，这在我们看来似乎是矛盾的，但在那个时期而言，这并非特别地不同寻常。他时而寻找一种世界语言，时而又把自己深深埋在《圣经》的预言史中。他发现自己越来越倾向于把宇宙看作一架机器的机械论观点。由于这种痴迷，他在没有任何帮助的情况下，用了一年的时间自学了数学。后来他再一次闭门研究，在二十四岁时发现了微积分。在此过程中，他已经超过了欧洲所有数学家的成就。

第二年，他成为剑桥大学三一学院（Trinity College）的研究员，并将在那里待上二十八年。两年后，也就是 1669 年，他成为数学学科的"卢卡斯数学教授"（Lucasian Professor of Mathematics）。然后，在 1695 年，他升任伦敦监狱长，后又成为铸币厂厂长。在 18 世纪早期，他成为在查理二世资助下建立的"皇家学会"（Royal Society）的会长，并被封为爵士。他于 1727 年 3 月 2 日去世，被隆重地安葬在威斯敏斯特大教堂中。

对一个用科学的智慧主宰他那个时代的人来说，牛顿的生活只能用枯燥来形容。有关他的大部分生平可以在描写他于剑桥大学讲课情形的书中得到总结："去看他的人很少，理解他的人更少。由于缺乏听众，他在上课时，只好对着墙壁照本宣科。"简而言之，牛顿是那种典型的对授课心不在焉的教授，但他废寝忘食，埋头于论文，看上去蓬头垢面。他终身未娶，似乎没有一个好友，回避社会。然而，他凭借着自己的著作塑造了下一个世纪，这样的贡献比其他任何人都要卓著。

在《光学》中，他证明了几个世纪以来被尊为上帝象征的光实际上是由原色的光线组成，因此光受机械法则的支配。更具划时代意义的是他的《原理》一书，它第一次证明了宇宙中的一切都服从于机械法则。在这本书中，他阐述了万有引力定律，即两个物体相互吸引的力与它们质量的乘积成正比与它们距离的平方成反比。这是一个普遍的规律，不仅适用于地球，也适用于天体之间。在此书中，有机传统被彻底抛弃。同时，他调和了两种现存的传统：一种是将上帝视为创造艺术品的艺术家，另一种是将上帝视为机械工程师。牛顿则把上帝塑造成了一个美学工程师。

在接下来的一个世纪中，牛顿被人们尊为近代科学的开创者。实际上，牛顿依然认为上帝存在于宇宙中，而知识精英则可以揭开笼罩着宇宙的神秘面纱，因为他们头脑敏锐，足以发现上帝的线索。但18世纪中叶，牛顿的这一思想已被遗忘，人们认为牛顿的工作将上帝变成了一个与世俗相分离的神。

有机传统的崩溃不可避免地终结了亚里士多德的权威。这一点的重要性不容低估。被称为"古人"的古希腊罗马人的经典著作都被证明是错误的，而"现代人"是正确的。整个中世纪，西欧人一直在恢复已丢失的古代知识。文艺复兴是这一过程的强化。人们认为真理被埋在了过去，而过去更接近上帝创造天地之时的这一事实又进一步强化了这一观点。然而，过去第一次被抛弃了。一个关于世界的新知识体系必须通过人类的观察和实验来建立。它带来了一个医药、农业和工业的黄金时代。现在的人们是如此自信和自豪，以至于他们的写作风格甚至不再以经典为范本，而是以当代的方言为范本。在此之前，占星术和炼金术等被认为是受人尊敬的学科，而拥抱这一学科的魔法传统也消失了。再也没有因人们的恐惧而导致女巫被活活烧死这种事发生了。

这是一场人类思想的革命，其规模同文艺复兴和宗教改革一样庞大，这恰恰发生在西班牙国力衰落、影响欧洲的决定性权力向北转移到法国与荷兰之时。然而，随着18世纪的推进，这种决定性的权力越来越多地向英格兰转移，而牛顿和与他同时代人的研究成果的应用使社会发生了实质性的转变。这确保了工业革命发生在英国，而非其他西欧国家。

第四十六章　精英统治

1714年的重大变化是，出现了一位在政治上只委身于一个党派——辉格党——的国王。新王朝是德国北部一个小州的统治者汉诺威选帝侯（Electors of Hanover）。尽管汉诺威家族几乎是偶然地获得了正迅速成为欧洲强国的国王王冠，但他们仍然在很大程度上以汉诺威选帝侯的视角而非大不列颠国王的视角来处理国家事务。汉诺威家族一直未把自己看作英国人，直到第一位国王的曾孙在1760年登基，这一点才有所改变，但他是第一位在英国长大的汉诺威君主。

乔治一世诚实、沉闷、羞怯。他在五十四岁时成为国王，既没有个人魅力，也没有帝王风度。他只为那些后来被封为英国公爵夫人的难看的德国情妇和汉诺威而活。同他的家族一样，他也憎恨自己的长子，这创造了一种新的政治模式，即将注意力放在敌对的宫廷上，也就是威尔士亲王的宫廷。他的儿子乔治二世于1727年继承了他的王位，虽然他至少会点英语，但并没有比他父亲改善多少。乔治二世是一个刻板拘谨的人，痴迷于常规和细节，但也会突然爆发出愤怒的情绪和无法控制的激情。在战场上他可以很勇敢。然而，两位国王都非常清楚自己的特权，并将它们用到了极致。过去的观点认为，乔治二世受到其为罗伯特·沃波尔爵士的利益行事的妻子安斯巴赫的卡罗琳（Caroline of Ansbach）的操纵，在三十三年的在位时间里一直未能站稳脚跟，但她只在其中的十余年发挥了影响力。乔治二世保持了他自己的个性，能够对人的能力做出精明的判断。

罗伯特·沃波尔爵士是那个时代最伟大的政治人物和调停者。1721年

4月，时年四十四岁的他担任了第一国库大臣和财政大臣，直到二十多年后的1742年2月，他才最终被迫下台。没有其他人能在这个职位上掌权这么长时间。但沃波尔是为一个厌倦了意识形态冲突的时代而生的。他是一个发福的、近乎粗野的诺福克乡绅，五官粗糙，面色红润。他所处的环境是他所热爱的狩猎场，而不是客厅，因为他缺乏社交技巧，喜欢粗俗下流的东西。他的世界观是务实的、功利的、冷静的。他儿时的朋友汤森子爵（Viscount Townshend）是诺福克的辉格党巨头，娶了他的姊妹为妻。沃波尔自己娶了伦敦市长的孙女，这给他带来了伦敦城的人脉。这一系列家庭关系的缩影表明了18世纪大部分时间里的政治走向：一种通过家庭和朋友来支持当下政府的管理并维持庞大人际网络的艺术。这将是一个精英统治的时代。沃波尔知道人类的弱点，知道如何奉承、哄骗和支配人们，这就要求他拥有巨大的耐心、勇气、自制力、幽默感和冷酷心态。对他来说，政治是可能性的艺术。在经历了几十年的革命、战争和内乱之后，他给了贵族和士绅阶层他们最想要的东西：和平与繁荣。

在此期间，英国最引人注目的特点是，在经历了近一个世纪的动荡之后，政府表面上的稳定。其间会不时发生革命，这些革命先是废除了君主制，然后又恢复了君主制，接纳碰巧娶了一个斯图亚特家人的武装征服者为君主，后来则最终完全放弃了斯图亚特王朝，转而支持一个德国小州的统治者，而这个统治者碰巧是詹姆斯一世唯一幸存的新教徒后裔。所有这些都表明，君主制将进一步被削弱，但事实并非如此。乔治一世和乔治二世作为荣誉和正义的源泉，作为王国的首席执行官及和平与战争的制造者，仍然处于政治舞台的中心。他们站在自己所创造的社会和政治等级的顶端，因为他们控制着所有主要的任命，包括行政部门、教会、陆军和海军的任命。他们还保留了任命和解聘大臣的权力，但有一个新条件：国王挑选的首席大臣必须能够得到下议院多数人的赞成。一般来说，国王选择的人总会得偿所愿，因为下议院中充斥着受王室资助的人。

这个新维度始于乔治一世。沃波尔努力工作，以赢得国王的尊敬。事实上，他们之间的关系是如此紧密，以至于乔治于1727年去世时，所有人都认为沃波尔会被解雇。但这并没有发生。沃波尔意识到，新国王的要害是王后，为了满足自己和他们两人的要求，他为其王室年俸争取到一大笔津贴，其数目远远超过了他们的前任。

乔治二世留用了沃波尔，但他们在外交政策上越来越不合拍。到1741年，国王甚至通过佩勒姆家族（Pelhams）向反对派成员示好。佩勒姆家族是辉格党主要利益配置之所在，其中心人物是亨利·佩勒姆（Henry Pelham）和他的兄弟纽卡斯尔公爵（Duke of Newcastle）。实际上，最终导致沃波尔下台的正是1742年的战争，因为他是个糟糕的战时大臣，失去了众议院多数人的拥护。国王现在必须在两派辉格党人中做出选择，一派以卡特雷勋爵（Lord Carteret）和威廉·普尔特尼（William Pulteney）为核心，另一派则以阿盖尔公爵（Duke of Argyll）和威尔士亲王为核心。乔治二世选择了卡特雷，很快封他为格兰维尔伯爵（Earl of Granville），但佩勒姆家族以其应战不利为名把他拉下马来。然而，亨利·佩勒姆已被任命为第一国库大臣，又于一年后的1744年成为财政大臣。乔治开始对佩勒姆家族感到不安，因为他们在1745年的詹姆斯党人叛乱之后坚持认为，应任命国王所厌恶的威廉·皮特（William Pitt）担任战争大臣。国王要求格兰维尔和普尔特尼——即现在的巴斯伯爵（Earl of Bath）——组成一个内阁，这导致佩勒姆家族成员的大规模辞职。格兰维尔和巴斯被迫辞职，而佩勒姆家族卷土重来。皮特得到任命，但只担任较低的职位。国王保留了控制权。乔治二世很快发现，政府运作顺利，佩勒姆家族给了他想要的东西。此后便确立了一条规则：若是没有一位同时得到国王和下议院信任的大臣，任何政府都无法生存下去。

这样，一个政治体系的一部分已经到位，但国王还受制于一些其他约束。这些约束包括接受议会定期召开会议，以及下议院的财政控制。国王在所谓的御室（Royal Closet）会见大臣，但是还有一个他不参加的大臣们的内阁会议（Cabinet Council），后者是我们现在的内阁始祖，但它还有很长的路要走。但是，我们认为是当今政治模式一部分的许多东西开始出现，其中最重要的是任何一位首席大臣控制下议院的能力。

然而，还是有办法和途径来确保获得多数票。罗伯特·沃波尔爵士和亨利·佩勒姆都知道如何让这样的体系运作,他们得到了将每届议会的任期延长至七年的法案的帮助。这意味着掌权者可在自己的位子上待上足够长的时间,从而充分巩固自己的地位。这是通过一种被称为庇佑体系(patronage system)或影响力的手段实现的,而这种手段通常是冷酷的,有时甚至是近乎腐败的。

政府之所以稳定,是因为有足够多的议会议员出于各种原因成为该网络的一部分,只要他们投票支持时任大臣,这个网络就会给自己带来好处。例如,在由各区选出的大约四百名成员中,有超过半数的人掌管着政府或私人赞助。此外,下议院有多达百分之三十的人可能是王室的公职人员。这些事实表明,情况一触即发,只等有能力的人伸手去拉动它们。这并不是说在上一个世纪没有人去碰触它们,而是沃波尔意识到了其全部的潜力。他认识到,从此以后,任何首席大臣的政治权力所在地都是下议院。于是他拒绝去上议院,而始终留在下议院,因此他设立了一个新职位,即我们现在的首相的前身,下议院的国王大臣。沃波尔是第一个扮演这个角色的人,在18世纪40年代由亨利·佩勒姆接替。

在下议院,首要的在职政客坐在一边,而非在职的议员坐在对面的长凳上。这两个群体都来自重要的政治家族,所有激烈的辩论都是在他们之间进行的。这些人在政府中的作用是确保获得足够的选票以成为多数派。到1742年,他们开始至少可以保证获得一百八十名议员的投票,因为这些人是直接领政府薪水的人,在宫廷、行政部门或轻闲差事中担任职务。问题的核心在于如何说服其余大约三百名议员中的足够多的人也投赞成票。在这些人中潜伏着"老牌"辉格党人,也就是支持沃波尔掌权的人,他们真心反对花销巨大的海外战争,反对高税收,反对增加中央集权管理,对宫廷的影响力也持高度怀疑态度。但政府从实际控制选举到以公职为诱饵等,总会有办法赢得这些成员的支持。

国家的治理越来越依赖于数百名在很大程度上相互关联的人——精英——的能力。实权集中在少数人手中,包括国王和少数拥有土地的贵族家族,这些家族主要是辉格党人或天主教皈依者。在他们之间,这群人可以拉动本书中提到的每一根杠杆。尽管那些未掌权的人在人们的构想中似乎持反对立场,是辉格党的"出局者"与托利党的融合体,一心想将国王从邪恶大臣的恶劣影响中拯救出来,但只要向他们提供任何职位以及随之而来的额外津贴,他们就会抓住它不放。这种不断转变的反对派时不时地会把继任的威尔士亲王当作一个名义上的领袖。

"老牌"辉格党之所以能长期掌权,还得益于这样一个事实:由于长期的相对和平,政治舞台上缺乏激情。在这个相互联系的圈子手中,政府的职能仅限于维持法律和秩序、执行外交政策和施加最低限度的经济控制。这一中央模式又向地方辐射。在各郡县,权贵们被国王任命为治安长官(Lord Lieutenant),作为他在该地区的代表。司法大臣任命地方治安法官,他们不仅审判刑事案件,还负责处理道路、桥梁、监狱和其他地方事务。法官控制着除教会执事之外的所有教区官员的任命。只有城镇也许能逃脱这种压力。在城镇,政府通常由市长、市议员和普通议员组成,他们由自治市的自由民选举产生。

一切都进行得很顺利,除非有些事情遭到了下议院中那些通常支持政府的浮动选民的反对。在沃波尔执政时期,这种情况只发生了两次:第一次是在1733年,他试图在一项国内货物税法案中增加商品税,但他明智地撤销了这项法案;第二次事件加速了他的垮台,即作为战争大臣,他在奥地利王位继承战争中未能取胜,但那时他已经开始失去了自己的影响力。沃波尔信奉与法国达成的和平,从而避免了战争的巨大开支和它给贸易带来的混乱。对他来说,汉诺威王朝的统治不是像斯图亚特王朝那样建立在神秘的基础上,而是建立在健全的政府财政和商业繁荣的基础上。伦敦城的金融家们信任沃波尔,他以此为基础进行了建设。为了减少国家债务,他设立了偿债基金(Sinking Fund)来偿还债务。到了18世纪30年代,人们信心十足,认为政府债券是万无一失的。他信奉低税收,宁愿对土地间接征税,而不是直接征税。因此,他所获得的成就为人们留下了一笔令人敬畏的遗产。

亨利·佩勒姆试图在1748年后的和平年代效仿这一做法。他的性情与沃波尔截然不同,没有沃波尔那种生硬粗暴的傲慢和激情。他在观点上要客观公正得多，也自由开明得多，最重要的是，他精通货币事务，重组了公共财政，恢复了人们的信心。和平、稳定与调和是他的政府的关键词，当他于1754年3月6日去世时，国家进入了一个非常不同的时代。作为那一时期伟大的评论家之一，霍勒斯·沃波尔（Horace Walpole）在论及下议院的生活时，对长达数十年的辉格党统治的精神气质进行了概括："一只鸟也许会在议长的椅子或假发上筑巢：不存在让它们受到惊扰的辩论。"

到目前为止，所有这些都可以被描述为来自政府核心的观点。统治精英及其体系也有不利之处，因为它体现了两个牢固地属于英格兰的岛屿的经济、社会和军事统治。它对苏格兰的影响力取决于与苏格兰长老会的结盟，对爱尔兰的影响力取决于与爱尔兰圣公会的结盟。在这两个国家中，很大比例的人口被完全剥夺了任何政治权利。英格兰人的堡垒通常是相当脆弱的，最终依赖于调动军事力量以保持臣民俯首听命的能力。

在汉诺威王朝统治的前五十年里，不满者的理想在被称为"水上之王"（The king over the water）的人身上得到了活生生的体现，此人即詹姆斯二世的儿子，被流放的"詹姆斯三世"，也就是那位"老王位觊觎者"。不管是直接地还是秘密地望向"詹姆斯三世"的人都在增加而非减少，因为辉格党执政越久，那些因这样或那样的原因与新政权疏远的人就越多。如果"詹姆斯三世"竟得回归，那么新教的历史可能就会完全不同。在爱尔兰，斯图亚特王族依靠的是遭到残酷对待的大多数人口，而在苏格兰，依靠的是那些看到国家独立被《联合法案》抹杀的人。在英格兰，随着辉格党霸权的持续，斯图亚特王族可以寄希望于托利党参与到詹姆斯党人的复辟计划中来。但是托利党从未决定要退出当下的政治体系，他们对詹姆斯党人事业的兴趣是模糊不明的。在英格兰北部、西部和威尔士等老保皇派地区，对斯图亚特王族的支持仍然很强。它扩展到了伦敦、布里斯托尔和曼彻斯特等城镇的中产阶级之中。大体上，他们也可以在法国的各种入侵企图中寻求法国的支持。从1689年到1759年，詹姆斯党人至少策动了十五起阴谋，其中一些的规模相当大。1715年，英格兰人将其阴谋扼杀在了萌芽中，但在苏格兰和英格兰北部出现了一场颇有声势的起义。三十年后又出现了此类挑战中的最为重大的两起，第一起发生在 1744 年，当时国家受到了一支从未出发的法国舰队和军队的威胁，第二起挑战发生在"詹姆斯三世"之子查理·爱德华·斯图亚特（Charles Edward Stuart），即"小王位觊觎者"（Young Pretender）于 1745 年 7 月 25 日在苏格兰登陆时，他迅速召集了一支军队，占领了珀斯（Perth）和爱丁堡（Edinburgh）。11 月初，军队向南进军，因为亲王承诺，英格兰将发动起义，并可得到法国的援助。这两件事都未发生，但值得注意的是，北方保持了中立。苏格兰人被迫撤退，最终在卡洛登（Culloden）遭到残忍的屠杀。亲王流亡他乡，生活拮据。作为 1748 年的和平条约的一部分，法国人撤回了对斯图亚特王族的支持，这实际上终结了他们的希望，尽管阴谋一直持续到 18 世纪 50 年代。在苏格兰，高地地区受到了残酷的惩罚，而低地地区则成了英格兰文明的前哨。

这揭示了英格兰南部对两个岛屿的压倒性优势。随着詹姆斯党的最终败北以及 1760 年一位被誉为真正的英国国王的统治者的出现，人们开始努力吸纳不满者，并锻造一种新的集体认同感。名义上，乔治一世和乔治二世是大不列颠的国王，但事实上，他们的统治依靠的是一系列的政治联姻。随着 18 世纪的推进，这些都将被一个单一国家——英国和一个单一民族——不列颠人这一理念的出现所取代。

第四十七章　首富之国

就像沃波尔下台后一样，亨利·佩勒姆去世后也出现了一段动荡时期。威廉·皮特显然是佩勒姆作为下议院领袖的继任者，但就像佩勒姆的情况一样，国王厌恶皮特，认为他为人好斗且不负责任。另一位候选人是亨利·福克斯（Henry Fox），他是沃波尔和佩勒姆的朋友。国王喜欢福克斯，但不幸的是，他得罪了按照乔治二世的要求组建新政府的哈德威克伯爵（Earl of Hardwicke）。于是，这位哈德威克建议国王采取灾难性的做法，将政府移交给辉格党贵族大佬、亨利·佩勒姆的哥哥纽卡斯尔公爵托马斯·佩勒姆 – 霍勒斯（Thomas Pelham-Holles）。政府又一次拒绝承认到1754年已经成为事实的东西：如果其主要大臣不能控制下议院的大多数议员，那么政府就不可能运行。

纽卡斯尔是一个了不起的政治调停者，他令人钦佩的品质包括谙于世故、公正无私、慷慨大方和对外交事务的广泛了解。但当时，英国正迅速走向与法国的一场全球性大冲突，而纽卡斯尔却无力领导英国对抗这场冲突，因为他陷入了一波又一波的抑郁、沮丧和过度敏感中，最终导致他患上了程度极深的妄想症。他的任命很快就被意识到是行不通的，这就将皮特和福克斯拉扯到了一起。他们对纽卡斯尔发起了猛烈攻击，以至于不到一年，纽卡斯尔就被迫收买拉拢福克斯，答应让他进入内阁担任国务大臣，并让他担任下议院领袖，以此作为将皮特排除在外的最后一招。

1756年5月15日，英国对法国宣战。最初的阶段很糟糕，法军占领了米诺卡（Minorca）。后来，随着普鲁士腓特烈大帝（Frederick the Great of

Prussia）入侵萨克森（Saxony），开始了所谓的"七年战争"（Seven Years War），冲突蔓延到了整个欧洲大陆。战争进展得非常糟糕，以至于国王最终被迫让皮特加入政府。皮特带着他特有的傲慢提出的条件是，只有在纽卡斯尔和福克斯都离职的情况下才会同意进入政府。战况并未因此好转，所以乔治二世于1757年4月免了皮特的职，再次请哈德威克伯爵重组政府。皮特被免职反而增加了他在公众中的声望，尤其是在伦敦。很明显，没有他，任何政府都无法运转，因为他既能在下议院获得多数议员的支持，又能吸引外界的支持。同样，如果没有纽卡斯尔公爵，皮特也无法发挥其才干，因为纽卡斯尔在辉格党政治体系的各个层面都可以呼风唤雨。哈德威克使两者和解。"我不得不与我的敌人，即皮特先生，共进退。"纽卡斯尔对国王哀叹道，"他把我赶下了台。但没有这个敌人，我就不能施展身手。"

现在，通往令人敬畏的胜利道路已经铺就。皮特接管了战争的指挥工作，而纽卡斯尔则使出浑身解数来确保议会的支持，并为这场全球性军事和海上战役筹集所需的资金。英国的战争政策是明确的：用粮食和金钱补贴欧洲大陆上的外国军队，但自己派出的军队数量有限。大量的英国陆军和海军被用来破坏敌人的经济和殖民地。新内阁对各种政治观点兼收并蓄，甚至得到了许多托利党人的支持。到那年底，欧洲大陆上的战争形势开始发生变化。腓特烈大帝先是打败了法国和神圣罗马帝国的军队，然后又打败了奥地利军队。联军任命了新的统帅，即不伦瑞克的费迪南亲王（Prince Ferdinand of Brunswick），1758年，他在克莱菲尔德战役（Battle of Krefeld）中击败法军，将法军赶回莱茵河对岸。

然而，对英国来说，更重要的战场分散在全球各地，因为这是一场决定谁应该享有海外市场商业统治权的斗争。战争爆发时，英国已经拥有了大量的殖民地，但到1763年签订和约时，英国将成为自罗马帝国以来世界上最大的帝国。其基础是上一个世纪继承来的领土，即北美东部沿海一带的旧殖民地，总共有十三个州，最后一个是于1732年才建立的佐治亚州（Georgia）。其次还有西印度群岛：百慕大（Bermuda）、圣基茨（St Kitts）、巴巴多斯（Barbados）、安提瓜（Antigua）、蒙特塞拉特（Montserrat）和牙买加（Jamaica）。这些地方是制糖业的发源地，经济以从非洲进口的奴隶劳工为基础。在印度，成立于1600年的东印度公司（East India Company）在孟买（Bombay）和加尔各答（Calcutta）设有基地。所有这些都为英国产品提供了快速增长的市场。尽管纺织品仍占主导地位，但对金属产品的需求正在迅速增长。在对美洲殖民地的出口翻了一番的同时，对东非和亚洲的出口也有同样的增加，而且对欧洲的出口也在继续增大。到1760年，英国海外领地接收了百分之四十的英国国内产品，凸显了其在英国不断增长的经济中所扮演的关键角色。来自殖民地的进口同样在增加，反映了英国对茶叶、咖啡、糖和烟草不断增加的需求，其次是大米、沥青、焦油和木材。这些货物又转而被出口到欧洲大陆。

为应对这一情况，商船队从1695年的二十八万吨增加到1760年的六十点九万吨。为西部航线服务的港口布里斯托尔、格拉斯哥、利物浦和怀特黑文也在扩张。它们反过来又刺激了自己的腹地塞文河谷（Severn Valley）、西米德兰兹郡（West Midlands）、约克郡和兰开夏郡的工业发展，加强了英国工业基础从南部和东部转移开去的势头。

到18世纪50年代，人人都意识到了这些殖民地市场的重要性，以及制约法国的必要性。人们认为，英国未来的繁荣取决于阻止法国在美国和印度的发展。而这正是"七年战争"的结果。在印度，1757年的普拉西战役（Battle of Plassey）中罗伯特·克莱夫（Robert Clive）击溃了萨拉吉·乌德·道拉（SarajudDowlah），将孟加拉（Bengal）和奥里萨邦（Orissa）置于东印度公司的控制之下。两年后，沃尔夫将军（General Wolfe）占领了加拿大的魁北克（Quebec），瓜达卢普（Guadaloupe）也被攻占，法国对英国的入侵也因法国舰队在勒阿弗尔（Le Havre）遭到轰炸而受阻。博斯卡温海军上将（Admiral Boscawen）在8月摧毁了一支法国舰队，霍克海军上将（Admiral Hawke）又于11月摧毁了第二支法国舰队。同年，费迪南德王子在明登战役（Battle of Minden）中击败了法国人。1760年，蒙特利尔（Montreal）被占领，法属加拿大落入英国人手中。尽管距离和平还有三年的时间，但实际上，第一个大英帝国已经建立。这在很大程度上要归功于威廉·皮特，他以惊人的精力、远见和鼓舞人心的能力，带领整个国家走向了做梦也想不到的胜利。但与之巧合的是，由于托利党的解散、辉格党的团结以及全体国人对法国人的强烈不满，一种新的国民团结感应运而生。尽管皮特才华横溢，但他是一个用恐惧而非感情来实施统治的人。他为人令人生厌，冷酷无情，刚愎自用，反复无常，他有我们现在所说的躁郁症的所有症状。就皮特而言，他的天才也得到了运气的切实加持。海军有像乔治·安森（George Anson）这样才华横溢的指挥官，并且即将进入它的黄金时代。皮特也不必去应付詹姆斯党人动辄心血来潮的阴谋诡计。

　　皮特在某种程度上是一种新的政治现象，因为他集结了议院之外的公众舆论。他吸引外界支持的能力是如此高超，以至于有人说他是第一个"由人民交给国王的大臣"，尽管现实是，国王保留了自己选择以及解散议会的权力，而民众的支持往往如同流沙。从此以后，外部世界的介入将不会减少，而是会增加，任何政治家如果忽视了这一点，就将自担风险。更为险恶的是，那些旨在破坏现有社会稳定的人也同样可以培养这种力量。这正是在新的统治时期所发生的事情。乔治二世于1760年10月25日出乎意料地死亡，从此将开启一个截然不同的时代。

　　在精英统治的这几十年里，也就是在辉格党寡头政治时期，社会开始以比以往任何时候都要快得多的速度变化。当然，变化从16世纪就开始了，但18世纪的新情况是它的加速度。人们第一次感到，人人都生活在不断变化的压力之中。这是一个标志着现代时代到来的特征。

　　尽管如此，从表面上看，许多事情似乎并没有改变。英国社会仍是个农村社会，百分之七十五的人口生活在农村。对于农业而言，这是一个矛盾的时代，因为一方面它正在度过一段长期的低迷时期，另一方面，正是这种低迷提供了一种创新刺激，这将在1760年后为农民启动一个新的繁荣时期。对新技术的实验在上一个世纪末就开始了，但是现在它变得广泛得多。像杰思罗·图尔（Jethro Tull）和"萝卜"汤森（"Turnip" Townshend）这样的英雄是一场普遍运动的象征，这场运动发展了土地管理的新技能，引进了新的金属工具，试验了轮作和施肥的新方法，并种植了新的作物。这些先进措施首先在南部和东部的轻质沙土地上率先实施，过去这些土地都以放牧为主，而现在，通过作物轮作的引入，变成了混合农业。这些变化得益于圈地数量的急剧增加。圈地不仅使土地价值翻了一番，还造就了紧凑得多的农场，从而提高了效率，在耕地和牧场之间实现了更好的平衡。同时，初期工业化带来的城市人口的迅速扩张也意味食品需求的日益上升，这导致了区域专业化：奶酪和培根来自格洛斯特郡，火鸡和鹅来自东安格利亚，啤酒花和水果来自肯特郡，苹果酒来自西南部诸郡。

在这一时期，英国中部和北部的未来工业城镇快速成型：伯明翰（Birmingham）、伍尔弗汉普顿（Wolverhampton）、谢菲尔德（Sheffield）、利兹（Leeds）、曼彻斯特（Manchester）、诺丁汉（Nottingham）、德比（Derby）和莱斯特（Leicester）。工业革命尚未到来，但到18世纪80年代，生产模式已经就位，以炼钢、金属加工、毛织品、精纺织品和棉花生产为首，其次是袜类、陶器、酿酒、亚麻和丝绸。从18世纪40年代中期开始，经济每年都有小幅的稳步增长。政府向来信奉不干预政策，只致力于通过将行业从老式的行会保护主义、内部收费或阶级壁垒中解放出来，为扩张创造合适的条件。人们对每一种将会提高质量或生产率的技术创新形式都怀有强烈的兴趣。一系列发明彻底改变了制造业，尤其是纺织业：约翰·凯（John Kay）发明的提高了手摇织机织工产量的飞梭（1733年）、詹姆斯·哈格里夫斯（James Hargreaves）发明的多轴纺纱机（1768年）、理查德·阿克赖特（Richard Arkwright）发明的水力纺纱机（1769年），还有塞缪尔·克朗普顿（Samuel Crompton）发明的走锭精纺机（1779年），这一切都从根本上改变了纺织工艺。1769年，詹姆斯·瓦特（James Watt）申请了一项更节能的蒸汽机专利。在这一切的推动下，很快就出现了一些通过这种新的创业精神发家致富的人。马修·博尔顿（Matthew Boulton）在伯明翰北部建造了他的苏荷区（Soho）作坊。他雇用了五百名工人，使用水力机械生产大量的铁、青铜、铜、银和玳瑁制品。理查德·阿克赖特曾是一名理发师，他对发明有着敏锐的嗅觉，并具有组织才能。他利用自己的水力纺纱机，在德比郡、兰开夏郡和诺丁汉郡建造了纺织厂。到18世纪80年代，他为数百人提供了工作。

在一个以消费者为导向的新时代，这些发展需要一个更有效的运输网络来满足客运和货运的需求。道路一直是教区的责任，但在1730年之前就已经有一些所谓的收费公路营运者（turnpike trusts）。他们接管一段公路干线，对其进行维护和改善，但只有支付过路费才能进入。18世纪中期的四十年间见证了这一运动的加速，产生了一场交通革命。旅行的实际体验变得面目全非。在18世纪20年代，到达约克或埃克塞特需要三天时间。到1780年，只需不到二十四小时就可到达这两地。四年后，皇家邮政开始提供全国性的邮政服务。18世纪70年代，运河的出现为货运提供了另一种网络。

到1760年，人口再次上升。从1660年到1740年，人口一直处于静止状态，但后来突然开始急剧上升，在18世纪最后十五年达到顶峰。这是一系列复杂环境的结果：生育率上升，早婚、死亡率下降，加上没有重大的流行病。更便宜和更充足的食物确保了人口的迅速增长，这种增长在全国各地各有不同。受益最大的地区是那些未来工业革命的发生地：苏格兰低地、约克郡、兰开夏郡、英格兰中部地区，以及威尔士的东北部和南部。越来越多的人居住在城市和小镇。伦敦有五十万居民，是当时西欧最大的城市。其他地区的人口扩张反映了经济的发展。例如，到1760年，布里斯托尔的人口从两万人增至十万人。利物浦、曼彻斯特和伯明翰等新城市的人口迅速达到两万人至五万人，而诺维奇等老工业中心的人口始终只有两万人。

来自欧洲大陆的游客非常欣赏他们所看到的英国社会。虽然有一定程度的流动性，但整个社会结构仍然是等级分明的、以男性为主导的、可传承的、依赖人们的安分守己的。从教育到普遍的社会态度，一切都加强了现状。这并不是说没有跨越阶层的空间。有进取心、有才智、有活力的人仍能往上爬，而无能或只是运气不好的人则会跌下来。没有什么能改变只有土地和财产才可赋予地位的基本观点。因此，那些在贸易或商业中发家致富的人自然会购买土地，并随之在现行社会中获得地位。

站在社会金字塔顶端的是四百个最大的地主，他们的年收入超过三千英镑。这些人中有一半是士绅，他们大多都比王国中的同龄人富有。事实上，在前两个乔治王时期，贵族的规模几乎没有增加。那些加入它的人来自政界、陆军、海军和法律界。凡是工商界的人，没有一个能得到除骑士或准男爵以外的爵位。这个相互关联的四百人群体共同主导了政治舞台。他们通过所谓的"口袋选区"（pocket boroughs）控制上议院，在这些选区，他们能够控制少数选民执行自己的命令，从而确保自己的次子能坐在下议院。他们的收入不仅来自地产，还来自任职的薪金、与富有的女继承人的婚姻以及从城市房产租金中获得的利润。到1780年，这一群体的年收入在五千英镑至五万英镑，比1688年的平均收入高出百分之八十。当然，他们会把钱花掉。所有的乡间住宅都被大规模重建，有四十个或更多的房间，周围的场地被改造成田园风光的公园。无数仆人维持着这种奢华的生活方式。作为炫耀性消费的纪念碑，他们在社会顶端的地位似乎不容置疑。

当然，作为一个整体的士绅阶层要大得多，有一千五百人到两万人，年收入在两百英镑至三千英镑。他们按照自己的资源去模仿上一阶层的生活方式。在他们之下的是年收入低于一百英镑的十万至十五万的地产持有者。这些人是教区行政的中坚力量，担任教会的监事、土地测量员、穷人监察员和警员。他们都在日益繁荣的普遍财富中分得了一杯羹，扩大和改善了自己的住房。简而言之，拥有土地的阶级变得更富有了，因为当时还没有税收制度来重新分配社会财富。

士绅阶层和下面的"中等阶层"有所重叠，因为他们的次子在这个阶层扩大一倍的时候开始进入职业领域。他们包括出庭律师、诉状律师、土地测量师、药剂师、医生、陆军和海军，以及诸如画家或音乐家等从事文化职业的人。对职业性帮助日益增长的需求不仅生动地反映了休闲生活的到来，也反映了日常财务和管理变得日益复杂的情况。专业人士服务的社会比以往任何时候都更复杂、更注重身份地位、更讲究舒适和便利、更有修养。此类服务的费用可能是巨大的。"中等阶层"还包括富有的资本家和小商人，他们将自己的劳动力和利润投资于创业活动。作为一个社会阶层，他们痴迷于技术发现，于是全国各地都涌现出了致力于科学进步和科学调查的俱乐部和社团。这些阶层的生活方式基本上都是务实的。除了老式的文法学校和懒散的大学，他们还有自己的教育机构。通过这些人，我们接触到了最具活力的乔治王时代的社会。

在所有这些阶层之下还剩有一半的人口，他们甚至没有政治权利。他们被阶层看作目不识丁的乌合之众。文盲现象确实非常普遍，特别是在妇女之中和农村地区。这是一个庞大、多样、流动而怠惰的人口组成部分，包括农业和工业劳动力、农民、家庭用人、普通士兵和海员，以及穷人。他们的生活条件起伏不定，但往往极其原始。因交通改善而变得可能的新的流动性意味着，贫富之间的刺眼差距只会过于明显。下层阶级的生活依赖于他们的雇主，而他们所从事的工作可能是临时性、季节性或计件性的。它不可避免地受到经济变化的影响。尽管如此，直到18世纪中叶，他们也从国家经济财富的总体上升趋势中有所受益。1750年后，生活成本的稳步上升开始威胁到这一点，但总体而言，衣食住行都得到了改善，经济繁荣意味着不仅男人有充足的工作，而且妇女和儿童也有充足的工作。

这是一个没有警察队伍的社会，在这里，各种恐惧从来都深藏在表面之下。大多数人都是迷信和具有偏见的。时不时地会有群氓聚众闹事，把愤怒发泄在不受欢迎的群体身上：罗马天主教徒、犹太人、尤其是非国教徒和卫理公会教徒（Methodists）。这被当作一种生活常态被接受下来，但大多数骚乱都是有组织的，这其实反映了他们对权威的敬崇，就如同基督徒对权威的崇敬。只是到了18世纪后期，这些群氓才开始戴上引起上层阶级警觉的面具，而且那是在猛烈地摧毁了一个贵族社会的法国大革命的余波之中。到了这时，群氓开始被认为是危险的，特别是在煽动者的影响下，于是有越来越多的军队开始被派去镇压他们。

在这第一个消费社会里，由于没有警察，小的犯罪，尤其是盗窃，就会逐步升级。被偷的东西越来越多。针对越来越多的罪行，政府重新采取了扩大死刑和流放范围的办法。事实上，到1775年，大约有五万名罪犯被运往美国。在失去了十三个美国殖民地之后，英国在澳大利亚的新殖民地建立了一个囚犯定居点。但这些惩罚措施适得其反，因为被定罪的人数与已审理的案件数量相比微不足道。

18世纪的社会虽然有种种缺点，但人们还是尊奉道德的。画家威廉·贺加斯（William Hogarth）最畅销的作品都是歌颂美德、谴责罪恶的故事。这是一个坚毅的新教社会，其共同身份在很大程度上仍然是在伊丽莎白一世统治时期锻造而成的，锻造它们的是由《公祷书》《钦定英译本圣经》共同推崇的东西，它们也反映在一些纪念君主制的节日中：庆祝查理二世复辟的5月29日的栎瘿节（Oak Apple Day），汉诺威王朝即位的8月1日，"火药阴谋"发生的11月5日。人们普遍阅读的仍然是福克斯的《行为与典范》（*Acts and Monuments*）。外国人仍然受到深深的怀疑。大多数（如果不是全部的话）是罗马天主教徒，从定义上来说，他们被视为敌人，这一事实在与法国时断时续的长达一百三十年的战争中得到进一步的凸显。那场战争和一个帝国的建立对大不列颠人这一新身份认同在这两个岛屿的逐步叠加起了至关重要的作用。这反映在，几十年里，人们越来越强调所有的本土之物都与其他任何国外的东西是平等的。每个本土成就都会带来新的骄傲，它们第一次有时间进行制度性表达，无论是在为鼓励"英国的艺术、商业和制造业"而建立的"艺术协会"（Society of Arts，1754），还是"皇家学院"（Royal Academy，1768）——"一个促进设计艺术的协会"。当时弥漫着一种乐观、自信和成就卓然的气氛，直到美国革命时才残酷地粉碎了它。

第四十八章　追求幸福

事实上，从最高贵的公爵到最卑微的劳动者，每个人都从首富之国的公民身份中受益。大量涌入的财富必须被花掉，今天我们在很多地方都能看到那些证据。在乡村，优美的房屋拔地而起，周围环绕着花园和公园。在城镇，气势恢宏的广场和井然有序的露台不断涌现，剧场和礼堂之类的公共建筑也层出不穷。人们还可以从保存下来的数量远超上一世纪的工艺品中找到证据：家具和纺织品，银器和瓷器，乐器和插图书籍。这些都构成了一个巨大的社会革命的有形证据，因为这些东西不仅表达了人们对舒适生活的向往，而且是新兴的中产阶级地位的象征，他们模仿那些比自己优越的人，认同贵族的礼仪准则，将其作为约束人类行为的要素。它不仅是英国第一个消费社会的证据，而且还是另一种新奇事物的体现：休闲生活。

但人们在过这种休闲生活时总不免怀有一丝罪恶感。当然，所有形式的不道德、堕落和放荡都受到了坚决的谴责。通过努力工作和进取获得的钱至少应该保证能用在改善自我方面。在上一个世纪，人们主要通过追求与上帝的交流来获得幸福快乐，认为快乐也许可在天堂获得；而现在，人们发现在对上帝的人间创造物的研究和享受中也包含着快乐。萦绕于斯图亚特王朝时期的英格兰的清教伦理让位于在咖啡馆、俱乐部、舞会、音乐会、讲座、剧院或赛马会的社交聚会所带来的欢乐。这种人在相互陪伴下获得的强烈愉悦感不仅局限于外部世界，也融入了家庭内部。它让有钱的富裕家庭充满活力，在这样的家庭中，丈夫对妻儿的严厉父权态度被家庭生活的欢乐所取代，一种新的绘画形式——室内风情画——捕捉到了这种欢快的家庭生活。这些绘画体现了跨越两代人、有时是三代人的整个家庭团聚在一起，以不同的方式来追求快乐：读书、刺绣、作曲、素描、骑马、放风筝或钓鱼。

所有这些都反映了另一个变化。人们跨越了比以往任何时候都要广的社会阶层进行相互接触，这首先发生在伦敦，王室会留居在此地一段时间，议会召开会议（它已变成了每年一次）。上议院和下议院的成员每年都需要在首都待上几个月。他们购置了联排房屋，带着家人一起来住。结果，一种全新的社交生活模式出现了，从林荫道上的散步到看戏，各种新的聚会场所层出不穷。

随着矿泉疗养地的发展，伦敦以外的地方也将发生同样的事情。人们为自己的健康起见去这些地方喝温泉水，洗温泉浴，以治疗暴饮暴食和不良饮食习惯所带来的后果——皮肤病，以及可能会引起慢性风湿病的感冒。巴斯在"花花公子"纳什（"Beau" Nash）的主持下很快确立了自己的地位，成为上流社会的时尚中心。没有男人敢穿着靴子或携带佩剑出现在华丽的大厅里，也没有贵妇敢穿戴围裙，事实上，当昆斯伯里公爵夫人（Duchess of Queensberry）戴了围裙时，纳什用拽它的带子的方式来训斥她。在他指导下举办的舞会和娱乐活动体现了一种新的社交生活的复杂性，从滕布里奇·韦尔斯（Tunbridge Wells）到巴克斯顿（Buxton），这种情况在全国各地的其他矿泉疗养地都有出现。本世纪后期，人们发现了海水浴的好处，于是南部海岸的度假胜地布赖顿（Brighton）和马尔盖特（Margate）顿时变得生机勃勃。未来的乔治四世（George Ⅳ）在布赖顿建造了他所谓的"海上别墅"，吸引了整个上流社会。英格兰的富人们就这样聚在一起，说长道短，自娱自乐——而这一切都是以"改善"的名义进行的。

这意味着人们会以前所未有的形式旅行。在世纪之初，每周有一辆公共马车离开伦敦前往约克或布里斯托尔等主要地区城市。这趟旅程会很不舒服，很慢，有时还很危险，这不仅是因为道路的状况，还因为有拦路抢劫的人。这种情况在一场与汽车问世同样重要的革命中发生了急剧改变，这就是有关马的革命。几千年来，马一直被用于旅行、工业和农业用途；现在，它们不仅数量倍增，而且得到了精心培育，有了更大的力量和耐力。这带动了流线型设计的四轮马车和车厢的出现，它们更轻，乘坐起来更舒适。到1800年，凭借每周数次的定时客运服务，特伦特（Trent）以南和塞文河（Severn）以东的每个城镇都能在一天之内抵达伦敦。

因此，旅行不再是一种勉为其难的无奈之举，而成为生活的乐趣之一。在大大改善了的公路网络上疾驰的不仅有形形色色的男男女女，还有文化和时尚：演员、音乐家、画家和舞蹈大师，他们都在展示着全国各地新出现的休闲狂热的不同方面。

剧院获得了新的地位。直到18世纪，伦敦以外还没有剧院。在此之前，戏剧表演都是在庄园豪宅的大厅或城镇旅店的院子里进行的。1705年，伦敦以外的第一个专门建造的剧院在巴斯拉开了帷幕，这是席卷英国的建筑热潮的先驱。很快，大大小小的城镇都有了自己的剧院。事实上，许多城镇还有好几个剧院。在伦敦，随着当时两位最伟大的演员——大卫·加里克（David Garrick）和萨拉·西登斯（Sarah Siddons）——的出现，明星应运而生。加里克通过他在公共关系方面的天赋，提高了剧院和演员的地位。剧院里挤满了观看歌剧、芭蕾舞、哑剧和话剧的观众；更好的交通与更多的剧院的结合还意味着剧团可以而且确实进行了巡回演出。

剧院并不是唯一兴起的公共建筑新形式。礼堂也是如此，它能够让人们以前所未有的方式聚在一起，只要付费，便可在此跳舞或听音乐会。以前一直是宫廷里的庄重步伐或乡村居民的粗俗嬉闹的舞蹈也在聚会中找到了一种新的表达方式，新的舞种，如小步舞曲，为社交互动和少女出嫁提供了新的竞争舞台。大量生产的乐器和印刷的乐谱加速了音乐制作，使这一成就传入千家万户。韩德尔是那个时代的主要作曲家，在大教堂里，人数众多的唱诗班对着拥挤的观众唱着他的《弥赛亚》（Messiah）。伦敦成为欧洲的音乐之都之一，莫扎特（Mozart）和海顿（Haydn）都认为伦敦是必往之地。在地方郡县，音乐在节日的助长下盛极一时，如在赫里福德、伍斯特和格洛斯特之间轮换的"三郡合唱节"（Three Choirs Festival）。

阅读催生了公共建筑的另一种新形式——流通图书馆。书籍曾是少数人的特权，收藏在庄园豪宅里、神职人员或学者的家里，或是大学等学校里。随着流通图书馆的出现，这一切都改变了。流通图书馆始于伦敦，始于时尚的矿泉疗养中心。这种读物可借可还的形式，迎合了人们致力于通过获取知识来提高自己的需求。中产阶级的孩子预期在五六岁时即可阅读，而且第一次出现了专门写给他们的文学作品，在看完儿童读物之后，他们可继续去读整个一系列以前他们无论如何都完全看不到的读物。例如报纸，因为没有一个地方城镇没有自己的周报，上面充斥着国家和地方新闻以及文化事件的广告。还有小说，实际上这是一种新的文体，它以读者的时代为背景，令人兴奋不已。无论是谁，只要翻开劳伦斯·斯特恩（Laurence Sterne）、塞缪尔·理查森（Samuel Richardson）或简·奥斯汀（Jane Austen）等作家的作品，浪漫、恐怖、爱情和冒险就会为之敞开大门。

有些人的旅行从未超越过这些心灵的航程，但对另一些人来说，旅行是活色生香的现实。到世纪末，人们不仅前往矿泉疗养中心，还会探索自己的国家，这实际上是一次英格兰发现之旅。在这些旅程中，人们不仅在欣赏大自然的过程中表达了对上帝创造的喜悦，而且越来越多地表达了对自身过往的感受。人们通过略带浪漫色彩的眼睛注视着这两者。高山，以前被视为荒凉的障碍，现在则被视为上帝神奇杰作的证据，令人敬畏，令人谦卑。废弃的修道院，曾经被视为已经销声匿迹的罗马教皇制之罪孽的纪念碑和获取石头的便捷采石场，如今则被视为英国史诗般的过往的神圣证据，里面充斥着英勇的骑士和面色苍白的女英雄。两者都激发了这个岛国的爱国自豪感。参观约书亚·韦奇伍德（Josiah Wedgwood）在伊特鲁里亚（Etruria）、博尔顿（Boulton）或瓦特（Watt）在伯明翰苏荷区的工厂，也同样会激起这种热情。在这些地方，游客们惊叹于时尚制造领域的一切新东西，从花瓶到鞋扣，从肖像徽章到蒸汽机。这一切都让他们充满了自豪，也让他们坚信大不列颠的荣耀。

当贵族的马和马车在欧洲大陆上纵横驰骋时，这种自豪感延伸到了他们的海岸以外。这是所谓"壮游"（Grand Tour）的时代，任何真正的统治精英都不能忽视这种旅行。先要前往法国，从一个外省的小镇开始，以便学习法语这一欧洲通用语，然后前往巴黎，品味一种国内远不可及的精致的奢华和优雅的生活方式。但是真正热门的地方始终是意大利和罗马。所有与现代旅行有关的随身物品开始大量涌现：导游手册、短语手册、地图和货币表。此外，当一位英国贵族抵达意大利时，那里绝不会缺少导游、家庭教师和经销商，以确保他不会错过任何风景或任何购买可带回家的艺术品的机会。尽管人们四处游览，欣赏文艺复兴和巴洛克时代的意大利的成就，但他们真正的注意力却牢牢地固定在一个时期：罗马帝国时代。

这种热情是一种基于对希腊罗马古典知识的经典教育的体现。在英格兰，精英们试图表达他们在书中所读到的、在他们打造的古代废墟以及对周围景观的重塑中所看到的理想。这是个乡村住宅的黄金时代，它们看上去是历史悠久的古典式别墅，却不乏一丝一毫的现代舒适感。17世纪80年代始于佩特沃斯（Petworth）和查兹沃斯（Chatsworth）的乡村住宅建设热潮持续了几十年，贵族和士绅们按照新古典主义的理念修建和重建自己的乡村住宅，从而改变了乡村的面貌。这些房子将成为文明生活的纪念碑，有优雅的接待室、图书室、画廊和书房。它们不是封闭的堡垒，因为它们是开放的，允许文明阶层的成员参观。最让这些游客兴奋的是，这里的一切都是新的。

这些住宅证明，英格兰上流社会仍然牢牢地扎根于乡村，在这一点上与欧洲大陆的贵族不同，后者的主要角色是出没于宫廷。凶悍的狩猎规则是对乡村生活狂热的表现，集中体现在对户外运动的痴迷上。射击和新发明的猎狐运动成了地主阶级的命根子，使运动变得更加令人兴奋的，一是枪支制造方面的改善，因为它使射击飞翔的鸟类成为可能；一是首次引入了篱笆的围猎，因为篱笆使马匹和骑手在追逐过程中必须跳过它们。

其他大多数运动的社会分化并没有如此严重。射箭、保龄球、拳击和赛马将社会各个阶层的人聚合在了一起。到1700年，纽马克特（Newmarket）、唐卡斯特（Doncaster）、约克、埃普索姆（Epsom）和阿斯科特（Ascot）已经成为首屈一指的赛马场。很快，从赛马俱乐部（Jockey Club）到德比马赛（Derby）这样的经典比赛，赛马这项运动的全套装置都准备就绪。像"日食"

（Eclipse）这样的马匹成为明星，赛马也发展成为大规模的大众娱乐。

这是一个喜爱社交、自由自在的社会，与当时欧洲的任何其他社会都截然不同。审查制度的废除开辟了一条尖锐的社会和政治讽刺的途径，它贯穿了每个阶层，且绝对独一无二。它还是首个大量产生伟大视觉艺术的社会。曾处于伟大的文艺复兴和巴洛克运动边缘的英格兰现在占据了中心舞台，到1800年，将会席卷欧洲的新古典主义和浪漫主义等新风格开始崭露头角。建筑师威廉·肯特（William Kent）、威廉·钱伯斯爵士（Sir William Chambers）和亚当兄弟（Adam brothers），以及画家贺加斯（Hogarth）、庚斯博罗（Gainsborough）、雷诺兹（Reynolds）和斯塔布斯（Stubbs）都获得了国际声誉。他们里程碑似的证明了这样一个事实：艺术不仅是才能的问题，也是对消费者需求的回应。

这是一种城市文明，其活动以城镇为基础。都铎王朝和斯图亚特王朝时期的古老城镇街道狭窄，用木材、木条和灰泥建造的房屋拥挤杂乱，它们如今都已被以秩序、对称和空间为最主要的鲜明特征的房屋所取代。它们现在用砖、石、条石、瓦片和石板建造，呈条形、正方形和新月形排列，与外墙、门廊和上下推拉窗相匹配。管道供水和排水被引入进来。房间内部既通风又宽敞，由通道和楼梯连接。它们的外观被分为不同等级，以反映业主的地位。它们由宽阔的街道连接，这些街道铺得平平展展，有适当的照明，通向公共广场或建筑。当地最大的骄傲是公共建筑的建造，如礼堂、教堂、市政厅、桥梁和监狱。此外，还修建了公园和步行道，居民可以在那里散步或骑车。有些人甚至用沃克斯豪尔（Vauxhall）这样的娱乐花园来美化伦敦，沃克斯豪尔为戏剧表演、音乐、外出就餐、舞会和消防表演等大型活动提供了场所。因此，士绅家庭在冬季经常搬到当地城镇居住，将注意力集中在位于礼堂的活动项目上。

休闲将成为一种把社会联系在一起的新力量，因为实际上所有阶层都共享着休闲的方方面面，无论他们是构成了戏剧观众还是比赛观众。在天堂和人间都能找到幸福，任何地方的生活都焕发出新的光辉。大脑、心灵和身体通过一系列前所未有的或只有少数特权者才可获得的活动和工艺品得到了充分的锻炼。不过，还有一半以上的人的生活仍然是在艰苦条件下的不懈劳作。他们的时间还没有到来。但对那些钱包鼓鼓的人来说，生活就像一场冒险，从放纵于最新时尚到乘热气球，在每一个转折点都有新的体验可品味。乔治王时代的人们会竭尽全力地享用它。

第四十九章　理性与狂热

1738年5月的一个晚上，一位名叫约翰·卫斯理（John Wesley）的年轻牧师在伦敦市的奥尔德盖特街（Aldergate Street）参加虔诚的圣公会教徒的集会。在朗读伟大的德国改革家马丁·路德的著作时，一件不寻常的事情发生在他身上：

> ……大约在九点四十五分，当他描述上帝使人因信基督而在心中所作的改变时，我感觉心里莫名地温暖。我觉得我确实相信基督，只有基督才能向我施救；他向我保证，他已经除去了我的罪，甚至我的……

卫斯理用这些话描述了将会改变其生活的事件，也是全国各地成千上万的人将会在福音派基督教（evangelical Christianity）信仰中发现的事件。福音派基督教是他及其追随者传授的一种信仰形式，因为它，现有的教会将无立足之地。其关键词是"感觉"，因为就像坎特伯雷大主教十年后承认的那样，英格兰教会已经"失去了控制人心的力量"。

教会在进入这个世纪时已处于衰落和困境之中。在新的任免体系稳固的情况下，罗伯特·沃波尔爵士毫不犹豫地用自己提名的人选填补教会职位，这些人都是优秀的辉格党成员。人们并不一定可由此得出结论，说他们中间没有好的牧师，或穷人不再能够在其间得到提升，但普遍的趋势是一种长期、迅速和有害的衰落，这种衰落将一直持续到19世纪初。到1801年，在复活节领受圣餐的人数已经下降到人口的十分之一。18世纪的大多数方面都不太可能鼓励英格兰教会从它的精神麻木中崛起。农业的繁荣意味着神职人员的什一税大幅增加，使教士俸禄首次吸引了来自拥有土地的精英求职者，并为家中的次子们（其兄长住在附近庄园豪宅中）提供了舒适的职位。结果，越来越多的神职人员来自士绅阶层，甚至来自贵族阶层，导致其与教区居民更大的社会差距。许多人尽职尽责地为自己的教区服务，但他们基本上是对上层和中产阶级的精神需求做出回应，这些人用牛顿的眼光看待周围的世界，不可能接受卫斯理所经历的那种高度情绪化的宗教反应。对他们来说，理性统治着一切。他们希望自己的牧师宣扬一种"自然宗教"，在这种宗教中，神的启示和奇迹占据了最小的位置，而是将焦点放在赞颂作为造物主（这体现在他的许多创造物之上）的上帝上面。在一个无忧无虑、上剧院、打扑克的社会里，过于虔诚的神职人员也不受欢迎。

这时的英格兰教会无可奈何地接受了对其基本信仰前所未有的攻击。它已失去了智识上的领导地位，面临着轻率的攻击，这些攻击要么破坏要么干脆拒绝基督教信仰的既有原则。圣公会教会没有发起反攻，而是成了墙头草，结果，面对一股理性和科学的怀疑浪潮，它陷入了越来越混乱的状态。一个名为理查德·本特利（Richard Bentley）的教士说，一些神职人员甚至相信，"灵魂是种物质，基督教是场骗局，《圣经》是个谎言，地狱是种寓言，天堂是个梦想，我们的生活没有天佑，我们的死亡没有希望——这些正是那些福音布道者宣讲的属于荣耀福音的东西"。他的这种说法虽然极度夸大其词，但也捕捉到了当时的氛围。

克制、端严和庄重是18世纪基督教的格言。最重要的是，上流社会的习俗和礼仪不能容忍他们称之为"狂热"的东西，即任何形式的过度的宗教虔诚、热忱或神秘主义，他们认为这些都是古怪的、与理性不可调和的。然而，这种直击心灵的信息是将那一信仰传递给新兴工业城镇和城市中的众多群众的唯一途径。英格兰教会本身根本没能在这些地区建造足够多的教堂，更不用说调整中世纪的教区体系了，这一体系与人口中不断增加的变化几乎没有挂起钩来。难怪卫斯理相信，上帝在1738年5月的那个晚上"开始了他的伟大工作"。

但卫斯理不是唯一的一个，也不是第一个，因为就连那次会议也反映出，虔诚地忠于自己信仰的英格兰教会成员团体已经存在。卫斯理是众多献身于福音事业的人中的杰出人物。他本人是一名牧师的儿子，追随父亲进入了英格兰教会。后来被称为"卫理公会派"（Methodism）的宗教可以追溯到他在牛津的时候，当时他是"神圣俱乐部"（Holy Club）的成员之一。另一位成员是乔治·怀特菲尔德（George Whitefield），后来他也成了有名的牧师。回过头来看，卫斯理把卫理公会定义为"按照《圣经》中记载的方法生活的人"。卫斯理在社会和政治方面都非常保守，几乎没有时间"狂热"。但他无法摆脱这个标签，因为他关于救赎的言辞经常在他的听众中引起狂热的反应。这源于他自己的皈依经历，而他的皈依是建立在对16世纪的宗教改革者之信念的重新发现上的，即仅凭信仰就能称义（justification by faith alone），而大多数神职人员所宣扬的是信仰与救赎所必需的善行的结合。

对那些以这种方式皈依的人来说，这是一种启示之举，产生了一种与普通讲坛上传播的信仰截然不同的强烈信仰。卫斯理和怀特菲尔德带来的信息不受英格兰教会的欢迎，所以他们开始露天向广大会众布道。卫斯理传达的信息旨在战胜罪恶，而不是社会掠夺。它与心灵对话而不是诉诸理智。其结果是，上流社会对之漠然置之，其信徒主要是来自新兴工业化城市及其周边的穷苦劳动者和工匠。卫斯理毕生都是既有的英格兰教会的一员，拒绝领取教士俸禄的他得以骑马在全国各地旅行达二十五万英里，平均每年八千英里。每到一处，他都会留下一个组织，这些组织逐渐形成了一个全国性的人群网络，这些人致力于虔诚、勤劳和个人道德的模范生活。这些团体通过捐款来支持那些管理他们的人，并进而建造礼拜堂供人们礼拜。卫斯理发现没有几个牧师愿意加入他的行列，于是开始任命一些世俗布道者担任牧师之职，最后还任命了一些人到国外传教。这一举动标志着与现有教会的分道扬镳，这将发生在1791年卫斯理死后。

早在1779年，世俗布道者的地位就受到过质疑，导致卫理公会教堂被迫像非国教徒的集会场所一样需获得执照。英格兰教会和整个社会都有自己的方式将狂热分子拒之门外。受到吸引的俗人会遭到排斥。想接受圣职和显示出任何卫理公会迹象的人遭到拦截。上流社会和现有教会对卫理公会抱有严重的疑虑，认为它是一股颠覆社会的潜在力量。它之所以受到质疑，不仅是因为它吸引了城市工匠和工人，还因为它继续组织他们，让他们发出声音——尽管是作为布道者。卫理公会还赋予妇女以角色，这也被认为是对现状的威胁。所有这些都引发了人们深深的不信任，认为现有社会等级制度有被破坏的可能。卫理公会牧师及其传道者的自我克制的生活，是对一个以什一税、清闲差事、多元主义和世俗资助等形式崇拜财产的教会的活生生的谴责。更糟糕的是，他们的存在暴露出许多神职人员缺乏精神领袖的气质。

但是，卫理公会从一开始就因其领导者之间的内部不和而四分五裂。其中最著名的人物是亨丁顿伯爵夫人塞琳娜（Selina, Countess of Huntingdon），她于1739年加入卫斯理，并将一生奉献给了将卫理公会带入上流社会的事业。为此，她建立了自己的礼拜堂，并为之配备了自己的牧师。当卫斯理和怀特菲尔德最终因教义问题发生争执时，她站在了后者一边。到卫斯理去世时，卫理公会已经脱离英格兰教会，任命了自己的牧师，并管理着一个组织，这个组织的社团遍及当时已经出现的美国。但在英国，成为卫理公会信徒的人口比例非常低，虽然他们的信息传播到了更多的人那里。1776年，其人数仅为三万。尽管如此，这些都体现了精神上的活力，而在当时的世纪里，这种活力在很大程度上是缺失的。

福音的复兴公然违背了理性时代所代表的一切。但在一个试图去除或理性地解释任何从理性的角度来看也许是无法解释的东西的时代，基督教并非唯一受到压制的事物。巫术和迷信受到了完全相同的对待。1736年，《巫术法案》（Witchcraft Act）被废除，结束了上一个世纪的可怕迫害。对任何有理性的人来说，巫术都是一种反常现象，一种从黑暗时代幸存下来的原始存在，在教育和经济进步的影响下，它自然会彻底消失。此事未能发生的事实对受过教育的阶级而言仍然是种恼人的刺激。构成大多数普通乡村居民思想的民间信仰和普遍的迷信观念的网络也拒绝消失。它整个地存活了下来。

当然，英格兰教会也存活了下来。毕竟，它是国家的有力武器，不管它多么怠惰，教区系统仍是乔治王时代的英格兰的大多数人生活的一部分。因为几乎所有人都处在一位为他们的洗礼、结婚和下葬出力的白衣牧师的轨道上。英格兰教会的组织结构完好无损地保存了下来，等待着将会在维多利亚时代的复兴。

第五十章　复乐园："能人"布朗

我们今天看到的乡村是乔治王时代的产物，是对利益和乐趣双重追求的结果：通过新的耕作方法获得利益，通过改造景观获得乐趣。拥有财富和地位的人选择通过大规模重塑农村的结构来表达自己的地位、权力和影响力，这还是第一次。之所以能做到这一点，不仅是因为国家在"七年战争"后拥有的巨大财富，还因为这样一个事实：大部分土地都集中在大庄园中。这些庄园的主人是同类人：他们要么是下议院议员，要么认识下议院议员，因而能够使制裁圈地的法案得以通过，因为无论是对新的农业技术而言，还是对宏大的景观花园的缔造而言，制裁圈地都是十分必要的前提。议会在1750年到1820年通过了数千条这样的法案，极大地改变了乡村的视觉景观。

它是自上而下的变革，推行了一种在当下那个世纪才瓦解的农村社会模式，其焦点是一座豪宅，其在18世纪的目的已经与早期相比发生了根本性的变化。中世纪时，这种乡间豪宅是当地的社区中心，领主们在这里招待佃户，伸张正义。它也是地方的行政力量所在地。16世纪以降，随着宫廷和议会的崛起，这些房子的功能逐渐发生了变化。现在，它们建造的主要目的是给同阶层的人留下深刻印象，因为在一个旅行变得更加便利的时代，参观乡间别墅已成为上流社会生活的一种规范。现在，这些房子都设计为带有许多套间，可以在其中接待王室成员，也可以大张旗鼓地招待同为上流社会的成员。仆人们不再像过去那样和家庭成员紧挨着一起生活和睡觉，现在他们被分配到房子中的单独区域。甚至在农舍，仆人也不再住在里面，而是住在附近的小屋里。

豪宅的四周是公园，这是一片完全人为设计的景观，目的是将宅子里的人与外界隔离开来。要实现这样的理想乐土，往往意味着需要拆除和搬迁整个村庄。至少，庄园主会给以劳作为生的穷人的简陋小屋装上棚架，让他们种植攀缘植物，好让庄园主和他的客人们在骑马经过时觉得它们有恰如其分的美感。公园再过去是连绵的农田，中世纪的带状耕作系统最终消失了，取而代之的是被树篱或围墙围起来的新型矩形田地。由于这种变化，佃农可以采用新的作物轮作制度。那些遭受损失的人是最贫穷的人，他们现在甚至无法获得公共土地以帮助维持自己微薄的生活。

这些社会现实为一种革命性的园林风格提供了背景，这种园林风格起源于英国，不仅将风靡欧洲大陆，而且还将推行到美国。

这样的公园可能是财富和地位的表达，但它们也是其所有者对自己周围的自然界之看法的深刻表达。这代表了数世纪以来的一种信念的逆转，即自然界是人类在伊甸园中屈服于诱惑的原罪的结果。在此之前，上帝将自然安排得井井有条，极为和谐，例如，树木按有序的几何图形生长，大地的果实会自发地长出，动物温驯无害。由于失乐园和人类的过失，一切都改变了。人类现在面临的是充满危险的野兽的密林和阻碍人类通行的崇山峻岭，要在此恶劣环境下辛勤劳作。人类只有在创建园林的过程中才能按照神的意志重新安排自然。

因此，最早的园林被划分为几何形状：正方形、圆形和长方形，反映了上帝眼中的宇宙结构。规则式园林时代由此兴起，路易十四的凡尔赛宫（Versailles）是其顶峰，在这里，运河、花坛、池塘、喷泉、林荫道和矮林组成了一个网格，从宫殿向外辐射。这种风格在17世纪下半叶被英格兰采用，当时，巨大的园林从景观中凸显出来，以大厦为中心向外延伸，形成一系列构思巧妙、对比鲜明的圈用地。

所有这些都将被扫除，这不仅是因为时尚的改变，而且是因为对旧的自然观的排斥。不过取代它的园林同样是人工制造的，因为它是传统古典诗歌中描绘的风景，一个世外桃源，住在其中的是心满意足的牧羊人和牧羊女，他们在枝叶蔽日的林间芳草地上照料着羊群，远处异教徒的神庙隐约可见。

更重要的是，它是经过画家们重新打造的景象，这些画家中最重要的是伟大的法国艺术家克劳德·洛林（Claude Lorraine），他的风景画是贵族们争相收藏的对象。将自己的园林重新打造成这些画中所见的样子，这正是那些受过古典教育的人，尤其是那些共同拥有一种全新文化体验——"壮游"——的人的愿望。他们希望在自己的领地上唤起对其在意大利见到的罗马废墟的回忆。

渐渐地，上一个世纪的园林被看作反常的。僵直的线条让位于蜿蜒的曲线，人们开始热衷于在曲折起伏的道路上散步。花园和园林之外的乡村不再被认为是蛮荒的存在。林间小径开始通向这里，环绕房屋的园林与公园以外的景观间的界线因隐篱的出现而变得模糊，隐篱是条带有挡墙的干涸水沟，可将牛群挡在园林之外，却又使园林中的人能够望见园林外的景观。大作家约瑟夫·艾迪生（Joseph Addison）在为《旁观者》（Spectator）杂志写的一篇文章中提到了这一变化："……一望无际的玉米地景色宜人；而且……如果草地上的天然绣品能通过一些小小的艺术点缀得到辅助并加以改善……一个人就可以将自己的财产创造为美丽的风景。"事情确实如此。

威廉·肯特（William Kent）是这场革命的第一个主要人物，他最著名的园林——1740年左右建在牛津附近的鲁沙姆花园（Rousham）至今还保存着。在一个由查韦尔河（river Cherwell）和一个庄园的边界勾勒出的空间中，打造出了道路区域，它令人联想到古典诗人所描述的景致——例如，一道山谷被布置为极乐世界（Elysian Fields）和维纳斯河谷（Vale of Venus），里面种满扶疏的小树，而一道乡村气息的小瀑布也暗喻着古代的荣光。周围乡村的景色被拓展和美化，例如，一所偏远的小屋被改造成了一座哥特式磨坊。在这样的园林中，主人可以同客人们漫步在经过重新布置和装饰的自然美景中，以对古典时代的遐思来激发想象力，并通过联想把那失去的荣光与自己国家现在的辉煌联系在一起。

此类园林的最伟大的创造者将是兰斯洛特·布朗（Lancelot Brown），他于1716年出生在诺森伯兰郡柯克霍尔（Kirkhole）的一个偏僻的小村庄，表面上是一个贫穷家庭的五个孩子之一。他与其他孩子的不同之处在于，他一直在接受教育，直到十六岁，这表明他很可能是当地地主威廉·洛雷恩爵士（Sir William Loraine）的私生子。他刚从学校毕业便立即开始为爵士效劳。洛雷恩夫妇正在按照新的自然风格建造一座园林，而已经证明了自身才干的布朗深入地参与了它的规划。他早年的生活一直笼罩在神秘之中，我们不得不认为他是自学成才的。

二十三岁时，布朗经由洛雷恩夫人的亲戚的介绍前往南方，并在牛津郡的基丁顿（Kiddington）打造了自己的第一座园林。那一早期作品已经包含了他的风格的基本要素。之后，他为辉格党巨头之一的科巴姆勋爵（Lord Cobham）工作，公爵在白金汉郡斯托庄园（Stowe）的园林是当时最大的园林之一。布朗在那里工作了八年，学习手艺，包括发明了一种移动树木的机器，它可以将树木连根拔起并抬至二十五至三十英尺高，这意味着他可以立即为其顾客提供一丛丛的树木。他已经开始被朋友们雇用去为自家的园林布置景观，他的新身份也反映在他的称呼上，他突然开始被称为"先生"。

1751年，他在汉默史密斯（Hammersmith）建立了自己的公司，他是如此成功，以至于十三年后他成为皇家园丁，并搬到汉普顿宫的一所房子中。在长达三十五年的职业生涯中，他为约一百座园林打造过景观，并发了财，买下了一座庄园豪宅，成了一名绅士。他成为剑桥郡和亨廷顿郡的高级治安官，并把儿子送进了伊顿公学（Eton）。他不仅为国王工作，还为公爵和许多领主工作。在18世纪60年代的前半段，他处于事业的巅峰。大约在1760年，他开始打造查兹沃斯（Chatsworth）、阿什里奇（Alnwick）和阿尼克（Alnwick），在鲍伍德（Bowood）建成之后的一年，即1764年，他又开始打造布伦海姆（Blenheim）、卢顿胡（Luton Hoo）和里士满宫（Richmond Palace）。要了解他所承担的任务的规模，只需想想他的杰作——超过三千英亩的布伦海姆公园。

他的例行程序总是一成不变。他先去参观一个地方（每天收费十几尼），以确定一项规划的大纲。他会与一个测量员和一个绘图员一起四处走动，他们会记下并绘制出所有要做的东西。这些访问如此短暂，以至于他被戏称为"能人"（Capability）。然而，布朗在挑选员工方面很有天赋，因为他要依靠

第五十章 复乐园："能人"布朗

一系列工头在现场完成工作。

这可能涉及惊人的规模，如有必要，还会涉及房屋重建。他的风格与肯特不同，他没有时间去建造古典寺庙和假废墟。他形成的格局从未改变过。他总是通过筑坝或引水创造出一个大湖或一条蜿蜒的河流，他的设计方式是，水源被一座桥或一道瀑布隐藏起来，让人觉得水外有水。草坪依着起伏的地形延伸到水边，如果需要的话，可以通过搬运成吨的泥土来制造这样的地形。然后，一丛丛的树木被小心地点缀在周围，不同的品种确保了在不同季节的色彩对比。这些都经过巧妙的布置，以便构成框架，无论是看向房屋（这是园林打造的焦点），还是从房屋中往外看，都能看到经过精心策划的景观。特别引人注意的是接近园林的道路，以使游客可以从远处瞥见大厦的一系列精心安排的景致。接着，整个园林又被密林所环绕，一条马车道缓缓穿过树林，以便主人带着自己的客人去欣赏他使之臻于完美的自然美景。

在二十年的时间里，布朗春风得意，一大批模仿者竞相效尤。后来，在18世纪70年代，他开始受到抨击。由于人们品味的改变，他的园林被视为"荒无人烟"，更糟糕的是，人们开始欣赏乡村本来的样子，并对布朗对它的操控感到震惊。18世纪80年代，诗人威廉·考伯（William Cowper）总结了这种转变：

> 进步，这个时代的偶像，
> 却有许多牺牲者。
> 瞧！他来了，
> 全能的魔术师，布朗，出现了
> …………
> 他发下话来。
> 前面的湖泊变成了草坪，
> 树林消失，山丘下陷，河谷抬升，
> 而仿佛是为他创造的溪流，
> 追寻着他的魔杖指引的轨迹而去……

但是"能人"布朗所代表的风格将传至欧洲，扫除早期的规则式园林，代之以英伦花园（*le jardinanglais*）。这种风格首先抵达的是法国，然后南传至意大利，然后横跨德国，最后进入俄罗斯。布朗的作品代表了少数几种完全源自英国的艺术形式之一的最高峰。

第五十一章　瓦解与失败

1760年，一个二十四岁的年轻人继承了王位，他是已故国王的孙子，乔治三世（George Ⅲ）。尽管有着汉诺威家族的长相，长着突出的眼睛和有力的下腭，但他认为自己首先是大不列颠国王而非汉诺威选帝侯。当他第一次会见枢密院成员时，他提到"这是我的祖国"。与他的前辈不同，他憎恨汉诺威。他在英国长大并接受教育，英语是他的第一语言。在这方面，他和先辈们形成了鲜明的对比，而这还不是全部，因为他还是一个虔诚的圣公会教徒和忠诚的丈夫。他带着理想主义的信念开始了自己的统治，这使他没有准备好去应对政治生活的艰难现实。更糟糕的是，他从祖父那里承接过来的是他讨厌的首席大臣——威廉·皮特。

主导乔治三世的是傲慢自大的苏格兰人布特勋爵（Lord Bute），他最为出名的是那双漂亮的腿。在政治上，他一无是处。国王的野心是在登基时扫清一切政敌，所以他让布特晋升到最高职位。乔治从小就相信，他的祖父和曾祖父都曾被统治英国政坛长达四十年之久的辉格党寡头政治的成员逼得沦落到无足轻重的地步。这并非实事的事实没有抹去国王对此看法的深信不疑。乔治登上王位后，人人都渴望和平。皮特认为，法国和西班牙将签署协议，形成攻守同盟（事实证明这是正确的），因此希望通过对西班牙宣战来先发制人。没人愿意支持他，所以皮特于10月辞职，国王终于摆脱了他。

第二年，英国正式对西班牙宣战，战争一直高歌猛进，因为英国占领了马提尼克（Martinique）、格林纳达（Grenada）、圣卢西亚（St Lucia）和圣文森特（St Vincent）。但是，当时并不是战争大臣的布特惊慌失措，开始与法国进行和谈。老纽卡斯尔公爵因英国放弃与普鲁士的联盟而辞职，这使国王得以提拔布特成为第一财政大臣，使之达到了自己事业的顶峰。但这样做的巨大代价是让政府失去了纽卡斯尔这个在过去几十年的辉格党统治时期的关键人物。纽卡斯尔是辉格党家族及其关系网络的中心，这些关系对任何政府的运作都至关重要。自乔治一世以来，这是辉格党人第一次发现自己失去了权力。

1763年2月10日，《巴黎条约》（Treaty of Paris）签署，英帝国因此获得了巨大扩张，法国则交出了以下领地：整个加拿大，路易斯安那州密西西比河以东，布雷顿角（Cape Breton）和圣劳伦斯海湾（Gulf of St Lawrence）诸岛，多巴哥（Tobago），多米尼加（Dominica），圣文森特（St Vincent），格林纳丁斯（Grenadines），塞内加尔（Senegal），佛罗里达（Florida）。英国现在统治着自罗马帝国以来最伟大的帝国，而事实证明，这一巨大的胜利将是悲剧的前奏。这悲剧首先始于国内，在这里，政治进入了极不稳定的时期。

这在很大程度上可以归咎于乔治三世。他的两位前任总的来说都足够精明，坚持任用那些在职时间较长的大臣，这些大臣在老纽卡斯尔公爵的帮助下，能够使辉格党关系网发挥作用，维持在下议院的多数席位。那种局面已于1754年崩溃。到18世纪60年代，纽卡斯尔已老，而皮特充其量只能说是越来越靠不住了。旧的体制已经瓦解，所以乔治不得不花十年时间去寻找自己喜欢的大臣，能够与之共事，进而掌控下议院的多数席位。辉格党寡头们的隐退促成了一个反对党的出现，这恰恰是在那个老政党辞世之时。托利党的失败始于詹姆斯党事业的衰落，但他们的忠诚度有多深仍是一个问题。他们的忠诚转向了国王的父亲，威尔士亲王弗雷德里克，但他也死了。在"七年战争"期间，托利党极大地改变了自己的立场，甚至支持辉格党政府，这进一步侵蚀了他们的政治身份。1760年，当新国王在宫廷和政府中任命了几位托利党人时，这一政党实际上完全消失了。此外，他们在新君主身上发现了被托利党奉为最深层原则的理想，即保守的圣公会信仰和对既定秩序的崇敬。

过去几十年里，老牌辉格党人因将托利党排除在外的努力而团结在一起。失去权力后,他们分崩离析,分裂为一系列不断变化的联盟,这些联盟由不同的政客团体组成,围绕在这个或那个领袖的周围,比如贝德福德公爵(Duke of Bedford)或罗金汉侯爵(Marquess of Rockingham)。结果不可避免地造成了混乱,政府走马灯般地换个不停。人们很快就发现布特是个软弱无力的人。然后是傲慢的恶霸乔治·格伦维尔(George Grenville),紧随其后的是几乎未做尝试的罗金汉侯爵。最后还有格拉夫顿公爵(Duke of Grafton),他对赛马比对管理部门更感兴趣。当国王最终被迫接近他所痛恨的皮特时,那届政府又因这位大臣的妄自尊大而垮台。政客们争权夺利的万花筒不断变化,但没有一种变化能在上层制定出坚定的政策,而这恰恰是这个国家在慢慢走向一场导致北美殖民地丧失的大灾难时所需要的。

到《巴黎条约》签订时,英国已经有十三个美洲殖民地。有些是在一个多世纪前建立的,有些是最近建立的,而所有的殖民地都是由皇家宪章授权建立的。自威廉三世统治以来,它们实际上向议会负责。在当地居住的英国人绝大多数都是坚定的新教徒,因为对国内宗教环境的不满导致他们的祖先移居国外。与英格兰不同的是,英格兰只有十分之一的人口是非国教徒,而在殖民地,这一比例上升到了四分之三。

回想起来,不幸的是,英国没有一个人认真考虑过这些殖民地的建立所带来的长期后果。每个殖民地都有自己的地方选举议会和皇家任命的总督,总督由殖民地支付工资,但最终要对向议会负责的政府负责。因此,英格兰的行政控制力很弱,没有任何正式的结构,包括议会。没有出现迫在眉睫的问题,因为英格兰在上一个世纪的大部分时间都陷入了国内危机以及随后与路易十四的战争。沃波尔在任职期间也没有表现出对殖民地的兴趣,但到了18世纪中叶,随着英国于1763年从法国人手中得到了加拿大,情况发生了变化。一方面,这消除了来自北方的入侵威胁;另一方面,这也引起了人们对在"七年战争"期间保卫北美殖民地的巨大成本的关注。此外,众所周知,这些殖民地与敌人一直有贸易往来。这些钱都是由英国纳税的绅士阶层支付的,他们越来越觉得殖民地定居者至少应该为自己的防御贡献点什么。殖民地定居者不同意这一观点,他们争辩说,由于他们在议会中没有代表,因而议会无权向他们征税。就议会而言，它并不认为殖民地定居者与英国的大多数居民在地位上有什么不同，后者也没有投票权，却还是按照议会的命令纳了税。

因此，导火索被点燃的场景就这样奠定下来，导火索将在暗地里闷燃，然后爆发成一场战争，最终失去殖民地。与法国媾和后，一万名士兵驻扎在北美，以保卫殖民地，1765年，议会决定首次征收直接国内税以帮助支付这笔费用。征税金额仅为全部费用的百分之二十五，但这不是重点。殖民地议会愤愤不平，波士顿发生了骚乱。当地的国民卫队拒绝镇压他们，因为那就像是在镇压自己的同胞。在大西洋彼岸，英国议会认为自己的主权正受到一个在其看来不过是傲慢无礼的反叛者民族的挑战。

殖民地议会发现自己的权威受到了威胁，于是秋天在纽约召开会议，宣布英国议会无权向其征税："无代表，不纳税。"《印花税法案》（Stamp Act）已经成功地将一种现实带向舞台中心：这些殖民地议会至此一直管理着拥有二百五十万人口的、在很大程度上独立于英国的国土，他们现在无意放弃这种权利。然而，英国议会对这一观点并不同情，尽管《印花税法案》引发的骚乱最终迫使其被废除。与此同时，《宣示法案》（Declaratory Act）坚决主张议会有权为殖民地立法。没有人对《印花税法案》的废除表示感激，事实上，殖民地定居者现在强烈要求自治的权利，并开始拒绝英国议会为其立法。议会发现自己仍然面临着一个问题，即如何找到一种办法向殖民地定居者征税以用于他们自己的国防。找到的解决办法是对纸张、油漆、玻璃、铅和茶叶征收关税。

殖民地对此的反应是抵制英国商品，殖民地议会认为这将对母国经济施加必要的压力。反对者组成了爱国团体，如"马萨诸塞州协会"（Massachusetts Association）。1768年1月，马萨诸塞州以"无代表，不纳税"为由向议会请愿。英国的态度变得强硬起来，发布了解散该协会的命令。两个军团被派去维持秩序。10月，波士顿禁止从英国进口商品，这一禁令在十三个殖民地蔓延开来。次年5月，英国内阁再次被迫让步，暂停了除茶叶以外的所有关税。

正是在这个时候，在十年不断变换联盟和内阁之后，国王找到了自己的可与沃波尔匹敌的大臣。诺斯勋爵弗雷德里克·诺斯（Frederick North, Lord North）以一个伯爵领地继承人的身份进入了下议院。从外表上看，他没有任何吸引力，笨拙的身体上长着一张肿胀的脸庞，一双暴凸的眼睛尤为突出。但他能力出众，足智多谋，同时又才华横溢，有仁者之心。议员们对一个似乎整天躺在前排长椅上睡觉、只会在需击败对手时才及时"醒来"的人保持警惕，不是没有原因的。从国王的角度来看，他找到了一个可与之共事且能够维持下议院的多数席位的大臣。在很短的时间内，诺斯便获得了来自不同团体的足够支持，从而得以占得上风。事实上，从1939年至1979年，他注定要主持英国最具灾难性的撤退。

更糟糕的是，国王对诺斯的痴迷首次促成了一个隐约类似于反对党的组织的出现。这个组织的中心是罗金汉侯爵（Marquess of Rockingham），因此被称为"罗金汉辉格党"（Rockingham Whigs）。罗金汉赢得了强烈的忠诚，并得到了在世纪早期享有权力的旧辉格党家族成员的大力支持。他们还有一个天才的宣传家——埃德蒙·伯克（Edmund Burke），他将这个新生的政治"政党"定义为"一群团结在一起，通过共同努力，在某种大家都一致同意的特定原则基础上促进国家利益的人"。他们的主要论点是新奇的。在过去，那些反对国王的人之所以这么做，是因为他们认为有必要把国王从腐败邪恶的谋臣手中解救出来。罗金汉辉格党认为，是议员们被国王和宫廷的影响腐蚀了。他们必须被清除，国王必须被迫屈服于政策的改变。在殖民地定居者带来的困境中，罗金汉辉格党找到了一个他们能够认同的事业，在为此事业努力的过程中，他们将国家一分为二。

乔治三世个人支持修改《印花税法案》，只是后来才对殖民地定居者的态度变得强硬起来，但从一开始，他就认为捍卫议会的权力是自己的责任。大西洋两岸的一切都已准备就绪，一触即发。1773年12月16日，马萨诸塞州的爱国者将三百四十箱东印度公司的茶叶倾入波士顿港，此举被后世称为"波士顿倾茶事件"（The Boston Tea Party）。这在英国产生了巨大的影响。《波士顿港口法案》（Boston Port Act）下令关闭港口，直到东印度公司获得损失赔偿。更糟糕的是，殖民地特许状被撤销，殖民地议会被解散，除了最高法院的法官之外，所有的任命权都收归总督。殖民地的自由被其所认为的专制暴政剥夺了。

《魁北克法案》（Quebec Act）进一步加剧了殖民地对其可能导致的后果的担心，该法案为新到手的加拿大建立了一种政府形式，由一名总督和一个由英国直接任命的委员会组成。其中的一项条款给予了罗马天主教徒以宗教宽容。殖民地定居者绝大多数是非国教徒，他们根据詹姆斯二世争取绝对统治和恢复罗马对英格兰的统治的努力来解读这一条款。加拿大被认为是对十三个殖民地实行教皇专制的一个开始。1774年秋，殖民地定居者代表在费城召开大陆会议（Continental Congress），要求废除自1763年以来的所有立法。与英国议会达成和解的尝试以失败告终，激进派接管了议会。所谓的"沙福克决议"（Suffolk Resolves）颁布，宣布在马萨诸塞州恢复其特许权之前，不缴纳所有税款。一个"大陆协会"（Continental Association）成立起来，致力于不进口和不消费英国商品。

1775年4月18日，第一枪在列克星敦（Lexington）和康科德（Concord）打响，造就了被誉为美国自由事业的第一批"烈士"的人。反叛者在英国国内寻求改革的人中也不乏同情者。然而，在这场实际上是内战的战争爆发后，英国花了整整一年的时间才做出反应。在这场战争中，双方都把对方描述成冷酷无情的人，就像他们在英格兰内战中所做的那样。英国的惰性对叛军有利，后者迅速将自己的民兵组织转变为一支国民军队。在邦克山（Bunker Hill）发生了一场无果而终的战斗，英军损失惨重，指挥官豪将军（General Howe）随后被迫撤出波士顿。8月24日，乔治三世发布《平叛诏书》（Proclamation of Rebellion），但大臣诺斯勋爵扯了他的后腿，诺斯与之前的沃波尔一样对战争束手无策。英国的反应缓慢而混乱，最终派出了两万三千名德国雇佣兵，然后派出了五个爱尔兰军团，最后派出了来自直布罗陀和米诺卡的军队。但此举微不足道，也太过迟缓，1776年7月4日，殖民地发布了《独立宣言》（Declaration of Independence），正式宣布放弃对英国的效忠，成为一个独立于大不列颠的国家。

1777年英国主要的报复性战争以灾难告终。它将是一个双重的打击，豪将军从南方推进，伯格恩将军（General Burgoyne）从北方推进。豪将军决定调遣自己的军队去攻占费城，因此未能与从加拿大进攻的伯格恩会合。1778年10月，豪将军在萨拉托加（Saratoga）被击败。到那时，英国的局势已经恶化。1778年法国宣战，1779年西班牙宣战，1780年荷兰也最终宣战。这意味着冲突现在蔓延到了全球，于是英国提出和谈，条件是同意美国自治，提供英国公民和帝国成员身份。但对美国人来说，这一切都来得太晚了，他们只想独立。1781年10月17日，康沃利斯将军（General Cornwallis）率领的英国军队在约克镇（Yorktown）投降。诺斯勋爵的呻吟是对的："噢，上帝！一切都结束了。"一年后，国王被迫接受他的辞呈。1783年，英国终于与已建国的美国媾和。

这是英国从1707年至今唯一输掉的一场战争。它重创了统治阶层。首个大英帝国似乎一下子就消失了。法国对美国的大量援助加速了旧政权的崩溃。直到今天，人们仍未就这一连串骇人听闻的灾难和管理不善究竟是谁之过错达成一致。然而，一旦诉诸武力，结果就几乎是不可避免的。这是一场有着同类战斗的种种不安的内战。美国人是信奉新教的英国人，而不是信奉天主教的法国人。英军最初的惰性促成了一场灾难，而英军试图在三千英里之外的一个林木茂密、河流纵横的地区开战，只会加剧这场灾难。

殖民地定居者了解自己的地方，精通游击战。补给品需要三到六个月才能从海上运达，此外，新英格兰冬天的恶劣天气还带来了各种问题。

英军还发现自己缺乏盟友。当法国宣布开战时，英国必须保卫本岛和所有的运兵护航队。到1780年，英国要在美国单枪匹马地与殖民地定居者作战；在印度、西印度群岛、北美和非洲与法国对战；在巴利阿里群岛、直布罗陀、西印度群岛、中美洲和佛罗里达与西班牙对战；在锡兰、东印度群岛和西印度群岛以及北海与荷兰人对战。

这是一种巨大的耻辱。统治阶层经历了挫折和失败。它让英国大丢面子，以至将导致英国大力强调要努力创建一种新的、具有包容性的英国身份，将苏格兰人和爱尔兰人都包括在内。在未来的岁月里，他们将学会团结起来，忠于国王，忠于第二个大英帝国，这个帝国以新的军事和海军力量为基础，并以一种新的传教精神维系在一起。回首过去，也许失败是成功之母，因为在六年时间里，这个岛国将面临持续二十多年的战争，在这些年里，统治阶层眼见着在欧洲大陆，自己的同辈在被称为"法国大革命"（French Revolution）的灾难中失去了其代表的一切。

第五十二章　世界大战与英国的创造

诺斯勋爵的倒台，让人回想起18世纪60年代的往事，当时大臣接二连三地更替，政治一片混乱。辉格党主要有两派：一派聚集在罗金汉勋爵周围，另一派则追随谢尔本勋爵（Lord Shelburne）。每一派都有自己冉冉升起的新星，在罗金汉那边是亨利·福克斯之子查尔斯·詹姆斯（Charles James），在谢尔本这边是小威廉·皮特（William Pitt the Younger）。两人都有带领着经历了美国战争这一灾难之后的国家继续向前的新政治愿景。但这并不是福克斯和皮特的共同愿景，因为他们是死对头。然而，福克斯抢先一步，与他以前的敌人诺斯勋爵结成被视为邪恶的联盟，获得了他眼中的权力。罗金汉已于1782年夏天去世。这场胜利是短暂的，因为那时的乔治三世已是位非常老练的政治操盘手，他策划了福克斯的垮台，手段与福克斯如出一辙。唯一需要的就是让福克斯提出一份可以令皮特和国王向全国发出呼吁的议案。福克斯提出了一项对东印度公司进行激进重组的议案，这正中国王的下怀，国王命令贵族们挫败该议案。皮特受命组建政府，在1784年春天举行了一次大选，福克斯的追随者被击溃。皮特入职，事实证明，其首相任期是漫长而安全的。

皮特是被封为查塔姆伯爵（Earl of Chatham）的前一位皮特的次子。除了一段短暂的时间外，小皮特将一直担任首相，直到1806年去世，从而占据政治舞台达二十年之久。很少有人对自己的力量和命运有如此坚定的信念。所有这些都赋予了他一种使命感，使他成为可以说是这个国家历史上最伟大的战争大臣之一。作为一名天生的实用主义者，他还是一名出色的组织者和管理者，推行了公务员制度的改革，比如着手废除了旧的闲差和收费制度，建立领取适当薪水的职位。他对政府财政的改革也将为战争的成功做出重大贡献。很少有政客能如此迅速地驾驭议会舞台，因为尽管他的个人追随者从未超过五十人，他却能保持对独立议员的控制，确保自己在议会中得到多数人的支持。乔治三世开始依赖皮特，就像他先是依赖布特，然后依赖诺斯一样，不同之处在于，这次他无意中遇到了一个真正值得他完全信赖的人。

这将在始于1789年7月14日的场景中得到证明，当时，巴黎的暴民攻占了巴士底狱，它是象征着法国国王低效统治（我们用"旧政权"这个词来形容它）的要塞监狱。这一事件是一场浩劫的序幕，这场浩劫的后果将席卷整个西欧，这就是法国大革命（French Revolution）。它在一股血腥暴力的浪潮中，不仅卷走了历经数世纪之久的政府体制，也带走了历经数世纪之久的贵族社会结构。这一传奇开始时在英国受到了热烈欢迎，尤其是查尔斯·詹姆斯·福克斯等政界人士，他们认为，一种类似于英国议会制度的东西将会出现。后来，事态开始变得越来越可怕，尤其是革命者在断头台上进行大规模的公开处决，甚至当法国国王的头颅从断头台上落下时，人们的态度迅速发生了改变。它将造成辉格党的分裂，创建在当时还没有名称但已隐约出现的下一个世纪的政党的先驱。它们之所以能够协调行动，主要不是因为其代表了一个由家庭关系和影响构成的网络，而是因为它们由一群忠于某些原则的人组成。皮特将维护贵族政府传统的辉格党人（他们认为贵族政府受到了威胁）拉进了他的政府，有效地形成了一个保守派联盟。福克斯和他的追随者一致表示欢迎革命，反对与法国的战争，支持改革，从而体现了自由主义始祖的立场。但双方仍继续以一种从根本上说属于18世纪的方式行事，按照这种方式，对政府和政策的控制主要是国王及其权力之所为。

英国对法国大革命的普遍反应是极度恐惧和厌恶。贵族和有产阶级发现自己所代表的一切都受到了攻击。1793年2月1日，法国向英国和荷兰宣战，这场战争持续了将近二十五年。法国军队向他们所攻击的国家的下层提供了兄弟般的援助，声称他们正在挣脱君主制和贵族社会的枷锁。随着战争的进行，这场对英国统治精英挑战的全部意义得以实现，战争呈现出一种自卫战的性质。

在英国，人们急剧转向保守，因此，任何要求变革或改革的微弱迹象都会立即被怀疑有革命意图。但在1789年的事件之后，时钟不可能逆转了。政治辩论终于走出了特权阶层的封闭舞台。18世纪90年代出现了涉及社会底层的激进运动，特别是城镇里的熟练技工，他们组成了要求普选权的"通讯会"（Corresponding Societies）。他们的基石是托马斯·潘恩（Thomas Paine）的《人权》（Rights of human，1791），该著作谴责了一个建立在继承特权和财富基础上的社会，呼吁机会和权利平等，包括男性的普选权。考虑到海峡对岸发生的事情，英国的这些事态发展引发了一系列看似压制性的措施：1794年暂停"人身保护令"（Habeas Corpus），1795年出台《叛国行为法》（Treasonable Practices Acts）和《煽动性聚会律法》（Seditious Meetings Acts），1799年和1800年出台《联合法案》（Combinations Acts）。这些措施走向了极端，例如，任何批评国王或政府的人都犯有叛国罪，任何工人协会都被禁止。总的来说，它们雷声大雨点小。事实上，很少有人被起诉，被判有罪的就更少了。然而，到1795年，这些激进运动已被轻而易举地镇压，被迫转入地下。

这场战争不仅持续了很长时间，而且其涉及的地理范围也是前所未有的，将欧洲、亚洲、非洲和南北美洲都包括在内。英国曾多次受到严重的入侵威胁，征服这个国家一度成为法国的首要任务。这场战争的性质也有别于之前的战争，因为它见证了平民军队的诞生，法国动员了国内大量的男性人口。作为回应，英国人不得不逐渐改变自己的军事结构，从一支由有偿的专业人员和雇佣兵组成的军队，演变成一支吸纳了来自全国各地、各种宗教派别的各个阶层的人的军队。1789年，英国军队只有四万人。到1814年，已经有二十五万人了。再加上志愿者和兼职人员，约有五十万男性拿起了武器。不列颠群岛的人民从未像现在这样大规模地团结在一起，以先后对抗法兰西共和国和拿破仑的军队。

这是一场规模巨大的战争，大批军队在从伊比利亚半岛（Iberian Peninsula）到俄罗斯的整个欧洲范围内纵横驰骋。在英国这边，大部分战斗是在新大陆进行的，因为这个"贸易帝国"岌岌可危，而英国的成功最终取决于此。随着法国占领奥属尼德兰和荷兰并建立起一个新的共和国，战争首先在欧洲打响。英国的优势主要在海军方面，1794年，豪勋爵在"光荣的六月一日海战"（Glorious First of June）中击败了布雷斯特舰队（Brest Fleet）。两年后，拿破仑·波拿巴（Napoleon Bonaparte）以一名天才的军事领袖的身份横空出世，指挥了法国对意大利的征服。在法国军队的所到之处，旧秩序都会被打破，这进一步加剧了英国国内的恐慌。1796年，西班牙参战，加入了法国一方。其后一年，敌对行动短暂停止，在坎波·福尔米奥（Campo Formio）签订了和平条约。

这给法国人为入侵英国做准备提供了喘息空间。幸运的是，英国海军于10月在坎普尔顿（Camperdown）成功地摧毁了法国舰队。拿破仑和法国军队侵入埃及。当时，能力非凡的霍雷肖·纳尔逊（Horatio Nelson）指挥着一支英国舰队。1798年8月，他在尼罗河战役（Battle of the Nile）中摧毁了法国的土伦舰队（Toulon fleet），迫使拿破仑放弃埃及战役，匆忙赶回法国，凭借一次政变当上了第一执政官（First Consul）。俄国和奥地利加入了战争，在英国海军的帮助下把法国赶出了意大利，但拿破仑在1800年6月的马伦戈战役（Battle of Marengo）中击败了奥地利。六个月后，在又一次战败后，奥地利与拿破仑媾和，承认法国在意大利、尼德兰、瑞士和莱茵兰的庞大附属国。然而，1801年，纳尔逊在哥本哈根（Copenhagen）取得了进一步的胜利，而另一位天才指挥官亚瑟·韦尔斯利（Arthur Wellesley）也出现了，他摧毁了法国在印度的最后残余势力。1802年，英法在亚眠（Amiens）签订了和平协议，交战双方在再次爆发敌对行动之前得到了喘息。《亚眠条约》对于一个厌倦战争、赋税过重、正遭受通胀飙升之苦的国家来说是一种安慰。

1803年5月17日，英国重新开战。第二阶段将要求更多的牺牲。早先出台的所得税大幅上涨。皮特在经历了短暂的下台后，于次年重掌大权，他意识到，必须在欧洲的土地上打败拿破仑这个已经自行加冕为法国皇帝的人。拿破仑知道自己的成功取决于对英国的征服，于是把所有的注意力都集中在准备一支约十万人的大规模入侵军队上，其集结地是布洛涅。事实上，这次入侵从未在1804年发生，其原因是俄国，然后是奥地利，最后是瑞典都加入了战争，站在英国这边。这意味着法国军队必须向东进军，在乌尔姆战役

（Battle of the Ulm）中击败奥地利军队，拿破仑以胜利的姿态进入维也纳。在奥斯特利茨战役（Battle of Austerlitz）中，奥地利和俄国都被再次击败。在海上，英国舰队在1805年10月21日的特拉法尔加战役（Battle of Trafalgar）中取得了一场传奇性胜利，摧毁了法国和西班牙舰队的主力。在这场战役的高潮中，霍雷肖，也就是现在的纳尔逊勋爵（Lord Nelson），受了致命伤。特拉法尔加战役意味着拿破仑再也不能入侵英国了，也让皮特在当年的市长宴会上发表了著名的演讲："我感谢你们给予我的荣誉，但欧洲不是靠任何一个人的努力就能拯救的。英格兰靠自己的努力拯救了自己，而且我相信，它也将凭自己的榜样拯救欧洲。"

战争使皮特殚精竭虑，他于1806年1月23日逝世，享年四十七岁。他的死是一个巨大的损失，没有一个伟大的领袖能来接替他的位置。取而代之的是行政首脑接二连三地更迭：在人才辈出的内阁中任职的格伦维尔勋爵（Lord Grenville）和福克斯，然后是波特兰公爵（Duke of Portland），接着是在1812年被暗杀的斯宾塞·珀西瓦尔（Spencer Perceval），最后是利物浦勋爵（Lord Liverpool），他一直掌权到1827年。

然而，战争一点也没有松弛下来。1806年，拿破仑在耶拿（Jena）打败俄国，占领了柏林（Berlin）。次年，他再次击溃俄国，之后与俄国沙皇达成协议，准备瓜分欧洲。到那时，这位皇帝已经得出结论：他征服英国的唯一机会是通过经济手段，因此他关闭了所有欧洲港口对英国的贸易。这是经济战的第一个主要例子。（第二个是在1812—1814年与美国的经济战。）结果，英国的出口大幅下降，导致工业动荡、破产和价格下跌，而停止从欧洲大陆进口粮食导致了粮食骚乱。但最终整个国家经受住了风暴，这是因为，由于物资短缺反过来也给拿破仑带来了不利影响，他被迫放宽禁令。那时，他已将注意力转向伊比利亚半岛，让他的兄弟成为西班牙国王。但这一次，他将遇到激烈的全民抵抗，事实上，英国海上力量可以通过葡萄牙持续为西班牙提供补给。

1809年4月，亚瑟·韦尔斯利以总司令的身份率领两万五千人重返葡萄牙，在塔拉韦拉（Talavera）击败法国人。由于他的胜利，他被授予贵族爵位。他撤退到托雷斯·威德拉斯山脉（Torres Vedras mountains）的防御范围后面等待时机，直到法国人因所有补给线都被切断而被迫撤退。韦尔斯利随后占领了他们的全部堡垒，并在萨拉曼卡（Salamanca）再次击败了他们。这一次，拿破仑转向俄国，在1812年夏天，率领七十万人的军队入侵俄国。俄国人撤退了，所以当拿破仑到达莫斯科时，他发现没有俄军。可怕的冬天在没有补给的情况下来临了，法国人被迫撤退，损失了五十万人。

与此同时，战争在西班牙继续，韦尔斯利在维特多利亚（Vittoria）击溃了法国人，彻底摧毁了他们对西班牙的控制。回到法国后，拿破仑在德累斯顿（Dresden）打了一场胜仗，但在莱比锡（Leipzig）的第二仗失利，被迫撤退到莱茵河对岸。到那时，欧洲诸国已结成了一个强大的联盟来对抗他：英国、普鲁士、俄国、瑞典，后来还有奥地利。盟军向巴黎挺进，巴黎于1814年3月31日投降。拿破仑退位，被流放至小岛厄尔巴（Elba）。获胜的同盟国聚集在维也纳，整理拿破仑败后的欧洲版图。5月，英国正式与法国媾和，但这还不是整个传奇的结局，因为拿破仑从厄尔巴岛逃出，于1815年3月1日登陆法国，在那里迅速集结起一支军队。那时已成为威灵顿公爵（Duke of Wellington）的韦尔斯利离开了和谈会议去领导盟军。英国军队由三万人组成。普鲁士答应出兵，奥地利和俄国也做出同样的保证。1815年6月18日，战争的最后一场战役在如今比利时的滑铁卢（Waterloo）打响。威灵顿的军队顶住了拿破仑军队的反复进攻，直到普鲁士军队及时赶到，最终击溃了他们。战争终于结束了。

在维也纳进行的外交将奠定四十年的欧洲版图。在这一过程中，英国通过卡斯尔雷勋爵（Lord Castlereagh）发挥了主导作用。他的目标是这样一个欧洲：法国在其中不会受到任何羞辱，但所有国家的领土完整都会得到尊重，通过谨慎的武力平衡来实现稳定。从英国的角度来看，它获取的领土可能看起来很少，但对于推进其贸易帝国的发展却有着不可估量的价值：马耳他、圭亚那、多巴哥和圣卢西亚、好望角、新加坡和马来亚。当时，英国在印度的地位是不容置疑的。

英国似乎是唯一一个从这一切中诞生但其古老制度仍然完好无损的国

家。在其他地方，王座已经倒下，历经数个世纪的格局已经不复存在。得益于这个国家的海军和经济实力以及一系列伟大的战争领袖——皮特、纳尔逊和威灵顿，英国取得了胜利。面对这样一个敌人，她的许多民众找到了一个共同的身份。1800年，国歌《天佑国王》（God save the King）被正式采用，这并非没有原因。尽管这场战争表现出了想要维护现状的狂热，但事实是，1815年的国家和统治阶级与1793年时已经大不相同了。

这些战争是进入19世纪的大分水岭，在19世纪，会出现彻底改变君主制和统治精英之本质的变革。君主和统治精英们可说是进行了自我改造，首先是为了应对美国战败带来的创伤，其次是为了应对对本国革命的恐惧。就君主制而言，身为家规礼教之典范的乔治三世及其家族已为之设定好了场景。国王的疯病（遗传性的卟啉病，它在1810年后成为永久性的）复发只是增加了国民对这个被他们称为"农夫乔治"（Farmer George）的人的尊敬，他们把他视为其民族之父。他的儿子、后来成为摄政王和乔治四世（George IV）的威尔士亲王乔治的堕落，进一步提高了他的声望。在庆祝战争胜利的活动中，人们将王室视为国家团结的象征。这些活动不再局限于宫廷，而是在全国范围内组织起来，1810年乔治三世登基五十周年庆典在整个帝国举行。如果说国王扮演了这个国家第一位公民的角色，那么他的王后夏洛特（Charlotte）则是女性的典范。乔治于1820年去世，举国为之哀悼。

如果说君主制因为体现了美德和爱国主义而将自己重塑为一个值得效忠的体制，那么逐渐渗透到统治精英中的变革将会更大。他们目睹了自己的同辈在欧洲大陆被消灭，并意识到英国已经存在着一种敌对和批判的态度，这里的作家们已开始质疑精英们纯粹基于出生和财产来行使政治权力的权利。在1780年之后的三十年里，地主阶级将重新确立这一权利，同时把自己变成了值得下层人民尊敬的人。

1802年，第一版标准参考书出版，它就是德布雷特（Debrett）的《爵位》（Peerage），该书至今仍在发行。这本书惊人的新奇之处在于，它首次将英国的贵族阶层结合在一起，形成了一个统一的阶层。这反映了20世纪下半叶发生的事情，当时异族通婚（特别是英格兰与苏格兰贵族之间的通婚）创造了一种新的统一。这种复苏还得益于战时精英统治所带来的新职位的加持：海军上将、将军和行政官员。上层阶级不仅在数量上得到了巩固，他们还很幸运，因为人口的激增使人们对玉米的需求不断增加，从而导致了土地收入的大幅增长。

其他变化影响了上层阶级的性质，使他们前所未有地形成了一种新的一致态度。旧的教育方式一直是在家里请家教。现在，这被伊顿公学（Eton）、温彻斯特公学（Winchester）、威斯敏斯特公学（Westminster）或哈罗公学（Harrow）等公学教育所替代。到1800年，大约百分之七十的上层阶级男孩子会进入这四所学校中的一所。在那里，他们在很小的时候就与同辈结识，并形成持续一生的关系网。在那里，他们还接受以学习希腊和拉丁经典为基础的教育，被反复灌输爱国主义精神，这令他们对英雄有着热烈崇拜，而所谓的英雄即那些在战场上英勇作战的肌肉强健的战士。随之而来的是外表上的根本变化。大革命前的法国时尚强调阶级，男人们穿着装饰有花边和珠宝的布满刺绣的奢华面料。到1815年，这种浮夸的展示被一种新的不动声色的优雅所取代，日常服装采用米色、灰色和黑色，或者穿上军装来宣扬爱国主义。

这还不是全部。18世纪70年代被认为是一个令人震惊的堕落年代，人们大多挥霍无度、耽于赌博、淫乱堕落，而对于这一状况，人们又重申了一种传统观点，即财富和地位意味着责任，无论是在公共服务方面还是在廉洁方面。像诗人拜伦勋爵（Lord Byron）那样冒犯了新清教徒伦理的人寻求的是在海外的流亡生活。上层阶级的地位不仅取决于他们的出身和财富，更取决于他们在为他人服务时的勤勉和在家庭中的道德。他们没有体现出旧政权精英等待革命的恶习，而是成了下层阶级效仿的美德的榜样。

这些下层阶级主要由商人阶层组成，统治精英们充分肯定了他们在社会事务中的地位，却不允许政治权力向他们的方向发生任何重大转移。毕竟，贸易为政府贡献了百分之六十的收入，并对一场耗资十五亿英镑的战争做出了重大贡献。这两个阶级互相需要，因为管理国家的阶级维持着贸易繁荣所必需的秩序，包括强大的海军。商业网络十分广泛，从伦敦城和伦敦港向各国各地延伸，直到进入苏格兰（在这个世纪的下半叶，苏格兰的贸易量增加了两倍），涵盖的民众范围广泛，包括制造商、中间商、商店老板，一直到小商贩。战争的胜利意味着帝国的扩张，随之而来的是英国商品的新市场。人们认为，爱国主义和商业可携手并进，大有赚头。

这种新的英国集体认同感将冲击工人阶级的意识，他们中的大多数人都直接或间接地参与了战争。此外，像媒体、通俗印刷品和庆祝活动这样的东西构建起了一种国家认同感，到1800年，爱尔兰被有意地纳入了这种认同感之中。苏格兰早在1707年就已被同化，但爱尔兰始终拥有自己的独立议会，尽管它要受威斯敏斯特立法机构的管辖。（威尔士早在一个世纪前就被合法地同化了。）美洲殖民地的起义激起了人们对爱尔兰所体现的潜在危险的警惕。改革的要求第一次不是来自被征服的罗马天主教徒，而是来自共和主义开始在其间生根的盎格鲁-爱尔兰新教徒。这些要求包括议会改革和恢复罗马天主教徒的公民和政治自由，即所谓的"天主教解放"（Catholic Emancipation）。朝这个方向的行动加剧了国家的宗教分歧，导致了北部的宗派游击战。在那里，1798年兴起的新教共和党人遭到野蛮镇压，南方的天主教共和党人也同样遭到镇压。皮特认为，解决爱尔兰问题的唯一办法就是把苏格兰在1707年经历的事情扩展到爱尔兰。1800年，爱尔兰议会消失，威斯敏斯特敞开大门接纳了一百名爱尔兰议员、二十八名贵族和四名主教。由于国王的坚决反对，皮特未能实现"天主教解放"的承诺。表面上看，结果是只有一个立法机构的统一的大不列颠，但在实现这一目标时，并没有付出任何努力来解决社会潜在的紧张关系——社会的两极分化正变得越来越大，而不是越来越小。

尽管爱尔兰问题日益恶化，英国还是于1815年成为世界上有史以来最伟大帝国的母国。新的大英帝国此时包括了一个新大陆——澳大利亚，它在面积上取代并超越了曾经失去的那块大陆。这一次，它被各种制度牢牢地控制住，以防止美国灾难的重演。1784年的《印度法案》（India Act）建立了一个由东印度公司支持的政府体系，这个体系将一直持续到1858年被王室接管。1791年的《加拿大法案》（Canada Act）建立了上加拿大和下加拿大，它们各自都有自己的选举议会，这个制度一直持续到 1840 年。1770 年，詹姆斯·库克船长（Captain James Cook）宣称位于澳大利亚东海岸的新南威尔士（New South Wales）为英国领土。到 19 世纪 20 年代，英国将统治世界四分之一的人口。

这个重生的国家需要共同的偶像和共同的文化。在那些年的努力中，这一点也出现了。地主阶级不断地资助和鼓励那些颂扬国家历史和战争英雄的英国艺术家。沃尔夫将军在魁北克的死亡或纳尔逊在特拉法尔加的死亡为他们提供了可激发民众的爱国主义情绪的绘画素材。通过雕版印刷品，他们几乎变得家喻户晓。1805 年，不列颠学院（British Institution）开放，成为展览英国艺术家作品的画廊。它也被用来举办来自贵族和士绅的作品的出借展览，由此开始了一种传统，表明一件艺术品可以仍然属于私人财产，但同时又可由整个社会所共享。

这一切都是一次惊人的复兴。1815 年，权势集团比以往任何时候都更富有、更强大、更具影响力。但现在，随着战争的结束，被长期的反法战争所推迟的各种各样的其他问题都被提上了议事日程。许多问题都是同一时期英国正在经历的另一场完全不同的革命的结果，我们称之为"工业革命"（Industrial Revolution）。它的影响将支配即将到来的新世纪。

第五十三章　新人：威廉·威尔伯福斯

如果必须选出一个人来代表在1790年到1820年战胜既有阶级的变革，那就非威廉·威尔伯福斯（William Wilberforce）莫属。在1790年，他已经具备了许多我们现在认为是典型的维多利亚时代的特征：对基督教的虔诚，对家庭生活的奉献，对他来说，财富和社会地位是从事慈善事业的有利因素。他的私生活无可非议，他的一举一动都源于公平交易的意识。对他来说，基督徒的生活就是坚持不懈的纪律和奉献。但这也是一种永恒的快乐，他会把这种快乐传递给遇到的每一个人。威尔伯福斯的生活围绕着他的皈依这一核心行为而转动，从某种意义上说，皈依使他从18世纪的道德观转向了19世纪的道德观。在早期被边缘化的"狂热"此时牢牢摄住了社会最高阶层的人，并产生了深远的影响。

威廉·威尔伯福斯于1759年8月24日出生在一个根基于金斯敦赫尔（Kingston-upon-Hull）的商人家庭，这个家庭靠波罗的海的贸易发了财。小时候，他长得异常矮小，生来健康状况就不佳，视力也很弱，因此饱受困扰，但他拥有充沛的体力和精力，举止迷人，自然大方。威尔伯福斯的教育遵循的是富裕阶层成员的标准：先上当地的文法学校，然后上寄宿学校，他上的寄宿学校位于伦敦附近的帕特尼。九岁时，他的父亲去世了，他被送到在温布尔登（Wimbledon）拥有别墅的叔叔和婶婶家生活。在那里，他第一次接触到那些"狂热者"，他们是伟大的福音派牧师乔治·怀特菲尔德的朋友。这一定影响了这个男孩，因为他的母亲乘马车南下，把他转到了约克郡的一所寄宿学校。与卫理公会沾上边就意味着社会声誉的毁灭。

十五岁时，威尔伯福斯上了剑桥大学，此时已长成了一个活泼伶俐、嗓音优美、举止大方的青年。他还非常富有。此时的大学更像是他所在阶级的年轻男性的精修学校，他们把时间用来享受包括赌博在内的美好生活，并建立起一个将自己与这个国家的统治精英联系在一起的友谊网络。小皮特就是这些精英中的一员，他将成为威尔伯福斯的终身挚友。他们都希望进入政界，并在1780年一同被选为议会议员。威尔伯福斯成为当时皮特建立起的圈子里的一员，这个圈子里的人过着繁忙的社交生活，致力于集会、跳舞、上戏院、听歌剧、参观伦敦的游乐园。威尔伯福斯只在一个意义上有点与众不同，因为他出身于从事贸易的家庭，但他颇具修养的风范弥补了这一点，并为他打开了每一扇门，包括那些最高级的俱乐部的大门。1784年，他再次成为议会议员，但这一次他获得了代表自己县的额外声望。

威尔伯福斯时年二十五岁，他与母亲和妹妹动身前往法属意大利的里维埃拉（French-Italian Riviera）过冬，与他们同行的是一位名叫艾萨克·米尔纳（Isaac Milner）的传统牧师。通过米尔纳，威尔伯福斯童年时与福音派信徒相遇的余烬被燃起，他开始学习希腊语的《新约》。随后，在1785年10月，发生了他口中的"大改变"，这是场皈依危机，他陷入了精神上的痛苦之中。他每天早起祈祷。他写道："我满怀悲伤。"然而，他知道，接受一种改变了的生活方式将意味着退出他游弋其中的时尚而世俗的圈子。

他之所以没有这样做，是因为他请教了一位老福音派牧师约翰·牛顿（John Newton）的建议。牛顿在给威尔伯福斯的信中写道："我们希望并相信，上帝培育你是为了他的教会和整个国家的利益。"在这一点上，他是有预见性的，因为通常而言，任何一个变得"狂热"的人都将进入一个狭小的、志同道合的圈子里行动。牛顿给威尔伯福斯的建议是让他保留自己的公众生活，并在此基础上继续发展。这一决定不仅将影响威尔伯福斯本人，而且将通过他影响大部分上层阶级的行止。

除了过着基督徒式的祷告和纪律严明的生活外，威尔伯福斯还开始自学以弥补虚度的岁月。仍是议会成员的他还没有使命，但使命很快就来了。他在议院的朋友是另外两位福音派成员，查尔斯·米德尔顿爵士（Sir Charles

第五十三章 新人：威廉·威尔伯福斯

Middleton）和理查德·希尔爵士（Sir Richard Hill）。在前者位于乡间的家中，他见到了当地教区长詹姆斯·拉姆齐（James Ramsay）。拉姆齐于1784年出版了一本书，抨击西印度群岛殖民地糖业种植园运输和使用非洲奴隶的行为。奴隶贸易是一项巨大而有利可图的贸易，奴隶们在东非海岸被抓起来，然后通过海路运往西印度群岛，其条件极其恶劣，以至于其中很大一部分人会在途中死去。然后，他们在种植园里形成奴隶劳工团组，遭受最野蛮和最不人道的残忍对待。拉姆齐在文中质问，被这样对待的人怎么能从让他们如此苦不堪言的人那里倾听上帝的话语，并主张结束奴隶贸易和奴隶贩卖。这本书遭到了那些靠奴隶贸易的继续而发财的人的猛烈抨击，但也有一些人表示了同情。接着他又出了第二本书，这本书不仅使威尔伯福斯，而且使他的朋友皮特也加入了废除奴隶贸易的行列。

威尔伯福斯在1819年回顾往事时写道："我之所以对奴隶贸易这一最可憎、最罪恶的行为进行大诉讼，是因为它可使全球三分之一的可居住土地被置于奴役、黑暗和鲜血之中……"1786年，他搬到了上议院旁边的一所房子里，渐渐地，一群人聚集在一起支持这项事业。但真正的决定性时刻是一年后的1878年5月2日，那天，在温暖的春日傍晚，他与皮特和威廉·格伦维尔（William Grenville）坐在一棵橡树下。皮特说："威尔伯福斯，你为什么不提出一项关于奴隶贸易的动议呢？……别浪费时间，否则就会有别人捷足先登。"

1787年10月28日，威尔伯福斯写道："全能的上帝为我设定了两大目标：颠覆奴隶贸易和改革习俗。"他所说的习俗是指道德，因为他已针对上流社会的堕落发起了一次攻击。简而言之，威尔伯福斯决心让善良成为时尚。他从自己的俱乐部辞职，并开始创建一个由他的同辈组成的协会，这些人将通过正派的行为来管理自己的生活。其中一位是剧作家汉娜·莫尔（Hannah More），她出版了《论伟人的行为方式》（Thoughts on the Manners of the Great）一书，在书中提出，只有改变富人才能帮助穷人。1789年，她和威尔伯福斯开始建立学校，教农村的穷人读书。她颇富洞察力地写到他："我断定，你正通过让自己变得和蔼可亲来侍奉上帝……对于世俗但心怀善念的人来说，他们永远不会在板着面孔、神情肃穆的神学家的驱使下被宗教所吸引，即使这样的人就在他们面前。"

事实证明，废除奴隶贸易需要毕生的努力。它始于1787年5月22日一个委员会成立之时。两年后，皮特提议对这一贸易进行调查，威尔伯福斯滔滔不绝地讲了三个半小时，但他们败在了要求提供更多证据的反对方的手下。到那时，法国大革命已经爆发，人们一想到任何变革都会深感不安。因此，1791年4月，当众议院在这个问题上出现分歧时，废奴主义者以163：88的票数落败。一年后，皮特提出的一个解决方案是："这项交易……应该被废除。"而这一方案需要十五年的时间才变为现实。

1793年，威尔伯福斯在巴特西坡地（Battersea Rise）的一所低矮的安妮女王式宅邸安了家，此处位于当时还完全是乡村的克拉朋（Clapham）的一座小庄园中。现在，他的生活轴心是议院的工作、致力于社会改革的克拉朋圈子，以及为了健康而前往巴斯的行程。威尔伯福斯的皈依使他超越了党派，将一系列事业纳入了政治主流：对公开绞刑的改革、监狱生活的人性化、对穷人的医疗援助，以及通过慈善和主日学校运动对穷人的教育。1796年，"改善社会协会"（Bettering Society）成立，旨在调查因贫困而产生的问题。这个协会在未来首相的父亲罗伯特·皮尔爵士（Sir Robert Peel）那里获得了一个有影响力的同盟，罗伯特在威尔伯福斯的帮助下，于1802年促成了一项法案，旨在控制工作条件，限制儿童在新建工厂中工作时间过长。从这个协会中衍生出了不列颠学院，以"传播知识，促进有用的机械发明的普遍引进和改善；再就是进行教学……将科学应用于普通的生活目的"。汉弗莱·戴维（Humphry Davy）将向"改善社会协会"展示其矿工灯，迈克尔·法拉第（Michael Faraday）将向协会展示他的电磁发现。

所有这些活动都促成了渗透在统治阶级中的氛围的改变。1797年，威尔伯福斯出版了《对与真正的基督教形成对比的、在本国的上层和中产阶级中盛行的、自诩为基督教徒者的宗教体系之实用主义观点》（*A Practical View of the Prevailing Religious System of Professed Christians, in the Higher and Middle Classes in the Country, Contrasted with Real Christianity*）一书，加速了这种

第五十三章　新人：威廉·威尔伯福斯

改变。这本书售出了七千五百本，在六个月内五次印刷，以当时的标准来看是本畅销书。这本书带领读者踏上一段旅程，向他们展示基督教何以应该并且能够引导这个国家的政治、习惯和态度。这本书对创造维多利亚时代的风气有所贡献，在数十年的时间里，每个家庭都有这本书。在书中，威尔伯福斯概述了重生的基督徒的生活，说它是通过个人品格和公共行为而体现出来的。悔恨和精神痛苦是快乐和精神愉悦的对立面。关于威尔伯福斯本人，一位朋友写道："他的出现让迟钝和堕落都走向终结，他的欢笑就像童年的第一次笑声一样令人无法抗拒。"

在这本书出版的前一年，他与伯明翰的一位银行家的女儿芭芭拉·斯普纳（Barbara Spooner）结婚。渐渐地，巴特西坡地成为一个欣欣向荣的年轻家庭的家园，其日常生活方式也逐渐演变为上流社会的规范，家庭祈祷、辛勤工作和周日庆祝活动是其关键。所有这些年来，争取废除奴隶制的努力一直在进行，但直到1807年，该法案才最终以二百六十七票的多数票得以通过。副检察长发表了长时间的讲话，把几乎被奉为圣人的威尔伯福斯同海峡对岸的拿破仑做了比较。演讲结束时，议院发出欢呼，威尔伯福斯低着头坐在那里，眼泪顺着脸颊流了下来。

伦敦的老主教波蒂厄斯（Porteus）记述了那一天："就在这里，经过十八年的光荣斗争，这个国家终于给那使基督教世界前所未有地丢脸的、最可憎、最不人道的交易画上了句号。"1807年3月25日，《废止奴隶交易法案》（Abolition of the Slave Trade）获得通过。但是，通过这样一项法案是一回事，执行它则完全是另一回事，雪上加霜的是，认为种植园主很快会解放奴隶的乐观信念被证明是毫无根据的。不久之后，威尔伯福斯和他的家人搬到了肯辛顿戈尔（Kensington Gore）的一所房子里。那时，他已经成为一个传奇人物，成为国家的良心，房子里挤满了咨询这位代表改革的人的来访者。他所拥护的事业读起来就像是在点名一个新时代的价值观：议会改革，支持伊丽莎白·弗莱（Elizabeth Fry）的监狱改革，刑法的人性化，信托储蓄银行（Trustee Savings Banks）的建立，国家美术馆（National Gallery）的建立，对英国和外国《圣经》学会的参与，为"天主教解放"发声，反对罪恶的交通，参与皇家防止虐待动物协会（Royal Society for the Prevention of Cruelty to Animals）前身的建立。

  由于视力不佳，肺部虚弱，又患有结肠炎，深受这些困扰的威尔伯福斯随着年龄的增长，脊柱开始弯曲，所以一年又一年，他的头部每年都会向前倾斜一点，最后抵在了胸前。为了控制这种情况，他戴了一条"皮革包裹的钢腰带"，但没人知道。人们只会记得自己遇到了一个微笑的、兴高采烈的人。威尔伯福斯于 1833 年 7 月 29 日去世，享年七十四岁。作为一位受全国敬仰的人物，他以最高的公共礼遇被安葬在威斯敏斯特教堂。随着他的离去，一个新的时代已经露出曙光——改革的时代。

第五十四章 被避免的革命:《大改革法案》

战争是变化的先兆。突然之间,三十万士兵和水手拥入就业市场,造成大规模失业。贸易萧条,收成不好。1815年之后的五年,英国比其历史上任何时候都更接近从底层发起变革的边缘。那是社会动荡不安的几年,表现在骇人的游行、大规模的公开集会和偶尔的暴动上。在法国大革命之后和多年的战争期间被压制的激进言论重新出现。在英国新的工业化地区,工人协会如雨后春笋般涌现,这些协会以挑战查理一世的绝对统治的汉普顿之名取名为汉普顿俱乐部(Hampden Clubs)。1820年之前,"政治同盟"(Political Unions)取代了这些俱乐部,它们举行露天集会,向议会递交由数千人签名的大型请愿书。城镇里的工匠和工人要求议会改革、男性普选权、降低税收和减轻贫困。在曼彻斯特城外的一次大型集会上,当地的民兵驱散了人群,杀死了十一人,这十一人立即被称为在"彼得卢大屠杀"(Peterloo Massacre)中为此事业献身的殉道者。另一个由鞋匠和丝织工组成的团体密谋炸毁内阁,这被称为"卡托街阴谋"(Cato Street Conspiracy)。他们失败了,但这一切都证明,一场地下革命显然一触即发,全国各地发生的零星起义也证明了这一点。那是一个激进报刊泛滥的时代,其中威廉·科贝特(William Cobbett)的《政治纪事报》(*Political Register*)较为知名。漫画家无情地嘲笑他们眼中的奢侈腐败的统治阶级,这个阶级的领头人是一个其堕落程度堪与上一个世纪的国王相比的人:摄政王和未来的乔治四世(George Ⅳ)。1819年,在"彼得卢大屠杀"之后,议会通过了《六条法令》(Six Acts),旨在通过收紧有关煽动和诽谤的法令以及向报纸征收印花税的方式抑制任何革命运动。没过多久，主要的闹事者就进了监狱。

没有发生革命。激进团体五花八门，意见不一，但更重要的是，1820年的经济突然向好，并且在20年代的大部分时间保持了这种局面。认为人们渴望改革，尤其是议会改革的想法或许已过沸点，但肯定不会消失。从此以后，它将一直列在议程之上，等待时机。

这并不奇怪，因为到1815年，可以追溯到中世纪的议会制度已经成为一种巨大的反常现象，不再反映快速变化的社会现实。下议院有六百五十八名议员，但他们的选举方式和代表对象却受到越来越多的批评。例如，曼彻斯特、伯明翰、利兹和谢菲尔德等新兴的工业和商业中心没有独立代表。与之形成鲜明对比的是，长期被遗弃的中世纪小镇老萨伦（Old Sarum）反而有两位议员。更糟糕的是，只有七人有选举权，而且他们很容易受贿。1830年，康沃尔的二十八个席位中有十八个控制在个人手中，另外十个可以购买。有投票权的人也各不相同。在三十九个行政区中，选举人要有一定的财产；在四十三个行政区中，选举人是镇议会；在六十二个行政区中，选举人是自由人。在各县，年收入四十先令以上的自由土地持有者（forty-shilling freeholders）自然会按照当地地主的意愿投票，否则地主就收回他的恩惠。议会仍然是一个相互联系的大家庭，贵族组成了上议院，他们的儿子、兄弟和堂兄弟，还有少量士绅，组成了下议院。

尽管如此，这个体系一直运行良好，直到上一个世纪后半叶的前半段，才有人提出这一体系需要进行修订。认为人们也许希望改革的想法要追溯到约翰·威尔克斯（John Wilkes）的臭名昭著的生涯，他是一个彻头彻尾的流氓和煽动家。虽然威尔克斯在贵族的庇护下当上了议会议员，但他发现自己的晋升之路受阻，于是转向辩论术，猛烈抨击乔治三世的大臣布特勋爵，结果被关进了王座法院监狱（King's Bench Prison）。他让自己的朋友们申请一份书面的人身保护令，从而暗示他已被逮捕，通过这种方式，威尔克斯与"自由"的等式就诞生了。后来，在1768年，威尔克斯在群情激愤地为其摇旗呐喊的浪潮中被选为米德尔塞克斯（Middlesex）的议员，尽管一再被赶出议院，但他总是会重新当选。他完全是个害群之马的事实无足轻重。从外部看，选民的意愿似乎被腐败的精英们否决了，议会的某些方面需要改革。结果，一场议会改革运动应运而生，并在18世纪80年代达到顶峰，恰与人口增长同步。还有更多的人，其中一些人的父亲曾经有过投票权，但他们却没有。这一切后来都冷却了下来，首先是为了应对美国战争后的经济复苏，但更主要的是为了应对法国大革命的爆发。

在战争年代，尽管改革运动不会以爆发动乱或其他具体行动的方式进行，但仍会以思想辩论的方式继续着。杰里米·边沁（Jeremy Bentham）是提出这种观点的众多作者中的一位，即"少数统治者"控制了"多数臣民"，日积月累的影响力和掌权者给予提挈以换取支持的互利互惠控制了议会、军队、教会和法律。这种观点当然吸引了越来越多的人，他们发现自己身处体系之外，却渴望融入体系。这些人不仅包括非国教徒和罗马天主教徒，还包括一些新的商业和工业阶层。所有这一切都在1815年之后的几年中爆发，在1820年达到顶峰，然后突然冷却。但一切都保持了原样，准备在适当的时候恢复生机，而这个时机将会突如其来地到来。

1827年，利物浦勋爵辞职，不久就去世了，他最大的成就是让政府能够长期掌权。他的继任者乔治·坎宁（George Canning）在被任命后不久去世，随后是戈德里奇子爵（Viscount Goderich），他在几个月后就辞了职。乔治四世随后要求滑铁卢战役的英雄威灵顿公爵组建一个新的政府。事实上，威灵顿是托利党的长期统治走向崩溃的主要原因，因为他让自己的政党一分为二，首先是在1828年，通过废除将非国教徒和天主教徒排除在公职之外的《宣誓法案》和《公司法案》，然后是在第二年，承诺实施被极端托利党分子视为最终的背叛的"天主教解放"。这意味着天主教贵族可以再次进入上议院，天主教徒可以被选入下议院。尽管采取这一措施是为了避免出现更糟糕的局面——爱尔兰的动荡，但教会和政府这两大支柱似乎都受到了攻击。随后发生了一系列的戏剧性事件，使议会改革突然再次成为焦点。

19世纪30年代以一场严重的经济危机开始，引发了工业动荡和农村起义，即所谓的"施荣暴动"（Swing Riots）。在国外，法国正在发生革命。激进主义再次出现。1831年4月，"全国工人阶级联合会"（National Union of the Working Classes）成立，政治联盟开始在所有主要的制造业和商业中心建立起来。在某些情况下，中产阶级开始指望工人阶级激进分子来帮助自己获得政治地位。从长远来看，这种暂时的联盟很有可能引发一场自下而上的革命。

1830年，乔治四世在无人热爱、无人哀悼的情况下去世，整个国家开始投票。托利党陷入混乱，威灵顿无法维持政府的团结。新国王威廉四世（William Ⅳ）发现自己别无选择，只能求助于辉格党人格雷伯爵（Earl Grey），而他接受这个职位的条件只有一个：议会改革。格雷是一位具有非凡洞察力的辉格党贵族，他意识到贵族政府——精英统治——的时代只有通过重大改革才能得以延长。对现行体制修修补补是不够的，因为那样只会使贵族统治面临威胁。为了强化改革，不仅需要加强各县地主的权益，还需要给予新兴的工业和商业中产阶级更大的权重。

一个主要由辉格党大臣组成但并不排除非辉格党人的委员会得以创建，目的是起草一份《改革法案》（Reform Bill），1831年3月，约翰·罗素勋爵（Lord John Russell）向议院提交了该法案。它的内容是如此激进，以至议员们都感到难以置信，但它在下议院的二读中通过了，尽管仅以一票取胜，而且是在高度戏剧化的场景下。反对者随后开始在委员会阶段修改该法案，这违背了政府的意愿，因此格雷说服国王解散议会，并开始进行实际上是关于改革的公民投票。极其非同寻常的是，在辉格党大获全胜的情况下，正是这个被推翻的体系投票让自己灭亡。第二份《改革法案》在7月的二读中通过，这次获得了一百三十六票的多数票，但还要等上议院通过。10月，托利党以压倒性优势否决了该法案，导致了城镇的骚乱。该法案在12月第二次被提交，再次遭到否决。到那时，政府已经严重怀疑自己是否有能力镇压第三次否决之后肯定会爆发的骚乱和起义。越来越多的贵族和议员开始相信，再一次的否决将引发街头革命。

在这种紧张的气氛下，格雷于1832年5月辞职，威廉四世再次转向威灵顿，请他组建政府。威灵顿失败了，于是国王被迫再次求助于格雷，他这次的一个条件是，如果上议院不能通过《改革法案》，国王就要分封足够多的新贵族以在选票上超过反对派。面对这一威胁，上议院崩溃了，6月7日，《大改革法案》(Great Reform Act)得到了国王的批准。这花费了数月的时间，在此期间，许多人担心整个社会的稳定都危在旦夕。所取得的成就的确引人注目：一个未经改革的议会心甘情愿地选择了自己的灭亡，被另一个议会取代，从而重新绘制了英国的政治版图。《大改革法案》仍然是这个国家历史上最重大的事件之一。人们只有在回顾往事，看到维多利亚时代的政治平静与欧洲大陆的动荡不安形成鲜明对比时，才会意识到它究竟有多伟大。

正如格雷勋爵所说："我改革的原则是，防止革命的必要性……改革是为了保存，而不是为了推翻。"恐惧当然是一种动力，但不是唯一的动力。这是一种真正的改革精神，一种不能再忽视新兴中产阶级的信念。从财产和智识的角度来看，新兴中产阶级的存在是必要的，而所谓的"智识"指的是信息。对于那些能够代表新的商业和工业利益发表权威言论的人来说，议院会变得更加富有。格雷还将这些新选民视为潜在的辉格党人，他们将帮助他长期流亡的政党继续执政。对这些变革的支持甚至来自一些意想不到的人，比如反对变革的托利党人，实际上他们认为，经过改革的下议院绝不会允许"天主教解放"这样的事情发生。人人都相信，经过改革的议会会遏制被认为挥霍无度的政府。然而，最重要的是，这是个由精英提出以便让精英永久化的法案，是一种旨在让每一个批评者闭嘴的措施，一种旨在确保国家不受来自底层的任何革命骚动影响的措施，一种旨在确保贵族权力永久化的措施。在这方面，他们取得了惊人的成功，因为直到19世纪70年代，贵族权力才开始崩溃。

但是《大改革法案》做了什么呢？没有任何关于男性普选权的问题。不仅上层阶级会穷于应付，而且关于投票意味着什么的普遍观点也会被削弱。选举权是授予那些被认为有能力行使选举权的人的，这是赋予那些在国家稳定中拥有既得利益的男人（不存在妇女的问题）的特权。那种既得利益体现在财产上。因此，在城镇里，所有其房屋估值达十英镑年息的人都有选举权，这一规定使店主们获得了投票权。在各县，投票者仍然是年收入四十先令以上的自由土地持有者，但后来又包括了年收入十英镑的公簿持有农

（copyholders）、长期租赁佃户以及年租金超过五十英镑的佃户。在英格兰和威尔士，这样做的结果是每五个人中就有一个人有投票权。苏格兰和爱尔兰分别通过了各自的法案。在爱尔兰，其影响只导致选民人数增加了百分之五，但在苏格兰，选民人数却突然从四千五百人飙升至六万五千人。

《大改革法案》导致了议会席位的重新分配。这开始于对"口袋选区"的猛烈攻击。一些选民少于两千人的选区完全失去了其议员席位，而那些选民在两千人到四千人的选区则从两个席位减少到一个席位。于是获得的席位随后进行了重新分配，其中二十二个席位分配给了以前没有代表的城镇。它们的选择不是基于其人口数量，而是基于其所代表的利益，比如棉花或航运。另外六十五个席位分配给了各县，其中许多县被一分为二。即使存在这些根除被认为是旧时腐败的东西的做法，仍然有七十个席位控制在贵族赞助人手中。的确，这种制度自有它的用处，因为它使政治上的杰出人物能够在很年轻的时候就开始其职业生涯。在纽卡斯尔公爵的支持下，一个这样的二十三岁的年轻人在改革后的法案选举中被选为议员。他的名字叫威廉·埃瓦特·格莱斯顿（William Ewart Gladstone）。

然而，成为议员的人的类型没有变化。土地权益仍然是安全的，因为为了代表议会，一个区议员需要三百英镑的财产资格，一个县议员需要六百英镑的财产资格。这项工作一直到1911年都没有报酬。这样一来，地位和财产得到了巩固，曾与工人阶级激进主义眉来眼去的中产阶级也牢牢地依附在了贵族的乐队花车上。无论如何，他们的本能是保守的，而且他们已经获得了自己最想要的东西：认可。他们在体制内被赋予了一个辅助性的角色，一个完全不能被忽视的角色，因为大幅扩大的选民群体意味着，议会候选人比以往任何时候都更需要听取选民的意见。下议院也从《改革法案》危机中脱颖而出，地位得到大幅提高，因为虽然它仍是上议院的延伸，但在最后阶段，上议院总是要被迫向他们屈服。当然，还有更大的输家。工人阶级的集会曾一度点燃了议会改革的导火索，但他们现在却空手而归。此外，1832年的法案还造成了一种新的两极分化，因为它把国家一分为二，一方是拥有财产因而享有政治权力的人，另一方则是一无所有的人。

第五十四章 被避免的革命：《大改革法案》

《大改革法案》不应孤立地看待，而应被视为1837年维多利亚女王即位之前一系列法案的最高荣耀。这些改革始于《宣誓法案》《公司法案》的废除和"天主教解放"，而在《大改革法案》之后，还包括了从根本上影响整个社会的其他重要法案。1833年出台了《大英帝国废除奴隶制法案》（Abolition of Slavery in the British Empire），还有最初的《工厂法案》（Factory Act），它对童工进行了规范，并引入了工厂检查员制度。对公共教育的第一次国家拨款也是在1833年。次年，《济贫法修正法案》（Poor Law Amendment Act）对伊丽莎白时代的济贫体系进行了重组，创建了更大的单位，由纳税人选出的监护人委员会（Boards of Guardians）主管。1835年，《市政公司法案》（Municipal corporation Act）解散了主要扎根在顽固的托利派和圣公会派之中的历史长达数世纪的寡头制城镇公司，代之以由纳税人选举产生的市政委员会，从而开启了地方改革的时代。最后，在1836年，《什一税代偿法案》（Tithe Commutation Act）废除了另一项古老的法规——以实物给神职人员支付报酬，这是在改革英格兰教会的教会委员的支持下进行的一系列重大变革之一。

1832年的《大改革法案》得以通过的重要性怎么估计也不过分。它的意义至今仍在影响着我们，因为它演示了如何通过议会借助和平的宪法手段而非诉诸暴力来实现变革。尽管它延续了贵族的权力，但没有人能否认，贵族为捍卫一种更为重大的利益而违背了自身的利益：为避免内战或革命而进行的宪法改革。

第五十五章　乡村变城镇：工业革命

1851年5月1日，时而阳光明媚，时而阵雨滂沱。到十一点，已经有超过五十万人聚集在伦敦海德公园（Hyde Park）的一个由铁和玻璃构成的巨大建筑周围，这个建筑被后人称为"水晶宫"（Crystal Palace）。一千辆载着三万多名客人的马车掠过沿途拥挤的人群，前往"万国工业产品博览会"（The Great Exhibition of the Works of Industry of All Nations）的开幕式。人们聚集在一个类似于巨大的玻璃教堂的建筑内，它大得足以轻松容纳下公园里的大榆树。这座建筑本身就是革命性的，是约瑟夫·帕克斯顿爵士（Sir Joseph Paxton）的工程杰作，里面的展品也是如此。来宾们身着宫廷服装和装饰着珠宝和勋章的制服，等待着他们年轻的女王维多利亚（Victoria）的到来。陪同她的是她的丈夫阿尔伯特亲王（Prince Albert），他是这次展览的策划者之一。女王身着缀满钻石和银色刺绣的粉红色裙服抵达时，华丽的铁门被打开，国歌唱起，随后是祈祷、演讲和合唱，在巨大的管风琴的轰鸣声、嘹亮的小号声和隆隆的炮声中达到高潮。就这样，博览会宣布开幕，这个盛会将吸引六百多万名游客。这里有十万件来自世界各地的展品，但建筑的西半部分展出的全是英国商品。到目前为止最吸引人的是机械馆。"去了机械馆，"女王在日记中写道，"我们在那里待了两个小时，非常有趣，也很有教育意义……过去用手工花几个月时间做的事，现在用最漂亮的机器几分钟就能完成。"那里有印刷机、脱粒机、液压泵、火车车厢、动力装置和蒸汽锤，等等。那些在这个大日子前去的人，将带着两个极其深刻的印象离开：一是那些令人惊叹的机器，一是挤得水泄不通的人群。这两件事将成为主导拿破仑战争结束后几十年的主题。

从滑铁卢战役到大博览会的三十六年里，发生了一件改变了一切的大事——工业革命。这是20世纪出现的一种说法，用来解释一个当时经历过它的人都知道但未命名的事件。迄今为止，没有人能够完全解释，这场在这整个世纪时断时续的变革为何会发生在英国。其根源可追溯到几个世纪前的英格兰都铎王朝的企业，无疑在18世纪加快了速度，许多基础都是在那个时候打下的：蒸汽和水力的开始运用，农业方面的巨大改进，通过收费公路和运河建设而变得更高效的交通的发展。但所有这些发展都没有显示出那个最令人费解的因素：人口的大幅增长。

在19世纪上半叶，人口增长了百分之七十三，以每十年二百万人的速度增长。造成这一现象的原因是多方面的：人们结婚更早，生育更多的孩子，吃更优质的食物。平均预期寿命也上升到四十岁。人口的这种急剧增长意味着肯定有更多的人要买东西，但他们只有在有工作的时候才能买，才能产生用于消费的收入。为了找到这样的工作，越来越多的人从他们出生的农村流向城镇，那里的新兴产业提供了更好的就业前景和更高的工资。在1800年，百分之二十五的人口居住在大城市或小镇；到1881年，这个比例是百分之八十。大博览会举办的那一年，城镇居民的人数第一次超过了农村居民。在人口流动和工作变化方面，自三百年前的解散修道院运动以来，还没有出现过类似的情况。

这个国家几乎每个城镇都在发展。其中一些几乎是爆炸性发展。新兴城市包括曼彻斯特、伯明翰、利物浦、利兹、谢菲尔德和布里斯托尔。1801年的伯明翰人口是七万一千人，1831年是十四万四千人；曼彻斯特同样年份的人口数分别为七万五千人和十八万两千人。没有机制来应对这种前所未有的增长，结果往往是可怕的。一排排背靠背的小房子和不通风的廉租房街区被建造起来，由于缺乏像样的卫生设施，导致了疾病的暴发和婴儿的高死亡率。过去上下阶层人口曾令人愉快地混合在一起的城镇开始急剧分裂，一面是供工人居住的老城贫民窟，另一面是舒适开阔的郊区，高级工匠和中产阶级居住在这里的独立别墅中，远离新建工厂带来的污垢和肮脏。然而，这种分隔反映的是地位而非敌意，那些有才干的人总是有机会跨越这种鸿沟，不断向上爬。

越来越多的人口不仅给市政当局带来了可怕的压力，而且也给农业带来了巨大的压力，因为人们必须吃饭。粮食未出现短缺完全是由于上一个世纪农业的持续改进。圈地意味着更好的耕作方式，造就了紧凑的耕作单元，佃农可以在其中采用新的作物轮作系统，并进行科学饲养牲畜的试验。以前是废地和公共用地的区域都投入了生产。圈地的代价高昂，因为需要为英格兰教会支付代替古代封建什一税的费用，需要支付法定账单，种植新的树篱，建造围墙。但这也带来了丰厚的利润，因为运输的便利意味着食物可以运往城镇不断扩大的市场。劳动力也不缺乏，这在一定程度上是农业机械化进展非常缓慢的原因。尽管机械打谷机早在1786年就发明了，但在英格兰东南部，即使到了19世纪50年代，这种机器仍然很少见。只有在那之后，当劳动力变得更稀缺时，机器才开始接管。

农民因此变得富裕起来，完全有能力应付地主征收租金的上涨。地主反过来又把钱投入到改善自己的地产上，直到世纪后期，他们才发现来自银行、商业和工业的经济回报要大得多。贵族和地主阶级在工业上的投资使他们有别于那些看不起贸易的欧洲同辈。农业革命已使土地所有者富裕起来；现在，工业革命让他们更加富有。他们充分利用了自己土地上的自然资源：铅、铁、煤和锡。除了他们的贡献外，还有一群不断壮大的企业家的贡献，他们往往出身卑微，其决心、野心和十足的贪婪将成为这场革命背后的主要推动力。这些人是白手起家的人，他们创办小企业，发明新的制造方法，有精力去独自完成一个项目的各个方面，而这个项目在今天将需要一个规模可观的管理团队。他们发了财，再投资于工业，同时也成了地主，以确保自己的孩子能接受适当的教育，从而适应他们在社会中的新地位。

工业革命带来的巨额资金需要大量的金融服务来处理：银行、保险公司和股票交易所如雨后春笋般涌现。19世纪60年代，伦敦证券交易所（London Stock Exchange）的交易量翻了一番，反映了其作为国内和国际商业中心的新地位。它的开放特性吸引了大量的投资者，以致到1875年，它已经处理了价值十亿英镑的海外投资。

不仅有不断扩大的国内市场，而且英国产品由于率先实现了大规模生产并因此价格低廉，从而逐渐占领了全球市场。到1850年，百分之九十以上的出口是制成品，四分之一的国际贸易要通过英国港口，主要由英国船只运输。首当其冲的是棉花，它于19世纪20年代打开了拉丁美洲市场，又于40年代打开了印度市场。在这个世纪的后期，纺织品被金属和煤炭所取代。

所有这些工业都是相互关联的。机械是用钢铁等金属制造的，而这些金属反过来又需要煤来制造并经常为它们提供燃料。即使这样，如果没有铁路的发明和蒸汽船的出现，这些发展也会毫无价值。建造铁路和蒸汽船都需要大量的金属，运营它们也需要大量的煤炭。这样就形成了一个完整的依赖循环。事实上，新铁路需要大量的铁，到1851年，每年要生产二百五十万吨铁。这一产量从未下降过，因为作为世界上最早的铁路建设者，英国人会继续在欧洲和美国建设铁路系统。为了应对激增的出口贸易，英国需要大量船只，这意味着在1840年至1870年，英国船舶的总吨位增长了百分之一百八十以上。结果，造船业成为一种主要工业，克莱德赛德（Clydeside）和东北部都出现了重要的船厂。作为蒸汽动力基础的煤炭成为中心，因此到19世纪60年代，每年要生产一亿吨煤用于家庭消费和出口。

尽管如此，机械化的进展还是缓慢得令人难以置信。人口爆炸意味着劳动力并不缺乏，工人自然憎恨任何会导致他们失业的机器的引进。即使到了1870年，人类的双手仍然占据了大部分的基本制造过程，机器只做部分工作。在机器切实得以打入之处，生产数量不可避免地出现激增。然而，工厂远非庞然大物。大多数工厂的规模都很小，只有大约一百名工人，大多数人根本不是在工厂里工作，而是在作坊里分组工作。随着时间的推移，由于铁路、煤矿和工厂的涌现，曾经的乡村被撕裂，工业对于自然景观的物理影响越来越明显。像中部这样的地区变得面目全非，但在整个国家的背景下，这种破坏只是局部的。

这样的发展绝非意味着旧乡村和新城镇的生活方式之间的两极分化。土地与工业仍然紧密相连，实际上，从事农业的人就工作和市场两者而言都得益于与工业城镇的毗邻。妇女也从中受益，因为在工厂里，她们享有全职工薪族的地位，尽管工作时间可能很长，工作也很辛苦。商店经营和街头交易的增多给妇女提供了新的机会，这既提高了她们的地位，又增强了她们的独立性。对童工的剥削则不那么令人愉快。这当然不是什么新鲜事，因为自古以来，农村经济就依赖于它，但现在它转移到了工厂车间。和女性一样，儿童的工资只有男性的三分之一到六分之一。他们通常过度劳累，遭受虐待，直到1833年之后一系列的《工厂法案》得以通过，教会和工厂学校开始提供教育，这种情况才开始得到纠正。

大规模生产需要一种与在农村普遍存在的非常不同的工作方式，在农村，劳作往往是季节性的，有大量的时间来容纳地方性节日。相比之下，在工厂工作需要纪律、固定的工时、恪守的时间和同等的工艺质量。产生这种心态的是中产阶级在清教传统中培养出来的美德，而这种美德又被新福音主义所强化。在这种格局下，节俭、勤奋、节制和自我完善与接受生活中的不幸是同时并存的。把这些陌生的态度强加给不思进取的下层阶级并让它扎下根来，这需要一段时间，但它确实在他们身上扎了根。

与地主和中产阶级不同，那些构成工业革命之劳动大军的人非常多样化，形成了一个结构精巧的阶梯。处于顶端的行业包括裁缝、木工、印刷、马车制造和钟表制造等，都是收入不错的职业，而处于底层的则是农业工人、手工纺织机编织工，他们在新机器时代变得越来越多余。每一群熟练工人都竭力保卫着自己的地盘，与广大的非熟练工人几乎没有任何密切关系，而到1870年，非熟练工人占到了劳动力的百分之八十。

制成品和准备购买它们的市场是一回事，把它们送到市场的交通网络则是另一回事。上一个世纪传承下来的交通网络是好的，而且还在继续改进。托马斯·特尔福德（Thomas Telford）和约翰·麦克亚当（John McAdam）在道路建设方面取得了巨大进步，制造出一种平滑的碎石路面，这意味着马匹可以以远高于现在的速度拖动三倍的重量。但与维多利亚时代的英国铁路建设相比，这简直是小巫见大巫。1825年，斯托克顿（Stockton）和达林顿（Darlington）铁路通车。由于蒸汽动力的原理早已为人所知，这条标志性的铁路与其说是创造发明上的里程碑，不如说是实现了蒸汽动力的经济潜力的里程碑。在这条轨道上运输煤炭的成本下降了四分之三，投资修建这条轨道的人获得了高额红利。到 1850 年，已经铺设了六千多英里的铁路；到 1870 年，这个数字是一万三千英里。该系统虽然已近耗尽，但至今仍在使用，这是对萨缪尔·莫顿·皮托（Samuel Morton Peto）和托马斯·布拉西（Thomas Brassey）等工程天才的致敬。他们使铁路纵横交错于全国各地，爆破隧道，建造桥梁和高架桥，更不用说数以百计的车站了。新铁路意味着工业革命的原材料和成品可以高速运输到全国各地和经之出口到国外的港口。出口反过来又依赖于船运，而随着帆船动力被蒸汽动机所取代，船运业又发生了另一场变革。到了这个世纪的最后二十五年，由于英国远洋船只的规模与世界其他地区的总和不相上下，蒸汽动力船只不由分说地成了主力军。

　　铁路意味着另一种交流方式的增加，首先是通过邮政，其次是通过电报（电线杆被安置在铁路沿线），使得消息传播几乎是即时的。有了越来越多的人、越来越多的钱、越来越多的交通手段，因此商店和店铺在所有地方都成倍增加。在上一个世纪，一个城镇只有几家小商店，现在却有了很多，同时商品和服务的专业化也出现了：裁缝店、瓷器店、书商、药房、女帽商、美发店等如雨后春笋般涌现。1870 年，第一家百货公司开业，到 70 年代末，当杰西·布特（Jesse Boot）于 1877 年在诺丁汉开了"布茨药妆"（Boots the Chemist）的第一家分店时，连锁商店开始出现。现在很多人口袋里有钱，可以用来购买各种东西，而不是像以前那样只买些生活必需品。到 1870 年，广告和促销成为商品推销的一部分，品牌在这一领域占据着主导地位，它们雇佣代理商和道路旅行者来销售商品。

　　即使在这个热热闹闹、繁荣昌盛的社会，当贸易下滑时，生活也可能突然恶化。与以前不同的是，社会是如此繁荣，使得更多的人可以为艰辛的日子做准备。到 19 世纪 50 年代，"友谊社"（Friendly Societies）可能会拥有超过一百五十万成员。它们以前就已存在，但规模与现在根本没法比，因为这些协会已成为熟练工人的制度体现，其活动范围远远超出了保险范畴，还包括与雇主就工作时间和工资进行谈判，并确保技能的排他性。它们的重要性远远超过了最初的工会，后者也代表着技术工人的利益。在19世纪初，它们还是非法的，尽管它们以"福利社"或"友谊社"为幌子偷偷摸摸地发展。它们代表了熟练工人为对抗非熟练工人而日益加强的团结。但熟练工人也很脆弱，因为新发明的机器可能会使某些技能变得多余，那些机器可以用来制造更便宜但较粗糙的商品。工人总是会受到经济波动的影响，尤其是在1812年当拿破仑试图对英国进行经济封锁时。最初二十年是工业动荡的二十年，经常发生罢工和暴力事件，工人们在此期间砸毁了抢走其工作的新机器。参与这一活动的人被称为卢德派分子（Luddites）。没人知道有多少人怀有颠覆现有秩序、挑起社会革命的愿望，但到了第二个十年，卢德派已是一股强弩之末的力量。1824年，《联合法案》被废除，次年，一项法案赋予了工会合法地位和募集资金的权力。然而，有一个附带条件：它们必须服从将阴谋和胁迫涵盖在内的习惯法。

1833年10月，多塞特郡托尔普德尔村（Tolpuddle）的一群农场工人加入了一个"农业工人友谊社"（Friendly Society of Agricultural Labourers），目的是确保他们的工作得到公正的对待。不幸的是，他们入会时的仪式和秘密宣誓触犯了管辖政治颠覆的法律。在一个被称为"托尔普德尔蒙难者"（Tolpuddle Martyrs）的臭名昭著的案件中，有六人被起诉并流放。最后，这些人被赦免，并被带回了英国，但损失已经造成。在当时工会主义日益壮大的背景下，这起案件的引人注目之处在于它确实发生了。

事实上，在19世纪20年代和30年代，工会开始联合起来，形成一个地区性和全国性的网络。它们出版自己的期刊，表达激进的政治观点。带来团结的是树立一个共同的敌人——雇主，并代表一种社会观点，即认为由雇主所代表的依靠个人对企业投资的资本主义制度终将被一个由工人集体拥有并自行管理的合作制度所代替。这些想法是由富有的大亨兼模范工厂老板罗伯特·欧文（Robert Owen）提出的。在他的支持下，工会运动联合起来，在1834年形成了"全国产业工会大联盟"（Grand National Consolidated Trades Union）。但是，欧文没有能力把敌对的派系团结起来，整个组织在几个月内就崩溃了。在此之后，工会又重蹈覆辙，退归为自己的行业和地区组织，致力于向员工施压以推高工资水平。直到1870年之后，这种情绪才发生了变化。1871年，《工会法》(Trades Union Act) 试图在法律上明确规定工会的地位。到此时，工会的会员数量和组织规模已发展到如此之大，以至于需要会读书写字、有计算能力、消息灵通的全职人员来管理工会。渐渐地，这些由掌握着工业原材料和运输的技术工人组成的工会意识到了其潜在的巨大力量。

不断壮大的工会是赢家，但也有输家，尤其是农业工人。他们人数太多了，而且在1815年之后，劳动力市场充斥着从战争中复员的士兵。结果，工资下降了。与农民共生的旧制度被非全职的季节性雇佣所取代，导致人们向有工作的地方迁徙。那些住在新城镇附近的人生活得最好，他们的女人和孩子都有工作。圈地让情况变得更糟。最初，它们带来了包括修篱、挖沟、筑墙和修路在内的工作，但随后就出现了痛苦的现实。没有任何东西可以取代所有的权利，而这些权利作为农村生活方式的一部分，几个世纪以来一直是他们的，现在却被剥夺了，没有任何补偿：再也没有机会在收获季节拾取麦穗，没有公共牧场放牛，没有免费的燃料资源或养鱼的池塘。因此，偷猎成为一种生活方式，以补充一个家庭用以果腹的饮食。议会通过了一套严苛的狩猎法，只允许地主屠杀大部分的鸟类和动物。1803年，偷猎被定为死罪。之所以如此野蛮，是因为许多地主都不在当地，从来没有狩猎过那些他们禁止其庄园工人狩猎的猎物。

农业工人也受到机器接管的威胁。其中一个结果是1830年和1831年在英格兰南部和东部发生了一系列被称为"施荣暴动"的骚乱，工人们在骚乱期间砸碎新的打谷机，并进而去攻击农村社区的领袖。他们这样做是在发自内心地呼唤一种失去的生活方式，一种工业革命前的英格兰的父权管理模式。暴动被镇压：五百人被流放，六百人被监禁，十九人被处决。大约在1850年以后，农业工人的困境才开始好转。

这些人是一场不可逆转的大规模革命的输家，是悲剧性的受害者。但到19世纪最后二十五年，更多的人比以往任何时候都更加富裕。变革的最初阶段是艰难的，几乎没有带来什么安慰，但在那个时代的背景下，奇迹是没有出现大规模的饥荒。总的来说，穷人并没有变得更穷。他们只是看起来变得更穷了，因为富人肯定是变得更富了，中产阶级的各个层面都有巨大的扩张。家政服务和工厂工作为很大一部分人口提供了稳定的全职工作，而如果没有发生工业革命，那就只会出现难以描述的贫困和退化。失去机会的是那些技术被机器取代的工人和那些在土地上劳作的人。除了他们之外，我们还可以看到许多人在织带制作等所谓的血汗行业中辛勤劳作。同时遭受了损失的还有人们在其间生活和工作的物理环境。第一次出现了大规模的污染，它降低了公共卫生标准。对于那些经历过这些变化的人来说，这种新的生活方式对他们的心理影响一定是巨大的。但时光永远不会倒流。

第五十六章　信息与发明

　　工业革命和人口爆炸所带来的问题是前所未有的，这迫使国家采取行动，尽管这违背了它的本能。基于对任何形式的政府干预的恐惧，承自之前时代的国民精神仍然活跃着。尽管人们对政府的行动存在担忧，但自19世纪30年代以来，政府的干预程度依旧沿着一条螺旋曲线上升。认为国家在解决社会问题方面可以发挥任何作用的想法本身是新颖的，而且只基于一个消极的前提，即除非政府干预，否则事情只会恶化为混乱。有人认为，通过这样的干预，政府确保了个人主动性和企业的蓬勃发展不受阻碍。这样的论点来自政治经济学家杰里米·边沁的著作。在他看来，国家干预的检验标准是效用性，而那些认同他观点的人被称为功利主义者（Utilitarians）。国家干预也吸引了旧贵族精英的支持，他们认为这是他们家长式社会角色的延续。然而，一旦国家干预的大门被推开，它就会继续打开得更大，直到下一个世纪，几乎日常生活的每一个方面都处在它的控制之下。就这样，从摇篮管到坟墓的现代国家诞生了。

　　维多利亚时代快结束时，历史学家F.W.梅特兰（F.W.Maitland）写道："我们正在成为一个在很多方面受政府治理的国家，由从中央到地方、从高层到低端的各式议会、委员会和其他机构治理，它们都在行使着现代法规赋予的权力。"所有这些都是在维多利亚女王漫长的统治时期萌生出来的，大部分是为了应对工业革命的显而易见的影响。它们也是通过另一个巨大的变化而产生的，即基于研究和统计的广泛信息的出现。自19世纪30年代起，大多数重大变化都源于一个新形式的调查机构——皇家调查委员会（Royal

Commission of Enquiry）。皇家调查委员会提出了大量似乎无可争辩的基本证据。可以忽略的一点是，调查中抛出的证据可以经过仔细编辑，以符合调查专员，实际上是政府的要求。然而，皇家调查委员会并不是唯一产生信息的新组织。政府成立了人口普查办公室（Census Office），每十年发布一次人口数量、身份和位置等数据。1837年，也就是维多利亚登基的那一年，英国开始实行出生、死亡和婚姻登记，尽管直到1874年登记才成为强制性的。然而，为应对这些调查，《议会法案》（Acts of Parliament）规定了一个新的职位——检查员，用来提供更多的信息来源。检查员要花些时间来发挥其作用，但从一开始就有一项任务：就其调查结果提出一份报告。于是更多的信息堆积起来，不可抗拒地导致了更多的政府干预。

其影响体现在政府雇员人数的稳步上升上。1780年约有一万六千人，主要是负责征收关税和货物税。到1870年，共有五万四千人，反映了政府角色的根本变化，因为政府承担了日常生活中越来越多方面的监管、协调和主管角色，比如处理监狱、学校、工厂和精神病院等不同领域的事务。直到20世纪50年代，被称为"公务员"的人数一直不断攀升。这些人需要薪水，他们所体现的国家干预需要花钱，下面的数字也生动地说明了此事。到1830年，国家税收总额是五千五百万英镑，1860年达到七千万英镑，20世纪初达到两亿英镑。尽管最初的成本负担是由纳税者承担的，但运行这些新的政府服务所需资金的增加意味着于1842年重新引入的所得税稳步上升，而在世纪后期，针对遗产征收的遗产税（death duty）被启用。地方税收的增长甚至会更大。1850年为一千万英镑。到1905年，这一数字飙升至近一亿八百万英镑。在地方政府中，也出现了一支小型的官员队伍。

政府一开始并没有对公务员数量的巨大增长感到沮丧。这些职位对政府来说是一种赞助来源，一种用工作回报亲朋好友的方式。反对派则呼吁削减职位和改革，但这是一个漫长的过程。尽管1853年的一份报告建议实行统一的公务员制度，并通过竞争性考试进入公务员体系，但这一建议的实施非常缓慢。两年后，初级职位开始实行竞争上岗，但直到1870年，所有级别的职位才都实行竞争上岗。一个真正有质量的行政职业的基础是逐渐奠定的。

在这个世纪的大部分时间里，上层公务员仍然是当时政府的赞助来源。

公务员数量的增长，在很大程度上是中央政府在说服地方政府实施其法规方面遇到问题的结果。1835 年的《市政府组织法》（Municipal Corporations Act）创建了由纳税人选举产生的自治市委员会，并要求任何大型资本支出都必须提交财政部批准——这是对腐败的一种防范。然而，纳税人对任何增加地方支出的事情都不感兴趣。因此，为了实现其目标，政府被迫在 19 世纪中叶抛出提供拨款这一诱饵。政府任命地区审计员负责检查地方政府的开支。逐渐地，正如 F. W. 梅特兰所描述的那样，地方董事会和委员会成倍增加：1888 年设立了民选的郡议会（County Councils），同年成立了伦敦郡议会（London County Council），1894 年又成立了城市和农村地区议会。这些议会有效地取代了过去通过治安长官和治安法官管理农村地区的方式。到 1900 年，中央政府处在了权力网络的核心，这个权力网络覆盖了整个国家，其范围之广足以引起 1800 年时的恐慌。

政府机关的这种巨大增长是工业革命的长期结果，工业革命首次造就了一个大规模的城市社会，这导致了一些只能通过发展议会角色才能解决的问题，而在这些角色中，最早出现的是作为变化载体的《大改革法案》。最早的干预之一是工厂童工问题。儿童每天要在可怕的条件下工作十二到十四个小时，这引起了普遍的担忧。1833 年，一个皇家委员会基于通常的功利主义的理由提出行动建议，认为儿童不是自由的个体，国家应该出面保护他们。那一年的《工厂法》禁止九岁以下的儿童工作，规定九岁至十三岁的儿童每天最多工作九小时，十四岁至十八岁的儿童每天最多工作十二小时。十三岁以下儿童必须有两小时的教育时间，并首次任命了检查员。十年后，妇女同样被归为工作场所的不自由个体，这一论点被用于禁止她们在矿场工作。对工厂工作做出各种调整的《议会法案》从来没有从政府议事日程上完全消失过。

尚未改革就进入了 19 世纪的英格兰教会同样发现自己成了政府干预的对象。另一个皇家委员会证实了最糟糕的情况：在教会的一万个有俸圣职中，只有一半有常驻牧师；最富有的主教和最卑微的牧师之间存在着巨大的收入差距。那些不属于英格兰教会的人（大部分是非国教教徒）被迫为维护教堂建筑支付教会费用,这一事实也被批评为火上浇油。1835年,由政客和主教共同组成的"教会职责和收入委员会"(Ecclesiastical Duties and Revenues Commission)成立,开始了姗姗来迟的改革进程。这导致了大约两千座新教堂的建造,以应对人口的巨大增长和流动。第二年,一项法案废除了历史悠久的教徒向教会缴纳产出的十分之一的支付方式,即什一税,取而代之的是金钱支付。自17世纪50年代的英联邦时代以来,政府从未如此大力地干预过教会事务,以从根本上改变教会。这种干预并非未受到挑战。1833年,以约翰·亨利·纽曼(John Henry Newman)为首的一小群圣公会牧师开始了一场抗议活动,它后来发展成了所谓的"牛津运动"(Oxford Movement)。这让教会重新焕发了活力,但也让教会在早期的福音派和被视为倾向于罗马的新的"高派教会"(High Church)运动之间出现了严重分歧。(事实上,纽曼成了一名罗马天主教徒,最后成了一名红衣主教。)然而,这对核心问题——教会与国家的关系——没有影响。教会与国家的关系可以追溯到16世纪,从一开始就肯定了这种干涉的合理性。对于政府来说,教会有效地体现了传统的社会价值观,而这些价值观应该与政府牢牢地绑在一起。

19世纪30年代和40年代的这种干预具有极大的创新性。政府继续改造监狱系统,改革精神病人的供给(两者都再次附有检查员),将新铁路系统纳入政府法规中,确立英格兰银行(Bank of England)的主导地位,引入便宜的邮政系统——一便士邮政制(Penny Post)。这些只是政府突然将手伸入其中的一小部分领域。然而,政府对其中三个领域的干预的长期影响最大:涉及穷人、公共卫生和下层教育的干预。到这个世纪结束时,这其中的每一个领域都会有一个围绕着它的完整的国家官僚机构。

在1830年,为穷人提供的救济与伊丽莎白一世统治时期并无二致。许多人认为,这种制度只会以公共开支为代价鼓励无能和大家庭,而功利主义者呼吁建立济贫院,以确保至少有能力的人能开始工作。发生在农村的"施荣暴动"首先导致了一个皇家委员会的成立,然后,在1834年,又产生了《济贫法修正案》。该法案是专家出现的首个实例,而专家将成为现代社会的一个新特征。该委员会收集证据,但由于其成员是功利主义者,所以他们发现的是既定的结论，其证据被按他们希望的方向进行了篡改。国家被划分为多个地区，每个地区都有一个由纳税人选举产生的监督委员会，在该委员会的主持下，将建立济贫院，并提供其他形式的救济。中央"济贫法局"（Poor Law Board）成立，这标志着另一个由依附于它的检查员组成的官僚机构的出现。人们对此的反应很慢，直到19世纪50年代，济贫院才开始大量出现。19世纪60年代，一些济贫院的情况得到了披露后有所改善。到1900年，济贫院甚至为住客提供款待和外出活动。该体系具有成本效益，而且在欧洲，没有哪个国家对为穷人提供服务如此感兴趣。在济贫院，男女分开居住，身穿制服，纪律严明。但事实始终是，它们象征着一种最终的堕落——社会地位的完全丧失。

贫穷往往与肮脏和疾病相伴而生。后者之间的联系在19世纪30年代和40年代就已经为人所知，但政府等了几十年才进行干预。1842年，埃德温·查德威克（Edwin Chadwick）发表了其著名的《卫生报告》（Sanitary Report），证明疾病和过早死亡有环境基础，而这可以通过政府立法加以改变。他提供的统计数字是无可争辩的。在人口稠密的城镇，死于发热、天花、肺病和其他致命疾病的人数是农村地区的两到三倍。然而，政府并没有采取任何行动，因为公众强烈反对政府以任何形式干涉这一基本上被视为本地事务的事件。1848年，《公共卫生法案》（Public Health Act）设立了一个卫生总署（General Board of Health），人们对其报以悲观看法，十年后它就宣告终结。1866年，《卫生法案》（Sanitary Act）规定，政府可以否决地方政府在卫生方面的权威地位，但它一直没那么做，直到一个皇家公共卫生委员会（Royal Commission on Public Health）在1871年和1872年带来《地方政府和公共卫生法案》（Local Government and Public Health Acts），使国家承认它在预防疾病方面可发挥作用。这一作用的发挥一如既往地不情不愿，且基于一种习惯性看法：不采取行动比干预更有害。但它花了三十年才得以实现，在此期间，数千人死于官方的惰性。

教育是一个更加复杂的事。在工业革命之前，国家在教育中没有扮演过任何角色。事实上，对下层社会的任何形式的教育都被认为具有潜在的危险，因为它会给予他们高于自身地位的思想。到了19世纪30年代，面对新工业城镇中被残忍对待、没有宗教信仰的工人阶级的贫民窟，这种观点发生了转变。教育开始被视为一种驯服他们的手段，确保他们了解自己在社会中的地位，从而避免任何他们会革命的潜在可能。实现这一目标的理想学校是教会学校，教会自然会回应这种似乎会在新工业城市中扩大其影响力的方式。1833年，政府首次以一对一的形式向修建学校的宗教团体拨款两万英镑。1840年，这一数额增加到三万英镑。除了这些拨款，政府还成立了一个监察局。这些种子最终将长成一棵参天大树。

政府的所有教育决策从一开始就建立在阶级分化的基础上。既然国家对教育的资助被作为一种确保百姓能各安其分的手段出现，它便决不会被视为一种下层阶级可借以提升其地位的社会流动工具。取而代之的是，学校被按照社会地位的高低进行了等级划分。名列前茅的是著名的公立学校，如温彻斯特公学和伊顿公学。这些学校也是一个委员会的调查对象，该委员会将调查它们是否有能力培养出国家精英。在世纪中叶，公立学校进行了许多改革，十分强调宗教和纪律。学习古典作品和锻炼强健的运动员气质是它们运作的基础。与工业革命时代相关的学科，如科学和技术，被刻意排除在那些其首要目标是培养上流绅士而肯定不是知识分子的机构之外。

中产阶级自然会模仿比他们地位高的人，作为对这种愿望的回应，他们以旧贵族的基础为模型建立起一整套新的公立学校网络。事实有所不同，因为随着世纪的推进，资格实际上变得重要，学习和成功得到强调。这两个体系中的学生都有可能进入牛津或剑桥这两所古老大学中的一所。这两所大学虽然不再像18世纪那样声名狼藉，但直到19世纪80年代都没有进行过改革。作为绅士的精修学校，学习仍然是次要的。那些想认真工作的人应该去一所苏格兰大学，或者，到19世纪70年代，去利兹、曼彻斯特、达勒姆或伦敦等地的某个新成立的地区基金会。1869年，格顿学院（Girton College）成立，女性在剑桥获得了立足之地。

直到1870年，国家一向只关心下层社会的教育，而这又被圣公会教徒和非国教教徒之间的宗教分歧所困扰。慢慢地，由于越来越多的证据和来自学校检查员的压力,情况发生了变化。19世纪50年代,教师培训学院出现,初级教育的经费迅速增加。到1862年,它已经达到八十四万英镑。然而,上学仍然排在帮工或做临时工之后,许多孩子只上过三四年学,但识字率在稳步上升。大分水岭出现在1870年。《福斯特教育法案》(Forster's Education Act)规定,国家有义务在足够多的地方开设学校,这样就不会有孩子被剥夺受教育的权利。它还说,在某些情况下,学校的建设和运营成本可以落在公共财政上。由此产生了寄宿学校,它们在质量上逐渐超过了由志愿教会组织经营的学校。1880年实行了义务教育,1891年实行了免费初等教育,八年后,法定离校年龄被定为十二岁。那时,教育已成为国家预算中最大的项目,而且在20世纪的召唤下,它已经发展成为国家的一个主要部门。

国家干预已经成为常态。在维多利亚时代的最后几年,议会的作用无疑是通过立法促进变革,以适应一个新的社会。这在政治舞台上的变化也同样意义重大。

第五十七章　贵族统治的最后几十年

1832年通过的《大改革法案》达成了其延长贵族统治的初衷，但它不能绝对做到这一点。1870年，贵族的统治力开始以惊人的速度呈螺旋式下降，直至今日。但这种下降是渐进的。无论从何种意义上说，贵族仍然统治着政治、社会和经济领域，还掌握着军队和警察等力量，这些力量是贵族统治的基础。只有五分之一的人口有投票权，而他们的态度也是基于土地和财产。在当时来看，想必似乎什么也没有改变，事实上，现状还得到了加强。从长期来看，这被证明是一种错觉。

1832年之后的四十年，随着大臣们的换来换去，情况似乎复杂得令人难以置信。尽管两党制逐渐出现，但甚至迟至1860年，还没有人预见到这种制度会成为未来的政治模式。辉格党、保守党、皮尔派（Peelites）、爱尔兰民族主义者和激进派组成了令人困惑、不断变化的联盟。然而，不管这些联盟如何，大多数人还是走到了一起，一致认同某些前提，如政府的性质和目标，特别是对国家安全重要性的强烈意识，这种意识渗透到了整个政界。政府最重要的是花费不要高，尽管要干预一些事情，但这种干预通常是不得已而为之。所以任何政党和政府的首要目标都是要确保个人行动自由不受国家干预，并为个人事业和努力的开花结果创造条件。为了实现这一目标，不同党派的政府部门通过了一系列的社会和政治立法，这最终敲响了贵族权力的丧钟。

在这几十年里，变化一个接一个地发生，它们累积起来，不可逆转地改变了国家的权力结构。由于乔治四世和威廉四世都不受人尊敬，君主制地位的削弱加速了。虽然政府的一切行为仍然以君主的名义进行（直至今日仍是如此），但这仅仅提供了一个省事的框架，给人一种一切照旧的幻觉。王室权力无声无息地——消失了。政府不断增强的专业做派逐渐使国王在国家中的政治角色边缘化。虽然国王仍然会选择首相并让他组建内阁，但他的选择范围已经缩小到取得了议会特别是下议院的普遍信任的人。1834年，威廉四世同意了首相罗伯特·皮尔爵士的解散议会的请求。从此以后，一位首相的类似要求再也不能被拒绝了。皮尔没能赢得下议院多数议员的支持，所以尽管得到了国王的支持，他还是被迫辞了职。这标志着王权的再度削弱：从此再也不会有首相会因君主的关系保住职位。当年轻且未受过良好教育的维多利亚在1837年继承王位时，王室将会进一步没落。她对墨尔本勋爵和辉格党人的公开偏爱成了君主制的威胁，甚至影响了她对宫廷女官的选择。1840年，女王嫁给了阿尔伯特亲王，女王因此得救，因为阿尔伯特亲王赋予了王室新的角色，使其超越了政党的暂时性需求，成为一股凝聚人心的力量。从此以后，无论个人的喜好多么强烈，君主在内政中的作用也只能是提出建议和警告。其削弱的外交政策权力将一直持续到19世纪60年代。

议会也演变为作为变革代理人行干预之事的角色。直到大约1850年，大多数议案像过去一样仍然是地方性或个人性的。在那之后，天平决定性地转向具有优势地位的一般性公共法规，事实上，许多此类法规会随着时间的推移不断增加。它们的内容往往会影响到整个人口，因此需要细致地加以起草，专门知识也将渐渐形成。尽管上议院的成员仍然掌握着巨大的政治庇护权力，甚至到19世纪80年代仍控制着某些选区，但上议院的影响力却在下降，并最终因1867年和1884年出台的两项进一步的《改革法案》而有所削弱，这两项法案将其选举权扩展到了其所控制的阶层之外。政治权力现在牢牢地掌握在下议院手中，虽然其成员仍来自社会较富裕的阶层，但更多的人是工商业阶层的，而非地主。随着选民人数的扩大，选举的整个特色发生了变化，导致了凝聚选民的政党机器的发展。这反过来又逐渐导致了上一个世纪的下议院的支柱——独立议员——的消亡。到1870年，独立议员已消失，两党制的稳固投票形成了。

大臣们仍然必须是有财富、有地位和在社会上立得住脚的人。他们要么生于贵族之家，要么很快就会被封为贵族。这种体制的有利之处在于它所接受的年龄范围很广，再加上这样一个事实：它是新老贵族的混合体，由于这些贵族的财产分布在全国各地，所以他们具有丰富的草根知识。任何贵族内阁最终都会忠于将国家置于阶级之上的信条。这反映了统治精英的意识，即尽管只有五分之一的人口投票，但他们有责任保护那些没有选举权的人并为其利益行事。当皮尔在1846年废除《谷物法》（Corn Laws）时，他说此举是为了避免百姓遭受饥饿和饥荒，尽管他因此使自己的政党出现了分裂。现在还没有到只有获得政党的批准才会尝试立法的时候。选民范围的逐渐扩大和识字率的提高意味着人们对政治问题的认识和兴趣比以往任何时候都要广泛得多，这使得W.E.格莱斯顿和本杰明·迪斯雷利（Benjamin Disraeli）等人以一种在当时难以想象的方式成为家喻户晓的人物。

19世纪最伟大的政治家之一是罗伯特·皮尔爵士，在1832年的动荡之后，他以一种全新的面貌重振了托利党亦即未来的保守党（Conservative Party）的命运。勤奋的工作和对事业的献身精神，加上非凡的头脑敏捷性和对细节的掌握，确保他通过自己的知识和智力控制了下议院。从某种意义上说，作为一名政客，皮尔仍是旧贵族的类型，但他做出了一个大胆的决定：让托利党重获新生的唯一途径就是接受《改革法案》。1834年向其选区发布的《塔姆沃思宣言》（Tamworth Manifesto）是一个政党首次向全国选民提出一项纲领，是当今政党宣言的前身。它不仅是写给托利党人的，也是写给所有接受1832年法案的具有保守气质的人的，该法案规定了一旦他们掌权后的行动原则。在他看来，教会和王权是神圣不可侵犯的，但他承认，国家的古老制度应该受到审查并加以改变。简而言之，是进化而非革命。如果说制定行动纲领的全国宣言的理念是新的，那么确保选民的组织驱动力也是新的。其核心为地方协会，它们以在1832年以前闻所未闻的规模搜罗选民名册和招募选民。

1841年，很大程度上得益于选区内的这些工作以及土地受益者对废除《谷物法》的担忧，皮尔上台执政，带来了19世纪高效率的政府之一。所得税被恢复，以便更自如地降低关税，而通过逐步取消进出口关税，皮尔将为

1850年后的自由贸易的全盛期铺平道路。他将作为一位伟大的首相被人们所敬仰。从党派的角度来说，他通过在旧的传统主义者与适应工业新时代的人之间建立联盟，将托利党重新塑造为保守党。即使是在他废除《谷物法》的严重冲击下，这种重新定位仍将延续下来。

自拿破仑战争结束以来，农业一直受到《谷物法》的保护。这些措施保证了谷物的价格，阻止了廉价外国粮食的进口。这些法律越来越冒犯了商业和工业阶层，他们相信自由贸易，憎恨这些法律赋予农村土地阶层的特殊地位。1839年，"反谷物法联盟"（Anti-Corn Law League）成立，发起了一场全国性运动，组织集会、会议和演讲活动。支持它的人主要是市民和中产阶级，他们所属的团体也带来了非国教者、激进分子和反对现行体制的人。而反对它的人则可被描述为土地受益派、乡村派、圣公会派和保守派。该联盟是一种新的抗议运动形式，既不缺乏资金，也不缺乏组织动力。它从一开始就认识到，在1832年后的世界，实现其目标的唯一途径就是通过投票箱。它必须抓住选民，并通过他们来获得议员的支持，从而开创了一个此后其他抗议团体也将效仿的先例。具有讽刺意味的是，其目标不是由自己实现的，而是由贵族家长制的一个行动实现的。在反对党辉格党的投票支持下，皮尔于1846年废除了《谷物法》。此后不久，辉格党又迅速与皮尔自己的那些认为他背叛了竞选承诺的后座议员（backbenchers）结盟，打算把他赶下台去。

"反谷物法联盟"的工作框架是，如何与另一场全国性运动——宪章派（Chartists）运动——形成鲜明对比，后者的抗议方式堪与1815年刚刚过后的那几年的抗议方式相提并论。不过，宪章运动是世纪最重要的政治运动，这生动地反映在以下的事实中：到1918年，宪章运动提出的六项要求中有五项得到了批准。1838年，伦敦的一位细工木匠和一位名为弗朗西斯·普莱斯（Francis Place）的激进的裁缝师起草了《人民宪章》（People's Charter）。它呼吁男性普选权、议员财产资格的废除、每年一次的议会、相同规模的选区、议员薪资和无记名投票。这些理念都不是新的，但它们以一种强有力的方式重新浮现，标志着以伦敦和伯明翰为大本营的工匠和中产阶级激进主义的复兴。在19世纪30年代后期的语境下，这些要求被视为是革命性的。1839年，国民大会（National Convention）在伦敦举行，并在伯明翰再次召开，在那里引发了被军队和警察镇压的骚乱和动荡。大规模的请愿被递交到议会（它很快就否决了这些请愿），1839年的一次有一百三十万人签名，1842年的一次有三百三十万人签名。1840年，在费阿格斯·奥康纳（Feargus O'Connor）的支持下，"全国宪章协会"（National Charter Association）成立。19世纪40年代，集会和示威活动不断出现，直到1848年，这些活动最终止于在肯宁顿公地（Kennington Common）举行的一次大规模集会。运动、示威和罢工最终没有取得任何成果，但它们确实在将于19世纪后期浮出水面的工人阶级中留下了痛苦而深刻的遗产。

在欧洲，1848年是革命之年，整个欧洲大陆的政府都面临着对其权威的挑战。在英国，随着英国进入维多利亚时代的巅峰时期，那一年将是一个十年繁荣期的开端。宪章派从一开始就注定要失败。他们让自己置身于一场斗争中，斗争对象是他们眼中富有而懒惰的贵族阶级，后者与出卖了他们的背信弃义的中产阶级结为了联盟。在某种程度上，他们是对的，因为《改革法案》将中产阶级牢牢地拴在了权贵阶层的马车上。但是宪章派本身就不团结，更糟糕的是，他们既没有钱，也没有武器，甚至没有通过选民来运作的意识。他们施加压力的唯一手段就是请愿。在一个警察和军队都可以通过新铁路运输的时代，他们引发的任何骚乱都很容易得到控制。政府精明地避免让任何宪章主义者成为烈士。这场运动在1848年之后仍在继续，但已是一股处于强弩之末的力量，被维多利亚时代的繁荣所阉割。它已在工业衰退的年代达到了顶峰。它失败后，激进主义将向北方的工业城市转移，在那里，宪章派强大的平等主义遗产将进入以劳工为基础的工人政治。

在皮尔辞职后的十多年里，大臣们如走马灯似的不断变动，政党标签在此期间显得无足轻重。对19世纪50年代影响最大的问题是克里米亚战争（Crimean War）。拿破仑战争之后席卷了整个欧洲的大众民族主义自然引发了人们对这个依赖于英国自由神话的国家的强烈同情。公众支持加里波第（Garibaldi）统一意大利的使命，但同时又想维持阿尔卑斯山以北的奥匈帝国（Austro-Hungarian Empire），将之作为抵御俄罗斯扩张主义的缓冲地带。

这一时期伟大的外交大臣帕默斯顿勋爵（Lord Palmerston）认为，自己的角色是保证英国在海上和商业方面的世界领先地位，但即便是在鼎盛时期，英国也无法阻止普鲁士在欧洲建立一个名为德国的单一且庞大的国家。这一结果在下一个世纪的影响将是重大的。不过，俄罗斯以奥斯曼帝国（Ottoman Empire）在近东解体为代价的扩张主义政策确实引起了帕默斯顿的关注，因为它对英国在该地区的贸易产生了影响。

1853年夏，俄国入侵了现在的罗马尼亚地区。秋天，一支英法联军被派往黑海，次年2月宣布开战。它得到了公众的广泛支持，而公众并不知道本国的陆军和海军正处于衰退状态。接下来的两年里，除了堪称传奇的无能和灾难外，战争一无所获。军队包围了塞瓦斯托波尔（Sebastopol），展开了血腥的战斗。这场战争与以往任何一场战争的不同之处在于，国内的人们第一次在报纸上看到了有关这场战争的现场报道。他们异常震惊。尽管塞瓦斯托波尔于1855年9月陷落，次年3月实现了和平，但国内的反响却非常热烈。以阿伯丁勋爵（Lord Aberdeen）为首的政府被认为是由无能的贵族组成的，战争导致了它的垮台。继任的帕默斯顿勋爵被迫接受了对战争进行的调查。来自街头的愤世嫉俗的观点是，人们对那些放任国家军队和战争机器陷入混乱的浅薄的贵族不再抱有幻想。

克里米亚战争结束三年后，大臣们不断变动的时期宣告结束，当时，罗伯特·皮尔爵士（他于1850年去世）的追随者——皮尔派保守党员，与辉格党、自由主义者和激进分子走到了一起，从而形成了未来的自由党（Liberal Party），身为首相的帕默斯顿勋爵和威廉·埃瓦特·格莱斯顿成为这个新政党内部的主要力量。帕默斯顿于1865年去世，接替他的是约翰·罗素勋爵，自1832年停摆的选举改革重归议事日程。到了19世纪60年代，随着人口不断增长和中产阶级不断壮大，英国社会已大不相同，它要求扩大特许经营权。问题是如何在不给予可能危及现有体制的人投票权的情况下实现这一目标，此时的投票权仍被视为一种非天生的权利，而是一种要被赋予的特权。当时的看法是，在一个普遍繁荣、没有压力的时期做出调整，而不是坐等抗议上升将是更明智的做法。然而，自由党的提案在1866年被击败，由本杰明·迪斯雷利领导的保守派被召集来组成一个内阁。自从皮尔因《谷物法》使保守派出现分裂之后，整整一代人的时间里，保守派一直处于政治荒野之中。迪斯雷利意识到，只要他们被视为仅由土地受益者构成的政党，他们的处境就不会改变。因此，他先发制人地着手给自己的政党冠以改革者的角色，从而智胜他的劲敌格莱斯顿和自由党。他相信，一条通往权力的必经之路会因此被铺平。保守党起草的法案是件立足不稳、未经深思熟虑的事项，迪斯雷利带着其政党跳入其中，完全没有意识到它的后果。该法案于1867年通过，这次授予了所有城市居民和支付十英镑租金的人以投票权。在各县，选举资格从五十英镑降到了十五英镑。结果，选民人数增加了一倍，现在有五分之二的男性拥有投票权。但是，根据人口的变化重新分配选区的工作少之又少，因此大大减少了对现状的任何威胁。这绝不是1832年的一个重大里程碑，却仍是一个具有重要意义的标志。没有人能够控制这么多人的投票方式，尤其是在1872年开始实行无记名投票制的时候。表面上，许多熟悉的东西仍然保留在原处。议会席位的重新分配保持了有利于农村地区的平衡，八分之一的席位继续由贵族担任。但这只是海市蜃楼。1867年的法案敲响了精英统治的丧钟。涉及数百万选民的大规模选举要求在前所未有的规模上发展政党机器，包括一个中央办公室和活跃的地方政党协会。这次选民的组成充分反映了工业革命后维多利亚时代的英国发生的现实变化，因为选民是市民和工人。无论保守派喜欢与否，如果他们希望在未来继续掌权，就必须迎合他们所造就的选民。自由党不得不面对同样的困境，也不得不面对来自要求分享对该党的控制权的中产阶级的越来越大的压力。由于选民众多，那些希望成为议会议员的人，如果不坚守主要政党机器之一的阵营并取得其支持，就几乎不可能当选。到1870年，君主制已经失去了对政府的控制。现在轮到贵族阶层了。

第五十八章　提灯女士

除了女王，弗洛伦斯·南丁格尔（Florence Nightingale）可以说是维多利亚时代最著名的女性。她出生于1820年，即乔治四世统治的第一年，1910年去世，享年九十岁，那一年是爱德华七世（Edward Ⅶ）统治的第一年。无论是在思想上还是在生活上，她都超越了她所处的时代，开拓和挑战了维多利亚时代女性所接受的公认的生活方式，在以男人为主导的世界里，她要求拥有与男人同样平等的地位。尽管她出身于一个在当权阶级内部有着广泛关系网络的富裕家庭，但这并不能削弱她在打破时代规则的生活中所取得的成就。要想挑战她那个阶级的女人可为和不可为之事，需要做出巨大的个人牺牲，包括放弃婚姻和孩子所带来的幸福。

弗洛伦斯·南丁格尔是以她出生的意大利城市命名的，是一位谢菲尔德银行家之子威廉·爱德华·南丁格尔（William Edward Nightingale）与弗朗西斯·史密斯（Frances Smith）的十个孩子中的一个。她父母的性格截然不同，父亲安静温和，勤勉好学；母亲活泼大方，意志坚强。这个家庭的精神气质符合威尔伯福斯福音派的传统，具有重新抬头的宗教虔诚和对高尚生活的强烈道德责任感。南丁格尔一家在分别位于德比郡和汉普郡的两所房子中度过他们的时间，偶尔会去伦敦。

从某种意义上说，弗洛伦斯·南丁格尔的童年与其他同阶级的女孩并无不同之处，因为她有一个女家庭教师，她会教她那些被认为是一个年轻淑女所必不可少的功课：读写能力、女红和音乐演奏，最重要的是将确保她获得美满婚姻的社交礼仪。从另一个意义上说，她的成长经历是极其非同寻常的，因为她在十二岁的时候,便与妹妹帕特诺普(Parthenope)一起开始接受父亲的教育,父亲教给她们一些很少会教授给女性的科目,如希腊语和拉丁语、写作艺术和数学。

问题是,这只会使一个天性内敛、孤独和害羞的女孩更加沮丧。作为一位年轻淑女,她理应足不出户,但正如她所写的那样,她渴望"某种正规的职业,渴望做些有意义的事情,而不是把时间浪费在无用的琐事上"。如果她获得许可,这将打破19世纪30年代的所有惯例。十七岁时,她记录道:"上帝向我发声,召唤我为他效力。"但那一召唤要用十六年的时间才会变成现实,在这段时间里,弗洛伦斯成长为一名机智、有趣、优雅的年轻女子,很快就吸引了众多的求婚者。其中最主要的是一位英俊的诗人,理查德·蒙克顿·米尔恩斯(Richard Monckton Milnes),她爱上了他。他用了七年的时间等她接受自己的求婚,但令她的家人大为恼火的是,她拒绝了他。她的理由会引起现代人的共鸣:"我的天性使我无法满足于同他一起过那种参加社交活动和安排家庭琐事的生活……"

那时她已经开始踏上将使她名垂青史的道路。使她母亲大为惊恐的是,她被发现在看护生病的村民。更糟糕的是,她的家人不得不插手禁止她在索尔兹伯里的当地医院学习护理。他们如此强烈的反对并不令人意外,因为当时的医院与我们今天所熟知的医院几乎没有什么相似之处。病房很大,病床挨着病床,紧紧挤在一起。其肮脏程度令人难以想象,地板上沾满了手术留下的血迹。被虱子和害虫所感染的病人躺在很少清洗的床单上。外科医生穿着硬邦邦的衣服走来走去,衣服上浸透了手术留下的血迹,以至于它们有时硬得都能自己立起来。护士都没有受过训练。正如弗洛伦斯·南丁格尔所写的那样,那些成为护士的人是"失去了个性的女子",她们要么睡在病房里,要么睡在外面的木头小屋里。

家人的决定使她精神崩溃。1848年,弗洛伦斯的两位朋友带她去了罗马,在那里她遇到了一颗冉冉升起的政界新星——西德尼·赫伯特(Sidney Herbert),事实证明,这次邂逅是一个转折点。他们两人都有强烈的社会正义感,正是这种正义感让她反对自己所居住的封闭的乡村世界:"……所有

第五十八章 提灯女士

令人痛苦的事都被如此小心翼翼地挪至视线以外，隐藏在那些漂亮的树木后面，转移到三英里外的一个村庄。在伦敦，无论如何，只要你睁开眼睛，就不禁会发现，毗邻街道上的生活与家人为你营造的生活完全不同。"

她重下决心，不顾家人给她设置的种种障碍，于1851年前往德国，向一些慈善妇女会成员学习护理。这与她以前的生活形成了极大的反差。她每天早上五点起床开始工作，六点喝一碗黑麦粥，然后工作到十二点。休息十分钟，她会喝点肉汤，之后又一直工作到七点。每天以《圣经》课结束，然后上床睡觉。但她还是能抽出时间来给家里的母亲写信说："现在我知道了什么是生活，以及如何热爱生活。"

两年后，她获得了一个机会，成为伦敦一家照顾患病女士机构的负责人。她的家人再次试图阻止她，但她接受了这个职位。她只有十天的时间来建立一所新医院。在那里，她能够把自己心中积累的关于护理艺术的一切付诸实践。这源于当时的一个新观念，即病人和护士都应该感到舒适。一切也都将一尘不染，病人将得到适当的饮食。由于没有受过训练的护士，弗洛伦斯开始以身作则。从此，她不仅成了一名伟大的护士，而且还是一名伟大的组织者。

一年后，克里米亚战争爆发，数月之内，不仅有数百人受伤，还暴发了霍乱。有报纸报道了战地的可怕状况，那里没有医院，更不用说照顾士兵的护士了。西德尼·赫伯特是战争大臣。当需要派遣护士时，他知道"在英国只有一个人……她有能力组织和监督这样一个计划"。

弗洛伦斯·南丁格尔同她的三十八名护士一同起航时只有三十四岁，这些护士中有许多人是女性，南丁格尔不得不在抵达后对其进行现场培训。然而，一切都对她不利：她的家人强烈反对、军医们不想要她，以前从来没有人雇过女人来看护伤兵，所以她突入的是一个全新的领域。所谓的医院在斯库塔里村（village of Scutari）的土耳其旧兵营里。它肮脏不堪，潮气从墙上渗出来，下水道里堆满了腐烂的淤泥，老鼠横行，还没有什么可以做饭的东西。在里面，数千名士兵躺在放置于地上的木板铺上，许多人因伤势过重而死亡。但是军医拒绝让她进去。弗洛伦斯·南丁格尔与她的同伴们耐心地等待着，直到巴拉克拉瓦（Balaclava）战役结束后，伤员蜂拥而至。于是医生们被迫妥协。接着是一场完全不同的战斗，因为营房必须改建成正规医院。她的组织能力和精力是惊人的。她写了很多报告、信件、改善医院运作方式的计划、改革军队医疗服务的其他计划、任何可以改善她工作环境的东西。她写这些一直写到深夜，因为白天她要在病房里一刻不停地做事。每天晚上，她都会提着灯慢慢地巡视病房。有时，她会停下来，弯下腰去安慰一下痛苦或悲伤的士兵。就这样，"提灯女士"（The Lady with the Lamp）的传说诞生了。

战场上捷报频传。她让士兵们的妻子清洗床单，所以医院第一次有了干净的床单。一位厨师从伦敦赶来，组织了厨房事宜，修造了新的烤箱，为病人烹饪食物。肮脏的墙壁被漆成了白色，原先老鼠出没的用作床铺的木头平台被换成了铁床，还有干净的水提供。毫不夸张地说，成吨的脏东西和垃圾被大车运走了。弗洛伦斯·南丁格尔首先把她的士兵病人们看作是人，安排他们给家人寄钱，举办讲座，并为他们提供一个可以读书写字的房间。所有这些都完全属于创新举措。

这是一项了不起的成就，尽管面临的困难同样巨大，因为她必须在男人的世界里奋勇向前，与反对她的高层人士据理力争。她可能是傲慢的，但没有人能否认她作为管理者和请愿者的非凡力量。战争结束后，她已成为民族英雄。随后她被授予了功绩勋章。

这些年的严寒、不适、疲劳和无休止的工作使她身材瘦弱，头发剪得很短。当她乘船返航时，全英国都希望向她致敬，但这是她最不想要的东西。弗洛伦斯·南丁格尔同她的姑妈史密斯夫人（Mrs Smith）一起，以普普通通的"史密斯小姐"的身份名副其实地潜回英国，最终乘火车回到了德比郡的家中。1856年8月7日，她从车站走出来，不声不响地突然出现在家人中间。

虽然身患疾病，但她将再活半个世纪，致力于改变体制："我站在死去士兵的祭坛前，只要我活着，就会为他们的事业而战。"她致力于成立一个有关军队医疗服务的皇家委员会并获得成功。她应征入伍，赢得了女王和阿尔伯特亲王的支持。她的工作体现了一场革命，第一次对预防医学有了认知。克里米亚战争中只有七分之一的人死于创伤。其余的人都死于细菌导致的可预防疾病，而导致细菌传播的是通风不良、过度拥挤、缺乏排水系统和对基本卫生习惯的适当遵守，外加病人的穿衣和饮食不当等。军队反对她的做法，但她赢了。1859 年，根据她的指导方针建立了军医学院（Army Medical School）。

弗洛伦斯·南丁格尔的战场是一张沙发，她坐在沙发上，被人抬着从一个房间前往另一个房间。她躺在那儿，一群猫围着她，但手边总是有笔、纸和墨水。她着手改革医院的设计。在她的支持下，圣托马斯学院（St Thomas's）在伦敦成立，实施了她的改革，如使传染局限于本地的独立单元的必要性、用铁床替代木制床架的重要性、用陶器替代锡杯的重要性。没有一个细节逃得过她的注意。她开始着手创建我们现代的护理服务，并在 1859 年撰写了她最著名的书，《护理札记：它是什么，它不是什么》（Notes on Nursing: What it is, and what it is not）。它充满了个人经验，在识别情绪和人性问题对病人的影响方面远远超前于她的时代，注意到琐事会如何影响病人的康复意愿："我永远不会忘记发热病人看到一束色彩鲜艳的花朵时的狂喜神情。我记得就我自己而言（她在克里米亚时曾发过高烧），有人送了一束野花给我，从那一刻起，我恢复得更快了。"

1860 年，第一所护士学校成立，护士们会在那里接受技术培训。由此长出了一棵将环绕地球生长的大树，并导致了红十字会（Red Cross）的成立。

就其政治态度而言，弗洛伦斯·南丁格尔预言了许多将在下一个世纪对女性产生深远影响的情况。她写道："在已婚妇女拥有自己的财产之前，不可能有爱和正义。"1867 年，她宣布支持妇女投票权。她的特别之处在于，她利用自己的特权地位，挑战了她生于其中的为人们所接受的社会准则。那需要勇气。她获得了成功的事实更加重要，因为她不仅帮助奠定了护理革命的基础，而且也帮助奠定了妇女的社会地位的基础。

第五十九章　维多利亚时代的英国：没有阶级的社会

从 1837 年到 1901 年，维多利亚女王在位六十多年，她的名字至今仍是那个在人们心中留下难以磨灭印象的时代之标签。然而，她的独特印记是在王室的政治权力终于逐渐衰落时形成的，这种权力从此再未恢复，使得王室家族从长期来看似乎变得可有可无。这一切之所以没有发生，既要归功于女人的天性，也要归功于当时的环境，它使得君主政体对政府和人民而言再次变得必不可少。

维多利亚起初是个倔强任性、充满激情的年轻女子，缺乏政治意识。她在教育上的成熟要归功于她的丈夫阿尔伯特亲王（他在英国一直是个不大受欢迎的人物），他开始为君主政体开创一个新的角色。回归乔治三世传承的王室再次成为个人正直的典范，事实上，在致力于提高心智的方面，王室几乎与中产阶级无二。对艺术和科学的兴趣、对国家成就和善行的兴趣现在成为皇家活动的试金石。这些为王室未来声望奠定基础的东西都没有带来立竿见影的成功，而当阿尔伯特亲王于 1861 年死于伤寒时，他的遗孀二十年阴郁的隐居生活使一切成就都化为了泡影。维多利亚成了人们所熟悉的那种裹着黑衣的圆胖形象，因为没有履行她作为女王的公众角色而受到攻击。那种攻击后来又转移到了威尔士亲王，也就是未来那位和蔼可亲的爱德华七世身上，他的风流韵事以及联翩丑闻实际上损害了王室的形象。但是，到维多利亚去世时，这一切都发生了逆转，君主开始成为国家的象征，神圣不可侵犯，就像"荣光女王"时代一样强大。

具有讽刺意味的是，这一复兴之所以成为可能，恰恰是因为君主制退出了其政治角色。到19世纪70年代，人们开始从不同的角度去看待女王，这得益于她漫长的在位期、她对家庭美德的实践、她通过很多孩子的婚姻而成为欧洲女族长的角色，以及她作为世界上最伟大帝国焦点的角色。1876年她被封为印度女皇。在英国国内，公民选举权的扩大和城市人口的不断增加需要一种可使他们团结在一起的统一象征，而那将持续一个世纪的君主政体的惊人复兴会提供这种象征。对于工业革命创造的灰色世界来说，王室现在注定要带来刻意营造的盛典和辉煌。这一过程始于1887年的维多利亚女王登基五十周年庆典，然后是1897年的登基六十周年庆典。这两个庆典都是她的子孙们在伦敦举行的盛大马车游行的大好机会。它们的成功与《每日邮报》（*Daily Mail*）等面向有读写能力的新晋读者大规模发行的报纸出现齐头并进。由于铁路和有轨电车的出现，人们第一次可以前去欣赏壮观的景象，但更重要的是，他们可以阅读详细的报道，并通过摄影和新的复制过程看到图片。新闻界与王室之间的联盟直到20世纪80年代才瓦解。

如果说政治权力几乎已从君主政体中消失，那么贵族政治和士绅的影响力要到1870年后才有所减弱。这两者在财富和权力方面始终都无懈可击，它们的成员通过共同的教育、文化以及联姻团结在一起。土地所有权仍然是地位和社会接受度的基础。那些从职业、军队、法律和商业起家后加入其行列的人都认同这一信念，在庄园和乡村住宅上投入巨资。1873年，英国百分之八十的土地为三千二百万总人口中的七千精英所拥有。这些精英不仅控制着政治和政府，而且还左右着生活的方方面面，为艺术和时尚设定品位和风格。但他们也对由家庭诚信、公共责任和慈善事业构成的新风气做出了回应，因此赢得了下层阶级的掌声，下层阶级接受了这样一种精英的存在，认为他们有统治自己的权力。将贵族和士绅与下面的中产阶级绑在一起的是对财产的占有以及他们对工业资本投资的共同参与。上层阶级活跃在各个领域，如矿山、砖厂、港口和房地产开发。然而，他们的生活方式与上一个世纪几乎没有什么不同，其中心是一所坐落在花园和公园中的乡村豪宅和一所在伦敦的季节性住宅。铁路使得这样的豪宅可以用于周末聚会，里面的舒适度远远超过了乔治王时代。有些人，比如住在伊顿庄园（Eaton Hall）的威斯敏斯特公爵（Duke of Westminster），有三百个仆人。伦敦的大房子以其富丽堂皇和内部绝对豪华的娱乐设施使每个来到这个国家的游客都叹为观止。

贵族、士绅和中产阶级共同体现了有产阶级的观点，因此，他们都值得拥有与国家安全利害攸关的选举权。然而，与贵族和士绅阶级不同的是，中产阶级是一个变幻莫测的万花筒，容得下从企业家到技术工人的所有人。他们有一些共同之处。其中两项是妻子不工作，以及家里至少有一个仆人。总体而言，中产阶级是城市居民，涉足于产品、原材料和消费品的制造和销售，从1850年到1870年，店主的数量上升了百分之五十四。这个无定形的人群构成了总人口的五六分之一，共同控制着一个其未来将严重依赖职业男性之品质的国家的命运。实际上，这是个专业人士的时代，由他们所组成的组织的名称宣告了这一时代的到来，如英国皇家建筑师学会（Royal Institute of British Architects，1834）、机械工程师学会（Mechanical Engineers，1847）或英国医学协会（British Medical Association，1856）。这些机构反映了一个日益复杂的社会的需求，它需要更多的医生、律师、药剂师、土木工程师、建筑师和许多有其他特殊资质的人来满足其需求。

住在由城镇郊区的成千上万人建造的独立和半独立式别墅里的都是专业人士和中产阶级。每座别墅都有前后花园，有供仆人使用的地下室和阁楼。别墅内部具有生产规模庞大的消费时代所带来的空前的杂乱景象，连同意义更为重要的舒适度：自来水、室内盥洗室和浴室、煤气灯和煤气炉。这些房子将反映中产阶级内部那无穷无尽的等级排序。次于别墅的是排屋，它的地位由飘窗、门廊和外立面的装饰量等元素鲜明地予以了界定。

尽管贵族、士绅和中产阶级有着更多的共同基础，但中产阶级却坚决地与下层阶级保持着距离。工人阶级也是由一群迥然不同的人组成的，他们极力维持着一种错综复杂的社会等级秩序。位于这个高度复杂的等级制度顶端的是技术工人，位于其底部的是无技能的劳工。他们之间没有团结的感觉；事实上，他们之间的分裂要大于团结。具有讽刺意味的是，造就了政治上的激进分子的也正是渴望践行勤奋、自律的中产阶级美德的上层梯队。人们参与的许多工作都是嘈杂、危险、单调和艰巨的。从矿井事故到机械致残,事故层出不穷。生活艰难,而从第一个孩子出生(那时母亲要停止工作)到孩子能挣钱这段时间则是最艰难的。他们住的房子是"两上两下"的排屋,通常不止一个家庭挤在里面。房子里没有任何装饰,尽管到世纪末期可能会有自来水,但盥洗室不过是一个位于外面的小房子。在房子里面,取暖用的是煤,照明用的是蜡烛、油或石蜡。渐渐地,廉价壁纸和油毡的出现给荒凉的室内增添了一些家庭的舒适感。有些时候,工人们住在被称为"样板房"的公寓里,但无论他们住在哪里,住所都必须在工作地点附近,步行去工作。

位于最底层的是群情激愤、数不胜数的穷人、失业者。没有人知道有多少这样的人,但在1853年至1880年有三百万人迁徙的事实表明,在社会等级制度中找不到位置、希望逃避赤贫生活和国家及私人施舍的人如涌动的潮水般越来越多。每一个维多利亚时代的城市和城镇都有贫民窟,这些人在此勉强度日。没有警察的护送,任何体面人都不会进入这样的贫民窟。维多利亚时期的社会边缘是艰难困苦的,但人们实际上并不会出于对生活的畏惧而离开。从上一个世纪直到1830年,用武力驱散任何参与罢工或示威的不守规矩的群众是军队的任务(作为最后的手段),而现在这成了只带着警棍的警察的任务。以这种方式将城镇划分为生活区的事实大大促进了他们的工作。任何让穷人进入较富裕阶层相邻街区的行为都绝对不会受到鼓励。富人住在有大门、有栏杆的街道和广场内,生活安稳。中产阶级住在较远的郊区。社会的动荡和贫困因素因此被彻底隔离在贫民窟。

每个时代都有其赢家和输家,这是那一时期的时代风气的结果,无论好运还是厄运,赢输都源于努力工作或无能。在等级鲜明的阶级的天衣无缝的长袍外,是由年龄和性别构成的更加残酷的事实,它跨越了所有的障碍。维多利亚时代的英国主要是个严格的父权社会,在这个社会中,各阶层妇女都处于从属地位。在下层社会中,妇女被视为廉价劳动力的源泉,她们的工资只有男人的三分之一到三分之二。直到19世纪80年代,女性的机会仍然受到限制,几乎完全局限于家政服务或纺织行业,以及在家完成的计件工作。除了这些职业,还可以在商店服务,当裁缝、女帽商、家庭教师或教师。但绝大多数女性都在当用人，事实上，到1881年，英格兰和威尔士每二十二个人中就有一个是用人，占整个劳动力的百分之十六。中产阶级以上的家庭中没有妇女会外出工作，她的角色是作为尽职尽责的妻子和母亲管理家庭，指导用人干家务，偶尔也从事慈善工作。

到1900年，工作的女性有所减少，这是一个意愿实现的指数，因为这反映了她们丈夫收入的增长，使得她们不再需要工作，从而将其提升到了中产阶级地位。

但变化正在发生。1857年，经由司法程序的离婚成为可能，尽管当时的环境对男方有利。《已婚妇女财产法》（Married Women's Property Act）规定妇女在拥有自己的财产方面具有一定的独立性。这标志着其法律地位即将发生巨大变化。到了19世纪80年代，女性可以上大学、当医生、参加网球和高尔夫等竞技体育活动。有些人可以在地方选举中投票，也有资格成为学校董事会成员或济贫法监护者。选举权运动已经开始，1897年，"全国妇女选举权协会"（National Union of Women's Suffrage Societies）成立。妇女杂志和报纸版面也反映了一种新的集体身份和认可。

越来越多的知识女性可以为了自己而改变。但无论是在哪个社会阶层的儿童都并非如此。他们几乎没有得到任何不受剥削或虐待的保护，并持续在各行各业中被利用，有时会对他们的身体健康造成残酷的影响。他们从工厂地板上的消失与其说是政府干预的结果，不如说是由于技术进步使他们所做的事情变得不再必要。1870年的《教育法案》（Education Act）第一次规定所有的孩子在十岁之前都应该接受义务教育。工人阶级对此并不欢迎，因为他们会由此失去一个收入来源。在社会阶梯的另一端，上层阶级的孩子被当作展品来培养，一出生就交到一小群由护士、女佣、女家庭教师和指导教师组成的人手中，孩子与父母分开，住在不同的房间里。但是，就像女性的情况一样，这里也在酝酿着变革。1889年成立的"全国防止虐待儿童协会"（National Society for the Prevention of Cruelty to Children）是对儿童的脆弱性有了新认识的具体证据。

18世纪的思想和写作会使用"低等"或"中间阶层"这样的称谓，但到

1850年,"中产阶级"和"工人阶级"已经成为被人们所接受的指代社会不同阶层的方式。然而,这些称谓意味着一种并不存在的极端性和刻板性。维多利亚时代没有阶级的群体对抗。等级制度的概念被普遍接受,底层的接受度最高。工业革命的影响使人们团结在一起,就像它使人们分裂一样。但这并不是唯一充当了胶合剂的因素,使这个快速变化、充满活力的社会(到女王去世那年,英国社会人口约为四千一百六十万人)保持了某种连贯性,未出现危险的分裂迹象。

安分守己使整个社会团结在一起,这意味着每个阶层的人都能接受自己在那个君主政体中处于巅峰状态的阶梯上的地位,而君主政体本身就是国家统一的象征。社会同样受到这样一种信念的约束,即政府不得奉行任何不以基督教教义为坚定基础的道德政策。基督教的基本教义被社会各阶层所接受,甚至被那些从未接近过教堂的人所接受。基督教已经融入了国家机构的结构中。各教派间存在激烈纷争的事实并没有妨碍这一点。英格兰教会被分成两派:一派是福音派,即低教会(Low Church);另一派是新的仪式化的高教会(High Church)。这两个派别都充满了传教士的热情。非国教教会和罗马天主教也是如此,它们于1850年重建了自己的主教辖区,令新教徒大为震惊。此事发生后的一年,一项人口普查显示,百分之四十的人口从未上过教堂,这一打击推动了各教派向其眼中的异教城市群众努力进行传教。它们的影响微乎其微。与此同时,查尔斯·达尔文(Charles Darwin)的《自然选择下的物种起源》(*The Origin of Species by Natural Selection*,1859)挑战了创世论,使受过教育的阶层产生了分裂。所有这些都无法消除一个事实,那就是那个时代的主流风气是一种高度宗教化的风气,这体现在日常祈祷和阅读《圣经》的实践中,以及恪守周日上教堂之惯例的举动中。政府强化了这一表象,方法是通过立法营造让外国游客感到震惊的周日的普遍阴郁气氛,因为所有商店、经商和娱乐场所在周日都始终紧闭大门。直到1870年以后,宗教狂热才开始消退。

如果说基督教是人们的共同点,那么维多利亚时代的人普遍抱有的追求尊严的愿望也是如此。尊严体现了通过个人努力、自律和自助而获得的经济独立。它带来了对努力工作的崇拜，以及对具有重要意义的家和家人的崇敬。善良、可敬的男人是个跨越所有社会界限的概念。他是这样的人：为自己的生活买单，从不负债，远离麻烦，坦然忍受生活的许多负担。不被尊敬的人是挥金如土、不负责任、不可靠、滥饮无度、拈花惹草和靠国家养活的人。但是，尊严也需要某种界线，只有那些拥有少许财政手段的人才可达到这条线。其结果是，它的要求可能会让中产阶级和熟练工人付出沉重代价，而这些人一直在努力维持这一界线，避免下滑。尊严其实把穷人排除在了外面，还可能带来假仁假义和双重标准。在这个时代的背景下，它有很多有益之处，因为它肯定帮助许多人度过了仍然很艰难的生活，并坚忍不拔地赋予了他们一套值得坚守的价值观和标准。

这些价值被珍藏于家庭中。全国上下出现了前所未有的小型住宅集群，为下班后的居者提供了唯一的庇护所，令其感受到舒适和快乐。对中产阶级来说，家庭是神圣的，是一个由男人统治的领域，在这里，他的家庭学会了与尊严相关的美德和道德准则。在标志着消费时代越来越纷杂的家庭财富中，能让家庭变得有凝聚力的是宗教，是在一个屋檐下吃饭、进行清醒的消遣活动的共同生活。

如果说女王、安分守己、宗教和尊严能把不同阶层的人吸引到一起，那么慈善事业和善行也同样如此。人们普遍害怕国家供给，而慈善事业是社会赋予每个有能力从事它的阶级的义务。在农村，地主为其佃户提供食宿。在城镇，新医院、孤儿院和收容所层出不穷。到 19 世纪中叶，随着"皇家动物保护协会"（Royal Society for the Protection of Animals，1824）的成立，慈善关怀已经扩展到动物身上。维多利亚时代英国的慈善事业超过了任何其他欧洲国家。但这是一种带有利刃的慈善，因为其受助者会经过仔细的资格筛选，它也不应掩盖这样一个事实：在某种意义上，它意味着受助者处于社会从属地位。到 19 世纪末，某些种类的国家年金得到了越来越多的支持。

这些是可激励社会的严肃原则，但还有一些较具乐天性质的原则。在上一个世纪曾是少数人的特权的休闲活动现在扩大到了许多人那里，尽管这种情况是零零星星的。这是工业革命的直接结果，工业革命突显了工作与非工作时间的划分。到 1850 年，出现了一种模式：每周工作五天半，周六工作半天，周日不工作，每年放一次假。19 世纪 70 年代初出现了银行假日（Bank Holidays），到 1875 年有了节礼日（Boxing Day）、复活节星期一（Easter Monday）、圣灵降临日（Whit Monday）和 8 月的第一个星期一。当然，这在乡村几乎没有带来什么变化，这里在一年中仍然不时穿插着古老的节日、剪羊毛季的晚餐、圣灵降临日的散步、什一税盛宴、集市和市场。但在城镇，情况就完全不同了。最初，那些移居到城镇的人带来了许多被中产阶级认为恐怖的较残忍的消遣：斗鸡，斗牛，为奖品进行的决斗，或是围观处决犯人。除此之外，还有酗酒、赌博和卖淫。由于担心此类追求可能引发无法控制的暴力，中产阶级开始取缔市集，将其视为罪恶的窝点，并对营业时间等方面加以限制。更特别的是，他们提倡所谓的"理性娱乐"。

在每个城市和城镇里都涌现出了可供散步和研究自然的公园、可供阅读的图书馆、可供学习艺术和历史的博物馆，以及各种各样提高智力的展览。机械讲习所（Mechanics Institutes）提供会议和讲座，给较下层的人基本的科学指导。工厂出游开始出现，雇主摆出一种家长式的姿态，旨在鼓励忠诚的员工。残酷的体育运动被迫转入地下，新的运动出现了，尤其是板球和足球。"足球协会"（Football Association）成立于 1863 年。足球最初受到各个阶层的青睐，但到 19 世纪 80 年代，它呈现出其工人阶级的本色，证明了它是一种健康无害的方式，可激发那些容易表现出无法控制的城市暴民特征的人的热情。对本地球队的热爱被灌输给了球迷，铁路意味着他们和球队都可以去客场观战和比赛。相比之下，板球则留住了上层社会的追随者，它是一项适合绅士的运动，但也吸引了广泛的人群。

固定的工厂关闭时段产生了新奇的节日。从工厂主的角度来看，这比雇员们决定不来上班要好得多。铁路意味着节日是可以发展的，1851 年到伦敦参观"大博览会"的廉价短途游带来了转折点。从那以后，前往伦敦、海滨或其他一些游览胜地的廉价旅行导致数百万维多利亚时代的人以一种前所未有的方式四处游走。到 19 世纪 70 年代和 80 年代，一种中产阶级的做法——在海边度假——迅速蔓延到社会各个阶层。工人阶级接管了莫克姆

（Morecambe）、布莱克浦（Blackpool）和拉姆斯盖特（Ramsgate）等一些地方，并使这些地方成为自己的地盘。然而，到那时，在新成立的旅游公司托马斯·库克（Thomas Cook）的赞助下，人数要多得多的上流社会人士正在探索欧洲大陆。

大部分阶级都享受到了蓬勃发展的城市娱乐产业带来的乐趣。剧院接纳来自所有阶级的人，在它的围墙内，人们因价格和建筑的因素而相互隔离。音乐会和合唱社团也具有普遍的吸引力。在阿尔伯特音乐厅（Albert Hall）举办的"亨利·伍德逍遥音乐会"（Henry Wood Promenade Concerts）始于1895年，那些只花一点钱就可买到票的人挤满了音乐厅巨大的中心区域，站着听完整场音乐会。作为工人阶级文化的一种表现形式，音乐厅在19世纪70年代和80年代初具规模，吸引了来自不同社会阶层的观众。对工人阶级来说，有金光闪闪的酒吧和舞厅，外加男性专用场所——工人俱乐部（Working Men's Club）所带来的乐趣。

随着大部分人读写能力的提高，除了阅读《圣经》和祈祷书之外，还出现了一批大众都喜闻乐见的文学作品。到19世纪50年代，中产阶级对可阅读的材料如饥似渴。针对广告、报纸的税收逐渐被取消，1861年，针对纸张本身的税收也最终被取消。其结果是印刷业爆发，报纸、书籍和期刊蜂拥而至。到1880年，至少有九十六家地方日报，全国性报纸也在全国迅速传播。经典名著和当代小说出了廉价版。这确实是连载小说的全盛时期，拿查尔斯·狄更斯（Charles Dickens）来说，随着他笔下人物的命运一周周地逐渐展开，整个国家都处于翘首企盼的状态中。狄更斯、特罗洛普（Trollope）、萨克雷（Thackeray）、乔治·艾略特（George Eliot）以及后来的哈代（Hardy）、梅雷迪斯（Meredith）和亨利·詹姆斯（Henry James）的小说都在很大程度上代表了一种共享文化。直到19世纪80年代后，获得评论界好评的作家与像奥维达（Ouida）这样的作家之间才出现了巨大的差异。奥维达的作品代表了廉价小说的兴起，迎合了追求浪漫和刺激的大众读者。

已于世纪初打下基础的英国神话是另一种凝聚力，因为它是由畅销的历史书籍所抛出的国民神话。麦考利（Macaulay）的《英格兰史》(*History of*

England，1849—1861）和 J.R. 格林（J.R. Green）的《英国人简史》（*Short History of the English People*，1875）是两部一版再版的著作。19 世纪 30 年代，公立学校和一些语法学校开始教授历史，目的是让新获得公民权的阶级的孩子们做好承担政治责任的准备。1870 年后，历史教学扩展到工人阶级，目的是巩固民族认同感。历史被描述为进步的，是一种政治自由的提高，这种自由源自盎格鲁-撒克逊人，在《大宪章》中得到保障，在整个内战期间被暂缓，并在他们自己的时代结出硕果。历史被作为新晋文化大众的集体系谱创造出来。或者，正如历史学家约翰·林格德（John Lingard）在 1849 年所言："我们的历史充满了国家荣耀的生动场景，充满了虔诚、荣誉和决心的鲜明例子，也充满了有关王子、政治家和人民的最令人印象深刻且具有教育意义的教训。"

确实有很多因素让维多利亚时代的英国人万众一心又各安其分，但流动性并没有被排除在外。然而，流动性是复杂的，通向它的途径是不平等的。例如，熟练的手工劳动者会严防任何来自下层的入侵。中产阶级通过这样或那样的方式不断扩大。向上的途径可以是各种各样的方式：教育、家庭关系、金钱、才能、一个组织的共同成员身份。这些因素解释了中产阶级构成的变化。但真正需要跨越的是从中产阶级进入社会上层的障碍。这趟旅程取决于旅客是否被视为绅士，而这一定义会伴随着极大的痛苦。直到 19 世纪 80 年代，一个人是否是绅士仍然是由心高气傲的上层阶级决定的。财富、土地、才干和社会成就都是有益的属性。有些人——那些直接与工厂、商店或农场有联系的人——永远不可能获得资格，但这在 19 世纪 80 年代发生了变化，因为当时的人们达成了一种共识：凡是在公立学校受过教育的人都是绅士。这就消除了冲突的一个可能根源，因为这意味着，即使一个人自己没能进入公立学校，他也可以让自己的儿子们进入。该解决方案留下的遗产是一种强硬的精英主义，它直到 1945 年之后才会被削弱。

考虑到各种压力和变化，维多利亚时代的社会能够团结一致，仍然是非同寻常的。英国是西欧第一个经历如此激烈变革的国家，其他国家直到 19 世纪 80 年代才开始效仿。令人惊讶的是，在一个小岛内出现的如此大规模的人口爆炸和人口迁移竟没有伴随任何重大的社会对抗；事实上，经济和社会反倒取得了显著的进步。到 1901 年，社会无疑更加变化多端，但它仍然保持着连贯性，尽管实事求是地说，它变得较没有特色了。在早期，人们认识自己日常所需的供应商，如交通、燃料和水的供应商。现在，人们依靠一小群他们永远也见不着面的工人来满足这些需求。1870 年后，这些团体越来越意识到这一事实，并开始意识到，他们不仅可以对政府施加压力，还可以对社会其他方面施加压力。此外，一旦地位不是通过出身或财富获得，而是通过竞争性考核来获得，安分守己就会受到越来越多的抨击。

第六十章　查尔斯·达尔文与《物种起源》

如果作为一种上升手段的竞争性考核将会破坏现有的等级制度，那么经由自然选择的进化论就将产生更具破坏性的影响。无论如何，《创世纪》中所叙述的创世故事一向未受到过挑战。人是按照神的形象创造的，是神圣旨意的火花。上帝其实是将耶稣基督的面目显现在了人的身上。西欧文明的整个道德和形而上学的框架就是从这里产生的。它将人类作为一种分享并渴望神性的独特而独立的物种，与田野和森林中的野兽区分开来。所有这些都将在19世纪出版的一本最重要的书中受到抨击，那就是查尔斯·达尔文的《物种起源》(1859)。在这本书中，达尔文提出，物种——植物、动物和其他生物——是作为不同的生物开始的，在漫长的时间里经历了各种各样的变化，然后逐渐进化成新的物种。事实上，达尔文从来没有在他的书中使用过"进化"这个词，也没有讨论过人类，只是在书的最后写道："我们将对人类的起源及其历史有更多的了解。"受过良好教育的读者当然会意识到这句话的含义。如果物竞天择的进化理论被接受，那么它似乎便一举扫除了人在万物体系中的独特地位。现在，他与动物比肩并置，他那神圣的火花熄灭了。退化和唯物主义盛行，事实上，达尔文成了唯物主义运动之父，这些运动，如共产主义运动，是20世纪的主导。

那位视野狭窄的业余生物学家和地质学家也许从未预见到这些后果，他的书终于在1859年被从他手中撬出。那时，他已成为一个隐士和久病不治者，但他最初的生活并非如此。查尔斯·达尔文是上一个世纪两个伟大家族的后裔，他的祖父是医生和生物学家伊拉斯谟·达尔文（Erasmus Darwin），外祖父是企业家约书亚·韦奇伍德。查尔斯是罗伯特·达尔文（Robert Darwin）和苏珊娜·韦奇伍德（Susanna Wedgwood）的儿子，他们在什鲁斯伯里城外盖了一所名为"山庄"（The Mount）的房子。查尔斯生于1809年。他年仅十一岁的时候，母亲就去世了，没有在他心中留下长久的记忆，但他崇拜父亲。这种盲目崇拜的原因一直是个未解之谜，因为罗伯特·达尔文似乎是个令人反感的人。他根本不是一个慈爱的父亲，而是一个乖戾跋扈的人，令家人战战兢兢，在家中实行严格的纪律。

查尔斯八岁时被送到什鲁斯伯里的一所走读学校。在那里，他对自然历史和标本收集的爱好开始形成。一年后，也就是1818年，他去了什鲁斯伯里文法学校（Shrewsbury Grammar School），他讨厌它："这所学校对我的教育完全空白。"于是他早早就退了学。他的父亲决定他应该步自己的后尘成为一名医生，所以查尔斯被送到爱丁堡大学学医。他对此也兴趣寥寥，于是在第二年的时候告诉父亲，他不想成为一名医生。对他父亲而言，他这个阶级的人的小儿子其他唯一的选择就是教会，所以查尔斯被送到了剑桥基督学院（Christ's College, Cambridge）。

查尔斯已长成一个身材修长、有着浅蓝色眼睛的年轻人，幽默风趣，精力充沛，性情温和，安详沉静，爱好乡村生活，尤其是野外运动、打猎和射击。他在剑桥就是这样度过大部分时光的，1831年，他从剑桥大学毕业。在学校期间，他同植物学教授J. S. 亨斯洛（J.S. Henslow）交上了朋友，亨斯洛让他阅读德国博物学家亚历山大·冯·洪堡（Alexander von Humboldt）和约翰·赫歇尔爵士（Sir John Herschel）的著作，尤其是赫歇尔的《自然史研究入门》（*Introduction to the Study of Natural History*），从而激发了他的热情。亨斯洛肯定已经意识到他的这位学生的潜在能力，因为在达尔文离开剑桥的几个月后，他帮助达尔文获得了在皇家海军"小猎犬号"（HMS *Beagle*）上担任博物学家的无薪职位。达尔文的父亲让他拒绝这一职位，但妻子那边的亲戚介入进来，使罗伯特·达尔文收回了他的决定。1831年12月27日，查尔斯·达尔文从法尔茅斯（Falmouth）启航，五年后，在1836年10月2日，他返回了英国。他记录说，这次最初估计要持续三年的环球航行"是到目前为止我生命中最重要的事件，决定了我的整个职业生涯。"

此次航行的目的是"完成对巴塔哥尼亚（Patagonia）和火地岛（Tierra del Fuego）的考察……测量智利、秘鲁和太平洋一些岛屿的海岸；并带着一整套精密的测量仪器环游世界"。在这一探索过程中，达尔文不得不与一位英俊的贵族——查尔斯·菲茨罗伊（Charles FitzRoy）船长——朝夕相处，后者天性极端独裁，头脑顽固保守，但是个伟大的水手。令人惊讶的是，达尔文对这个捉摸不定的人产生了真情实感。

达尔文于1839年出版的《研究日志》（*Journal of Researches*）成为伟大的经典旅行书籍之一，它捕捉到了他在那次史诗般的航行中冒出的各种念头。1834年，他在给一位姐妹的信中写道："没有什么比得上地质学。第一天射杀鹬鸪或第一天打猎的乐趣完全无法与找到一组精美的骨化石相提并论，这些化石几乎是在用鲜活的舌头讲述着自己的故事。"带着这些经历归来的他将脱胎换骨，令人敬畏，对自然的所有方面都充满热情，渴望发现它们潜在的原因。那种愿望将集中在将成为他毕生激情的事情上：解释生物的起源。

1835年9月，"小猎犬号"在厄瓜多尔附近的加拉帕戈斯群岛（Galapagos Archipelago）附近抛锚，这里有多个火山口。这些岛屿以其巨大的陆龟和种类繁多的动植物而闻名。达尔文热情洋溢地列出了他发现的许多新物种，当时，有人向他指出，每个岛屿上的鸟类、昆虫和植物都是不一样的，即使它们都很相似，却又各不相同，而且都与大陆上的物种有着同等的亲缘关系。正是在那时，进化论占据了他的思想，认为风把这些物种带到各个岛屿，它们在那里适应了新的环境，并在此过程中发生了变化。

进化理念并不是种原创理念。达尔文的祖父伊拉斯谟在其著作《动物法则》（*Zoonomia; or the Laws of Organic Life*，1794，1796）中已提出了这样一种理论；在查尔斯出生的那一年，J. D. 拉马克（J.D. Lamarck）的《动物学哲学》（*Philosophie Zoologique*）提出了生活条件的变化会促成动物需求的变化这一论点。他认为，行为会导致动物身体构造和体形的改变。到达尔文开始对这个问题感兴趣时，当代的观点已经分化成两个对立的阵营。那些所谓的灾变论者（Catastrophists）坚持《圣经》的说法，认为过去发生过一系列的洪水，当时地球被淹没在海水之下，所有生物都被淹死了。这就解释了像乳齿象（它们的骨骼已被发现）这样已经灭绝的特殊物种的存在。反对的一派是均变论者（Uniformitarians），他们的信念源于詹姆斯·赫顿（James Hutton）的《地球理论》（*The Theory of the Earth*，1785），该书认为，我们所知道的地球是在很长一段时间里逐渐形成的。赫顿的工作将由查尔斯·莱尔（Charles Lyell）接手，他的数卷本的《地质学原理》（*Principles of Geology*）一出版，就被寄给了航行中的达尔文。在莱尔的万物体系中没有上帝的位置。水、土地、山谷乃至气候，都会在不发生任何灾难的情况下变化。达尔文的一大飞跃是将这些原则应用到了动物的生活中。他在南美洲大草原的底层发现了一个巨大的墓穴，里面埋有不知名的、已经灭绝的怪物，他把这些怪物的骨头挖出来，装进箱子寄回家。他开始思考，这些是否会是那些无法适应环境变化而灭绝的生物的骨架。而另一些生物真的会具有新的形体并变成新的物种吗？

1827年7月，他"打开了第一本关于物种演变的笔记"，这促成了二十多年后《物种起源》的出版。这一非同寻常的发现迟迟没有发布，他反倒是花了几年的时间去写一本关于藤壶的书。延迟的主要原因必定是由于达尔文性格的改变。回国后，他与受过良好教育的表姐爱玛·韦奇伍德（Emma Wedgwood）结了婚，并在伦敦住了一小段时间。1842年，达尔文一家搬到了肯特郡韦斯特勒姆附近的唐恩村（Downe）的一所房子里，在接下来的四十年里，达尔文很少离开这里。他现在不仅具有了一个痴迷的知识分子的模样，而且还具有了一个疑病症患者的模样。他常患各种疾病，从湿疹到双手颤抖，从关节炎到呕吐，从黏膜炎到心悸，不一而足。很自然地，他仔细地记下了他的所有症状，为后人提供了一个了解他的机会。人们提出了各种各样的缘由来解释他的病情，现在认为最有可能的解释是他患上了南美锥虫病（Chagas's disease），这是他在阿根廷被一种名为"骚扰锥蝽"（*Triatoma infestans*）的小虫袭击的结果。这种病的影响与我们对达尔文身体状况的大部分了解是一致的，但还不能被证实。对他来说，所有这些给他带来的便利是，他能够像提早步入老年一样退回到他的书房中："在我的余生中，除了出版几本书之外，我再没有什么可以记录的了。"这并不完全是事实，因为他至少又生育了十个孩子，而且作为一个慈爱的父亲被人们铭记。

他已经开始研究他的进化理论，但是适者生存的自然选择理论还没有出现。它是阅读马尔萨斯（Malthus）的《人口论》(*Population*)的结果，这本书追溯了自然界中的生存斗争："我立刻意识到，在这些环境下，有利的变化往往会被保留，而不利的变化则会被消灭。"到1848年，达尔文已经写出了《物种起源》的初稿，尽管他还在继续积累事实，但他拒绝发表。随后，在1858年，一个名叫阿尔弗雷德·拉塞尔·华莱士（Alfred Russell Wallace）的人寄给他一篇论文，上面得出了同样的结论。这是一颗重磅炸弹。幸运的是，这事在已成为他朋友的莱尔和另一个同样成了他朋友的伟大植物学家约瑟夫·道尔顿·胡克爵士（Sir Joseph Dalton Hooker）的干预下得到了解决。1858年7月，在他们的共同安排下，这两篇论文被宣读给伦敦林奈学会（Linnean Society of London）。它们没有产生任何反响，但是华莱士的出现迫使达尔文将著作付梓。

《物种起源》第一版在出版当天就销售一空。在书中，我们可以发现一些现在很常见的表达，但它们都是从达尔文的书中诞生的，比如"缺环"（missing link）、"适者生存"（survival of the fittest）和"为生存而斗争"（the struggle for life）。即使按照维多利亚时代的标准，达尔文的方法也业余得令人惊讶。他对待证据的态度是严格筛选，只收入那些能强化他的理论的证据。但他有一种凌驾于一切之上的独特能力，能提出正确的问题，通常是那些看上去简单得近乎天真的问题，比如"物种是什么？"或"物种是如何开始的？"虽然他在书中只通过暗示提及了人类的起源，但他将在1871年的《人类的由来》(*The Descent of Man*)中继续谈到这个话题。

他并非只有这些著作。还有其他的，包括一部关于珊瑚礁性质的重要著作，但《物种起源》是影响最大、引起最多争议的一部。它使达尔文一夜之间成为国家的象征。它对维多利亚中期新教的影响是瓦解性的，尽管一个世纪之后，它几乎没有在神学界激起任何涟漪。事实上，当时英国天主教徒的领袖，红衣主教纽曼（Cardinal Newman），对进化没有任何异议，因为它为上帝保留了灵魂创造者的角色。但是，在直到 1900 年的几十年里，这样一种关于人类起源的观点的后果被正确地视为是对已有社会秩序的威胁。《泰晤士报》(The Times) 写道："如果我们人类仅仅是这些畜生能力改变的自然产物，那么心地最诚挚的人就将被迫放弃其试图过高尚、道德的生活之动机，因为它们建立在错误的基础上……"有人认为，20 世纪发生的事情将证实这种观点。

达尔文忠于自己的原则，在发现了自然选择法则后，他放弃了对人格化的上帝的任何信仰，成了一个不可知论者。1882 年 4 月 19 日，他死于心脏病，被安葬在威斯敏斯特教堂，离牛顿仅几英尺之遥。具有讽刺意味的是，他的发现极大地影响了所有那些他不感兴趣的科目：宗教、社会、道德和政治。我们今天生活在一个充满不可知论的唯物主义的世界，这一事实便直接源自他的工作成果。

第六十一章　与民主达成妥协

1867年，选举权首次大规模扩展，在那之后的半个世纪里，它还将逐渐扩大，使得越来越多的人拥有投票权。经过1884年和1885年的进一步改革，三分之二的男性可以投票。尽管这仍意味着选民总数仅为四千五百万人中的八百万人，但在1914年（第一次世界大战爆发的那一年），选民中已包括了工人阶级。然而，推动这场革命的政治体系仍在表面上保持了数世纪以来的现状，即一个由国王、议会中的上议院和下议院构成的政治体系。其成员无论持有何种信仰，在内心深处都是旧的精英统治的忠实信徒。他们的难题是如何尽可能地挽救那个世界，使它运转起来，以迎合一个完全不同的社会。令人大为震惊的是，无论某一届政府是自由派还是保守派，此后他们都会或热情洋溢或勉为其难地将自己的精力投入社会立法中去。

随着大批选民的出现，各政党必须提出今后的行动方案，以便当选，这意味着自由党和保守党都必须尽可能地向选民澄清各自的立场。两党都很幸运，能够在由两位政治巨人掌舵的情况下进入这个新时代，这两位政治巨人性格迥异，以至于把人们分成了两个阵营。而正是这些领导人决定了他们各自政党的主张。自由党领袖威廉·埃瓦特·格莱斯顿是苏格兰人的后裔，拥有崇高的原则和虔诚的宗教信仰，却又有着非国教徒的道德热情。他还有精力和魄力将构成本党的自由派人士、辉格党人和激进派人士拉入连贯一致的阵营。在这一切之下，格莱斯顿并不是一个革命者，因为他尊崇传承已久的君主制和贵族制度。自由党标榜自己是经济自由和自由市场的信仰者，同时坚信美德而非出身才是社会的真正基础。这种要将个人从约束中解放出来的承诺，意味着对大多数自由党人来说，国家在控制经济和社会政策方面并无作用。最终，党的命运建立在这两个互不相容的目标的基础上，但这在早期并不明显。格莱斯顿和自由党人一起组成了一个能够成功地跨越社会各个阶层的团体，其成员包括辉格党贵族、中产阶级商人，甚至还有工人阶级成员。

格莱斯顿的对手的性情与之截然不同。善变莫测的本杰明·迪斯雷利，即后来的比肯斯菲尔德勋爵（Lord Beaconsfield），一开始是个受过洗礼的犹太人，经济状况很不稳定，但他是个天才，他自己也知道这一点。他还是个花花公子和小说家。迪斯雷利野心勃勃，不讲道德，是一位伟大的表演家，与格莱斯顿一样，他孕育了一部关于英格兰及其古代贵族的浪漫故事。实际上，对过往事物的敬畏将成为保守主义的一个基本属性，保守党认为自己的角色是以王座、祭坛和帝国为中心的现存秩序的保护者。这是个权势集团的政党，该集团最初由拥有土地财产的人构成，但很快就变成了只要有财产就可加入的集团，因为它赢得选举的能力越来越少地依赖于郡，而越来越多地依赖于蓬勃发展的维多利亚郊区的"别墅投票"（villa vote）。保守党的权力基础将始终是乡村，但它逐渐赢得了中产阶级的支持，在兰开夏等某些地区，它还吸引了工人阶级的选票。

我们已经坚定地离开了利益的时代，进入了政党的时代。一个政党要想在民主国家获得权力，就必须确保能获得选票，所以在几年之内，两党都成立了召集选民的机制，以便在选举到来时获得投票。广大选民也呼吁选出一种与过去截然不同的政治家，他要兼具公共演讲能力和人格魅力。海报、传单和会议成了在维持信徒忠诚的运动中于全国各地宣传本党事业的载体。1867年，全国保守党和宪法协会联盟（National Union of Conservative and Constitutional Associations）成立，三年后，在不屈不挠的约翰·高斯特（John Gorst）领导下建立了一个中央办公室。他通过建立保守派协会，领导了争取中产阶级选票的运动。在下议院中出现了一个新职位，即党鞭（Chief Whip），其任务是确保议会中所有托利党成员都遵守党的路线。独立议员的时代已成为过眼云烟。1877年，反对党成立了国家自由基金会（National Liberal Foundation），在约瑟夫·张伯伦（Joseph Chamberlain）的支持下，当年在伯明翰举行了实际上的首届政党大会。张伯伦在担任伯明翰市长期间改变了这座城市,但他也在其中组织了自由主义的政治机制,自由党将会在其他方面复制这种方式。

由此奠定的局面是社会立法的三部曲,它们标志着由两个政党中的一个或多或少地占据主导的三个时期,第一个是自由党主导时期,第二个是保守党主导时期,第三个又是自由党主导时期,总共跨越了五十多年。困扰任何一届政府(它将被单独论及)的一个主要因素是日益严重的爱尔兰问题,政府的崛起和衰落都与爱尔兰的事件有关。但是,在涉及国内问题时,什么也阻挡不了社会改革的滚滚洪流。

格莱斯顿的第一届内阁(1868—1874)引入了进入公务员体系的竞争性考试,并废除了购买军队委任状的制度。1870年的《教育改革法案》允许教育部门在任何教育不见成效或不合时宜的地区设立学校。他的第二届内阁(1880—1850)没那么有真知灼见,但于1884年继续扩大了选举权,次年又根据《再分配法案》(Redistribution Bill)在城镇建立了单一成员选区,从而进一步侵蚀了仅存的土地权益。他将重新回来组建第三届(1886)和第四届(1892—1894)内阁,但精力都集中在爱尔兰问题和以失败告终的对上议院的攻击上。然而,自由党确于1894年引入了遗产税,从而确立了国家可以对资本征税的原则。

格莱斯顿于1898年去世,获得了国葬待遇。到那时,他属于的是一个已经消失了的世界。当选举权得到扩大时,没有人会想到一种两党制体系会成为常态,也没有人会想到两党都能成功地吸引各个阶层的选民,从而避免了两极分化。这种情况之所以没有发生,在很大程度上可能要归功于生活水平的提高和廉价食品的供应,但也一定要归功于G.O.M.,即"元老"(Grand Old Man),它是人们对格莱斯顿的尊称。他的政府推行了前瞻性的社会立法,对当时的公众情绪做出了准确的反应。但与此同时,上议院没有受到影响,英格兰教会没有被推翻,而尽管他承诺引入地方治理,但从未实现。他赋予新政治的是一种强烈的道德维度,它将在他死后继续存在。

迪斯雷利于1874年成为首相时已经七十岁了。托利党上台时并没有真正的计划，但他们也发现自己在进行社会改革。《雇主与工人法案》(Employers and Workmen Act, 1875) 首次将雇主和雇员置于平等的地位。《阴谋与财产保护法案》(Conspiracy and Protection of Property Act, 1875) 解放了工会，使罢工不再被视为一种犯罪阴谋。托利党废除了《刑法修正案》(Criminal Law Amendment Act)，从而使和平示威合法化。《工匠住宅法案》(Artisans' Dwelling Act) 授权地方政府强制购买土地，以合理的租金建造和安置居民。所有这些措施和其他措施都是老一辈精英对"别墅选票"和工人阶级选票的吁求。由于普遍的经济萧条，迪斯雷利将在1880年的选举中落败，并于一年后去世。

他的继任者是一个老派贵族，罗伯特·加斯科因·塞西尔 (Robert Gascoyne Cecil)，他是第三位索尔兹伯里侯爵，一个聪明机智的人，他的使命是确保旧体制尽可能多地被保留下来。但即使是他也无法阻止社会改革的需求。1888年，一项《地方政府法案》(Local Government Act) 设立了六十二个由选举产生的县委员会，它们接管了道路、收容所和当地警察的管理。次年，伦敦郡议会成立，为这个已经成长为世界上最大城市的地方提供了处理规划问题的全面权威。还有立法反映了提高教育水平的必要性，在一个文化和技术技能迅速成为必需品的时代，提高教育水平至关重要。小学教育在1891年开始免费。五年后，地方议会获得建造市政住宅的权力。1895年，当索尔兹伯里第三次连任时，他对实施进一步的改革更加抵制。当时，党内对此的要求已经体现在因爱尔兰问题而舍弃了自由党的约瑟夫·张伯伦身上。索尔兹伯里成功地阻止了张伯伦引入养老金的计划。

1902年，维多利亚的儿子爱德华七世登基后不久，侯爵宣布退休。他的侄子A.J.鲍尔弗 (A.J. Balfour) 接替了他的职位。鲍尔弗诨名"美臀"(Pretty Fanny)，是个才华横溢但缺乏情趣的单身汉。他是勇气与倦怠的奇怪结合体，而且，他甚至比索尔兹伯里更加讨厌民主。不幸的是，他展示了这一点。然而，他也追求进一步的社会改革。1902年颁布的《教育法案》将教育交由最近成立的县和县自治委员会管理，目的是提高教育水平。虽说保守党远不如自由党那么讲究意识形态，但他们必须与时俱进，尽管是以一种零敲碎打、讲求实效的方式。他们将自己标榜为古老而受人尊重的机构的捍卫者，但他们也可以证明，这种捍卫不一定要排除适应和变革。让鲍尔弗下台的不是他自己的行动，而是张伯伦的行动，张伯伦公开表示支持保护主义，即降低帝国进口关税，这被称为"帝国特惠关税"（Imperial Preference）。鲍尔弗因这个问题而辞职，保守党在选民中遭遇惨败，因为对选民来说，自由贸易是其繁荣昌盛的神圣图腾。

自由党重新掌权。他们上马时并没有总体规划，但在为期十年的执政期间，逐渐地，他们在很大程度上为新世纪制定了议程，这将体现在态度的根本转变上。在维多利亚时期，政府可能通过了大量的社会立法，但把执行它们的任务推给了地方政府，而地方政府对此的反应则各不相同。现在，国家自身将一点一点地承担起这些任务。到1914年，公务员的人数已经上升到二十万。相信国家能够奇迹般地为每一种社会弊病提供治疗的想法逐渐成为一种根深蒂固的观念，在20世纪80年代之前从未受到过质疑。

这些自由党人与格莱斯顿时代的自由党人大不相同。他们不是地主，而是拥有私人财产的人、工会成员和来自法律或新闻等行业的职业政客的混合体。事实上，自由党最重要的举措之一就是给议员们每年四百英镑的薪水，从而使工人阶级变得渴望从政。在这一时期，自由党有幸具有充沛的思想活力，体现这种活力的不是他们强硬的首任首相亨利·坎贝尔-班纳曼爵士（Sir Henry Campbell-Bannerman，1905—1908），而是他的继任者赫伯特·亨利·阿斯奎斯（Herbert Henry Asquith，1908—1916）。虽然阿斯奎斯嗜酒如命，喜欢拈花惹草，却有着老到且有条不紊的头脑，机警、干脆而高效。他是一流的辩手。在他任职期间，一大群出类拔萃的能人为他锦上添花，其中，年轻的温斯顿·丘吉尔（Winston Churchill）担任贸易委员会主席，威尔士人大卫·劳埃德·乔治（David Lloyd George）担任财政大臣。充满活力和魅力的阿斯奎斯满脑子新鲜想法，其中很多都归功于另一位冉冉升起的新星——公务员威廉·贝弗里奇（William Beveridge）。

本届政府通过的法案读起来就像是我们仍生活于其中的这个社会的基石的名册。1906年颁布的《行业纠纷法》（Trades Disputes Act，1906）赋予了工会完全的法律豁免权，这一地位在欧洲任何地方都是无与伦比的，直到20世纪80年代才受到挑战。同年，《学校膳食法》(School Meals Act)使地方当局能够提供免费的学校膳食。1907年，对罪犯的缓刑判决被引入。接着在1908年出现了一波全方位的立法：七十岁以上的老人可领取养老金，政府为他们每周发放五先令的津贴；矿工每天的工作时长为八个半小时，这是议会首次承担起限制工人工作时间的任务；十四岁以下儿童不再被送进监狱，并且设立了专门处理青少年罪犯的少年犯教养院系统；劳务交易所得以建立，成为一种失业者寻找工作的机制。所有这些法案中最重要的是《国民保险法案》(National Insurance Bill, 1911)，它比其他任何法案都更奠定了后来的"福利国家"(Welfare State)形式的基础。该法案的第一部分规定了工人在生病期间的补贴，政府、工人和雇主都要为此出钱。第二部分规定了失业期间的补贴，这是专门为解决季节性失业问题而设计的方案。然而，失业已经被认为是新世纪潜在的最大社会问题之一。这是一个困扰历届政府的问题。

除了这些成就，自由党还增加了另一项直接影响到中央的成就，那就是驯服了仍然有权阻止下议院通过任何法案的上议院。1909年，劳埃德·乔治提出了一项预算，对年收入超过两千英镑的人征收附加税，同时提高了烟草和其他商品的关税。上议院否决了它。阿斯奎斯意识到，他需要进行两次选举来限制上议院的权力。第一次是"贵族成员对老百姓"之战。当自由党以微弱多数重返议会时，阿斯奎斯提出了一项法案，限制上议院反对任何货币法案的权力。此外，任何其他在下议院三次通过的法案都会成为法律，即使上议院否决也无济于事。议会的任期也从七年缩短为五年。在此危机期间，老国王去世了，他的儿子乔治五世(George V)继位。乔治五世被说服，如果必要的话，他会向上议院注入大量新的自由党贵族，以通过法案。1910年12月，阿斯奎斯第二次解散议会，重新选举下议院，并再次掌权。面对多达五百名自由党人的前景，上议院让步了。反对任何货币法案的权力已经丧失，而对于其他法案，上议院的权力也被减小到将其至多延迟两年。这场战争更多地代表了上议院对下议院在宪法上的服从。在更深层次上，它认识到政治权力不再基于土地所有权，而是源于政绩。对贵族和上层阶级两者来说，这都是一个沉重的打击。

所有这些措施都迎合了公众的情绪，体现了一种观念上的转变，1870年还可接受的东西在1910年就不再被接受了。这些改革法案还避免了伴随阶级界线而可能出现的投票的迅速两极分化，并在某种程度上推迟了新的工党的崛起。然而，自由党政府最终失败了。1912年的罢工浪潮迫使政府走上了工资管制这条致命的道路。1914年战争的爆发，迫使阿斯奎斯最终与以邦纳劳（Bonar Law）为首的保守党联合以寻求出路。

尽管发生了所有这些变化，英国社会在第一次世界大战前夕必定看似全然未变。百分之一的人口仍然拥有百分之六十六的总财产，只有一百万人缴纳所得税。作为一个时代，爱德华七世时代一直被人们奉为黄金时代，尤其是因为它与之后的情况形成了鲜明的对比。爱德华七世和他美丽的王后亚历山德拉（Alexandra）统治着一个金碧辉煌的宫廷，彰显着君主制的盛况。上层阶级醉心于虚张声势，这是一种依靠低薪仆人的俯首听命的行为。维多利亚时代的旧等级制度及其对尊严的定义似乎仍岿然不动。然而，在表面之下，即将摧毁那个社会的种子早已埋下。例如，现代管道、电灯和中央供暖系统的出现，使得许多仆役阶层的工作变得多余。在戏剧、文学、绘画和雕塑等艺术领域的先锋派已经产生了冲击波。电话等发明彻底改变了日常通信，而打字机则预示着现代办公室和秘书的出现。

也许最大的变化是妇女角色的变化，它影响了人们秉持了数个世纪的关于家庭、性生活的性质和性别在人类活动的每一领域中所起的作用的观念。早在19世纪90年代，女性就开始越来越多地从事护理、教学或办公室工作。与此同时，对妇女政治权利的要求提高了，首先是在1897年成立了"全国妇女选举权协会"（National Union of women's Suffrage Societies），后来在艾米琳·潘克赫斯特夫人（Mrs. Emmeline Pankhurst）领导下成立了更为激进的"妇女社会和政治联盟"（Women's Social and Political Union，1903）。自由党人支持妇女选举权，尽管他们将这一措施视为进一步改革男性选举权的附加措施。自1912年开始的妇女参政运动的暴力阶段实际上对她们事业的发展弊大于利，但妇女获得选举权只是一个时间问题。

尽管仍有三分之一的人口生活在贫困之中，但人们所到之处，都能看到在没有革命或流血的情况下建立起来的新型城市文明的确凿证据：有自来水和管路系统的住宅，灯火通明的街道，取代了马车的有轨电车，确保公共安全的高效的警察部队，为每个人提供免费的信息和娱乐的图书馆、公园、美术馆和博物馆。从整体上看，英国似乎已高歌猛进地进入了20世纪。遗憾的是，这将被证明是跌落之前的骄傲。

祸患从一开始就存在。英国的独特之处在于，工业化带来的巨大变化既没有伴随着社会的两极分化，也没有伴随着革命。到19世纪末，新旧阶级间的任何摩擦都消失了，当时达成了一种妥协，这在很大程度上可解释我们现在这个世纪的失败。贵族和士绅也许已经失去了在政治上甚至社会上的统治地位，但仍保留着自己的文化地位。事实上，他们所做的远不只这些，因为他们还把它强加在了那些本应取代他们的阶层身上。这个大熔炉就是公立学校，在这里，新老精英的后代并肩接受教育，具有共同的行为准则和态度。努力工作、赚钱、创新和对生产的强烈热情这些造就了维多利亚时代企业家的特质不得不被抛弃，取而代之的是那些被认为适合绅士的品质，即风格的培养和对休闲的追求，以及那些为政治服务的品质。这意味着摒弃大规模城市化社会的现实，转而崇尚一种田园文化理想，它体现在乡村别墅、狩猎、园林、对过往事物的热爱和保护上，认为这以某种方式体现了真正的英格兰精神。这将在新世纪产生致命的后果，导致国家经济主导地位的削弱，而这种主导地位恰恰依赖于那些被摒弃的优点。技术、新事物和变革都将遭到怀疑。人们认为英国的天才在于其天生的保守主义和谨慎。不过，这些态度将极大地推动其走上下坡路。

第六十二章 爱尔兰离去

即使在维多利亚时代末期，当大英帝国的领地在全球伸展之时，英国本身仍然是几个效忠于国王的独立国家的集合体。在罗马人为不列颠尼亚划定的岛屿边界内，一直存在着极大的文化、宗教和语言差异，它们始终保持了自身的活力，给威尔士和苏格兰清晰的身份认同，无论是1536年亨利八世对威尔士的行政同化，还是1707年与苏格兰的《联合法案》，都无法根除这种身份认同。在威尔士公国，这种身份体现在威尔士语和教会强烈的反国教传统中。苏格兰保留了自己独立的法律、宗教和教育传统。但它们都被其他令这个岛屿保持着统一的思路所吸引。两国的男性都被提拔到管理国家和帝国的高级官员职位。英格兰的政治体系也为这两个国家所采纳。最重要的是，拥有土地的当权阶级通过通婚形成了一个有凝聚力的精英阶层。工业革命使得新修的公路和铁路延伸到了它最远的边界，从而使本岛变得空前接近。那场革命也带来了繁荣，避免了可能为独立运动提供支持的贫困。

这种情况本应也出现在爱尔兰岛上，但它从未发生。爱尔兰人继续被当作一个外来统治阶级和宗教强加于其之上的受支配的民族。与苏格兰的《联合法案》不同，1801年的《爱尔兰法案》没有带来任何益处。事实上，情况正好相反，爱尔兰议会恰好在一股强烈的民族主义冲动开始涌现时被推翻了。这非但没有阻止这一运动，反而使之愈演愈烈。在这个社会中，少数经常不在爱尔兰境内的新教徒几乎拥有所有土地，而耕种这些土地的是没有土地使用权保障的天主教农民。地主可能会为了更高的租金而随意驱逐租户，但于租户对租种土地可能做出的改善不予任何补偿。19世纪40年代，丹尼尔·奥康奈尔（Daniel O'Connell）曾领导过一场要求废除1801法案的运动，但英国政府派出军队镇压了这场运动，逮捕了奥康奈尔及叛乱头目们。连续几届英国政府反复使用军队的做法只会强化他们是征服一个异国民族的军队的名声。接下来，从1845年开始，马铃薯连续歉收。马铃薯是爱尔兰人的主食。这场骇人听闻的饥荒使得百姓要么悲惨地死去，要么背井离乡，致使人口减半。在爱尔兰人看来，尽管废除了《谷物法》，但英格兰主岛似乎已经抛弃了他们。

这样看待爱尔兰的情况并不奇怪，因为英国政府的态度前后矛盾，不确定是应该像对待威尔士和苏格兰那样对待爱尔兰，还是应该把爱尔兰当作殖民地来管理。这种优柔寡断的结果是，没有采取任何前后一致的政策。政策始终是被动应对的，而不是先发制人的，是一种东拼西凑、组织松散的存在，立法总是太少、太迟，往往行之无效，贯彻不足。结果是为发生在爱尔兰的运动火上浇油，使之最终演变为将在20世纪达于高潮的内部自治（Home Rule）运动，但如果英国政府在一个更早的时期就采取一种持续协调的改革和整合政策，这种情况便绝无必要发生。然而，一直以来，任何类型的自治要求都被威斯敏斯特的那些人挫败了，他们认为自治是大英帝国解体的前奏。

这个问题之所以将会对英国政治体系的运作产生如此深远的影响，正是因为有爱尔兰议员在伦敦议会任职。只需一个领导人的出现，便可激励他们作为一个团体行动，从而使议会陷于瘫痪。1875年，当精明而顽强的爱尔兰新教精英查尔斯·斯图尔特·帕内尔（Charles Stewart Parnell）进入议院时，便完整地呈现了这种情况。

七年前，格莱斯顿上台，宣称他的使命是安抚爱尔兰。第二年，爱尔兰教会被解散，从而消除了一个主要的不满来源，即天主教徒向他们不想要的新教部门支付什一税。次年出台了《土地法》（Land Act），表面上是为遭到不公正驱逐的租户提供补偿，但事实证明，它非常复杂，对阻止驱逐几乎没有任何影响。接下来，格莱斯顿试图建立一所爱尔兰天主教大学，这让新教徒大为震惊。他的第一项爱尔兰政策以失败告终。致命的是，他曾燃起希望，结果却粉碎了希望。

第六十二章　爱尔兰离去

对自治的要求越来越强烈。1879年，"爱尔兰土地联盟"（Irish Land League）成立，帕内尔担任主席。其目的是使租户获得合理的租金和租赁权保障，并最终获得所有权。帕内尔是一个革命者，于是土地联盟与号称"芬尼安兄弟会"（Fenian Brotherhood）的民族主义运动采取了联合行动。在19世纪70年代的农业大萧条的推波助澜下，抗议活动开始采取积极的形式，不仅导致罢缴租金和租户的蓄意阻挠，更糟糕的是，还引发了纵火、直接的暴力和对地主的攻击。

1880年，当贪婪的格莱斯顿重返内阁出任首相时，遇到的正是这种情况。第二年通过了第二项《爱尔兰土地法案》，目的是确保公平的租金、出售的自由和固定的土地使用权。尽管这是一项成就，但它的效果是强调了正在出现的分化该国南北方的差异。在阿尔斯特（Ulster），持不同政见的（如反对爱尔兰教会的）新教徒占多数。此外，爱尔兰的这一地区是唯一体验到工业革命带来好处的地区，这再次使它有别于天主教徒占据多数的以农业为主的萧条的南部。格莱斯顿的《土地法案》在北方行之有效，在南方却引发了层出不穷的诉讼和暴力争执。尽管它有所妥协，但以帕内尔为首的土地联盟仍然反对该法案，结果帕内尔遭到监禁。

后来，在1881年5月6日，新任爱尔兰事务秘书长弗雷德里克·卡文迪什勋爵（Lord Frederick Cavendish）及其副秘书长在都柏林的凤凰公园（Phoenix Park）被谋杀。这些暗杀导致帕内尔将自己从革命者中分离出来，并成立了一个新的协会——全国联盟（National League）。英国对这些谋杀案的反应是通过了一项极具强制性的《预防犯罪法案》（Prevention of Crimes Bill），以武力对付暴力。就这样，在19世纪80年代和90年代，两极分化不但没有被避免，反而加速了。可怕的农业萧条意味着有一半成年人不得不背井离乡，向别处移民，主要是去了美国。在那里，他们往往会发家致富，却从未忘记自己的悲惨出身，所以会把钱寄回家，资助独立运动。由此他们建立了一种关注模式，在这种模式下，美国将或多或少地参与到爱尔兰问题的解决中，甚至直到今天仍然如此。

没有人预料到的是，1885年投票权的进一步改革意味着，以帕内尔为首的爱尔兰民族主义议员将在下议院占据主导地位，从而能够主导英国议会的运作。就在那时，格莱斯顿开始致力于爱尔兰的内部自治，他认为在大英帝国内恢复爱尔兰议会是一种道义上的需要。这对自由党的影响是灾难性的。它使自由党一分为二，那些认为这一转变是种背叛行为的人，与在阿尔斯特迅速出现的反对这一行动的人——即所谓的联合党人（Unionists）——达成了共识。对北方的联合党人来说，内部自治象征着他们所认为的教皇制统治的序幕。格莱斯顿的戏剧性转变为有关爱尔兰问题的政治分歧铺平了道路，其间自由主义成为爱尔兰民族主义的盟友，而保守主义则成为阿尔斯特联合主义的盟友。

尽管如此，在1886年6月，格莱斯顿还是提出了爱尔兰的第一个《内部自治法案》（Home Rule Bill），但该法案遭到否决，并导致了他的辞职。他在下次选举中失败，新首相索尔兹伯里勋爵任命A.J.鲍尔弗担任爱尔兰事务秘书长。虽然鲍尔弗加快了土地出让，但他的统治是严厉的和胁迫性的，而事实上，通过鼓励土地出让，他为地主阶级的和平消亡铺平了道路。与此同时，众议院的爱尔兰事业领袖帕内尔名誉扫地。伪造的信件暗示，他是凤凰公园谋杀案的知情者，这一指控花了两年时间才在法庭上澄清。帕内尔与一名已婚妇女基蒂·奥谢（Kitty O'Shea）长期私通，1890年，当基蒂的丈夫将帕内尔列为离婚案的被告后，此事被公之于众。在维多利亚时代的英国，此事只会给公众人物带来一个后果：毁灭。他于一年后去世。

1892年再次掌权后，格莱斯顿试图通过第二项《内部自治法案》，但再度失败。到那时，他已经把自由党的旗帜牢牢地钉在爱尔兰内部自治的桅杆上，导致该党长期失去英格兰草根选民的支持，而成为威尔士、苏格兰和爱尔兰的凯尔特边缘地区的代言人。在很多年里，自由党一直因爱尔兰问题而处于在野地位，在这些年里，对于通过这样一个法案会带来什么的猜测导致那些北方人接受了一种基于其新教信仰的身份认同，相信一旦与英国的联盟瓦解，他们的工业繁荣就将失去。然而，一个保守党政府通过了一项法案，即1903年的《土地购买法案》（Land Purchase Act）。这最终解决了土地问题。政府提供长期低息贷款，以鼓励租户购买土地。到20世纪20年代，三分之二的土地已经转为租户所有，地主土地所有制已经成为明日黄花。

但这仍然没有给予爱尔兰内部自治。实现这一目标的一大障碍是英国上议院，它坚决反对这一动议。打破他们的否决权将为任何一个自由党政府通过这样一项法案铺平道路。事实正是如此。1909年，阿斯奎斯领导下的自由党人与上议院发生冲突，1911年的《议会法案》最终使冲突得到解决，该法案剥夺了上议院的否决权。在约翰·雷德蒙德（John Redmond）领导的爱尔兰民族主义议员的支持下，该法案得以在下议院获得通过。他们的回报是1912年5月引入《内部自治法案》，但直到第一次世界大战爆发的那一年，它才成为法律。该法令规定，在一段规定的时间内，爱尔兰任何地区如果希望通过公民投票选择退出，都可以这样做。但在战争进行期间，该法案将成为一纸空文。

在英格兰保守党联合主义者的支持和鼓励下，这通向承认爱尔兰内部自治的最后一步使得阿尔斯特的北爱尔兰人更加紧密地团结在了一起。人们举行了大规模的公众示威活动，并成立了防御部队——阿尔斯特志愿军（Ulster Volunteers）。1914年的一切都表明爱尔兰正在走向内战。取而代之的是，大部分爱尔兰人在欧洲的大规模同盟战争中发挥了自己的作用。但并非所有人都持这种态度。一位爱尔兰民族主义的反叛者——罗杰·凯斯门特（Roger Casement）——开始与德国人谈判，希望在1916年复活节举行反抗英国政府的起义。凯斯门特在耶稣受难日上了岸。有一段时间，起义看起来像是已胎死腹中，但随后，在复活节后的周一，民族主义者占领了都柏林邮政总局，宣布成立爱尔兰共和国。四天后，在约四百五十人死亡、超过两千人受伤后，他们缴械投降。凯斯门特和主要头目都被处决。实行了戒严令。经过一次可怕的遭遇战，两个岛屿之间裂开了一道不可逾越的鸿沟。英国军队给了爱尔兰民族主义者他们所缺乏的东西：一个强有力的爱国神话，以及一连串为事业献身的烈士。事情到了只能进不能退的地步。

在1918年的选举中，由埃蒙·德·瓦莱拉（Eamon de Valera）领导的七十三名爱尔兰议员当选，其中三十四人在狱中。他们都是共和运动新芬党（Sinn Féin，意为"我们自己"）的成员，这是种早在1905年创立的为时十多年的政治身份,其成员希望爱尔兰完全独立。这反过来又反映了另一种加剧分裂的东西,即盖尔人(Gaelic)的文化复兴,其目标是爱尔兰的"去英国化"。次年,即1919年,新芬党赢得了阿尔斯特以外的所有席位,完全取代了爱尔兰民族主义者,并在都柏林建立了实际上的爱尔兰议会(Dáil),德·瓦莱拉担任该国的第一任总统。与此同时,旧政府仍然位于都柏林城堡(Dublin Castle),这意味着这个国家实际上有两个政府。爱尔兰共和军(IRA)的成立加速了显而易见的内战趋势。爱尔兰共和军发起了一场针对现有政府、爱尔兰皇家警察部队(Royal Irish Constabulary)和英国军队士兵的恐怖主义运动。英国首相劳埃德·乔治授权招募从第一次世界大战中复员的非正规士兵以应对危机。这些人被称为"黑棕军团"(Black and Tans),他们沉溺于一种报复战术,这种战术一直是英国军队传统的耻辱。

1920年9月,英国政府在《爱尔兰政府法案》(Government of Ireland Act)中承认了这一不可避免的事实。这个国家将被一分为二,即二十六个信奉天主教的南方县和六个信奉新教的北方县。爱尔兰议会议员继续在威斯敏斯特任职,但还有另外两个由爱尔兰议会连接的议会,一个在都柏林,另一个在贝尔法斯特(Belfast)。在随后的选举中,新芬党赢得了一百二十八个席位中的一百二十四个,但该党拒绝接受这些席位,也拒绝与该法案的实施产生任何关系。暴力事件爆发,劳埃德·乔治意识到,任何试图用武力强行解决问题的做法都将意味着内战。到1921年,二十六个南方县实行了戒严。

7月,双方停火,同年年底,爱尔兰被授予与加拿大同等的自治领地地位,成为爱尔兰自由邦(Irish Free State)。它仍然承认国王的主权。1922年春,随着威斯敏斯特政权的正式移交,新宪法开始全面实施。其结果是南北之间爆发内战,阿尔斯特在第二年春天脱离联邦。旨在定期召集双方的爱尔兰委员会(Council of Ireland)已成为一纸空文,并于1925年被废除。

爱尔兰的历史是英国主岛管理不善的漫长传奇。曾几何时,一个其人口总体上被视为臣民的国家,似乎有可能像同样与英格兰有着强烈的宗教和文化差异的苏格兰和威尔士那样,成功地融入这个体系。这种情况之所以从未发生,源于一连数届政府在行动上的重大失败,尤其是在维多利亚时期,所

第六十二章 爱尔兰离去

有这些政府都没能认真对待这个国家的根本问题。虽然爱尔兰从来不是英国的一部分，但它曾经是设想中的联合王国的一部分。它其中的一部分现在已经消失，助长了英国本岛的分裂倾向。1925年，威尔士党（Plaid Cymru）成立，推行威尔士语，呼吁自治，推行一项激进的社会和经济方案。三年后，苏格兰民族党（Scottish National Party）成立，同样要求苏格兰北方自治。这些都不会产生任何重大影响，但对那些处于中心地位的人来说，它们始终是令人不快却十分有益的提醒：英国是一个国家联盟，而不是一个合众国。就爱尔兰而言，自治地位被证明是一种折中手段。然而，爱尔兰自由邦的出现，成功地在一段时间内掩盖了表面之下过于明显的裂痕。

第六十三章　英帝国的和平

1890年，维多利亚女王统治着占据了地球五分之一的四亿多人口。确实，英国统治着如此辽阔的疆域，世界上任何地方的风吹草动实际上都会影响到它。当时的大英帝国似乎正处于鼎盛时期，强烈地左右着当时人们的想象，根据这种想象，英国是一个具有全球使命的代理者，它充满了善意。这种爱国自豪感的高涨还是一个相对较新的现象。直到19世纪70年代，大英帝国一直是一个为商业利益服务的行政机构。殖民地被视为昂贵而沉重的必需品，最好的应对方式是允许它们建立自治政府，这样会花费少些。这样的政策在1867年加拿大联邦成立时得到了总结。但在那之后，随着超级大国时代的到来，这种氛围开始改变，在这个时代，几乎每个欧洲国家都试图建立一个殖民帝国。就英国而言，1875年迪斯雷利收购了作为印度生命线的苏伊士运河（Suez Canal）的控股权，引发了英国的再度扩张。其影响将使英国首先参与到埃及的命运中，然后逐渐参与到整个非洲的命运中。这并不是说英国方面有任何有计划的收购方案，因为它是零打碎敲、见机行事的。但是，一旦开始，各种各样的动机都驱使着领土吞并风潮不断向前推进：声望、爱国主义、传教热情、对新市场和贸易路线的需求等只是其中的一部分。

迪斯雷利开始赞颂帝国的美德，女王在1876年被宣布为印度女皇。之后是1887年和1897年的女王登基五十周年和六十周年庆典，英国民众目睹了帝国骑兵穿过伦敦，这让他们看到了英国现在统治着许多民族的现实。在报纸大量发行的新时代，这样壮观的场面会产生一种令人陶醉的效果。

帝国与经济紧密相连，为这个世界上工业化程度最高的国家提供了新的市场和原材料来源。在 19 世纪的最后三十年，也就是所谓的大萧条（Great Depression）期间，这个工业霸主的地位受到了威胁。"大萧条"这个名称具有误导性，因为出口实际上仍在增长。它所反映的是另一件事：其他国家正在高度工业化的事实。19 世纪 70 年代，英国被美国取代，1900 年后又被德国取代。1870 年至 1910 年，英国在全球贸易中所占份额从百分之二十五降至百分之十四。衰退的发生有各种各样的原因，如英国教育体系的不足，再如社会对从事贸易者的态度，认为他们在某种程度上不如专业人士。尽管如此，帝国仍是国家的市场基石。

殖民地与母国之间的关联可能在相当程度上是人际的关联。1861 年至 1900 年，七百五十万人移居澳大利亚和新西兰，八十万人移居加拿大。这些地区和非洲一起被称为"无人区"，就好像它们的土著居民并不存在似的。1770 年，库克船长宣称澳大利亚是英国领土。从 18 世纪末开始，澳大利亚就一直被用作囚犯的流放地。到了 19 世纪 50 年代，人们对它的看法就大不相同了，因为先是羊毛，然后是黄金，使它成为英国经济的重要组成部分。它与位于地球另一端的英国的联系依然牢固，孩子被送回英国接受教育，英国圣公会在殖民地建立了自己的教会，政府结构仿效了母国演变中的结构。这些国家都是自治国家，通常发展到足以派遣自己的"大使"（被指定为高级专员）前往伦敦，并在那里设立全国总部，如加拿大总部或澳大利亚总部。

印度非常不同，总是会形成一个特例。有超过四分之三的帝国居民生活在那里，它对维多利亚时代的英国的影响将超过任何其他国家，尽管发生了"印度反英暴动"（Indian Mutiny，1857），当时，各种动机的组合导致了包括很大一部分军队在内的土著居民的起义，双方都犯下了骇人听闻的暴行。由此引发的对印度政府的重新评价终结了东印度公司的政治角色。印度从此有了一个向印度办事处和英国政府负责的总督。印度人第一次被允许进入司法部门和行政部门。但英国人仍然坚信自己注定会永远统治这个国家。英国人认为，如果没有他们，印度在面对其民族、语言和宗教的巨大差异时必将分崩离析。似乎没有什么能动摇英国的统治，尽管随着教育和文化的普及，印度人开始意识到，他们的政治权利被剥夺了。

1870年至1900年，大英帝国增加了六千万人和四千五百万平方英里的土地。其中大部分可以归因于非洲，它在19世纪50年代和60年代通过像大卫·利文斯通（David Livingstone）这样的探险家的工作开始向欧洲人开放。殖民的发生颇为偶然，从沿海的贸易基地开始，然后逐渐向内陆扩散。只有当一个帝国的建设行动与另一个帝国的建设行动发生冲突时，这些新领土的边界才会被划定。苏伊士运河标志着非洲北部的并吞。埃及曾暂时被占领，但在1882年，占领变成了永久性的。为了保护埃及，就不得不征服邻国苏丹。尽管在1885年，英国救援部队未能及时抵达喀土穆（Khartoum），解救被马赫迪（Mahdi）起义军围困的查尔斯·戈登将军（General Charles Gordon），但苏丹最终被基钦纳将军（General Kitchener）率领的军队占领。在19世纪90年代，桑给巴尔（Zanzibar）、尼日利亚、黄金海岸（加纳）、冈比亚和塞拉利昂成为殖民地。然而，最大的问题在于非洲大陆的南部，那里的两个英国殖民地——海角殖民地（Cape Colony）和纳塔尔（Natal）——与两个南非布尔人（Boer）的邦国——奥兰治自由邦（Orange Free State）和德兰士瓦（Transvaal）——毗邻，荷兰人很久以前就在后两地定居了下来。1877年，英国人吞并了这两个地方，两年后，他们赶走了充满敌意的当地人祖鲁人（Zulus）。在1880至1881年，布尔人发动起义，被批准独立，仅仅几年后，在德兰士瓦就发现了黄金和钻石，这改变了一切。被布尔人称为"洋人"（uitlanders）的英国人和其他外国人拥入德兰士瓦，约翰内斯堡（Johannesburg）几乎一夜之间就建成了。所有这一切都未能打消英国殖民地的掠夺成性的首相塞西尔·罗得斯（Cecil Rhodes）的兴奋之情，他的愿景是建立一个英属非洲帝国。1895年，在他的支持下，发生了一场可耻的政变，詹姆逊（Jameson）领导的对德兰士瓦的入侵恰与"洋人"的起义同时发生。这是一场惨败，英国殖民地办事处的任何介入都被巧妙地掩盖了。这不可避免地破坏了与布尔人建立和平关系的可能性，布尔人的两个邦国在克鲁格总统（President Kruger）的领导下团结了起来。

　　由于布尔人对待这些"洋人"（其中许多是英国人）的方式，战争最终爆发了。布尔战争持续了三年（1899—1902），耗资三亿英镑，三万人丧生。战争开始时是灾难性的，直到 1900 年 6 月比勒陀利亚（Pretoria）被占领后才逐渐走向胜利，但随后是持续了两年的游击战，直到最终在维里尼辛（Vereeniging）缔结和平协议。布尔人被正式征服，他们的两个邦国被兼并，组成了南非联盟（Union of South Africa）。但这场战争对英国政府来说是一次冲击。它动用了五十万人才击溃了只有六万人的敌人。这是对英国军队状况的令人震惊的控诉。

战后，人们清楚地认识到，需要某种磋商机制来将大英帝国的庞大版图维系在一起。尽管作为每年的庆祝活动的"大英帝国日"（Empire Day）是在 1904 年设立的，但帝国的权威已经在衰落，人们的热情也在减弱。英国人从未打消他们的态度，即认为一个帝国是种不必要的负担和开销。只在印度出现过一次再度确立帝国角色的壮观场面，那是在 1911 年的大接见（Durbar）上演时，在此期间，新国王乔治五世以"王帝"（King-Emperor）的身份接受了印度王公们的敬意。殖民地会议和随后的帝国会议开始举行，在这些会议上，"自治殖民地"被称为"自治领"（dominions），而帝国本身变得与"英联邦"一词可互换。这些自治领越来越多地开始寻求与母国平等的地位。由于英国为它们的国防买单，它们无法控制自己的外交政策，就这样，帝国进入了第一次世界大战。但在此之后，对平等的要求加速了。在 1926 年的帝国会议上达成了一种格局，后来它被载入 1931 年的《威斯敏斯特法令》（Statute of Westminster）。它将这些国家定义为"大英帝国内部的自治区，地位平等……尽管对国王的共同忠诚使它们团结在一起"。但这个新的定义把重点放在了一个被剥夺了任何政治权力的机构上，它的效力依赖于顺从和皇家典礼的魔力，而这些特质将逐渐停止发挥作用。

第六十四章　光荣孤立与战争

　　凭借着一个日不落帝国，英国人在世纪之交的扬扬自得也就不足为奇了。这个国家幸运地获得了成功、稳定和大量财富，以至于在他们眼里欧洲大陆发生的事情似乎是无足轻重的。其民众放眼望向全球，而不是英吉利海峡对岸。他们心照不宣地认为，没有任何事情会影响这场看似漫长的荣耀之旅。但是，就像帝国本身一样，这被证明是一种错觉。帕默斯顿勋爵及其继任者所犯的最大错误，就是在普鲁士逐渐发展成为德意志帝国时袖手旁观。1871年，中欧突然出现了一个新的强国，它有能力最终统治整个欧洲大陆。英国自都铎王朝以来的外交政策一直受到这样一种信念的影响：不应允许任何一个国家享有欧洲霸权。在伊丽莎白时代，西班牙的全球势力受到了挑战，无敌舰队被击败。在接下来的两个世纪里，法国先是在路易十四时期、然后是在拿破仑时期的扩张主义政策，被马尔伯勒、纳尔逊和威灵顿的胜利所遏制。英国在20世纪的历史就是这些重大冲突的重演，这些冲突像其先例一样，将在保卫这个岛国的过程中使国家再次团结起来。

　　索尔兹伯里勋爵是19世纪最后几十年对英国外交政策产生重大影响的人，他认为"尽可能少惹是生非符合我们的利益"。这个政策可以概括为"光荣孤立（splendid isolation）"。但这种孤立让年青一代越来越感到不安。英国与欧洲的关系使她失去了盟友。英国人对自由的狂热崇拜曾导致历届政府为欧洲大陆的革命运动提供庇护或援助，这导致了欧洲列强对英国的不信任。在英国方面，对法国长期以来的怀疑没有改变，在北非为争夺苏伊士运河控制权而发生的冲突进一步加剧了这种怀疑。在19世纪80年代和90年代，英国最关心的两个问题是：第一，当仍然控制着巴尔干半岛的土耳其帝国最终崩溃时，东欧将会发生什么？第二，新兴的德意志帝国的长期意图是什么？

一开始，德国似乎并没有构成威胁。德国皇帝的继承人迎娶了维多利亚女王的长女。一个强大的中欧国家将有助于将俄罗斯排除在欧洲之外，并遏制法国。这种态度直到19世纪90年代才开始改变，当时德国经济赶上并超越了英国。两国在世界市场上都仍有份额，但德国人突然开始打造庞大的海军。英国海军仍然是世界上最强大的，对维持帝国的稳定至关重要，对保护国家赖以生存的大量食品和原材料的进口至关重要，这些食品和原材料既能养活本国人民，也能维持本国经济。随着铁甲船取代了帆船，海军不得不进行自我重建。它还需要与其他由日本和美国创建的新海军竞争。但德国海军与众不同：它被设计成一流的作战舰队，从长远来看，这只能意味着一件事，那就是与英国对抗。这是自1805年拿破仑企图入侵以来，英国第一次面临在攻击范围之内的潜在的敌对势力。英国需要和平来维持其庞大的商业帝国，而当时的外交努力正是为了实现这一目标。爱德华·格雷爵士（Sir Edward Grey）将在1905年至1916年这一导致战争的关键时期负责外交政策，他知道，这样的冲突将不同于之前的任何冲突，它可能会有效地摧毁一种文明。

为了避免战争，英国通过1904年的《友好协议》（Entente Cordiale）修复了与法国的关系。更重要的是，陆军和海军都安排得当，井然有序，陆军总是排在第二位，因为防御来自欧洲大陆的攻击的想法似乎是不着边际的。虽然军队已不再拥有特权，但这并不能说明它变得更专业了。它的训练是老套的，甚至布尔战争的冲击也没有促使政府进行改革。直到1905年R.B.霍尔丹（R.B. Haldane）成为战争大臣，这才实施了改革。多亏了霍尔丹，英国建立了总参谋部（确保了好得多的指挥线），建立了地方自卫队（Territorial Army），在许多公立学校和中学建立了军官训练营。结果，当战争最终爆发时，有一支训练有素的十万人的英国远征军。在海军中与霍尔丹地位相当的是费希尔上将（Admiral Fisher）。1905年"无畏号"（*Dreadnought*）下水，这艘船超过了所有已建成的战舰。到1914年，英国也赢得了拥有最大海军的竞赛。没有人预料到的是新技术发展的影响，如地雷和潜艇，以及陆地运输方面的摩托车、卡车和坦克。到了战争的最后一年，也就是1918年，又有了一个重大的发展：英国皇家空军（Royal Air Force）成立了。

外交政策是由外交部的一个小官僚机构制定的，这个机构还会处理帝国事务。英国是否应该开战，主要取决于爱德华·格雷爵士。德国人把赌注压在英国宁愿袖手旁观的信念上——如果英国政府准备好接受德国对欧洲的统治，这种情况原本有可能发生。然而，引发这场战争的是1914年6月28日奥匈帝国王储在萨拉热窝（Sarajevo）被暗杀的事件。然后德军进入比利时，从那里有通往英国的最短通道。8月4日，格雷发出最后通牒，德国人没有回应。英国突然发现自己处于战争状态。

战争迟早会发生，但当它最终到来时，却是一个意外。公众相信一切都将在圣诞节前结束，但战争大臣基钦纳勋爵从一开始就意识到这将是一场长期的斗争。谁也没有为随之而来的可怕的、史无前例的屠杀做好准备，因为这是一种新的战争，没有任何迅速的、英勇的进攻。取而代之的是，其特点是两支军队隔着一道狭长地带没完没了、千篇一律地挖战壕，由于无休止的炸弹轰炸，这条狭长地带变得越来越像月球表面。部队忍受着寒冷和孤立，感觉自己被锁在某种似乎既没有出路也看不到尽头的状态里。

8月6日，英军前往法国，与法国第五军会合。德国人的计划是发动一次大规模进攻，将他们击溃，但这次他们失败了，盟军坚守在马恩河（Marne）。一道战线从比利时海岸线蜿蜒而下，一直延伸到瑞士，战争期间，它几乎一直停留在那里。伊普尔镇（Ypres）被守住了，但付出了代价：英国远征军的大批伤亡。人们很快意识到，需要数以百万计的人。基钦纳的著名海报上的标语是"你的国家需要你"，得益于这张海报，到1914年圣诞节，英国招募到了一百万名志愿者。战争期间每年都有相似的招募数字。但不可避免的是，最初招募的士兵没有经过训练，缺乏适当的营房和装备，最重要的是，缺乏作战所需的弹药。

这场战争是在两条战线上进行的，因为德国也入侵了俄国，它急需给养。土耳其加入了德国阵营，1915年4月，意大利参战，加入了英国和法国阵营。同月，四万多名帝国军队在加里波利（Gallipoli）登陆，希望开辟一条通往俄国的补给线。最后，他们被迫撤离，损失惨重。与此同时，在法国的伊普尔地区发生了另一场战斗，德国人第一次使用了毒气，造成了可怕的后果。伤亡人数不断攀升。

1916年1月，英国开始对十八岁至四十一岁之间的成年男子实行征兵制。结果，女性开始承担男性腾出的工作。从事家政服务的女性数量突然下降了四分之一。5月，这场战争的重要海战——日德兰战役（Battle of Jutland）——爆发，双方都损失惨重。德国舰队逃脱，但从此再也没有挑战过皇家海军。接着是索姆河（Somme）上的"大推进"（big push），这场从7月持续到11月的攻势，除了五十万士兵被德国机枪扫射死亡外，并没有取得什么成果。这是第一次真正死于与敌人的正面冲突的人数多于死于疾病或疏忽的人数的战争。基钦纳勋爵在前往俄罗斯途中的溺亡导致了英国国内的重组，劳埃德·乔治接任军需大臣，后来又担任了英国首相。

1917年4月，英国又进行了一次打击敌人的尝试，但同样失败了。7月，英军向伊普尔附近的帕斯尚尔村（Passchendaele）挺进，又夺去了三十多万人的生命。这场战斗是在一片泥海中进行的，收获的只是一条四英里宽的狭长地带。那时，德国人已经开始了潜艇战，对英国商船队构成了威胁，而商船队对英国的食品供应和原材料进口至关重要。劳埃德·乔治建立了一个护航体系。1917年美国参战，而俄国爆发了革命，消灭了俄帝国家族和沙皇统治。

那场革命使德国军队得以从东线撤出，向西推进，1918年，德国再次发动攻势，但其进攻势头没能维持下去。福希元帅（Marshal Foch）被任命为盟军的总指挥，并在8月赢得了亚眠战役（Battle of Amiens）。到那时，强大的德国战争机器正在崩溃，德国的前线开始瓦解。德国国内正处于危机之中，封锁扼住了其供应线，导致其人民开始因营养不良而死亡。德国人已到了强弩之末，忍无可忍了。1918年11月11日，双方同意停战。战争结束了。

在英国，尽管人们已经筋疲力尽，但直到最后仍决心不改，战争以一种前所未有的方式影响着每个人。和平带来了一种胜利的感觉，其间又夹杂着复仇的呼声。但随后人们意识到战争是多么可怕，那些人在佛兰德斯的泥沼中经历了什么。第一次世界大战使一代人遭受了创伤。正如爱德华·格雷所预言的那样，从此以后，一切都变了样。然而，没有人怀疑英国采取了正确的决定：战斗。德国的统治企图已被粉碎，而英国的承诺被认为就此终结。

这个国家似乎没有从这场大屠杀中学到什么，因此希望在政策上回归"光荣孤立"时期。帝国再一次占据了至高无上的地位，此外，现在又与美国建立了新关系。在1919年的《凡尔赛条约》（Treaty of Versailles）中，英国向法国提供了军事保证，但前提是美国的参与。英国功成身退，与此同时，影响整个大陆的巨大后果正在发生，它标志着短命的德意志帝国的终结，也标志着奥匈帝国（这一次是在几个世纪之后）的终结。对如此多变化的整理一直持续到20世纪20年代。伍德罗·威尔逊（Woodrow Wilson）总统提出建立国际联盟（League of Nations），其宗旨是避免被视为"结束所有战争的战争"的重演。1925年，在洛迦诺会议（Locarno Conference）上，法国、德国和比利时向彼此做出互不侵犯边境的保证，意大利和英国对此进行了担保。到1930年，英国已经成功地回到了20世纪初的状态，她坚定地将目光从欧洲大陆转向了自己的帝国。在那一年，法国提议欧洲国家应该建立某种联邦关系，主要是经济性质的联系。这个想法被坚决否决了。

第六十五章　捉摸不定的二十年

对大多数人来说，和平意味着回归正常，而所谓的正常就是1914年的状态。几乎没有人意识到，战争已经使这样的回归变得不可能。变化是如此之大，时钟已无法拨回。这样的回归愿望抑制了向一个变化比以往任何时候都快的世界前进的迫切需求。作为一种管理国家之手段的民主被证明既是一种加速变革的手段，也是一种阻碍变革的手段。1918年的《选举权法案》（Franchise Act）响应了战后的预期情绪，规定二十一岁以上的男性和二十八岁以上的女性都有投票权，从而使选民人数增加了两倍，达到两千两百万人。十年后，女性的法定投票年龄被降至与男性相当的水平，从而又增加了五百万选民。投票权不再是赋予那些被认为是国家的既得利益者的特权，而变成了一种与生俱来的权利。1918年后，工人阶级第一次可以以这种或那种方式决定性地改变选举的平衡。争取这一庞大的新选民群体的选票开始成为所有政党的主导因素。为此，各政党不仅要发展其从维多利亚时代继承下来的政党机器，还得拥抱新媒体——首先是发行量巨大的报纸，然后是在20世纪20年代中期的广播。这样的选民自然欢迎有利的社会改革。他们不喜欢的是让人们明白了尖锐事实的政府行动。因此，在某种程度上，与之前的王权和贵族制度相比，民主制度更难把握，也是一种效率较低的政府手段。从这以后，一个政府只能做民意能容忍的事。

这一事实很快在从第一次世界大战结束到1939年第二次世界大战开始的二十年间显现出来。经过世界第一次工业革命带来的两个世纪的扩张，衰退和衰落已经开始。农业早在19世纪70年代就已经开始了这种转变：到1938

年，只有 4.2% 的劳动力留在土地上。但在 1918 年之后，当煤炭、棉花、造船、钢铁这些占维多利亚时代生产力之主导地位的领域也开始衰落时，情况变得愈加严重。这是不可避免的，因为如德国和瑞典这样的国家现在开始造船，印度自己生产纺织品，中国和日本也开始进入世界市场。不仅英国内部没有意识到英国的衰落，而且工业本身也因效率低下以及未能对新产品需求、现代技术和管理做出反应而受到重创。此外，它还强烈抑制变革和创新。工业衰退的结果是，失业率上升到维多利亚时代的人会认为的危机点。二十年来，这一数字一直保持在一百万以上，在 1920—1921 年和 1931—1933 年再次飙升。这种长期的一致性是一种新现象，因为在上一个世纪，失业在繁荣与萧条的交替中是周期性的。它记录了某种不可逆转的东西，是后工业化英国的最初迹象。然而，20 世纪的失业者有投票权，因此不能再被忽视。但在全国范围内，这种现象的影响并不是统一的，而是由北爱尔兰、克莱德塞德、东北部和兰开夏等地一系列孤立的贫困地区所构成的，也不是工业版图的每一部分都陷入了黑暗，因为内战期间见证了东南部的崛起，这里出现了一系列全新的工业：汽车制造、机床、电器、飞机，以及塑料和人造丝等新型合成材料。问题是没有人愿意接受这样一个事实：旧的工业已处于绝路。

政府也没有回应这些新兴产业的要求：一支受教育程度高得多的劳动大军。相反，在 1918 年将离校年龄提高到十四岁之后，官方的惰性持续了二十年。尽管 1926 年有一份重要的报告建议将这个数字提高到十五岁，但十四岁的规定还是保留了下来。十五岁的规定原定于 1939 年实施，但战争介入了进来。这一教育政策的失败源于一种恐惧，即如果工人阶级接受了教育，他们就不会愿意勤勤恳恳地从事漫长而乏味的工作。事实上，人们认为这会完全削弱他们的工作意愿。而且，再回头看看，他们所受的教育只会加剧上层阶级的仆人问题。

政府应该参与工业，更不用说制定经济政策，这种想法在 20 世纪 20 年代还是个新鲜事物。战后，每个人都认为，所需要的只是恢复健全的货币，即恢复金本位制（以 1 英镑对 4.86 美元的汇率衡量），适当平衡的预算和自由市场将完成剩下的工作。至于经济衰退，唯一的出路就是削减政府开支。

这实际上是有问题的,因为它会导致进一步的失业,这就要求政府以福利的形式提供更多的钱。随着国际战争年代的过去,各国政府越来越多地选择保护主义,通过征收关税来保护本国市场。这不仅标志着自由贸易的长期统治的终结,而且还标志着另一件重要的事情:政府正越来越多地参与经济运行,这一行为将以不断上升的曲线持续下去。

这种介入始于战争期间,当时政府被迫首次接管了整个经济领域,这预言了1945年后将会发生的事情——国有化,这是未来的事情,但种子已经埋下,讽刺的是,它们是保守党播下的。1926年,政府收购了英国广播公司(British Broadcasting Company),使其成为一家实际上属于国家垄断的公司。同年,中央电力局(Central Electricity Board)成立,目的是提供一个全国电网。两者都被证明是可以遵循建立的先例。

但是,将这一理念推向舞台中心的是一个新政党的出现,该政党将生产资料的国有化作为其基本信条。工党(Labour Party)的迅速崛起和自由党同样迅速的灾难性衰落将成为1918年至1939年间最大的政治现象。工党以正式反对党的身份上台,然后在新的两党制下连续执政,其速度之快只能用惊人来形容。

工党的根基可以追溯到上一个世纪。直到19世纪80年代,工会不仅是多样化的,而且是分裂的,尽管其中可能藏着一个有着古怪的政治动机的革命团体,但它关心的是贸易和手工艺保护问题。但一种新型工会的出现带来了变化。这种工会的大部分成员都是非熟练工人,但通过罢工,这些人可以集体要挟一个城市化和工业化的社会。在同一时期,还出现了为这样一个新党派提供意识形态框架的知识分子群体。1881年,受卡尔·马克思(Karl Marx)学说的启发,民主联盟(Democratic Federation)成立,致力于摧毁资本主义。三年后,他们与另一个团体劳动解放联盟(Labour Emancipation League)合并,组成了社会民主联盟(Social Democratic Federation)。同一年,即1884年,西德尼(Sidney)和比阿特丽斯·韦伯(Beatrice Webb)创立了费边社(Fabian Society),其理念是国有化:"将土地和工业资本从个人和阶级所有制中解放出来,并将其分配给社区,以获得普遍利益。"费边派往往是纸上谈兵的空想主义者，肯定不是革命者，他们与威廉·莫里斯（William Morris）等领导的艺术运动有着相同的特征，莫里斯渴望回到生活在浪漫的中世纪乌托邦中的工匠时代。所有这些团体的普遍倾向是用生产资料和分配资料的集体所有制和合作管理来取代唯利是图的资本主义。

直到19世纪90年代，工人阶级选民一直支持自由党，但在1891年，一场特别激烈的罢工引发了一个与费边社有联系的独立劳工政治组织的出现。一年后，他们的包括凯尔·哈迪（Keir Hardie）在内的三名成员当选为议会议员。1893年，独立工党（Independent Labour Party）诞生。凯尔·哈迪是一个自学成才的社会主义思想家，他发现自己领导的政党在早期非常弱小和贫穷，但其目标将成为未来的议会工党的目标，它们将从根本上影响国家和社会在那个世纪大部分时间里的前进方向。工党提出了一长串的社会改革，包括：废除加班、计件工作和童工；引入八小时工作制；为病人、残疾人、老人、鳏夫和孤儿提供福利；提供失业救济金。他们还要求进一步扩大选举权，废除间接税，"对非劳动所得征税，直至消灭非劳动所得"，以及征收"累进所得税"。其中最重要的条款是"第4条款"（Clause 4），它要求国家"确保所有生产、分配和交换资料的集体所有制"。

自由党未能对处于工人阶级意愿内的这些潮流做出回应，这预示着他们最终的灭亡。到1895年，有六百名工党议员，1898年有了第一个工党地方当局。但是，任何真正的政治权力的争夺都需要更广泛的民众支持和财政支持，只有当工党与工会结盟后才会出现这种情况。1899年，工会大会投票决定增加工党议员的人数，并于次年成立了劳工代表委员会（Labour Representative Committee）。然而，真正的变化发生在1901年的一项法律判决——塔夫谷判决（Taff Vale judgment）——之后。该判决规定，如果在一项要求损害赔偿的诉讼中发现工会官员负有偿付责任，则可以动用工会的资金。突然间，一百二十个工会决定加入该委员会，工会决定向其成员征收政治税，以资助该委员会的议员。

1903年，自由党与工党签订了一项秘密协议，承诺让工党在三十个选区里随意行事，以换取工党对自由党的某些措施的支持。在1906年的议会中，有三十名议员首次使用了工党的名字。自由党凭借《贸易争端法案》(Trade Disputes Act)推翻了塔夫谷判决。1909年，当一名法官裁定工会不应利用资金资助议会议员时，自由党在1913年的《工会法案》(Trade unions Act)中推翻了这一规定，该法案随后批准征收政治税。尽管工党走得很远，但即使在1918年，它仍是少数党。

与此同时，保守党成功地适应了新的民主时代，这在某种程度上也加速了自由党的消亡。1918年，选民人数增加了两倍，这非但不是一场灾难，反而迎来了一个保守党获胜的时代。尽管像索尔兹伯里勋爵这样的首相们曾对民主的到来心怀恐惧，但到1918年，保守党已经顺利地成为不断壮大的郊区中产阶级的政党。在利物浦和伯明翰等地，它也不乏工人的支持。总而言之，保守党轻而易举地成功适应了20世纪。该党不再是拥有土地的士绅的政党，而是由商业和工业主导的政党。与工党不同的是，它没有强劲的意识形态，只是简单地把自己描绘成一种高效的政府，一种捍卫财产权、维护传统道德、培养对国王和国家的爱国主义的政府。保守主义憎恶任何关于财富大规模再分配的社会主义思想，而随着俄国革命变得众所周知，它吸引了那些害怕任何形式的布尔什维主义在英国站稳立足点的人。

战争结束后，一个以劳埃德·乔治为首的联合政府在议会解散后的普选中重新上台执政。在最初的一连串手忙脚乱的商业活动之后，随之而来的是可怕的萧条，造成了大量的失业。联合政府解体，1922年又举行了一次选举，其结果开始显示出自由党的崩溃，因为自由党分裂成两派：一派忠于劳埃德·乔治，另一派仍坚持效忠阿斯奎斯。这一分歧使得工党首次成为反对党，这可以说是保守党的胜利。一年后，首相邦纳劳辞职，斯坦利·鲍德温(Stanley Baldwin)继任。鲍德温是新保守主义的典型代表。他是中部的一位铁工厂老板的儿子，靠雄辩天赋而非才智起家。他曾是一位冷漠的财政大臣，人们普遍认为他懒惰无为。然而，在一个工业竞争时期，他或许具备了最基本的特质：愈合和缓解紧张局势的能力和意愿，以及坚定不移的中间立场。他以一种高度浪漫化的视角来描绘英国，将其塑造成一个植根于乡村风光的国家，这与现实明显矛盾。

通过他对新的广播艺术的掌握，这个平易近人的人能够向公众施展其魅力。他的长期政治目标是消灭自由党，尤其是劳埃德·乔治，用工党取代他们，旨在建立一种两党制，让双方的共同点大于分歧。

由于鲍德温希望实施保护主义政策，他觉得必须就关税改革问题再次举行选举，以获得授权。尽管保守党赢得了选举，但自由党和工党的联合势力在数量上超过了保守党，结果国王乔治五世委派工党领袖来组建政府。詹姆斯·拉姆齐·麦克唐纳（James Ramsay MacDonald）是苏格兰农民的私生子，但他生来就具有极强的口才和统治欲。这第一届工党政府仅执政了十个月，但在选民眼中，这段时间已经足够让他们确信，工党根本未采取革命性的措施，而只是在尽职尽责地做事，能够在既定的格局内进行治理。自由党人和劳埃德·乔治完蛋了。鲍德温和保守党获得了绝大多数选票，得以重新执政，但工党的票数也有所增加。

鲍德温再次担任首相，已抛弃自由党的温斯顿·丘吉尔担任财政大臣。金本位制的回归以及1英镑兑4.86美元的旧汇率导致了失业率的螺旋式上升。在经济急剧下滑之际，矿工们威胁要举行罢工。鲍德温通过提供九个月的补贴来争取时间，直到一个皇家委员会提交其调查结果。结果，矿工和他们的雇主都拒绝接受这一调查结果。工会号召在1926年5月4日举行大罢工。尽管政府已经为一场急剧的阶级紧张局势做好了准备，但鲍德温尽其所能地将其分裂的可能降至最低，他拒绝使用武力，并总是在他认为是两种不同的争端之间进行甄别。在他看来，这次总罢工是对民主的挑战，四百万工会成员的意志被强加给了四千二百万人口。他提出解散联盟的建议，5月12日，总罢工被取消。就这样，持续了十五年之久的工人阶级的战斗循环走到了终点。然而，矿工们又继续罢工了九个月，直到他们被迫让步。第二年，《贸易争端法案》宣布普遍罢工和同情性罢工为非法。这一切都将给保守党最大的成就蒙上一层阴影，这个成就是，1928年至1939年，保守党对地方政府进行了重组，在此过程中，旧的《济贫法》最终被废除，其职责连同卫生和公路方面的职责一起移交给了各县和自治市。1929年，保守党因失业问题输掉了选举。尽管如此，一种新的两党制已经形成，某种达成共识的政治已经出现。

工党政府重新上台，很快就不得不面对现实而非理想。在它执政的三年间，世界因其现金价值缩水了一半而崩溃。工党政府一五一十地做了保守党会做的事情，提高税收，减少政府开支，从而进一步增加了失业率。到1933年，英国有百分之二十三的劳动力处于失业状态，面对逃离英镑的国际趋势，内阁着手寻找削减七千八百万英镑的方法。8月23日，内阁投票赞成大幅削减开支，尽管拉姆齐·麦克唐纳认为他有义务向国王提出辞呈。他从王宫返回时，已同意领导一个国民政府。没有人知道这是怎么发生的，他没有征求任何内阁成员的意见，工党认为他的行为是种背叛。作为对公共服务人员薪酬削减的回应，舰队发生了哗变，英国放弃了金本位制，英镑贬值。

为了应对一场如此骇人听闻的金融危机，国民政府举行了一次选举，并获得了五百五十六个席位，从而重返执政舞台。拉姆齐·麦克唐纳继续担任首相，保守党人内维尔·张伯伦（Neville Chamberlain）担任财政大臣，负责趋于好转的经济。保护主义关税被引入，这标志着维多利亚时代的贸易和企业堡垒——自由贸易——的终结。1935年，拉姆齐·麦克唐纳让位给保守党人鲍德温，当时鲍德温已经太老，不适合担任公职。他的最后一项行动是挺过爱德华八世（Edward Ⅷ）退位的难关。在这个民主的时代，君主政体为乔治五世找到了一个新的角色，它将私人的正直与公共服务和庄严结合在一起。1936年，王位传给了一个完全不适合担任如此沉闷角色的人。更糟糕的是，他毫不掩饰自己对德国的同情，并且爱上了一个他打算娶的离过婚的美国女人。爱德华八世的弟弟加冕为乔治六世（George Ⅵ）后，鲍德温也辞职了。乔治六世这一名称的选择，是为了反映君主政体向被他父亲摆脱掉的尽职尽责角色的回归。

接替和蔼可亲的鲍德温的是冷若冰霜的内维尔·张伯伦。张伯伦冷酷无情，曾是一位杰出的卫生大臣和财政大臣，但在他担任首相期间，人们将所有注意力都集中在导致对德战争的事件上，这是他的不幸。1939年8月，当战争最终到来时，长达二十年的动荡岁月终于落下了帷幕。然而，没有人曾解决那最根本的问题：失业。

但在这些错综复杂的政治生活背后，正在发生着其他更深远的变化。自四百年前修道院解散以来，1918年至1921年见证了土地所有权的最大转变。土地不再是政治权力的基础，随着农业的衰落，土地也不再有利可图。面对百分之四十的遗产税（1894年首次征收）和不断上涨的赋税，上层阶级放弃了自己的庄园，只保留位于城市地区的地产。越来越多的商人和专业人士买入了土地，这进一步强化了鲍德温对乡村理想是英国人的生活方式的看法。贵族的权力消失了，但贵族制的外表保持了下来。令老贵族们惊恐的是，劳埃德·乔治有声有色地做起买卖爵位的生意，授予大亨和实业家们以爵位，开始时，爵士头衔及以上爵位的要价是一万英镑。

事实上，1914年之前生活方式上的显而易见的巨大差异正在迅速消失。越来越少的人有仆人，这消除了最大的社会鸿沟。服装时尚和更好的饮食意味着人们不再像以前那样轻易地根据其外表来划分阶级。虽然收入方面的差异并没有缩减，但这种差异不再那么显而易见。每个人都在买同样的东西，富人只是买了更好的版本。甚至英国广播公司的出现也加速了这种校平过程，它第一次向公众介绍了一种被普遍接受的言论。当然，随着中产阶级规模不断扩大的进程继续推进，校平标准也会上升和下降。

在郊区时代，真正掌握政治权力的是中产阶级。房屋建设空前繁荣，家庭第一次拥有了电力和现代化管道带来的新的舒适便利。1914年，只有百分之十的人口拥有住房。到1939年，这一比例已升至百分之三十一。家庭变小了。从19世纪70年代起，出生率开始下降，但在战后时期，通过使用避孕药具来控制家庭规模成了中产阶级的常用手段。预期寿命大幅提高：1921年，男性为五十六岁，女性为六十岁。这得益于医学的进步和对数世纪以来的致命疾病的征服，再加上饮食的改善。很多在过去使普通人的生活变得惨淡的事情现在都由国家来处理。1925年，抚恤金的发放范围扩大到寡妇和孤儿，养老金的领取年龄也从七十岁降至六十五岁。国家逐渐承担起直到那时一直被视为是家庭责任的角色，如照顾老人、病人、孤儿和失去亲人的人。

更好的住房条件、更长的寿命、更小的家庭单元，以及有工作的人比以往任何时候都要多的休闲时间和更多的钱，这些都意味着消费主义将成为20世纪的重要主题之一。伍尔沃斯（Woolworths）和玛莎百货（Marks &

Spencer）等连锁店成为每个城市商业街上司空见惯的存在。被认为是普通家庭必备的设备成倍增加，包括吸尘器、煤气炉、收音机，甚至冰箱和留声机。在1914年以前，汽车只是富人的玩物，现在已成为中产阶级的必需品。到1939年，持有驾照的人数已达五十万。

人们不仅积累了更多的东西，也有了更多的时间可以支配。1918年以后，每周工作时间从五十六小时减少到四十八小时。到1939年，一千一百万体力劳动者每年至少有一周的带薪假期。大众娱乐以电影院和舞厅的形式出现。1939年，公共图书馆借出了两亿五千万册图书；在那之前的四年，平装书已诞生。社会的各个阶层都喜欢运动：上层阶级喜欢打猎，中产阶级喜欢板球和橄榄球，工人阶级喜欢赛狗和足球。

这一潮流与许多维系维多利亚时代社会的态度背道而驰。性不再是一种难以启齿的行为。在城市民众中从未有过支配力的宗教仪式继续急剧减少。尽管如此，国家并没有表现出放弃管控英格兰教会的意愿，1928年，议会投票否决了修订《公祷书》的尝试，它自1662年以来一直没有改变过。

女性的性别平等继续向前迈进，但几个世纪以来根深蒂固的态度并未轻易摆脱。1919年和1923年的法案赋予了妇女在离婚案件中与男子平等的权利。1928年，妇女获得了充分的投票权，但现实是，她们获得新地位的进展缓慢。在职业方面几乎没有取得任何进展，妇女的工资仍然低于男子。

1926年英国广播公司（BBC）的出现，在创造一种新的民族认同感方面，可能比其他任何事情都更有作用。其第一任总裁——后来的里斯勋爵（Lord Reith）——是个阴郁的苏格兰人，但他具备理解这项新发明并将其应用到每个人的生活中所需要的全部能力。他是一个文化独裁者，相信品位和正直的统治，但这并不意味着他缺乏想象力。新媒体在教育和娱乐方面的潜力是巨大的。突然间，所有人都能接触到音乐。更重要的是，广播前所未有地打开了人们的思想之门。

尽管失业和贫困导致了大规模的游行和示威，但犯罪并没有增加。1936年发生在杰罗（Jarrow）的著名的"饥饿游行"（hunger march）是一次秩序井然、举止文明的非暴力事件。整个西欧的自由民主都受到了经济衰退的威胁。在德国，民主被一扫而光。但极端主义在英国从未盛行。处于极左的是失业工人工会（Unemployed Worker's Union）。处于极右的是1932年开始的英国法西斯主义者联盟（British Union of Fascists）。这类运动的后续行动规模很小，并且受到了人道的对待。然而，1936年颁布的《公共秩序法》（Public Order Act）禁止出于政治目的穿着制服（英国法西斯分子当时穿的是黑色衬衫），并对准军事力量进行了限制。警察局长也被赋予了禁止可能导致公共混乱的游行的权力。

在这二十年里，政府未能正视国家一些主要产业走向衰落的痛苦事实。相反，它们敷衍塞责，摸索着想通过建立福利支付制度来缓解这种情况。最初的1911年的《保险法案》（Insurance Act）得到了极大的发展和扩展。到1931年，失业造成了1.25亿英镑的损失。1934年，《失业法案》（Unemployment Act）通过公共援助委员会（Public Assistance Committees）的方式将救济管理置于政府的保护之下。然而，经济状况调查的引入却引起了强烈的不满。尽管如此，到1939年，英国已拥有了世界上最先进的失业福利体系之一。

自1918年以来的二十一年里，保守党执政了十八年。他们之所以能如此，是因为自由党内部存在分歧，也因为选民们对工党的真实意图持怀疑态度。但这是一种完全不同于那个世纪初的保守主义，事实上，它是半社会主义的，肯定是温和且进步的，因为像内维尔·张伯伦这样的人致力于改善每个人的命运。这并不是在否认贫困的存在，因为贫困确实存在，但贫困水平的定义已比1900年有了很大的提高。社会越来越相信国家在经济运行中应该发挥作用。当战争再次爆发时，政府至少可以在一个安全且不受挑战的议会民主的基础上工作。

第六十六章　孤军奋战

表面上，英国已经因第一次世界大战的胜利而脱颖而出。她的海军仍然是世界上最强大的，这得益于德国决定毁掉自己的海军，而不是缴械投降。随着英国在如伊拉克和巴勒斯坦等中东地区的新庇护国的加入，帝国的版图比以往任何时候都要大。英国作为环绕全球的帝国和英联邦的母国岛屿，可以回到她引以为傲的孤立状态。就欧洲大陆而言，国际联盟可以着手解决目前重新绘制的一幅包含捷克斯洛伐克、匈牙利和波兰等几个新民族国家在内的地图所存在的问题。外交部认为，欧洲至少在十年内不会发生战争，因为欧洲的两大强国，法国和德国，都遭受了如此巨大的破坏。

从某种意义上说，这是对的。没有战争。从另一种意义上说，政府极其短视，拒绝承认自己生活在一个幻想的世界里。作为世界重心的金融中心不再是伦敦，而是纽约，从此，起主导作用的将是美元，而非英镑。不久，就连美国海军也将使英国黯然失色。在远东，日本正迅速崛起，不仅作为一个经济大国，而且也是一个军事大国。这对帝国产生了深远的影响，她的许多属国，如加拿大、澳大利亚和南非，都开始要求独立。实际上，帝国开始分崩离析。虽然英国的影响力在1918年得到了扩展，但这种影响力必须靠人力和财力来维持，在经济严重衰退的时期，人们开始质疑这样的开支是否明智。

英国退出了欧洲。与法国的关系迅速恶化，就像1914年一样，英国似乎对德国的真实情况视而不见。德国也许输掉了战争，但她的经济最终摆脱了战争的阴霾，成为欧洲最强大的经济体。德国市场对出口一直很重要，这无疑影响了英国人的态度。在英国的政治体制内，有一股倾向于对战败的敌人更加宽容的态度，认为在凡尔赛榨取的补偿太过分了。

由于战争被认为是遥远的事，各政治派系都主张裁军。每个政党都致力于此，尤其是工党，公众也不允许重复战争年代的代价。因此，英国陆军被削减为一系列小部队，以充当殖民地的警察部队，海军也被裁减。对现代装甲战争至关重要的军事机器被完全抛弃。以空军为例，飞机完全没有更新换代。

在两次世界大战期间的所有年份里，英国外交部更加关注两个相距遥远的大国的危险，它们都被视为对英国利益的潜在重大威胁。苏联是一个共产主义国家，其公开的使命是向全世界输出革命。在英国国内，苏联引起了人们对颠覆和来自国外的关切的恐惧，因为她近在眼前，令人不安。在1921年之后，日本也被视为帝国的一个威胁。1931年日本入侵中国，暴露了其扩张主义野心。从这个角度来看，德国的复兴如此之快就不足为奇了。到1926年，它已加入了国际联盟。如果不是1929年至1931年的经济大萧条在德国国内引发了极端民族主义，这样的政策可能会有很多值得称赞的地方。正是这种极端民族主义促使阿道夫·希特勒（Adolf Hitler）和纳粹在1933年1月掌握了政权。

事后看来，希特勒的失衡是显而易见的，但当时没有一个人意识到，他的崛起意味着另一个决心统治欧洲大陆的拿破仑的出现。内维尔·张伯伦是认为德国在1918年受到了虐待的人之一，他希望安抚德国。这一过程被称为"绥靖"（appeasement），它在事后被谴责为软弱的让步，但实际上，它也可以被视为一种真诚的尝试，目的是达成一项解决方案，以避免另一场灾难。具有重要意义的是，即使抱着这种绥靖态度，就在希特勒着手重整德国军备的同一年，张伯伦开始秘密地加强英国的军备。之所以是秘密地，是因为公众舆论会反对它，而且工党在政治上也是如此。

直到1938年年底，英国公众的态度才有所转变，到那时，人们认为战争已几乎不可避免。带来这种态度上的变化的是一系列累积起来影响了人们看法的事件，它们始于1936年3月，当时希特勒派遣德国军队进入莱茵兰并占领了它，此举违反了《凡尔赛和约》和《洛迦诺条约》。没有人对德国的行为提出疑问。比利时宣布中立，这意味着法国不得不向北延伸其防线。这两项行动都足以引发英国空中防御的迅速扩张。人们认为，未来的任何战争都要依靠空军和海军，就让法国人去对付陆地上的敌人吧。

这些举措的结果是，英国政府变得紧张不安起来。在意大利，法西斯独裁者墨索里尼（Mussolini）当权，英国试图讨好他，希望他不要与希特勒结盟。而当时还没有迹象表明希特勒打算入侵英国。但在1937年，众所周知，如果他决定这么做，英国是毫无招架之功的。它需要时间来建立岛上防御工事，尤其是空军。考虑到这一点，英国在11月表示不反对德国解决其东部边境的领土争端。这其中有一项似乎是合理的，因为根据1918年后的战后和解方案，波希米亚苏台德（Sudetenland）地区的三百二十万德国血统的人已成为捷克斯洛伐克人口的一部分。

1938年3月，希特勒进军维也纳，奥地利成为迅速崛起的新德意志帝国的一部分。张伯伦意识到，英国还需要更多的时间来增强自己的实力。他仍然希望能达成某种和解。不幸的是，希特勒是个不按理性出牌的人。英国方面的外交努力被德国解读为软弱。9月，张伯伦乘飞机去见希特勒，同意德国吞并苏台德地区。他说服了法国人和他自己的内阁同意这一计划。张伯伦随后立即飞往慕尼黑，与希特勒第二次会面，传达了这一信息，但附带条件是捷克斯洛伐克本身不应被触及。当他回来宣告"我们时代的和平"时，他受到了英雄般的欢迎。

这被证明是一个转折点，因为从现在起，一切都发生了惊心动魄的逆转。到1939年年初，英国显然面临着战争。政府决定不管后果如何都要重组军备。从一场迫在眉睫的对抗的角度来看，单翼飞机（它在德国空军中占有绝对优势）已经准备就绪。对所有这些行动产生了影响的是这样一个事实：希特勒入侵比利时和荷兰的意图变得众所周知。对英国来说，对大陆这一地区的控制一直至关重要。1588年，帕尔玛（Parma）的入侵士兵就是从这里起航的；在接下来的世纪里，马尔伯勒对路易十四的胜利之战就是在这一地区进行的。人们再次感到，英国本岛的安全危在旦夕。

3月15日，希特勒破坏了《慕尼黑协定》，进军布拉格，占领了捷克斯洛伐克。每一个发送给希特勒的信号都被无视了。他把注意力转向波兰。3月21日,张伯伦宣布英国支持波兰,这是一种鞭长莫及的徒劳姿态。苏联仍未与其他国家结盟,但英国迟迟未采取行动,以至于在采取行动之前,苏联已与德国达成了一项瓜分波兰的协议。1939年9月1日,德国入侵波兰,两天后,英国宣战。自这些事件发生以来,历史学家们一直意见不一,他们要么认为它们是屈服于野蛮武力的懦弱政策的可耻败象,要么认为它们是一种为达成解决方案、避免一场全球灾难的勇敢尝试。我们也可以说,如果张伯伦未能争取到时间,英国早就被歼灭了。

情况与1914年不同。英国为维护帝国和英联邦所做的巨大努力,曾被视为是在阻止英国参加任何欧洲战争。这样的冲突必须付出代价,而且可能导致破产。到目前为止,还没有迹象表明已经陷入孤立状态的美国将会提供援助。不过,帝国的资源还是可以指望的。印度总督有权宣布参战,他也这样做了。仍然与母国紧密联系在一起的加拿大和澳大利亚提供了自己的支持,南非也是如此,在那里,史沫资将军(General Smuts)推翻了反对参战的南非首相。即使有了这样的支持,英国在1939年还是软弱得可怜。越境到法国的远征军被匆忙地集结起来。海军的舰艇都很陈旧,航空母舰也不占优势。皇家空军为这个国家提供了唯一可能的救赎。任何东西都无法掩盖这样一个令人痛苦的事实:英国即将发动一场负担不起的战争。

在被称为"虚假战争"(phoney war)的十个月里,似乎什么也没有发生。当苏联和德国在没有太多反对的情况下瓜分东欧时,英国别无选择,只能袖手旁观。德国接管了波兰,而苏联接管了芬兰、拉脱维亚、爱沙尼亚和立陶宛。随后,在1940年4月,德国入侵丹麦,随后又入侵挪威。英国派出了海军,发生了一场混乱的海战,这对英国人来说是一场灾难。张伯伦被迫辞职。(他于两年后去世。)

1940年5月10日,令人敬畏、特立独行的政治家温斯顿·丘吉尔成了首相,他比其他任何一位首相都更了解这场战争。这将是一个天时地利人和完美匹配的难得时刻。的确,时年六十四岁的丘吉尔认为自己注定要担任这个角色。他不仅有着顽强的决心和适度的热情,而且对这个国家的历史了如指掌，还拥有语惊四座的罕见口才，充满激情和力量，足以把一个民族团结在一起。一个战时内阁组成了联合政府。工党领袖克莱门特·艾德礼（Clement Attlee）成为副首相。在执政者中，工党政治家欧内斯特·贝文（Ernest Bevin）作为劳工部长，在确保工会支持方面发挥了关键作用。

5月10日这天，德国军队横扫比利时和低地国家。法军和英国远征军向北前往比利时与德军交战，但德军发动闪电战，袭击了阿登高地（Ardennes），结果法军和英军遭遇封锁，于是决定撤离。这是一次可怕的、令人羞辱的失败。海军在由五花八门的适航船只组成的小型舰队的帮助下，从敦刻尔克（Dunkirk）营救了约二十二万四千名英国士兵和九万五千名法国士兵。6月14日，法军投降，一周后，法国陷落。

英国孤立无援。在这个岛国的历史上，从未有过如此严重的危机。希特勒同之前的拿破仑一样，凭借一支事实证明势不可挡的军队占领了西欧大部分地区。驳船开始在布洛涅集结，以便运载德国军队横渡英吉利海峡，入侵英国。但他们只有在赢得了空战后才能航行。英国所拥有的只有它的海军、它的喷火式战斗机，以及丘吉尔鼓舞人心的慷慨陈词。在一次堪与伊丽莎白女王在蒂尔伯里的演讲相媲美的演讲中，丘吉尔用这样的话来激励岛上的民众："所以让我们履行自己的职责，以便配得上这样的称赞：如果大英帝国和英联邦持续千年，人们仍然会说：'这是他们最光辉的时刻。'"

天空之战，即"不列颠之战"（Battle of Britain），打响了，并将在1940年的整个夏天和初秋激烈地持续进行。德国空军与英国皇家空军棋逢对手，英军借助了雷达和超声波两种手段，前者能发出敌军逼近的警告，后者能读取德军的信号，从而得知德军的战略。而敌人却犯了一个致命的错误。它没去轰炸机场，转而轰炸伦敦，希望以此打击公众士气，制造恐慌。这一决定给了英国皇家空军起死回生的空间。9月15日，英国空军击退了一场大规模的突袭，六十架德国飞机被击落。两天后，希特勒推迟了对英国的入侵，然后在1月将其无限期地搁置了。不列颠之战大获全胜，军队士气高涨。在总结这一成就时，丘吉尔说："在人类战争史上，从来也没有一次像这样，以如此少的兵力，取得如此大的成功，保护如此多的人民。"

英伦岛得救了，但事实证明，这场战役只是一场即将在全球蔓延的大冲突的前奏。德国空军把注意力转向了英国的港口和工业基地，从11月到次年5月，大约有三万六千吨炸弹投在了这些地方。然而，在随后的一个月里，希特勒将注意力转向了他最痛恨的国家——苏联，并入侵了它。一直害怕苏联的英国现在加入了一个联盟。大西洋彼岸的美国人民被英国人的英雄主义所震惊和感动，使他们摆脱了孤立。罗斯福总统（President Roosevelt）提供了无限制的信贷——租借法案（Lend-Lease）。这意味着英国不用再为战争开支担忧，但也意味着将不得不在战后应对堆积如山的债务。

英国也许赢得了天空之战，但只有保持大西洋航线的开放，确保其人民和工厂的食物和原材料供应，英国才能生存下来。由于德国潜艇的袭击，人们曾不止一次地接近饥饿的边缘。三分之一的英国商船沉没，三万人在海上丧生。这是一场折磨人的、似乎永无休止的战斗，持续了三年，直到1943年，德军潜艇的损失越来越大，使得盟军取得了胜利。

这是一场错综复杂的战争，因为地面部队的失败意味着英国只能从空中攻击其内陆的敌人。袭击始于1941年，但直到次年才有足够的飞机对德国进行大规模恐怖轰炸，夷平了科隆、汉堡和柏林的整个地区。皇家空军的数百架飞机被击落，损失惨重。直到1944年美国制造出一种新型远程护航战斗机，这些突袭才真正变得具有破坏性。但是它们对德国人民的影响同德国对英国人的袭击是一样的：它只会增强士气。

大西洋上的战争，德国上空的战争，然后是地中海和北非的战争。意大利在墨索里尼的领导下加入了这场冲突，站在德国一边，这个决定给了英国一些早期的胜利。1940年11月，一半的意大利舰队在塔兰托（Taranto）被摧毁。随后，意大利人挺进英国控制的埃及，结果遭遇了一场实际上占领了北非的反攻。与此同时，德国人入侵巴尔干半岛。一支英国军队被派往希腊，但在1941年4月被迫撤离。更糟糕的是，希特勒将隆美尔（Rommel）和精锐的非洲军团（Afrika Corps）派往非洲。英国人被击退，被迫在托布鲁克

（Tobruk）投降。

整个1941年，战争持续升级。6月，德军入侵苏联，于12月抵达莫斯科郊区。严冬对德军的影响就像对拿破仑军队的影响一样。他们第一次被迫撤退。也是在12月，日本轰炸了珍珠港（Pearl Harbor）的美国舰队，美国参战。日本军队随后横扫了大英帝国的远东地区。圣诞节当天，日本占领了香港。两个月后，帝国的关键之一新加坡陷落。马来西亚沦陷，日本人越过缅甸向印度边境推进。

1942年，形势终于开始转向有利于盟军。从7月到11月，德军深陷于斯大林格勒战役之中，二十五万人毙命。在非洲，蒙哥马利（Montgomery）和亚历山大（Alexander）将军率领的英国第八军在阿拉曼（El Alamein）击败了隆美尔和他的军队。到1943年夏，德军已放弃了北非，盟军将注意力转向意大利，于7月登陆西西里岛，10月占领那不勒斯。墨索里尼倒台，新的意大利政府寻求停战，却发现自己已被德国占领。一场旷日持久的消耗战随后在将意大利半岛一分为二的山脉两侧展开。

1943年，盟军承受了很大的入侵欧洲的压力，但那还为时过早。在接下来的一年里，英国充当了一艘航空母舰，用于大规模建设地面部队。事实证明，"霸王行动"（Operation Overlord）是一次有组织的胜利，在1944年6月的两天时间里，十八万五千名士兵和一万九千辆车辆在诺曼底（Normandy）海滩登陆。当时的总司令是美国人艾森豪威尔（Eisenhower），这一事实反映出英国未来在世界上的地位。英军与德军在卡昂（Caen）附近进行了一场漫长的战斗，而在7月底，美军在阿夫朗什（Avranches）取得突破，并在一次大规模的扫荡中围困了大部分德军。8月21日，德军余部投降。三天后，巴黎解放。

美军在阿尔萨斯（Alsace）全境高歌猛进之时，英国在解放比利时，但由于未能攻下安特卫普以提供补给，德国军队得以重新整编。9月16日，盟军在莱茵河上的阿纳姆（Arnhem）建造了一座小型桥头堡，这被证明是一场灾难，盟军被歼灭。德军的反攻横扫阿登高地，但随后逐渐终止。到那时，由于缺乏继续作战用的石油和航空汽油等原材料，德国逐渐陷入停滞状态。

人们开始感到厌倦，其实英国的情况也一样，那里的人们发现自己暴露在一波又一波的新的恐怖袭击之下，V1 和 V2 导弹从天而降。但结局近在眼前。庞大的苏联军队从东部挺进，一路吞噬着东欧。蒙哥马利希望盟军向柏林发起猛冲，但艾森豪威尔选择了匀速推进。1945 年 5 月 4 日，德军向蒙哥马利投降。前一个月，苏联人已经从东边到达柏林。希特勒和他的亲信们在一个地堡里自杀。欧洲战争于 5 月 8 日正式结束。

但远东的战争仍在继续。那里的胜利源于罗斯福和丘吉尔在 1942 年夏天做出的一个决定，即投入大量资源制造第一颗原子弹。其代价是巨大的。虽然英国收复了缅甸，但日本的战败要等到 8 月 6 日广岛（Hiroshima）被投下原子弹之后。8 月 14 日，东部的战争也结束了。

这是一场与任何其他战争都截然不同的战争。虽然死亡人数比第一次世界大战少得多，但战争对英国的影响却是灾难性的。战争第一次影响了岛上的每一个人。心理、身体、情感和精神的影响怎么估计都不过分。在六年时间里，英国尽管保留了民主的外表，但从各方面看都是一个极权国家。1940 年 5 月的《紧急权力法案》（Emergency Powers Act）赋予了政府对人民和财产的无限权力。英国人民被前所未有地接管和管制。儿童被疏散到远离炸弹袭击的地方，每个人都必须持有身份证，劳动受到指引，工作被划分为必要的和非必要的。食品实行了定量配给，并将一直持续到 1954 年。服装也是定额配给。对奢侈品征收百分之百的税。每个适龄作战的人都被征召入伍，剩下的人要么加入空袭预防部门，要么加入国民卫队。空袭预防部门侦察夜晚的天空，确保家家户户都遮暗灯火，用胶带粘上窗户，维护地下避难所。国民卫队由一百五十万志愿人员组成，他们分担了正规军的常规任务，并接受了迎战入侵的训练。

妇女是这场战争的中坚力量。她们在皇家海军、皇家空军和辅助本土服务部队（Auxiliary Territorial Service）服役。她们还经营"妇女志愿服务组织"（Women's Voluntary Service），应付战争给后方带来的各种任务。更重要的是，她们是劳动力，使军工厂始终保持在生产高峰。这将产生严重的不良影响，因为妇女不仅是工人，而且还是妻子和母亲。

舒适感少之又少，困难层出不穷。工厂实行两班甚至三班的轮班制。当矿工们因体力耗尽而持续罢工时，贝文以征召年轻人到矿区来对付。英国的税率空前之高，如对非劳动收入的税率为以英镑计算的百分之九十四。即便如此，人们还是尽其所能地购买了战争债券。战争要求每个人都坚持不懈地努力工作，遵守纪律。它使社会变得平等。仆人几乎消失了。人人都吃同样的食物，穿同样的便装。在此之前相互隔离的各阶层现在在农村或国民自卫军中聚在了一起。人人都知道，他们一损俱损，一荣俱荣。回想起来，在某种程度上，人们将带着某种怀旧的心情去回顾这场战争，将其看作是一件几乎令人愉快的事。所有阶层都有共同的精神和目标，这种精神和目标在几十年后仍然散发着光芒。

胜利，但是什么样的胜利？第二次世界大战被证明是英国前所未有的命运转折点。战争还在进行时，盟军领导人斯大林、罗斯福和丘吉尔通过一系列会议制定了国际协议。在这些会议上，英国已经降到了第三位，因为权力现在已经转移到了苏联和美国手中。1945年2月，在雅尔塔（Yalta）达成了一项协议，该协议在战争结束时生效。苏联控制了包括波兰在内的整个东欧。德国被划分为三个主要的占领区：英国、苏联和美国占领区。在苏联控制区内的柏林也同样被分割。

在西方，民主得以幸存，但英国却沦为美国的附庸。最近有人争论说，美国很清楚它正在剥夺英国的资产，但如果没有美国的援助，无论是在战争期间还是战后，英国人民都将会忍受难以言表的苦难。英国从一个重要强国沦落为一个离岸岛屿的过程是迅速的。事实上，这场战争加强了英国人民思想中的岛国观念，使他们像在1918年一样，希望脱离欧洲大陆。在战争期间，伦敦一直是自由欧洲的首都，每个政治和军事领导人都曾于某个阶段在那里扎根。英国本可以在1945年后创建新欧洲的过程中发挥领导作用，但它错过了一个大好机会。

然而，如果没有英国，欧洲就会变成一个庞大的德意志帝国。她孤军奋战，为捍卫国际法律和荣誉而战。与战胜西班牙无敌舰队和拿破仑一样，这已经成为岛国历史上的伟大标志之一。但它现在开始受到质疑，因为文件显示，不列颠空战之后，英国曾认真考虑过与德国人进行和谈。然而，只有在战后，纳粹政权的全部恐怖才得以曝光，尤其是骇人听闻的集中营和对约六百万犹太人的清算。这种认识将在事后给这场斗争赋予一种正义战胜邪恶的道德维度。难怪英国人相信乌托邦时代即将到来。

第六十七章　乌托邦的到来与离去

1945年，世界的变化比人们意识到的要大得多。中产阶级像在1918年时一样自然而然地认为，战争结束将标志着回归战前时代，即回到有仆人的时代，回到人们在等级社会秩序中各安本分的时代。对大多数人来说，恢复这种时代风气是没有问题的。他们更大的决心是确保他们迄今被剥夺的东西：充分的就业、恰当的工资和有所增加的社会供给。再说形势正朝着这个方向发展，因为在整个战争期间，人们一直被引导着相信，和平时期将迎来一个新的、更加公正的时代。政治上的平等已经获得，但社会和经济上的平等还没有到来。事实上，在国家的庇护下，英国人民在战争期间已经经历过这种平等，因此，在战争结束后，无人质疑国家将以更持久的形式实现平等的能力也就不足为奇了。政府在战争期间解决了问题，所以现在可以在和平时期继续解决这些问题，住房、医疗和就业是每个人的首要议程。

到1945年，向左翼大幅转向的基础已经奠定，这将把工党带上权力舞台。人们认为，工党将履行威廉·贝弗里奇爵士在1942年的报告中对民众的承诺，这份报告是我们所知的"福利国家"的蓝图。贝弗里奇曾被要求制订一项战后社会福利计划。它的基石是为失业、疾病和其他意外事件提供的每周保险印花。该报告还提出了建立国民医疗服务体系的建议，同样是通过加盖印花的方式，将每个人都纳入免费医疗的保险计划。还有其他的长远措施，如家庭津贴和出生、死亡和婚姻福利。在战争最严重时期刊行的《贝弗里奇报告》堪称罕见之事，它是一份政府文件，却成了畅销书，引发了一种普遍预期，即战争结束后情况会有所不同。

1944年，随着《教育法案》的通过，我们可以预先体验一下当时的不同。虽然直到1946年才实施，但它将离校年龄提高到十五岁，而教育部长有权将其再提高一年。从那时起，国家必须向所有人提供免费教育，教育分为三大类：小学、中学和进一步的深造。每个人都要上小学，然后，一过十一岁，就有一次竞争性考试。通过考试的人会继续进入文法学校接受学术培训，没有通过考试的人则会上中等职业学校，那里的压力是手工技能。旧的收费公立学校和那些由政府"直接拨款"资助的学校没有受到影响。这项法案对英国社会的未来结构至关重要，英国社会将在一代人的时间内转变为任人唯贤的精英领导体制。它还表明，教育将成为任何政治信仰的政府的一项固定工作。在民主时代，教育建构了潜在选民的思想，可确保哪个政党继续掌权。因此，教育被视为对经济、政治和社会工程而言的公平游戏，其动机是一种未经证实的信念，即教育是包治百病的万灵丹。

这一切都为1945年5月的到来做好了准备。当时，工党拒绝了解散议会以延长国民政府任期的建议，支持进行公开选举。7月5日，工党以压倒性优势上台，战争领袖丘吉尔被民众的忘恩负义彻底击垮。在四百名工党议员中，有超过两百人是首次当选的，这一事实凸显了新开端的感觉。工党的战时部长阿瑟·格林伍德（Arthur Greenwood）、休·道尔顿（Hugh Dalton）、欧内斯特·贝文和斯塔福德·克里普斯（Stafford Cripps）在首相克莱门特·艾德礼的领导下接管了政府。艾德礼表面上是个沉闷无趣、沉默寡言的小个子男人，却对政府的运作了如指掌，无人可比。此外，他还具有一种难以捉摸的特质，能够将观点大不相同的人——从激进的工会主义者到中产阶级知识分子——团结在一起。这一次，工党不仅因目标而团结了起来，而且因实现目标的方法而团结了起来。

重中之重的是充分就业。1944年，一份《白皮书》承诺，政府将保持高水平的就业，在《贝弗里奇报告》之后，这被视为国家的主要政策重点。到1948年，失业人数比1938年减少了一百万。这一百万人中有四十万人从事服务业，六十万人是公务员，因为工党的社会供应措施不可避免地意味着官僚机构的升级。充分就业一直是所有政府的信条，直到20世纪70年代中期才开始受到质疑。到那时，它的负面影响已昭然若揭，因为它意味着对人员过剩和听任限制竞争协议泛滥的情况熟视无睹，这两种做法都对行业产生了严重影响。

工党计划的重中之重是通过国有化实现其核心条款——具有社会主义信仰的"第4条款"。这始于1946年英格兰银行和民用航空的国有化。两者都没有出现问题。大多数资本主义国家都有国有银行，而且当时没有人相信，如果没有公共补贴，民用航空还能生存下去。接下来的一年是铁路和矿山的国有化，这两个行业在战争期间都是国家控制的，国有化仅仅是承认了一个现实。但人们没有意识到的现实是，甚至在20世纪30年代，这两个行业就已经陷入困境。煤炭早已过了顶峰期，不仅因为其他国家已经开发了自己的煤矿，而且因为它作为能源的地位很快就会被石油取代。国有化始于一个糟糕的开端。1947年，新成立的国家煤炭局（National Coal Board）于冬季走马上任，而这个冬天是六十年来最冷的一个冬天，煤炭却无法运送。工厂关闭，家庭没有电灯和暖气。这在公众心中引发了一种对国有企业日益增长的不满情绪。铁路也如昙花一现。它们在汽油实行定量供应的战争期间经历了一次复兴，这再次掩盖了一个现实：在战后时代，公路运输将取而代之。因此，不久之后，铁路开始出现螺旋式下降，成为肮脏和不可靠的化身，并成为公众心目中的低效率的代名词。

1948年，天然气和电力被国有化，两者都没有引起任何争议，同年，国民医疗服务体系（National Health Service）开始运作。1946年通过了《国家卫生法》（National Health Act），但这次通过得很艰难。此类社会保障的必要性早在几十年前就已得到承认，《贝弗里奇报告》其实就做出过承诺。但是，卫生大臣安奈林·贝文（Aneurin Bevan）提出的全面法案的内容令整个医疗行业大惊失色。该提案要求接管包括志愿医院在内的所有医院，将全科医生纳入基本薪资体系，并开始对诊所的出售实行管制。所有医院和专科服务、所有由当地医生和牙医提供的护理和治疗都将免费。英国医学协会拒绝了该提案，为了得到协会成员的合作，贝文被迫承认该行业成员私下行医的权利。如果说有一个机构可以说是福利国家的缩影，那就是国民医疗服务体系。它对每个人都非常有利，而且是独一无二的，很多人认为它可能是20世纪最开明的一项立法。

政府将其计划一直推行到1949年，将钢铁行业实行国有化，而这个行业也正处于衰退期。结果不尽如人意是在所难免的。为经营这些新的国有企业而设计的制度是通过对政府负责的国有公司的方式。在工党执政的四年内，百分之二十的经济从私人手中转移到了政府手中。对社会主义者来说，国有化是一种道德义务，是一根可以挥舞的魔杖，据说它有无限的变革力量。可惜的是，人们对它的实际意义考虑得太少，结果发现神奇魔杖的魔力缺乏效力。

然而，这是一个伟大的改革政府，可与1832年《改革法案》之后的政府相媲美。它的立法为以后三十年的历届政府所要采取的行动奠定了基础，或者说奠定了永久的基础。国有化计划是与其他同样重要的立法同时出台的。1946年的《国民保险法》（National Insurance Act）确保了所有人口都必须缴纳强制性公积金，以换取涉及老年、疾病、失业、丧偶和其他贫困状况的现金福利，并像贝弗里奇承诺的那样，引入了出生、结婚和死亡的福利。1948年的《刑事司法法案》（Criminal Justice Act）实际上废除了鞭刑，并试图废除绞刑，不过此提案未能通过。在同一法案中，法律援助体系的扩大提高了离婚率，这表明数世纪以来所认为的婚姻是一种只有在特殊情况下才会解体的观点已经发生了转变。工党还进一步削减了上议院的权力，将其推迟法案的能力降低到一年。对特权制度的另一个打击是，取消了所有形式的复式投票，如给毕业生的二次投票权，而赞成"一人一票"。

并不是每件事都那么成功。约有二百万房屋在战争中被摧毁或损坏，但重建计划未能启动。1945年，只有三千所新房建成。对房屋的需求不可避免地加速了对乡村的掠夺。这种掠夺始于30年代，当时每年已经有六万英亩的土地被用于建设。战后，这个数字继续急剧上升，因为乡村发现自己前所未有地受到城市需求的支配。1946年的《新镇法案》（New Towns Act）在1947年至1950年间建立了十四个新城镇。这些是将人们从拥挤的伦敦和格拉斯哥市中心区转移出来并重新安置的结果。政府授权地方当局在乡村指定开发区，并通过建立包括达特穆尔（Dartmoor）、峰区（Peak District）、雪墩山峰（Snowdonia）、湖区（Lake District）和北约克郡沼泽区（North Yorkshire moors）在内的国家公园来应对乡村被破坏的情况。甚至连所谓的"绿化带"（green belt），也就是不能在其上建造建筑的地带，都被创造出来，以防止伦敦成为一个密不透风的大建筑群。

所有这些改变都需要资金，而这正是问题迅速浮出水面的地方。起初，英国工业似乎在战后有了一个飞速的开端，因为它的两个主要竞争对手，日本和德国，正遭受着战争余波带来的苦难。有几年，英国的出口表现良好，但当它的竞争对手在50年代恢复生产时，英国的缺点开始显现。其他国家不仅能够做到产量更高，而且质量也要好得多。这把历届政府带了困境，因为一场昂贵的社会革命是在借钱的基础上进行的，其假定是任何贷款都会很快因繁荣的英国经济而偿还，但繁荣并没有实现。1945年，美国的"租借法案"结束。英国在战争期间累积的债务利息每年要消耗七千三百万英镑。很明显，偿还这些债务（即所谓的"英镑结余"）将是一个长期拖延的过程。为了支付战争费用，英国不得不抛售外国投资。据估计，英国需要将出口提高到战前出口额的百分之一百七十五，才可补足过去由这些被称为"无形出口"的投资收入所弥补的赤字。为了给处于战后复苏初期的英国提供帮助，美国以百分之六的较低利率借给英国十一亿英镑。但贷款具有附加条件，其中最重要的是，在一年之内，英国以外的英镑持有者可根据其意愿转换手中的货币。1947年7月，该条款开始生效。外国黄金和货币储备开始从英国撤出，其速度之快，导致一个月后兑换就被暂停。到那时，这笔贷款已经花光了，这在很大程度上要归因于第二次世界大战结束后原材料成本的大幅上涨。挽救英国局面的是美国帮助欧洲复苏的决定。根据"马歇尔计划"（Marshall Plan），英国获得了七亿英镑，且没有偿还义务。然而，现实情况是，美国在世界贸易和金融市场上的主导地位已经把英国推入了二流强国的地位。英镑的汇率从4.03美元贬值到2.80美元，这认可了这种新格局。虽然公众惊恐地认为这是对英国声望的沉重打击，但实际上这一举措带来了有益的经济影响。到1950年，乌云在这个新社会主义乌托邦的一度看似万里无云的天空中迅速积聚起来。在英镑可兑换危机之后，斯塔福德·克里普斯爵士（Sir Stafford

Cripps）出任英国财政大臣，开启了一个紧缩时代：严格的价格管制、薪资冻结、进口减少，以及持续的短缺和定量配给。这个福利国家是靠借来的钱建立起来的，其成本正在飙升。到1951年，国民医疗服务体系每年的运行费用为3.65亿英镑。美国的债务需要偿还，人们越来越清楚的是，为了偿还债务，必须牺牲原则。在最初是免费的医疗服务体系中引入处方收费的提议引发了有关原则的争议。到1950年，政府已经到了强弩之末，但是收费的想法在乌托邦主义者和现实主义者之间拉开了巨大的差距，事实证明，其方式是致命的。

在1950年的大选中，工党以六票的微弱优势重新获胜，这意味着任何有争议的立法都不能通过。然而，处方收费被引入，安奈林·贝文和后来的工党首相哈罗德·威尔逊（Harold Wilson）辞职。财政状况开始恶化。朝鲜半岛爆发了战争，英国通过联合国承诺支持美国对那场战争的政策。对苏联意图的担忧加剧了国防成本的不断上升，国防成本已升至国民收入的百分之十四。工资限制到期，工会开始罢工，要求增加工资。1951年10月，艾德礼又举行了一次选举。保守党发起了他们的竞选活动，不再致力于对福利国家的认同，而是进而呼吁让国家解困，使其摆脱定量配给、无休无止的排队、限制和控制，更不用说所有那些彻头彻尾的空话大话了。保守党以十七票的多数上台。

每一种变化都会带来输家和赢家。在这次选举中，多数人获胜，但那些失败的人陷入深深的痛苦之中，对他们所认为的一个无所不能的国家的出现心怀敌意。中产阶级感到被出卖了，被支配了，因为他们将受到哈特利·肖克罗斯爵士（Sir Hartley Shawcross）之流的工党政客的嘲笑，他对他们说："我们现在是主人了。"那些希望回到20世纪30年代生活方式的人移民到了非洲，在那里他们可以找到在新英国消失的仆人。但大多数中产阶级都留在了原地。他们主要由受过教育的神职人员组成，是为了保存工业革命产生的书籍而出现的。随着免费教育的到来，有更多的人可以从事这些工作，这是一种不可避免的变化，意味着元老派地位的下降。中产阶级还强烈地感受到熟练手工工人的崛起，这些工人在战后时代处于优势地位，可以要求与过去受过教育的上司同等甚至更高的薪水。

对中产阶级来说，福利国家的方方面面并非都是坏消息，因为他们有能力理解和处理官僚机构的文案工作，这意味着他们能迅速将福利制度变为自己的优势。但面对最沉重的打击——《教育法案》——就连这也成了一笔日渐式微的资产。过去，无力送孩子上公学的中产阶级只需支付不算高的费用，就能让孩子在文法学校享有排他性的地位。《教育法案》废除了收费制度，并引入了一种被称为"初中入学前预试"（Eleven Plus）的竞争性考试。文法学校现在不分社会背景地招收最聪明的孩子，中产阶级的孩子突然发现自己在和工人阶级的孩子们并肩学习。没能考上文法学校的孩子被分配到中学，在中产阶级眼里，这是令人颜面扫地的失败。

不满的声音还不只这些，因为福利国家开启了"白厅最具权威"（Whitehall knows best）的时代。政府的限制无疑局限了企业家的发展。他们面临着对原材料的限制和拿不到建筑许可证的可能性，此外，他们提出的任何倡议都要接受详细调查。在这种情况下，政府非但没有被视为推动经济发展的力量，反而被视为阻碍经济发展的力量。

我们仍然生活在1945—1951年的后果中。历史学家不可避免地会因自己的结论而产生分歧。一部分人认为这是一个无与伦比的启蒙时代，是提升了整个社会的最高立法成就。在这种情况下，它也可以被看作是不可避免的，是1939年之前就已开启的一系列事件的高潮。但即使是那些歌颂它的人也有保留意见。在他们看来，它的长期失败是因为工党还不够社会主义，它所行的是种永远不会令人满意的拙劣的权宜之计，实际上这一点很快就变得非常明显。另一些人回过头来看，认为福利国家的建立是一种建立在债务基础上的错觉，一种只会加速英国衰落的昂贵的实验。随着大英帝国和英联邦、英国作为世界强国的角色，使英国成为工业巨人的天才的一切一个接一个地消失时，英国魔杖所召唤出的乌托邦梦想和愿景就会逐渐消失。所有这些都将化为尘土。但是没有回头路可走。两个主要政党都认同福利国家是所有政府的出发点。过了二十五年，才开始有人质疑它存在的权利。

第六十八章　共识与对衰落的不当管理

　　1950年之后的二十五年通常被称为共识时代。无论政治、社会或经济的波涛如何汹涌，都没有人挑战20世纪末英国所坚持的基本原则。这些都源于《贝弗里奇报告》和约翰·梅纳德·凯恩斯（John Maynard Keynes）的经济理论。事实上，任何改变体制的尝试都被认为是不爱国的，而且没有出路，更不用说提出其中一些可能存在的问题了。人们没有意识到的是，实际上有些事情是政府做不到的。相反，人们认为国家有能力引领一个黄金时代，而在民主制度下依赖选票的政客们自然没有采取任何行动来纠正选民对这一观念的误解。二十多年来，无论哪个政党，都有一些共同的设想和目标，它们将一直保持不变，直到20世纪70年代中期才遭到攻击。

　　人们对二三十年代仍记忆犹新，充分就业仍是任何政治议程的首要任务。在整个五六十年代，失业率从未超过劳动力的百分之三，而让失业率超过百分之三被认为会危及这个国家的社会稳定。要达到这一数字，就意味着要忽视人员过剩、限制竞争行为和抵制变革。具有讽刺意味的是，没有人反对自动化的发展，因为工作机会唾手可得。然而，这种政策本身就埋下了自掘坟墓的种子。充分就业意味着要争取工人，因此薪资前所未有地呈螺旋式攀升，最终达到无法承受的高度，加剧了致命的通货膨胀，使英国商品被挤出了世界市场。在二十年的时间里，这项政策基本上是通过国家管理经济需求来发挥作用的。随后，到了20世纪70年代，充分就业开始消失。试图通过诱导增长的常规方法再次实现这一目标的尝试以失败告终，并产生了完全相反的效果：更多的失业。无论是工党政府还是保守党政府，谁都不敢承认应该放弃充分就业政策，因为这样做就意味着要与工会对抗。

当然，工会不仅坚定地致力于充分就业，而且坚定地致力于国有化。由于英国的复兴依赖于它的经济，因此也依赖于它的劳动力，工会的合作被认为对任何政府都至关重要。到 20 世纪 50 年代中期，新一代工会领导人出现了。他们认为充分就业是理所当然的，现在他们把自己的角色看作是向政府施压，要求更好的条件和越来越高的工资，而全然不管经济状况如何。没有一个政府准备与他们对着干。例如，1956 年，保守党通过了其《垄断和限制竞争法案》(Monopolies and Restrictive Practices Act)，将工会排除在外，这意味着失去了一个清除限制竞争行为的黄金机会。如果保守党不敢与工会抗争，那么工党这样做的能力就会更受限制，因为工党实际上已经陷入了一个依赖工会通过政治征税来获得资金的体系中。选民逐渐意识到这种关联，并看到它如何削弱了任何一届工党政府采取独立行动的能力。尽管如此，工会改革的第一步是在 20 世纪 60 年代由社会主义者迈出的，但他们被迫后退。直到 20 世纪 70 年代，当罢工飙升到无法控制的地步时，保守党政府才决定采取行动，但是他们也被打败了。

这是政府全知全能的几十年。它会插手社会的方方面面，包括那些它一无所知的领域，而这些干预最终往往使问题变得更糟。没有人质疑国家作为问题解决者的作用，只要国家能够提出解决办法，这个作用就是有效的。当这种情况像在 20 世纪 70 年代那样越来越少地发生时，结果就是崩溃。这样一个不断膨胀的政府不可避免地需要一个同样不断膨胀的官僚机构来加以维持。并不是说更多的公务员就一定意味着更高的效率，实际上恰恰相反。这将是大部门的时代。1956 年共有二十六个政府部门。到 1972 年，只有十七个，其中包括三个反映了国家迅速扩展的干预作用的重要新创机构：贸易工业部（Department of Trade and Industry）、卫生和社会保障部（Department of Health and Social Security）以及环境部（Department of the Environment）。在 1968 年的一份政府报告之后，这些庞大部门的员工也发生了变化，原来的公务员通常让位给了更具专业技能的员工，包括管理人员。公务员数量大幅增长，但担心国家权力不断增长的人也越来越多。政府的能力逐渐受到质疑，但直到 20 世纪 70 年代，人们的幻想才真正破灭。

总的来说，福利国家是受欢迎的，因为它给社会各阶层都带来了巨大的好处。问题是，人们认为它的"聚宝盆"用之不竭。维持福利国家的费用越来越高，于是用以维持它的税收也变得越来越高。由于通货膨胀，所得税的征收对象开始逐渐扩大，甚至连工人阶级的工资包也不放过，对福利国家信条的盲目坚持开始受到质疑。

归根结底，一切都取决于经济的成功，而两党都认为今后的经济应该是种混合经济。大多数工业仍然掌握在私人手中，但政府充当了规划代理人的角色，在不施加直接控制的情况下影响商业决策。没有人质疑政府成功管理经济的能力。毕竟，国家在战争期间管理着经济，而且取得了胜利，最直截了当的做法莫过于，接受国家因此应在和平时期干预经济运作以实现其社会和经济目的。人们没有充分认识到的是，经济正在衰退。到 1950 年，不费吹灰之力便可获得优势的漫长时代已经一去不复返了。纺织业持续衰退。钢铁产量在 1950 年至 1966 年间可能翻了一番，但世界其他地区的产量却翻了两番。造船业开始输给日本，到 1975 年，就连英国的汽车工业也资不抵债了。由于历届政府要么将经济收归国有，要么对之去国有化，要么实行通货紧缩，要么实行通货膨胀，导致政党政治无助于工业的运转。经济也没有得到一小撮媒体经济学家的帮助，他们总是在分析和断言它的表现，从而导致了工业妄想症。随着岁月的流逝，英国经济成为国内外普遍关注的话题。不幸的是，那些查看它的工作原理的人对它采用了一个医学术语："英国病"（British disease）。

如果说维持充分就业、安抚工会和干预经济是此时政府的固定参照点，那么教育也是如此。两个主要政党都坚信，教育是治愈英国经济乏力的关键。教育不仅在数量上成倍增长，而且受教育年龄也在成倍增长。20 世纪 60 年代，八所新大学成立，老大学也在政府鼓励下进行了扩张。人们原本希望这些新生学习自然科学，但他们却选择了社会科学，尤其是社会学，因为它的宗旨是解决社会问题。就工党而言，教育还有另一个层面，因为他们相信通过教育可以实现新的社会平等。就连中产阶级也认识到，只有四分之一的人口可以通过"初中入学前预试"接受良好教育，因此他们并不反对引入社会主义性质的综合教育体系，这一体系将逐步废除旧的文法学校。事实上，一些引入综合性学校的主要动力是在保守党政府的领导下产生的。其目的是破坏特权，于是学习客观事实的旧教学方法被"发现"教学法所取代，后者大量使用录音机、电视和其他技术。到 20 世纪 70 年代，随着读写和计算能力的下降，这种教育革命被认为是不起作用的。为了把孩子送到一所不受影响的自费私立学校，家长们开始在财力上做出巨大牺牲。与此同时，那种认为教育可以解决国家经济困境的信念也越来越被视为一种错觉，而且，就像一个迅速发展的福利国家的其他方面一样，教育的发展吞噬了越来越多纳税人的钱。

这些都是构成任何一届政府的议程的主要问题，无论该政府是工党政府还是保守党政府。工党的新领袖是休·盖茨克尔（Hugh Gaitskell），他实际上从未以首相的身份上台。在他的领导下，该党转向右翼，尽管他改写"第4条款"的尝试以失败告终。事实上，他的这一尝试标志着左翼和右翼之间的分歧，而在 1960 年后，工党的左翼开始致力于单边核裁军，导致分歧进一步加剧。工党不仅被永不停息的内部争论所困扰，而且对下一步该怎么走缺乏连贯一致的愿景。好斗的左派越来越多地制定议程，要求制定一系列社会立法，处理种族歧视、机会平等等问题，但在这方面往往很少得到（如果有的话）党内基层的支持。到那时，工人阶级的选票正被财富所侵蚀。

如果说工党凭借信念占据了共识的阵地，那么保守党则是勉为其难地站在那里，因为它意识到时代已经改变。它承认，人们期望得到合适的工作、住房、医疗服务、更好的教育以及更多的平等和正义。然而，它是一个在顺应潮流方面总能取得显著成功的政党，并在 50 年代迅速崛起为政府的政党，连续三次赢得大选。这就是所谓的"一国保守主义"（One Nation Conservatism），其目标不是平等，而是所有人都应该有平等的机会变得不平等。它拥护在不那么受国家主导的经济体系中的自由，仍然坚守着王冠、教会和基督教道德等古老支柱。

这两个主要政党在政治舞台上占据着主导地位，而自由民主党、威尔士和苏格兰民族主义政党只有在公众表达对主要政党的不满时才会在选举中出现。这是一种有着与生俱来的弱点的民主制度。

由于两大政党都希望获得权力，因此对经济的干预开始与选举日期密切相关。由于担心影响选民在民调中的支持率，两党都没有兴趣告诉选民那些往往是痛苦的事实。只要经济多少是健康的，这种安排就能顺利进行，只有当形势要求对工会加以限制时，问题才会浮出水面。工资要求会引发冲突，这是在50年代形成的一种固定模式。工资的每年上涨是理所当然的。回顾过去，特别值得注意的是，这些年度和解方案根本没有换来工人提高生产率或效率的责任感。这意味着，到1961年，工资增速比工业产出增速快百分之五十。政府没有采取任何措施来解决这一问题，也没有正视福利国家成本继续螺旋式上升的事实，以致到20世纪70年代中期，公共支出占到了整个国民收入的百分之五十以上。那是一个由装门面的解决方案构成的时代，其结果只可能是一场灾难。

在英国历史上，很少有哪个时期比此时更复杂了，尽管把它分为三个涵盖数十年时期的做法似乎能准确地反映出它的各个阶段。50年代平稳地度过了，经济明显好转，政府避免了在交通和移民问题上采取任何行动，而这两者显然是未来的主要问题。60年代开始拉响警钟，因为国家被迫向国际货币基金组织（International Monetary Fund）求助，以摆脱金融困境，失业人数达到二十五万以上。正是在这些年里，英国衰落的工业遗产自食恶果，遭遇了严重的报复。70年代，由于两党都努力想与工会力量达成一种工作关系（它最终以灾难告终），于是在一片唇枪舌剑和相互指责的海洋中，共识破裂。

然而，50年代似乎是乐观向上、阳光灿烂的十年。温斯顿·丘吉尔尽管健康状况不佳，仍重新出任首相，他除了将钢铁和公路运输去国有化之外，没有改变前任的任何工作。没有人试图越过工会。实际上，政府的政策与工党可能推行的政策并无太大不同，即将重点放在一项住房建设计划上，该计划取得了巨大的成功。1952年，乔治六世去世，他的女儿继承了王位，即伊丽莎白二世（Elizabeth II）。她的即位被誉为一个新伊丽莎白时代的开始。最后一次战时定量配给在1954年结束，建筑限制很快也宣告终结，这带来了繁荣。工资的年度增长模式已经确定，而价格总是略微滞后。这本该是个警告，正如德国和日本的恢复生产也本该是个警告。到1955年，这两个国家生产的产品质量是如此之高，以至于很快其英国同类产品就被认为是粗制滥造。德国和日本拥有战后新机器的优势，而就日本来说，还拥有廉价劳动力的优势（印度在这方面也是如此）。两个世纪以来，英国第一次开始进口纺织品。政府没有采取任何措施来阻止这股浪潮，也没有阻止英联邦移民的浪潮，在50年代末，英联邦移民达到了每年两万六千人。

1955年4月，年过八旬的丘吉尔因病辞职，由彬彬有礼、魅力十足的安东尼·艾登（Anthony Eden）接任。又举行了一次选举，保守党再次当选。艾登的任期将完全由苏伊士运河危机所主导，该危机导致他的健康状况恶化，并于1957年辞职。哈罗德·麦克米伦（Harold Macmillan）成为新任首相，后来他被称为"超级麦克"（Supermac）。麦克米伦聪明过人，出身贵族，与工党领袖休·盖茨克尔截然相反。像在丘吉尔领导下时一样，这届政府也没有跨越工会的问题，而这正是好战的极左势力夺取车间权力的时期。非正式的罢工开始增多。麦克米伦可以说开创了消费、消费再消费的时代。他否决了财政大臣的建议，政府开支预算超出了五千万英镑。他还放松了信贷。其结果是一场消费热潮，在此期间，大多数人都购买了汽车、电视机、洗衣机和电冰箱。1957年7月，他说人们"从来没有过这么好的生活"，这句话被载入了史册。

这种政策产生了不可避免的后果。1961年8月，面对不断上升的赤字，政府向国际货币基金组织求助，该组织成立于1944年，其成员要缴纳一定额度的费用，以便它可用来纠正暂时的问题。政府获得了7.14亿英镑的贷款。自此之后的十年时间里，尽管残酷的经济现实一个接着一个，但似乎没有什么能影响政府花钱的冲动。将军队驻扎在德国、肯尼亚、婆罗洲和波斯湾等全球各地需要付出代价，这些地方都被视为英国的潜在市场，这种观点也为向发展中国家提供海外援助设定了条件。武装部队的征兵制结束了，这意味着自战争以来军队首次必须得到适当的薪资。国防成本持续上升，以至于最后政府认为，放弃英国的核威慑力量，转而购买美国的核武器要更划算。随着公路取代了铁路，新建高速公路的成本急剧上升。政府发现自己不得不支撑一个不赚钱的维多利亚时代的铁路系统，1963年，为了使其切实可行，政府提议削减该系统的三分之一。政府没有贯彻这一政策，而是退缩了，因为它担心如果切断一些地方的交通会造成社会后果，从而导致人口流动，这将对国家资金提出更多的要求。随着失业率再次上升，移民人数现在达到每年十万人，政府别无选择，只能采取行动，试图遏制两者。1962年的《英联邦移民法案》（Commonwealth Immigration Act）对移民进行了限制，但为时已晚。贫民窟和社会紧张局势已经存在，更不用说对社会服务的要求了。英国开始被宣传为"欧洲病夫"。

在此期间，对任何问题的反应都是建立另一个政府半官方机构，其中的一个例子是一个国家经济委员会（National Economic Council），它与工业界进行磋商并制订财政计划。那次调查得出的结论是，要维持国家的运营，每年的经济增长需达百分之四。国家收入委员会（National Incomes Commission）成立，但是工会拒绝合作。最终导致政府倒闭的不是经济状况，而是丑闻。其形式是，一名部长就自己与一名应召女郎的婚外情向下议院说了谎，而该应召女郎还与一名苏联外交官有染，从而造成了安全风险。在一片丑闻的迷雾之中，当时已身患重病的麦克米伦离开了陷入混乱的政府。经过协商，保守党选择了苏格兰贵族霍姆伯爵（Earl of Home）作为其领袖。霍姆不得不放弃他的头衔来承担这个角色，但他无法挽救自己的政党在1964年的选举中失败的局面。

那时休·盖茨克尔已经去世，工党首相是哈罗德·威尔逊。威尔逊与他的前任麦克米伦有许多共同之处。两人都继续高估了英国在世界上的作用，都将经历认识到这种变化的过程，最终都无法接受这种变化。尽管威尔逊绝非贵族出身，但也是一位战术技巧高超的政治家。最初对他有利的是他开始着手敲响的现代性音符。这种有利局面不会持续太久，当经济状况完全暴露出来时，它就烟消云散了。英国有八亿英镑的贸易逆差，雪上加霜的还有这样一个事实：工党政府的上台总是让人们因担心工党会采取什么行动而把钱转移到国外。工党开始对股息征收所得税，并对所有资本收益征税。这两项举措都不利于投资。继麦克米伦之后，政府又在就另一笔贷款进行谈判，这次是来自美国。贷款金额达 20 亿英镑，于是政府开始了疯狂的消费。一系列的新部门相继成立，从一个负责艺术的部门到另一个负责土地和自然资源的部门，范围十分广泛。处方费被取消，养老金和其他国家福利得到提高。

威尔逊推行现代化的主旨为通过一项主要目标是扩大国民收入的国家计划来表达。政府成立了一个"物价与收入委员会"（Prices and Incomes Board），以监测通货膨胀趋势，并说服管理层和工会接受委员会的审议。为了与工会达成和解，这个新委员会并没有真正试图压低工资协议，这当然与它的长期目标背道而驰。随后，政府大胆地发起了工会改革。1965 年，一个"皇家劳资关系委员会"（Royal Commission on Industrial Relations）要求所有的工会都要登记，并且只有那些登记了的工会才有权罢工。它希望此举将消除非正式罢工，目前，非正式罢工占到了工会行动的百分之九十五。到了危急关头，政府退却了，委员会的工作变成了一纸空文。

由于受到工党在众议院中占微弱多数的限制，威尔逊别无选择，只能选择一个时机进行另一次选举，这件事发生在 1966 年 3 月。工党政府重新上台，获得的席位又有所提高。到那时，保守党已经有了一位同样没有贵族血统的新领袖爱德华·希思（Edward Heath）。威尔逊政府一旦掌权，就放弃了面对现实的努力，转而寻求简单而廉价的选择，即反映当时不断增长的自由主义至上的社会立法。这些立法包括将投票年龄降至十八岁；建立开放大学（Open University）；通过《性侵犯法案》（Sexual Offences Act），允许二十一岁以上经双方同意的成年人之间发生同性恋行为；通过《堕胎法案》（Abortion Act），它为堕胎制定了指导方针。与此同时，一半的文法学校转向了综合系统。1968 年通过的《种族关系法案》（Race Relations Act）是唯一一项试图解决日益严重的社会问题的立法。两年前，移民人数已达六十万，几乎没有迹象表明移民与现有人口有任何融合。

与此同时，物价与收入委员会试图阻止通货膨胀。1966 年，股息增加在一年内被定为非法，工资增加在六个月内也被定为非法，此后只有在特殊情况下才予以批准。物价被压低了。次年，一场大规模的码头罢工迫使英镑贬值至二点四美元，导致了自 1939 年以来最严重的增税。公众被激怒了。为了让贬值有所成就，它还必须伴随着通货紧缩，这意味着失业，或者价格上涨。通货紧缩开始了。1969 年的《多诺万报告》(Donovan Report) 对英国劳动法进行了大规模调查，其结果是，工党政府再次试图将注意力转向工会。一项限制工会权力的法案被提交给议院。工会强迫将其撤回。一向乐观的威尔逊也感觉到通货紧缩政策正在起作用，决定举行选举，但这一次，工党失败了。

1969 年之后的十年更是灾难性的。几乎一切都在自食恶果。到 1975 年，消费价格是二十年前的二点五倍。在 70 年代的世界主要工业国家中，只有英国的出口在下降。英国的贸易条件恶化了百分之二十五，英镑贬值了百分之三十。与此同时，工资涨幅空前高涨，在 1974 年达到了百分之二十九点四。威尔逊政府实施的通缩政策需要三到四年才能生效，在此期间，工业利润出现了下降。要坚持这一路线，就需要庞大的政治解决方案。这是真正标志着工业革命结束的十年。它还见证了具有讽刺意味的做法：保守派政府通过将境况不佳的企业国有化来拯救它们。地平线上唯一的曙光是意外的好运：在北海海底发现了石油，这在 70 年代接近尾声时开始伸出援助之手。

到 20 世纪 60 年代中期，人们对政客的态度已经开始改变。他们没有被视为引领乌托邦的良善代理人，而是因未能实现目标而受到指责。新任首相爱德华·希思是一所文法学校的精英，他上任时决心解决工会问题，并坚信英国应该加入欧洲经济共同体（European Economic Community）。在后一项努力中，他成功了。他的新政府没有领会到的是，其前任的政策正开始产生有益的效果。因此，希思政府没有坚持通缩（无论这会多痛苦），而是通过减税和放松信贷管控使经济再度膨胀。在此之前，英格兰银行已经制定了信贷指导方针，但现在这些指导方针被推翻，取而代之的是为任何看起来前景较好的风险投资提供贷款的命令。结果，三年内，货币供应量增加了百分之八十四。这引发了对股票和房地产的投机性购买热潮，导致伦敦房价在 1971 年至 1972 年的一年里翻了一番。失业率自然下降了，但 1972 年的代价是物价上涨了百分之十，工资上涨了十八美分。这恰巧与国际市场上大宗商品价格的大幅上涨同时出现。结果，公司开始倒闭，走向破产。政府不顾保守党的所有原则，通过将劳斯莱斯（Rolls Royce）和上克莱德船厂（Upper Clyde Shipyard）国有化的方式挽救了它们。1972年，政府支出跨越了百分之五十的差额，占到国民收入的百分之五十二。

1971年，议会履行了直面工会的承诺，通过了《劳资关系法案》（Industrial Relations Act）。从此以后，工会必须进行登记以获得合法地位。政府可以进行罢工投票，并将罢工的实际行动时间推迟最多六十天。违反规定的工会将受到罚款，并成立了一个"劳资关系法院"（Industrial Relations Court）来执行该法案。很少有措施会引起如此强烈的抵制。1970年，罢工造成的损失达一千万天；到了1971年，这一数字超过了一千三百万。工会会议通过了一项决议，指示其会员不得登记。政府现在发现，通过一项法案是一回事，执行它则完全是另一回事。战线已经画好。

1972年秋，英国实行了为期三个月的工资冻结，之后的最大涨幅为每周一英镑外加现有工资的百分之四。那一年，罢工造成的损失为两千四百万天。最壮观的是矿工的罢工，因为他们要求仲裁，结果对他们有利。这打开了闸门。铁路工人怠工了三个月。然后码头工人跟进。政府勇敢地开始了一项法定的工资政策，同时禁止所有的罢工。这一政策分三个阶段实施，包括冻结价格、租金和股息。该政策的第三个阶段始于1973年10月。罢工被禁止的事实完全被忽视了。天然气工人和行政部门继续罢工，矿工拒绝加班，铁路工人再次怠工。为了节约能源，政府被迫实行每周工作三天的制度。公共支出大幅削减，最低贷款利率飙升至百分之十三。英国已沦为一个模糊地带。然后，在1974年2月5日，矿工们再次投票决定罢工。希思决定举行一次大选，希望获得民众的授权以对抗工会，但他未能如愿。选举结果显示，英国出现了严重分歧，哈罗德·威尔逊领导下的工党以三个议席的多数获胜，尽管保守党获得了更多选票。自由党和民族主义议员的激增体现了民众对其双方的幻灭。

希思政府以失败告终，但至少它勇敢地面对了工会，尽管它输掉了这场斗争。在所有这些工业动荡和骚乱中，它进行了大规模的地方政府重组，创建了四十五个县和六个大都市区。它还引入了选择性领取福利的资格。然而，希思最大的成就是英国加入了欧洲共同市场。但是他的政府仍然是失败的。工会把它搞垮了。此外，与保守原则相反，它是大规模国家干预的缩影。当它离任时，政府开始急剧地感受到一种超出其控制的外部环境的全部影响。1973年，阿拉伯人和以色列人之间爆发战争之后，石油输出国组织（OPEC）开始大幅推高石油价格。石油价格不仅翻了两番，而且阿拉伯国家还对石油供应进行了限制。这对所有已经将石油作为能源来源的西欧国家都有着经济和政治层面的重大意义。但这将是哈罗德·威尔逊的遗产。

1973年的收支赤字为十亿英镑。石油和大宗商品价格的上涨将迫使这一数字升至四十亿英镑。更糟糕的是，总是与浪费联系在一起的工党政府的出现意味着投资者开始抛售，以至于曾为前政府的投机性繁荣提供资助的二级银行必须听任英国央行和大型清算银行处置，以避免破产。即将上台的威尔逊政府别无选择，只能向矿工们妥协。《劳资关系法》被废除，任何形式的工资限制也被解除。随后政府继续加大支出，用于提高养老金和其他福利，提供食物补贴，并允许亏损的国有产业积累赤字。在六个月内，物价上涨了百分之八，工资上涨了百分之十六。为了满足不断上升的收支赤字，政府不得不为长期债券支付百分之十七的利息。财政大臣开启了通货再膨胀，引发了私营部门的大量破产。为了避免更多的失业，政府被迫介入以挽救它们。到1975年中期，通胀率达到了百分之二十五，工资涨幅达到了百分之三十五，公共支出吞噬了国民收入的百分之六十。威尔逊上台时承诺要与工会达成某种"社会契约"，但一点也不奇怪的是，它被证明是一个死命题。当劳动力成本飙升、失业率上升和生产率低下同时出现时，梅纳德·凯恩斯的经济学最终被认为是行不通的。英国的通货膨胀比其他任何地方都要严重，国家被视为处于绝对衰退之中。

在这个节骨眼上，哈罗德·威尔逊决定退休，将首相职位传给詹姆斯·卡拉汉（James Callaghan）。卡拉汉拥有在工会的工作资历，有着极其直率的人品。工会提出与他合作，但条件是不实行法律规定的收入政策。这是一笔可怕的遗产。当英国经济前所未有地下滑，国际货币市场、投资者和金融家开始对英镑失去信心时，世界其他地区都在侧眼观望。英国所需要的是限制工资、削减公共支出和接受一定程度的失业。到1976年，它的债务超过了以往任何时候。其他国家的英镑余额二十五年来一直保持在四十亿英镑，到20世纪70年代升至一百二十亿英镑。资金如潮水般从英国流出。英镑兑美元跌至一点六三美元。失业人数达到一百五十万，通货膨胀率达到百分之十七。它别无选择，只能求助于国际货币基金组织，不管它提出什么附加条件，都要忍辱接受下来。

在大幅削减货币供应的基础上，贷款达到二十三亿英镑。那些多年来主张通过预算赤字来刺激需求的人，因流通中的货币数量及其对经济的影响而受到了批评。政府，不管喜欢与否，都必须接受货币主义政策，其基础是相信在任何给定时间里的流通货币数量都是重要的。除此之外，还有必要对支出实行并保持现金限额。卡拉汉在预示着其继任者玛格丽特·撒切尔（Margaret Thatcher）的保守主义的演讲中对此进行了总结，他谴责了以下观点：

……你只需通过减税和增加支出来摆脱经济衰退，增加就业……这个选项已经不存在了……它通过向经济中注入通货膨胀而起作用。每一次这种情况发生，平均就业水平就会上升。通货膨胀率越高，随之而来的失业率就会越高。这就是过去二十年的历史。

这标志着一个时代的结束，因为令人不安的赤字将不复存在。失业被当作经济运行中的必要恶魔被接受下来。自1945年以来，即便是百分之二的失业也被视为具有政治和社会风险。当失业人数达到一百万时，希思大惊失色，采取扭转措施来降低失业人数，而具有讽刺意味的是，威尔逊当政时的失业人数超过了一百四十万。

这样的状况只能是工业无政府状态的信号。而政府本身也被缩减至只多出一个席位的优势，只有通过与自由派议员达成的协议才能维持下去。它继续推进社会立法，最终成立了"警察投诉委员会"（Police Complaints Board）和"种族关系委员会"（Race Relations Commission），但关注的焦点从未真正从经济和工会转移开去。1978年，政府希望实行四年的工资限制，同时削减所得税以作为补偿（到那时，通货膨胀已经将绝大多数工人纳入了纳税等级）。工会对此表示反对，汽车工人继续罢工，工资上涨了百分之十七。第二年，卡车司机要求加薪百分之二十五，接着是1978年至1979年冬的公共部门工作人员的一连串加薪要求。持续六周的罢工导致学校停课，垃圾堆积在街道上，更有甚者，在利物浦竟无人掩埋尸体。卡拉汉不幸刚从国外回来，当被问及这场危机时，他回答说："什么危机？"政府随后实施了公共部门百分之九的工资增长，这令其政策受到了冲击。3月28日，下议院仅以311∶310的一票优势决定进行不信任投票。保守党凭借一项承诺遏制工会、削减税收和政府支出、结束政府对经济管理的持续干预的计划，以压倒性优势上台，其新任领导人是玛格丽特·撒切尔。这样一个方案不仅意味着调整国家的角色，而且意味着彻底改变国家的职能。

从很多方面来看，这都是一个极其不同寻常的时期，不时出现动荡，彻头彻尾的暴徒暴力迫在眉睫。值得注意的是，1979年的英国似乎完好无损，其社会等级制度未受影响，仍然是从君主到贵族阶级，一直延伸到中产阶级和工人阶级。然而，这一表象掩盖了不断变化的事实，即上层阶级的地位在下降，工人阶级的地位在上升。他们共同组成了一个庞大的中产阶级。1960年，百分之一的人口拥有百分之三十八的私人资本。1974年，这一比例降至百分之二十五。尽管经历了种种创伤，但没有什么能掩盖工人阶级生活水平总体上的惊人提高。事实上，这个福利国家已在某种意义上让人人都过上了更好的生活，因为人们不必再自己为现在由国家提供的服务买单。

同样引人注目的是，事实证明，历届政府在这些年制定政策时所依据的基本原则都是不切实际的。预算赤字曾被视为一种几乎立竿见影的政策工具。持续未能创造条件以鼓励投资的情况加速了衰退。在过去，投资是工业革命的关键，它赋予了国家以经济实力和政治威望，这些都是其他国家羡慕和效仿的。可惜的是，经济实力和政治威望连同维持它们的维多利亚时代的美德都已成明日黄花，如今被视为乏味而压抑的。在这个国家的历史上，这几十年是第一次权力不是集中在地主阶级甚至商人手中，而是集中在一群依靠选民生存的专业政客手中。后来发生的许多事情提出了这样一个问题：由于这些政客总是受到连任愿望的影响，他们是否真的有资格有效地管理一个经济体。

不可否认的是，情况在 60 年代开始出现问题，到 70 年代开始急剧恶化。当然，这个国家仍然依靠维多利亚时代祖先的道德和经济遗产生活。两次世界大战也给整个社会留下了毁灭性的影响。但没有人能否认，这其中存在严重的管理不善。到 20 世纪 70 年代末，英国已经失去了地位，无论是国内还是国外的人都认为英国正在衰落。人们开始怀疑，自 1945 年以来建立起来的一切是否真的适合这个国家。早在 1966 年，爱德华·希思就表达了对让市场自由发挥作用的热情，后来又敢于质疑福利国家不断攀升的成本。当玛格丽特·撒切尔于 1979 年上台时，她面临着两个选择：要么比前任们更成功地管理衰退，要么努力以一种不会导致国家陷入两极分化的方式扫除过往的障碍，从而希望开启一种新秩序。

第六十九章　欧洲帝国

1945年，英国是与苏联和美国并称的"三巨头"之一，拥有一千艘军舰、一支庞大的空军，基地和军队分散在世界各地。维持这种全球实力和军队依赖于本国的财富（其中四分之一投入了战争）和未来的经济表现。权力的行使最终取决于经济实力，而经济曲线图显示了一种长期的下滑。1953年，英国的制造业产量仍占全球的百分之八点六，仅略低于1939年的水平。到20世纪50年代末，世界其他经济体的排名开始上升。西德在60年代超过了英国，在70年代超过了法国和日本。到1980年，英国仅占世界制造业的百分之四，在世界制造业国家联盟中排名第六。尽管这种下降势头在80年代一度得到遏制，但到80年代末，它又进一步下滑至第七位，排在意大利之后。

在这种灾难性的背景下，帝国是无法维持下去的。到1945年，"帝国"的理念（即使重新命名为"英联邦"）被视为是不恰当的，是一个消失的帝国时代的残余。给予曾经组成大英帝国的许多国家以独立一直被视为一种道德姿态，这掩盖了英国的撤退是一种艰难的经济需求的事实。这个国家只是再也负担不起它的帝国了。然而，与英国国内的政治历史形成鲜明对比的是，政府对海外衰落的处理非常巧妙，既避免了人类的苦难，也避免了国家的颜面扫地。在帝国解体的情况下，共识被认为是最好的可能方式。渐渐地，一种固定的模式出现了，这种模式总是以在伦敦的准予独立之动议开始，以王室访问、降下米字旗的仪式、将权力移交给某种基于议会的民主制度结束。威斯敏斯特无法输出到非洲这样的地方的事实被掩盖了。等到任何建立在离心基础上的政治体系崩溃的时候，英国人早就离开了。

甚至在第二次世界大战之前，印度这块"王冠上的宝石"就已经得到了独立的承诺。1947年，英国宣布将于1948年6月1日撤出。到最后一位总督蒙巴顿勋爵（Lord Mountbatten）上任时，政府结构已经处于解散状态。蒙巴顿别无选择，只能将独立日推迟到1947年8月15日。虽然事实上印度在两年后成了一个共和国，但印度仍然为曾是英联邦的成员而感到自豪。

1948年，缅甸独立，选择不加入英联邦。同年，英国也从巴勒斯坦撤出。这事要复杂得多。1917年，英国宣布巴勒斯坦应成为犹太人的民族家园，尽管事实上它已被阿拉伯人占领。20世纪30年代，由于纳粹的迫害，犹太人移民到巴勒斯坦的人数不断增加，以致到1939年，犹太人已占巴勒斯坦人口的百分之二十九。战后，英国意识到，继续这种门户开放政策将疏远阿拉伯人，削弱对西方的石油供应。由此英国施加了限制，但美国立即施压，要求解除限制。与此同时，由犹太人、阿拉伯人和英国占领军参与的公开冲突爆发。1947年，这个问题被提交给了联合国，联合国宣布巴勒斯坦应被分割，并建立了一个以色列国家。英国拒绝执行这一决定，并在1948年5月授权到期时撤出。他们给中东留下了一个重大问题。

阿拉伯民族主义的兴起加剧了这种紧张关系，这种民族主义也将影响英国对苏丹、埃及和苏伊士运河地区的占领。1954年，英国从苏丹撤出，并同意也从埃及撤出。苏伊士运河对英国的利益而言仍然至关重要，因为它是前往印度和澳大利亚的通道，也是石油进口的通道。在20世纪50年代中期，帝国似乎仍然强大，占领着非洲和远东的大片地区以及位于近东的基地。随后，在1956年7月，埃及民族主义新领袖纳赛尔上校（Colonel Nasser）突然将苏伊士运河收归国有，该运河原本属于一家法国公司。这引起了法国和英国的强烈愤慨，它们共同要求将运河国际化。埃及拒绝了这一要求，于是两国决定动用武力将其重新夺回。为此而设计的策略将是种持久的耻辱，因为以色列被说服去攻击埃及，从而给英国和法国提供了借口，说它们是为了防止进一步的冲突才加以干预的。国际法的道德秩序就这样被用来掩饰赤裸裸的侵略。

10月20日，以色列按照计划袭击了埃及。英国和法国呼吁双方撤退，而让它们的军队占领运河。埃及拒绝了，于是英法于11月5日空投了伞兵，次日，从马耳他出发的舰队抵达。塞得港（Port Said）被攻占，军队开始了前往苏伊士的一百英里的长途跋涉。随后，英国和法国突然屈服于联合国安理会的停火要求。一切都结束了。

但对英国来说，这个问题远比表面事件所显示的更为复杂和令人羞辱。美国从一开始就反对使用武力。在国内，工党和许多保守党议员也对这一让人想起帕默斯顿勋爵时代的举动感到震惊。但实际上是美国的力量决定了英国的撤军，因为这次袭击使英国的黄金储备面临巨大压力。石油供应也被视为受到威胁，因为此举激怒了阿拉伯国家。其他资金和石油的唯一来源是美国，而它反对这一行动。

由于这一毁灭性的结局，英国将不再被认为是一个世界强国。苏伊士运河事件是一次严重的误判，因为它在全世界的眼中表明，如果美国不赞成，英国将不再拥有发动海外行动的资源。维持帝国地位的经济资源已经没有了，政府受到了普遍的谴责。这是一个巨大的转折点。此后，英联邦成员国不再听命于英国的指挥。它疏远了中东的阿拉伯国家，把纳赛尔变成了一个世界人物，并允许苏联将其影响力扩展到埃及。它还使英美关系变得紧张。作为该计划的合作伙伴，法国人对英国人极其蔑视。即使在如此重大的灾难之后，历届政府仍然表现得好像英国仍然拥有世界地位似的，这着实令人震惊。它早已不复往日的辉煌。

民族主义不仅席卷了中东，其浪潮也吞没了非洲。那里的政治和社会变化如此之快，以至于最初被认为是旷日持久的英国撤出行动不得不加速。英国并不是唯一退出非洲的国家，其他欧洲国家也在退出非洲。在许多情况下，英国要么退出，要么被卷入一场昂贵的武装冲突，而这是英国肯定负担不起的。因此，在精心安排的仪式中，组成帝国的各个国家一个接一个地获准独立，这让英国在移交过程中显得宽宏大量。就这样，出现了一些完全在政治上建立起来的国家，但这些国家往往很快就由于部族对抗而分崩离析。撤离带来的真正问题只会发生在那些有大量白人定居者的国家。

西非的撤离行动于 1957 年从加纳开始，随后是 1960 年的尼日利亚、1961 年的塞拉利昂和 1965 年的冈比亚。中东部非洲的问题要严重得多。肯尼亚在 1963 年沿部落分界线进行了移交，但使问题变得复杂的是少数白人的存在和以下这个难题：如何在一个政治权力掌握在议会中占大多数的非洲人手中、但大部分的经济实力仍掌握在人数相对较少富有的白人手中的非洲，建立起一个独立的多种族国家。坦桑尼亚于 1964 年独立，乌干达于 1962 年独立，赞比亚和马拉维于 1954 年独立。真正的问题是南罗得西亚，也就是后来的津巴布韦，那里的白人人口占主导地位，而英国无法向他们移交权力。这个问题要花二十年才能解决。1965 年，罗德西亚首相伊恩·史密斯（Ian Smith）单方面宣布独立。英国只能以无效的经济制裁作为回应。直到 20 世纪 70 年代末，这种情况才得到解决，一个保证黑人占多数的统治体系得以制定出来。1980 年，英国终于得以优雅地从其最后一个非洲前哨撤出。

到 1964 年，也就是哈罗德·威尔逊上台的那一年，大英帝国已经不复存在。尽管英国政府仍在幻想自己可以在世界上发挥作用，但此后英国唯一的力量基础就是拥有核威慑力量。到 20 世纪 50 年代末，拥有核威慑力量已经被视为一种维持某种全球地位的廉价手段。传统防御开始被历届政府大幅削减。1957 年 5 月，英国第一颗氢弹爆炸。然而，这一技术有一个致命的弱点，即原子武器的运载系统昂贵到可令国家倾家荡产的地步，而且英国也无法与苏联或美国竞争。1960 年，英国取消了"蓝光"（Blue Streak）导弹项目，购买了美国的"霹雳"（Sky Bolt）弹道导弹。两年后，美国取消了轰炸机，使得英国缺乏核武器的运载系统。当时的首相麦克米伦说服美国总统向英国出售他们的新北极星（Polaris）潜艇导弹。事实的真相是，战争本质上的技术变革是如此巨大，以至于经济再也承受不起它了。

随着 60 年代的发展，这一点变得更加明显。1965 年，工党政府取消了计划中的 TSR2 低空轰炸机，决定转而购买美国的 FB111A。但这一订单也被取消了。1967 年，更多的国防开支被消减，也就是在那一年，英国军队从马来亚和亚丁撤出，随后又在 1971 年从新加坡撤出。20 世纪 70 年代，在防务方面，英国是美国的附庸，这当然无助于英国与欧共体（European

Community）的谈判。在撒切尔夫人执政期间，这种情况也没有改变，当时，英国成为部署九十六枚针对苏联的美国巡航导弹的基地。1979年，英国从美国购买了"三叉戟"（Trident）导弹，加强了国防力量。这是一种经过强化的核运载系统，将使英国的核地位维持到21世纪。

实际上，现在大英帝国只剩下几个分散的殖民地。帝国的阴魂仍在英联邦中挥之不去，它曾在1961年展示了一些有效性，当时，它因南非的种族隔离政策而将其开除出英联邦，但除此之外，它始终由一群迥然不同的国家构成，既有民主政权，也有一党专治政权，后者的角色似乎逐渐变得越来越不透明。尽管如此，大英帝国还是留下了它的印记，即使只是以遍及全球的英语的形式。母国与加拿大、澳大利亚和新西兰之间的感情纽带仍然存在，尽管随着时间的推移，就连这些纽带也变得越来越弱，共和主义运动浮出水面。

历史学家们还没有就大英帝国所代表的意义达成任何共识。它的大部分收获只是为了粉饰国内经济衰退的开端吗？它是否体现为英国商品的垄断市场？它是由不择手段的冒险家耗费数个世纪建立起来的，被用作倾倒不法之徒的垃圾场。它是野蛮的、剥削成性的，体现了毫不羞耻的种族优越感。毫无疑问，英国之所以能在两次世界大战中获胜，很大程度上要归功于帝国军队的一呼百应。在第一次世界大战中，有一百万非洲士兵和劳工参加了战斗，而在第二次世界大战中，有五十多万印度人、澳大利亚人和加拿大人死亡或受重伤。这些人在为民主和自由而战，但必定想知道，他们在自己的家园为什么得不到它们。至少最后他们得到了，而且英国人的离开颇为优雅。这给英国带来了一个重大问题，这个问题在1962年被美国前国务卿迪安·艾奇逊（Dean Acheson）指出，当时他评论说："英国失去了一个帝国，却还没有找到一个角色。"在20世纪的最后几十年里，英国政府和人民都在考虑这个角色是否会出现在欧洲。

欧洲给英国带来了一个持续的问题。它所要求的心理上的调整仍未得到解决。1945年，英国将自己定位成与苏联和美国平起平坐的大国。要承认其他任何状况，就必须接受一个非常艰难的现实：英国是一个被英吉利海峡分隔开来的中等欧洲国家。这是一个令人难以接受的概念。五个世纪以来，英国只有在其本身受到欧洲某个强国的统治威胁时，才会插手欧洲事务，参与对该强国的打击。在达成目标之后，它总是会撤回到其水域边境线之后。1945年之后发生的事情使这种立场越来越站不住脚。有些人认为这是不可避免的，他们拥护欧洲理想，但也有一些人反对它，他们在寻找任何前进的道路，借此避免他们所认为的一个骄傲的民族国家的灭亡。

1945年，"三巨头"的波茨坦会议（Potsdam Conference）见证了苏联通过创建一系列卫星国家来充当自己和西方之间的缓冲地带，将其控制范围扩大到东欧和中欧。丘吉尔在1946年的一次演讲中总结了欧洲新的政治地理："从波罗的海的斯特丁（Stettin）……到亚得里亚海的的里雅斯特（Trieste），一道铁幕横亘在欧洲大陆。"经济的崩溃使西方国家变得非常脆弱。欧内斯特·贝文曾是艾德礼手下的强硬外交大臣，他意识到，欧洲的生存需要美国保持对自由欧洲的承诺，而不是退缩到独居一隅的境地。英国肯定不能再扮演这样的角色了。1947年，英国军队从希腊和土耳其撤出。作为对苏联巩固其庞大势力的回应，美国总统杜鲁门（Truman）宣布了他的原则，即自由民族不应被少数族裔或外部压力所征服。

1947年6月，"马歇尔计划"（Marshall Plan）出台，美国扩大了对欧洲经济复苏的援助，正是由于它，西方的资本主义经济才得以复苏和繁荣。出于对苏联的考虑，英国和法国两年前已与比利时、荷兰和卢森堡通过《布鲁塞尔条约》（Treaty of Brussels）达成共识，承诺要集体对抗任何侵略者并相互给予军事援助。当苏联封锁柏林时，这种对苏联可能采取的行动的担忧进一步加剧。柏林曾被战胜国所瓜分，但位于苏联控制区内。来自西方的物资空运已经开始，人们很清楚，任何干涉都将带来战争。由于美国拥有原子武器的垄断地位，这种情况没有发生。

1949年，贝文的希望在北大西洋公约组织（NATO）中得到了实现，美国和西欧国家加入了一个防御联盟，这将带来长达四十年的和平。在欧洲大陆，统一欧洲的想法开始流行起来，5月，欧洲委员会（Council of Europe）成立。具有重大意义的是，英国人没有出席。英国还拒绝加入欧洲防务力量，只是同意以巨大的代价维持在欧洲腹地的四个师，这将永久消耗英国的外汇。

然后，在 1950 年，法国和德国共同建立了欧洲煤钢共同体（European Coal and Steel Community）。尽管英国人受到了邀请，但他们拒绝了，反而试图阻挠它的创建。

这一与众不同的决定不仅意味着新欧洲的焦点将是巴黎和波恩，而且意味着，当英国最终获得接纳时，它加入的是一个对其形成和发展没有任何贡献的联盟。1955 年，欧洲合众国行动委员会（Action Committee for a United States of Europe）成立。英国这次也有代表，尽管微不足道，并且拒绝进一步的行动。然而，六个主要的欧洲国家继续就如何形成一个共同市场进行协商。当时的首相麦克米伦刻薄地说它们的一次会议是种"考古发掘"。

1957 年，《罗马条约》（Treaty of Rome）建立了欧洲经济共同体（EEC）。经过一段过渡期后，人员、服务和资本将在法国、西欧、意大利、比利时、荷兰和卢森堡之间自由流动。各国相互之间不征收关税，对所有其他国家的进口实行单一统一关税。一个社会基金（Social Fund）设立起来以应付可能出现的任何调整。所有这些都是英国政府完全不能接受的，因为这被认为是对英联邦进口的歧视，而英联邦进口是英国廉价食品的主要来源。这个新共同体的"共同农业政策"（Common Agricultural Policy）将意味着，现有的支持农民的方式将从一种补贴转变为一种关税，其结果是，粮食价格将会上涨。

作为回应，英国设立了一个竞争组织，欧洲自由贸易联盟（EFTA），其成员包括奥地利、丹麦、瑞典和葡萄牙，目的是在十年时间里建立一个成员国之间的自由贸易区。很自然，它把欧共体看作一个市场，但它拒绝加入。《罗马条约》曾宣称，任何欧洲国家都可以申请会员资格，于是，到 1961 年，哈罗德·麦克米伦决定，也许英国还是应该加入，前提是欧洲自由贸易联盟和英联邦的利益会得到维护。可惜，这并非易事，因为 1963 年 1 月，法国总统戴高乐将军（General de Gaulle）否决了英国的加入。在法国人看来，英国是美国的卫星国，这与成为欧洲经济共同体的成员是不相容的。

随着英国经济的不断下滑，一个拥有两亿五千万人口的市场已不容小觑，于是哈罗德·威尔逊在1967年申请加入。戴高乐再次否决了英国的加入。到那时，欧共体已开始被长期视为振兴英国经济的手段。其令人震惊的状况成了戴高乐拒绝其加入的主要理由。到1970年，戴高乐已经去世，一位忠心耿耿的欧洲人爱德华·希思成了英国首相。他第三次提出申请，很大程度上要归功于他娴熟的外交手腕，这才说服了法国人同意其加入。加入欧洲的决定是由下议院自由投票决定的，法案于1972年7月通过，英国于1973年1月1日正式加入欧洲经济共同体。

谈判极其复杂，为调整留出了一段过渡时期。但具有讽刺意味的是，在英国加入欧共体的那一年，石油危机的后果正迫使欧洲陷入衰退。事实上，欧共体不是一剂灵丹妙药。它连同石油危机一起，只会让英国经济的潜在弱点更加突出。工党的大多数成员一直反对加入欧盟，当它在1974年重新执政时，工党举行了一次全民公投，决定英国是否应该退出欧盟。在该国民主历史上的一个独特事件是，三分之二的投票人口中的百分之六十七点二赞成留在欧盟。但这一决定需要反映在一个热心支持欧洲的政府的行动中，而工党不是。它反对任何走向联邦制的行动，反对货币联盟，不喜欢让英国代表参与欧洲议会的新选举。

保守党的撒切尔夫人也持有同样的态度。当她上台时，她发现英国致力于向欧洲经济共同体提供大量财政捐助，而实际上，英国比九个经济共同体成员国中的六个还穷。1984年，她赢得了一场关于英国捐助资金的战役，将支付额减少了一半。两年后，欧共体通过了《单一欧洲法案》（Single European Act），根据该法案，其位于布鲁塞尔的欧共体议会将在一系列广泛问题上拥有主权权力。英国宪法从未提及主权是可分割的这一观点，这预示着未来的战斗。另一个是关于欧洲汇率机制（European Exchange Rate Mechanism）的问题。根据该机制，没有一种单一货币可主导市场，还有一项协议会约束各成员国在任何时候都不让本国货币汇率在高于最低汇率或低于最高汇率的路途上走得太远。每个主权国家都保留了在适当情况下对其现有货币的汇率进行根本改变的权利。尽管撒切尔夫人希望英国不参与这一安排，但她的财政大臣却希望英国加入。1990年10月，在撒切尔夫人下台前的一个月，英国加入了这一机制。结果是不久之后英国就被迫退出了。

关于英国和欧洲的辩论将会持续下去。有些人认为共同体（现在的正式名称是欧盟）不仅是对英国主权的最后侵蚀，也是对英国与前帝国国家联系的最后侵蚀。两大政党对这一问题的态度摇摆不定，而且在各自的阵营中也确实出现了分裂。工党开始将欧共体视为资本主义的巢穴，而保守党则将其视为通过后门推动社会主义的代理机构。许多人拥护这一新的欧洲理想，认为英国有可能在一次有远见的努力中发挥重要作用，尽管这需要人们在政治、社会和文化方面做出重大调整。

这些人是谁？如果大英帝国业已消失，欧洲被视为一个必不可少的恶魔，那么英国自身就会承受正在将其撕裂的内部压力。而这种分裂倾向并非战后大量移民群体未能像其祖先那样融合进社会的结果，而是古代历史身份的重新显现。20世纪50年代中期以后，英国各组成部分的关系再也没有像现在这样平静过。1967年，苏格兰民族党在下议院赢得了一个席位，这反映了北部边境地区越来越希望听到一个独立的苏格兰的声音的渴望。1974年，十一个民族党议员当选。与此同时，威尔士的威尔士党取得了很好的进展，在1966年选举出了一名议会议员。在威尔士，人们关心的问题有所不同，它是威尔士语言所表达的文化身份的生存问题。但这两个运动都在20世纪70年代增强了实力，尤其是在1973年之后，当时爱丁堡和加的夫都看到了与位于布鲁塞尔的欧洲经济共同体行政首都直接联系的好处。英国人开始意识到他们早已遗忘的东西：他们是一个自己一手锻造的人为国家的成员。在70年代后期，建立区域议会的权力下放法案被提出，并于1979年就是否应执行这些法案举行了全民公投。它没有获得大量的赞同票，但其看法保存了下来。如果权力下放得以进行，这不仅意味着英伦岛屿的解体，而且还意味着英格兰将没有自己的议会。在英格兰，地区身份也像那些北部或西南部的地区身份一样，开始有了自己强劲的声音。

北爱尔兰的问题远远超过了这一切。1949年，爱尔兰自由邦成为爱尔兰共和国。北爱尔兰仍然是英国的一部分。事实上，这一事件将会使南北方的分界线更加分明，政府承诺，只有在斯托蒙特（Stormont）议会同意的情况下，英国与北爱尔兰的分离才可能发生。北爱尔兰是一个省，其三分之二的人口是阿尔斯特新教徒，即联合党人，三分之一是天主教徒。后者不可避免地沦为一个下层阶级，因为联合党成员通过复式投票、选区划分以及在地方政府、住房和社会福利方面的歧视，使制度对自己有利。天主教徒自然别无选择，只能把目光投向南方的都柏林。

人们希望经济繁荣能解决这个问题，但是，尽管在60年代英国努力吸纳信仰天主教的中产阶级，但问题的解决并没有实现。接着，民权运动于1965年从美国传到北爱尔兰，两年后，民权协会（Civil Rights Association）成立，开始了一系列的非暴力示威活动，以引起人们对天主教徒困境的关注。1968年，伦敦德里的一场游行被禁止，导致出现在所有电视屏幕上的与警方的暴力冲突。后来，这场运动发展得如此迅猛，以至于第二年北爱尔兰首相在大选中落败，英国被迫出兵保护占少数的天主教徒。那一年，爱尔兰共和军（IRA）分裂，一半人坚持和平的、非暴力的民权运动方式，另一半人致力于保护天主教少数派不受英国军队的侵犯，他们视英国军队为一支镇压性的占领军。其结果是两极分化加速。天主教徒和新教徒纷纷搬家，形成了隔离区，随之而来的是越来越多的攻击和小冲突。

1970年通过了《防止煽动仇恨法案》（Prevention of Incitement to Hatred Act），但收效甚微。第二年，第一位英国士兵被杀。随后，作为对爱尔兰共和军的回应，新教徒的准军事组织迅速崛起，并实行了对恐怖嫌疑分子的拘留，这只会进一步疏远天主教社区。随后，在1972年1月30日，英国士兵在伦敦德里的示威中杀死了十三人。"血腥星期日"（Bloody Sunday）是一个转折点。两个月后，斯托蒙特的权力下放政府停止运行，威斯敏斯特的直接统治开始，试图恢复某种形式的权力下放政府的尝试以失败告终。随着70年代的推进，爱尔兰共和军相信，如果他们把行动带到英国本岛，将会导致北爱尔兰军队的撤退。历届政府都在为解决这样一种局势而苦苦挣扎：其信仰与意识形态的冲突属于17世纪而非20世纪晚期。1973年，《桑宁代尔协议》（Sunningdale Agreement）提出了一项重建权力下放政府的新方案，但南方通过一个爱尔兰委员会的方式进行了一些参与。甚至与南方合作的想法也引发了罢工。爱尔兰共和军给英国本岛带来的恐怖只会强化找到解决办法的必要性，1981年，撒切尔夫人成立了盎格鲁-爱尔兰政府间委员会（Anglo-Irish Inter-Government Council）。组建一个新的北爱尔兰议会的计划再次出台，也确实进行了选举，但只是产生了来自两个极端政党——新芬党和民主统一党（Democratic Unionists）——的候选人。事实证明，这个计划没有成功。

如果说在80年代有什么不同的话，那就是情况更加恶化了。1984年，爱尔兰共和军炸毁了位于布莱顿（Brighton）的托利党会议酒店，差点谋杀了首相撒切尔夫人。这引起了政府的愤怒回应，包括在媒体上封堵爱尔兰共和军和新芬党。但英国和爱尔兰政府都认识到，无论最终达成何种和解，双方都应发挥自己的作用。然而，它们面对的不仅是一个两极分化的民族，而且二十年来的仇恨、恐惧、怀疑和恐怖暴力使他们变得野蛮残忍。在1990年，没有人能找出解决方案。

到那时，英国在西方经济体中位列第七，是最不重要的一个。经济衰退一直是该国降至欧盟中等国家水平的关键因素。令人惊讶的是，人们花了那么长时间才接受这一事实，甚至到现在还有些不情愿。直到1964年，哈罗德·威尔逊还在说"我们不能放弃我们的世界角色"，而当时我们的世界角色已经消失了。从某种意义上说，英国已经回到了1603年的状态，但独立程度远不如以前，因为英国似乎已经成了美国和欧盟这两个帝国的附属国，尽管与后者的关系在2016年英国投票脱离欧盟时突然断裂了。前者仍反映在点缀着美军基地的乡村中，后者则反映在将近半个世纪的时间里，为二十八个其总部设在布鲁塞尔的国家提供的成员资格。欧盟是早期欧洲帝国，如罗马帝国、中世纪基督教国家或哈布斯堡帝国的直系后裔。欧共体和它远为政治化的继承者欧盟的存在使英国不得不自16世纪中期以来第一次学会向东而不是向西看。这是一个失去机遇的时代，因为英国本可以在1945年之后领导欧洲，却选择了不这样做。这是一个被称为"冷战"的不确定因素所主导的时代，冷战的运行跨越了铁幕（Iron Curtain），将东西方分开。这一铁幕所确保的是，新欧洲的重心一直在西方。1989年铁幕的瓦解标志着一次深刻的地理转变。欧洲的核心成了一个新近统一的德国，而前东欧集团国家现在希望成为欧洲共同体的成员。宿敌苏联内部瓦解了。这种转变把英国推到了地理边缘。这也使得这个国家在美国战略中的重要性大大降低。随着铁幕的消失，旧的参数已经消失，英国望向英吉利海峡对岸时，看到的是与1939年之前相似的欧洲，伴随它的是长久以来被认为已被埋葬的麻烦。

第七十章 一个新开端？

　　1979年到1990年这段时间可用一个人来概括：玛格丽特·撒切尔。她对国家前进方向的影响甚至超过了温斯顿·丘吉尔，后者的作用基本上仅限于领导一个国家取得战争胜利，而不是真正改变其内部路线。与此形成鲜明对比的是，撒切尔夫人将成为一个媒介，让自1945年以来人人都认为理所当然的一切遭遇突然且具毁灭性的攻击。确实，在她执政的十一年中，政府自19世纪30年代以来首次尝试退居其次，而不是将国家影响力扩展到日常生活的更多领域。不断升级的政府干预只会导致经济步履蹒跚，增长缓慢。几十年来，政府一直在扩张政策和通缩政策之间摇摆不定。同样，几十年来，政府的主要角色是花费纳税人越来越多的钱这一观点也被人们所接受。玛格丽特·撒切尔是格兰瑟姆一位杂货商的女儿，她与1945年以来的任何一位首相都大不相同。她脚踏实地，没有将时间浪费在主导政治的知识分子的理论建构上，而是以其本能和她所认为的常识为主导。这是她最初成功的关键，事实上，她的策略非常简明扼要：降低国家的作用，制止通货膨胀，创造一个奖掖个人努力的社会。她是一名强硬、坚定、冷酷并最终制造了分裂的政治家，她当首相的时代之所以与众不同，还有另一个原因：政策一以贯之，从未改变。虽有务实之举，但总体上没有妥协让步。无论这段旅程有多艰难（它的大部分都很艰难），都将坚持走到苦涩的终点。

　　这是20世纪70年代在政策研究中心（Centre for Policy Studies）和撒切尔夫人的导师基思·约瑟夫爵士（Sir Keith Joseph）支持下出现的一种新型保守主义。这一由新右翼勾勒出的脚本读起来就像是对两代社会工程师的复仇计划，旨在用自由市场理论取代他们眼中的国家指导下的法团主义的死亡之手。在上一个世纪 70 年代，工会的卡脖子使国家几乎处于无法治理的状态，这种束缚必须被打破。货币供应必须得到控制。工党已经尝试过货币政策并以失败告终。要成功地实现这一政策需要钢铁般的意志，因为抑制通货膨胀不仅会导致大量企业破产，还会导致失业率飙升。这种状态必须得忍受下去，以便在未来，货币供应量的增长只会与生产力的增长相匹配。这样的政策在最初的阶段是不可能受到欢迎的，需要一段时间才能看到其效果。幸运的是，首相不仅果敢坚决，而且颇为幸运。

保守党将连续赢得四次选举，为政府赢得了足够长的时间来贯彻其政策，这在战后时期是无与伦比的。最终，在 1987 年，正好在一场破坏性的衰退开始之前，降低了通货膨胀率。这种长期执政意味着可以做出巨大的改变，而且从一开始人们就认定，任何战略都必须从长计议。尽管这种长期性无法预测，但它将撒切尔时代焊接成一个不寻常的整体，它于 1979 年谨慎地开放，于 1987 年达到高潮。一开始，新右翼还只是少数派，但他们仍然掌控着财政大权，由杰弗里·豪爵士（Sir Geoffrey Howe）担任财政大臣。最终，被撒切尔夫人称为"窝囊废"的政客们被清除，而那些被撒切尔夫人称为"干练者"或"我们中的一员"的政客则被提拔了起来。就这样，旧式的保守主义连同其带有家长作风的显贵们和福利国家的拥护者们被抛到了一边。随着越来越多的新右翼政策（如私有化）付诸实施，共识时代老套的"一国"保守主义遭到了嘲笑。

该计划的构成在税收和公共支出领域初见端倪。从此，间接税变得比直接税更可取。所得税的标准税率从百分之三十三降至百分之三十，对最富有的人来说，标准税率从百分之八十三降至百分之四十。这是第一次有一个政府相信，给人民减税要比花掉他们的钱更好。政府支出也受到现金限额的影响。人们花了一段时间才深切地明白，这一政策已经站稳了脚跟。确实，在以后的预算中，它甚至更进一步，大幅增加间接税收，到 1987 年，将所得税的标准率降至百分之二十七。近八十年来，认为选民将欢迎对更有钱的人征税的想法首次被抛掉。对许多人来说，其影响是更大的繁荣，但它无疑扩大了最富有者与最穷困者之间的鸿沟。

这些严格的财政限制，包括百分之十四至百分之十七的高利率，产生了巨大的影响。1931年以来最严重的经济衰退开始了，1981年每个月有十万人失业。出现了大规模的去工业化，通胀率达到了百分之二十，虽然不得不兑现从前任政府那里继承来的大幅加薪承诺，但这也于事无补。事实是，无论失业率多么惊人（最终将超过三百万人），大多数人仍在工作，生活水平并没有受到影响。对失业的担心带来了适中的薪资协议和得到提高的生产力，因此，到1983年，通货膨胀率已经下降到只有百分之五。失业率要耗费福利开销，支出的削减和来自北海石油的收入使此账单得以支付。它还造成了社会动荡，1981年和1985年都发生了老城区的骚乱。

一个流传甚广的表达是"真正的工作"，它指的不是那些被各种限制措施所困的工作，也不是那些与成千上万可有可无的中央和地方政府的官僚机构有关的工作，对于后者，人们持有特别的鄙视态度。早期，政府引入商界人士来审查政府结构，以便进行效率和分拆方面的改革。地方政府被视为是过往共识性法团主义的臃肿纪念碑，八分之一的英国人在此结构中工作。它们还构成了工党的中心地带，拥有挥霍纳税人金钱的极左议会。1980年，它们的消费能力和借贷能力受到了控制。它们的回应是追征补充税率，但这被税率上限所阻止。通过对收垃圾等地方服务实行竞争性招标，将实现钱物等值。1986年的《地方政府法案》(Local Government Act)废除了大伦敦议会和六个大都会当局，将一个可追溯到19世纪80年代的结构彻底摧毁。就这样，那些被视为最严重的违规者被清除了，官僚主义对地方政府的影响也开始全面削弱。

类似的考量也渗透到了政府对国民医疗服务体系和教育的态度中。国家供给的观念没有受到挑战，但就国民医疗服务体系而言，钱被直接交到了医生和医院手中，由其自行管理财务。医院也得到了退出医疗服务体系的机会，许多人开始担心，仍然被视为福利国家之荣耀的医疗服务将被取消。在教育方面，受到政府全面抨击的是大学，它们被看作是自鸣得意、故步自封的社区，吞噬了资金，却没有造就财富创造者。政府对其实行了严厉的货币纪律，强制其采用新的管理技术。1986年和1988年的《教育法案》对中小学实行了同样的严格规定。新式考查方法被引入，结果提供了一种评估学校成功与否的手段，随后这一评估会得到公开。学校制定了全国性课程，家长们第一次参与到机构管理中来，参与学校的决策和问责。这也是对地方当局管理的一种打击，当学校有机会选择退出、直接从中央获得资金并管理自己的事务时，这种打击就会更进一步。

所有这些行动都不可逆转地改变了大多数人认为不可改变的事情。1980年向租户出售市政住宅的举动也是如此，这是一项非常受欢迎的措施。到1984年年底，约八十万套房屋被售出，到1990年，这意味着三分之二的人口是业主。英国已经成为一个有产者的民主国家，其规模在1900年是不可想象的。

在这场巨大的变革中，既有赢家，也有输家。福利待遇虽然作为一项国家义务也未受到挑战，但从未得到令人满意的处理。贫穷仍有待减轻，实际上人们已经接受这种想法：在特殊情况下应支付额外的款项。这一过程在1970年的一项法案中被制度化，但由于通货膨胀，问题开始出现。到了20世纪80年代，即使是低收入工人也要缴纳所得税。工人们拿到了福利，但他们会发现，自己的实际收入增长的百分之八十或百分之九十从一开始就被拿走了。其结果是造成了一个"贫困陷阱"，许多人被无情地困在其中。

这些活动偏离了新右翼的两个核心目标：降低工会的地位，通过将国有化的行业私有化来瓦解集体主义国家。这两个目标都没有得到尝试，直到政府处于强势地位。工会坚持他们的老信条：充分就业、"第4条款"和高工资。在早期，政府尽量避免对抗。即将到来的状况的最早迹象是，经过四十年的对话后，工会被彻底从政府中挤了出去。1981年，关闭不景气煤矿的提议被放弃，同年，全国矿工工会选举出了毫不妥协的新任主席亚瑟·斯卡吉尔（Arthur Scargill）。政府花了大量时间为冲突的到来做准备。1980年和1982年的两项《就业法案》侵蚀了工会的权力。这两项法案除了要求工会为自己的行为承担法律责任之外，还涉及为罢工举行无记名投票、取缔二级纠察封锁和同情性罢工。结果，天平又回到了对雇主有利的位置。到1984年，政府甚至可以完全剥夺那些在其位于谢尔登哈姆（Cheltenham）的情报总部工作的人加入工会的权利。

撒切尔夫人直到1983年以胜利者的姿态再次上台后才为这场斗争做好了准备。到那时，不仅必要的立法已稳固到位，而且由于失业，工会会员人数也大幅下降。更重要的是，发电站有六个月的煤炭供应量，之后大多数发电站都可以转而使用石油（石油作为一种能源已在很大程度上取代了煤炭）。1982年的一份报告已经指出，煤炭行业不合乎经济原则，应该关闭煤矿。1984年，煤炭局在知道接下来会发生什么的情况下，宣布关闭二十个煤矿。除了诺丁汉郡的一个团体外，矿工们投票决定罢工。随后的罢工从1984年3月5日至1985年3月3日持续了三百六十二天。这将是一场血腥的罢工，暴力和恐吓将整个社区撕裂。斯卡吉尔将他的"飞行纠察队"（flying pickets）派往全国各地，而政府则调动了警察来保护那些想要工作的人。最后，出于生活所迫，以及对其领导层的幻灭，人们被迫回去工作。没有任何解决方案，只是在微弱多数的投票下重新开始工作。政府赢了，工会运动失去了胆量。1984年至1987年间，矿工人数减少了七万多人，有四十二个矿井被关闭。

1986年，印刷工人举行了一场同样暴力的罢工。一群为报业巨头工作的人拒绝搬到码头区（Docklands）的瓦平（Wapping），也拒绝去操作新的计算机印刷技术，这种技术在世界其他地方从20世纪60年代就开始使用了。警察再次大力参与了保护工作，这次是保护已接手这项工作的电工工会成员。这些使用警察来处理所谓的"骚乱集会"的做法导致警察被视为政府的代理人，而不是执法人员。在许多人眼中，警察在镇压主要由黑人青年组成的老城区骚乱中所扮演的角色也强化了这一观点。结果，警察也开始被认为是种族主义者。

工会的权力在将近一个世纪后被打破了。国有与私营企业并存的混合经济的解散是对另一个长期现象的逆转，人们为此几乎也没有流下多少眼泪。当时的呼吁是，通过扫除共识时代的基础设施，"让国家倒退"。国有化工业造成的损失是由纳税人补贴的。政府不仅将摆脱亏损制造者和此类行业所涉及的所有问题，还将结束其官僚作风。与工会的事例一样，政府一直在偷偷地靠近这个问题，直到时机成熟，可以加快将之解决。从1979年到1983年，只有十四亿英镑的公有企业被出售。1983年大选后的头十五个月里，就有十七亿英镑的企业被出售，紧接着是电话系统——英国电信（British Telecom）——被以四十亿英镑的价格出售。那次出售的目的是以前所未有的规模在整个社区扩大持有股份的比例。英国航空（British Airways）紧随其后，接着是英国钢铁公司（British Steel）、英国石油公司（Britoil）、英国天然气公司（Britgas）、英国机场（British Airports），1989年是自来水公司，1990年是电力公司。就这样，政府的一个主要目标得以实现，借此，政府不再直接参与主要经济领域的管理，而让市场力量取而代之。

国有企业的出售扩大了整个国家的持股范围，同时伴随着以取消外汇管制为开端的伦敦金融城改革。自第二次世界大战以来，对外投资一直颇为困难。如今，这一政策被逆转，释放出巨额投资资金。在五年时间里，海外投资总额从一百二十亿五千万英镑上升到七百亿英镑。1986年10月26日，俗称"大爆炸"（big bang）的事件发生——股市改革，结束了限制性做法，完全转而采用计算机化的新技术，为的是让伦敦成为与纽约和东京并驾齐驱的全球贸易中心，不仅可以应对大型机构融资的订单，而且可以应对小股东的需求。所有这些都反映了这样一个事实：赚钱的重点已从工业转向金融服务业：银行、单位信托、养老基金和保险公司。与此同时，管理信贷的旧规则被放松，例如，发放了百分之百的抵押贷款。最终，此举只是推动了以债务为基础的扩张，1987年10月19日，股市崩盘。这标志着袭击了整个欧洲的经济衰退的开始，但英国受害最深。

恰恰是在这个时候，撒切尔夫人的运势也在下降。在她的第四个任期内，她似乎变得越来越专横，但更重要的是，像私有化这样的举措是在没有充分考虑向公众说明情况的情况下进行。政府拒绝倾听民意意味着改革陈旧的评级体系的措施将以灾难告终。评估房屋、其他建筑物和地产价值的均一税率是地方政府收入的主要来源。全国三千五百万选民中有一千八百万人纳税，尽管其中六百万人是由社会服务机构为其支付的。现行制度是不公平的，但将其转变为一项根据成年人持有房产数量来征收的人头税，将会扩大广大民众对政府的不满。英国历史上唯一的另一项人头税导致了农民起义。这一次，在1989年最先启用人头税的苏格兰发生了骚乱，第二年，在英格兰和威尔士也发生了类似的暴力示威。

随着1990年的推进，首相的风格招致了越来越多的批评。政府内部也存在分歧。当时的财政大臣尼格尔·劳森（Nigel Lawson）因为首相反对加入欧洲汇率机制而辞职。随后，她的外交大臣杰弗里·豪在11月辞职。辞职后的他在下议院对撒切尔夫人进行了猛烈抨击。随着大选的临近，保守党担心自己可能会背上一个选举包袱，开始到处寻找一位新的领导人。在第一轮竞争失利后，撒切尔夫人没有面对失败的屈辱，而是辞了职。当时她已四面楚歌，但她的退出需要放在严重衰退的背景下考虑。她上台时曾许诺要让国家繁荣昌盛，并在一段时间内实现了诺言。现在，国家似乎已经衰落了。她最后的姿态是支持约翰·梅杰（John Major）作为她的继任者。

撒切尔时代的目标是逆转国家自1945年以来的主要发展路线。从一种听天由命的情绪到婉言谢绝的情绪，在此过程中存在一种急剧的转变，人们开始欢迎清除过往的残片并重新开始的尝试。在这个世纪的大部分时间里，那些参与政府工作的人都是有智慧和独立能力的人，他们对英国工业化和城市化的后果感到震惊。他们对此报以这样的一种心态：接受改革的必要性，即使这要以他们自己的财政支出为代价（事实确实如此），并最终建立了福利国家。这种社会环境在20世纪70年代消失了。左派鄙视它的家长式作风和居高临下的态度。右翼人士对他们所认为的身强力壮的穷人并不同情，恢复并赞扬那长期受到压抑的人的基本本能，即个人的努力应该有所回报。因此，人们对那些被卷进失败行列的人明显缺乏同情心。当时所有模糊的希望是，自由市场将以某种方式填补那个时代的破坏所造成的真空。但情况并非一直如此。方方面面都有一种变化，即从旧的社区价值观的残余转向了企业时代更具竞争力的价值观。

不过，这其中却存在讽刺性。以呼吁国家退出、给个人松绑为开端的信条，最终在许多领域却成为更大的集权化的代理人。这是因为，政府找到的实现其目标的唯一途径,是解散遍布全国的中介官僚机构,代之以与中央政府的直接联系。可是,在撒切尔夫人之后,一切都将不复从前。共识可能被认为已经走到了尽头。社会民主党(Social Democratic Party)试图重振共识的努力似乎已失败,唯一剩下的反对派似乎是正在走向没落的工党。事情的真相是,所有人都认识到,许多已经做出的改变是不应该重蹈覆辙的改变。没有人想回到工会时代。没有人想回到国有化时代。没有人渴望通过收入平等的财政机制来恢复操纵。事实证明,私有化是如此成功,以至于它开始被西欧效仿,然后,在苏联解体之后,在东方,私有化也被当作是对经济的一种补救措施。

  这是否是一个新的开端?现在要知道还为时过早。以市场哲学为主导的十年已改变了人们的观念和工作方式,它不仅渗透到了社会服务业和教育领域,还渗透到了各行各业。要了解其长期影响还为时过早。与此同时,在可预见的未来,英国将继续承受一些人口中的"撒切尔革命"带来的后果。

第七十一章 消费社会

20世纪是一个变化巨大的时期，但它与维多利亚时代的人所经历的一切根本没法相比，维多利亚时代的人清楚地看到过这个岛国因工业革命而发生的更加翻天覆地的变化。当时，人口翻了两番。在20世纪的头八十年里，人口只翻了一番，在1981年达到了五千四百万人。这是由许多因素造成的，从生育率下降到婴儿死亡率的下降，从实行节育到不再需要儿童来充当养家糊口的人。尽管如此，英国仍是西欧第三人口大国。同上一个世纪一样，人口也在迁移。三分之一的人现在住在东南部，而只要这个国家的经济取向看向欧洲大陆，那种人口变动便似乎很有可能保持下去，强化已经出现的发展，借此，费力克斯托（Felixstowe）这样的城镇突然繁荣起来，利物浦这样的城镇成了遗产中心，成了一个逝去时代的漂亮的历史纪念碑。实际上，1994年开通的英吉利海峡隧道（Channel Tunnel）通过公路和铁路将英国与欧洲大陆直接联系了起来，但它只是凸显了钟摆的一次地理性摆动。

随着城市向外扩张，形成大都市圈，城市化被郊区化所取代，造就了像伯明翰和泰恩赛德（Tyneside）这样的庞大建筑区，而就伦敦而言，其总面积扩大了六百一十平方英里，人口约为七百万。新的交通方式使人们能够通过公路和铁路跨越前所未有的距离去上班。1958年之后的十年里，汽车保有量增长了两倍，导致大规模的高速公路建设计划在全国各地展开，除了敲响了铁路的丧钟外，还对交通便利程度、商业和环境造成了重大影响。到1985年，近百分之六十五的家庭拥有一辆汽车。为了应对这种大规模增长带来的压力，大小城镇的中心地带都因环路和立交桥的建设而为汽车做出了牺牲。

这与本应是内城改造的计划联袂进行，随着城市中心被拆除，代之以高层公寓楼和购物中心，这些计划被牢牢掌握在规划人员手中。到20世纪70年代中期，这种做法的结果已经被认为是灾难性的。雪上加霜的是，20世纪80年代出现了城镇外的购物中心和休闲综合设施，这使得市中心变得更加多余。移民也增加了城市问题，因为与早期的移民不同，那些来自印度、巴基斯坦或孟加拉国的人希望在不融入接受其移民的国家文化习惯的情况下建立自己的社区。结果，某些城市变成了贫民区。

如果说乡村越来越受制于城镇，那么在20世纪60年代新一轮工业化浪潮的冲击下，英国自身的面貌也在明显改变。在18世纪为应对早期的农业革命而最终形成的景观现在必须对新的耕作方法做出反应，其中的新型机械要求拆除树篱，铲除人行小道，砍伐森林，在此过程中，还要大量使用化肥以增加产量。鸡肉、蛋、猪肉和培根的工厂化生产被引入，提供了大量以前被认为是奢侈品的产品。农业蓬勃发展，但代价是破坏了原有的环境，这导致了20世纪80年代的抗议运动，它们反对这些方法，也反对其显而易见的结果。虽然百分之六十的土地由百分之零点五的人口所持有，但土地所有者已不再是个人，而是机构。当然，人们并不想住在那里，只是想利用这片土地作为收入来源。因此乡间宅邸被拆除或转化为机构所在地，它们周围的优美风景随之解体。偶尔有庄园被移交给诸如全国托管协会（National Trust）这样的保护机构，作为其他世纪的时光胶囊得到保存，有时建造这些庄园的家族后代仍住在这里。随着谷仓和劳工的农舍等乡村建筑与新的经济现实不再发生联系，它们被富裕的新兴中产阶级所占有，这些中产阶级按照一种对过去的浪漫化看法，对它们进行了修复和美化。然而，土地不再能带来地位。但乡下的房子仍然可以让人身份倍增，这一事实反映在了20世纪80年代第二套住房的普及上。

这反映出这样一个事实：尽管1945年以来发生了一连串令人震惊的经济事件，但总体上，大多数人现在的生活方式是其祖父母们做梦也想不到的。从1948年到1976年，平均国民收入翻了一番。在20世纪50年代，汽车、国外度假以及大量的像中央供暖这样的家庭消费享受逐渐变得司空见惯。

1986年，有不少于两千万人去国外度假。到20世纪90年代，拥有住房已成为惯例而非例外，随后，人们持有股票的比例不断上升。其结果是，如今英国人的生活被以消费为主导的中产阶级白领所主宰，其内部的等级排序与该国历史上的任何时候一样复杂。这是一个整体不平等的社会，其主导力量是专业人士。旧的拥有土地的上层阶级实际上已经消失了，取而代之的是新的上层阶级，它从上层和下层招募的人一样多，由雇主、商人、政治家、行政人员和学者构成。社会地位不再主要由出身或财富所决定，而更多的是由教育、智力和文化抱负决定。

其结果是一个非常复杂的、流动的社会，家庭在其中可以迅速上升和下降。虽说早期现实之门面在贵族头衔的授予中得到保留，但之前居支配地位的、定义清晰的层级结构的稳定功能已不复存在。因此，决定性的一步不仅是脱离贵族社会，也是脱离无产阶级社会。体力劳动者的减少即反映了这一点。到1985年，只有三分之一的劳动力是手工劳动者，即使在这个群体中，也有一群自认为是中产阶级的技术精英。向非体力劳动的转变为妇女提供了工作，她们地位的变化对于理解20世纪末英国社会的转变仍然至关重要。到20世纪60年代中期，超过百分之三十八的女性有工作；到1990年，在70年代女权主义运动的推波助澜下，她们在职业成就的阶梯上步步高升。现在女性在生育和管理家庭上花费的时间减少了，家庭也不再是家长制的，在结构上趋向于性别平等。

随着离婚率的飙升和婚姻制度开始被抛弃，作为社会的一个单位的家庭本身也逐渐要求加以重新定义。三分之一的婚姻以失败告终，加剧了一个由单亲家庭构成的下层阶级的增多，此外还有社会上的其他失败者：老年人、失业者和陷入贫困的人。随着自由主义风气的盛行，情侣们开始避免订立任何法律或宗教契约，而只是生活在一起。其结果是，非婚生育率达到了英国有记录以来的前所未有的水平。

如果说家庭的解体是一个持续存在的问题，那么老年人倍增的负担也同样如此。英国人的预期寿命在20世纪末逐年增加，到2010年已经有三百万人达到八十岁以上。到2020年，这一数字预计将升至八百万。在2009年至

2010年，国家福利已经消耗了政府总开支的一半。它对国民医疗服务体系的影响同样深远，该体系正在走向难以承受的地步。除此之外，还必须加上这样一个事实：新型隔离已经到来，在这种隔离中，老年人不再是社区的不可或缺的组成部分，而是遭到遗弃，要么独自生活，要么聚集在养老院中。

然而，这个看似更加平等的社会却掩盖了其他各种分歧。教育分为私立和公立两种。尽管事实上教育在很大程度上是个灾难领域，而且在20世纪末，英国十六岁以上受教育人数仍少于西欧任何其他国家，但教育依旧始终是社会流动性的主要动因。那些望子成龙的人明白这一点，并愿意做出任何牺牲，以便通过教育为孩子争取更多机会。虽然大学知识分子对政府思想的主导地位已经成为过去，但学位仍然是任何形式的社会进步的基本属性。托尼·布莱尔（Tony Blair）对所谓的大学的激进扩张，降低了大学的地位，也没有解决长期存在的贫困和社会背景问题，这些问题阻碍了整个社会的教育发展。

但不仅是教育领域仍存在分歧，医疗保健领域也存在分歧。对于较富裕的人来说，为私人医疗提供保障的保险计划越来越有吸引力。收入、资本和社会机会方面的不平等仍不可避免地存在，但是不像早期那么严重了，尽管自20世纪80年代以来可能又稍微变得严重了一些。年轻人在衣着、谈吐和社交举止上的无阶层差别的新表象掩盖了这种不平等。根据一个人的言谈举止和衣着来判断其地位已不再容易。但现代社会也出现了新的自我造成的不平等，比如，在大量吸烟、不锻炼、吃垃圾食品的工人阶级与以有机产品为生、致力于锻炼的中产阶级健康狂热者之间的不平等。

这个时代也成了一个全民休闲的时代。到1980年，平均工作时间降至每周四十三小时。长达四周的带薪假期已成为常态，大众旅游也开始激增。更多的财富带来了更多的可支配收入，同时也带来了更大的流动性，由此催生了一个庞大的娱乐产业，从主题公园到流行音乐会无所不有。今天的英国人花在看电视或视频上的时间同他们工作的时间一样多。电视本身以一种远超广播的方式将社会绑在一起：到20世纪70年代中期，电视实际上已经普及，其最大的影响是使家庭生活私密化，并使其更加孤立。由于新技术的到来，娱乐和信息都囿于家庭的四壁之内。1946 年，英国广播公司（BBC）复兴了电视，但真正的转折点是 1955 年商业电视的出现。这对 BBC 产生了有益的影响，但对观众的影响更大，因为它让每个家庭都看到了一个主要以市场和物质所有权为导向的社会景象。到 2000 年，以计算机形式出现的新技术不再只用于办公室的工作，而且很快就成了课堂的主要配置，最终几乎成为每个家庭的主要配置，随之带来了可揭示各种信息的宝库。此外，到 21 世纪，移动电话的出现带来了通信的普及，及脸书（Facebook）①和推特（Twitter）等新型社交媒体的诞生。

对消费主义的沉迷和对快乐的不附加任何道德色彩的追求是这一时期的世俗唯物主义的缩影。公认的基督教伦理价值观的基础已不复存在，哲学家也没有提供任何新的道德建构。到 1980 年，只有百分之五的人口定期出席礼拜场所。宗教变得边缘化，教堂开始关闭或被拆毁。渐渐地，随着价值观的私密化，对一个人的生活（尤其是性行为）的任何限制现在都必须得到合理证明才可施行。事实上，随着为满足如残疾人和巫师之类的差异性社会群体的需要而不断增加的供应，少数人利益的时代到来了。各种各样曾经被人们认为是出格的社会行为现在都被接纳下来。只有公然的暴力和恋童癖之类的极端形式的变态行为才被认为应受到谴责。在这种情况下，社会可以说变得比以前更不稳定和支离破碎，以前有一种牢固的结构和明确的界限，为了一致性和稳定性这些更广泛的利益，任何人都不应公然逾越这些界限。

尽管撒切尔夫人呼吁国家从头再来，但它的存在仍在为英国人一生的每个阶段打上印记，从出生证明到义务教育、卫生服务、寻找工作和工作培训，到疾病、事故和失业保险，也许还包括廉租房和福利津贴，最后以养老金和死亡证明告终。所有这一切都被看作是一种权利，而不是像其开始时那样被人怀着感激之情去看待。这是一个对国家和那些引领它的人痛苦幻灭的时代，这些引领者最初是 20 世纪 40 年代和 50 年代的贵族规划者，然后是 60 年代

---

① 2021 年 10 月 28 日，美国社交媒体平台 Facebook 宣布，该平台的品牌将部分更名为"Meta"。

和70年代那些运作半官方机构和工会的人,最后是自80年代以后掌握了决定权的商人。20世纪60年代,社会等级制度被瓦解,顺从和地位也随之瓦解。这种情况在各个层面都有发生,直到最后它侵蚀了父母或老师对孩子的所有权威。指挥链已经消失,却没有新的权威来源取而代之。

从20世纪60年代起,每一个既有机构都一个接一个地受到嘲笑和奚落。再没有什么是不可触及的,直到20世纪90年代,甚至君主制也被解构。作为国家团结的象征,君主制以令人瞩目的状态完好无损地保存了下来,就像1977年女王登基二十五周年纪念日和1981年威尔士王子与戴安娜·斯宾塞(Lady Diana Spencer)女士结婚时一样。但随之而来的灾祸是王子的离婚,以及王妃在1997年死于车祸。这一事件,连同王室其他成员的行为,使英国王室名誉扫地,长期以来的神秘面纱也被彻底揭开。直到女王登基五十周年和六十周年纪念日才扭转了这一局面,当时全国上下团结一致,向他们所知道的唯一一位君主的终身服务表示敬意。但从意识形态上讲,由于左右两派的政治信条都主张将平等或精英统治作为社会的基础,而两者在逻辑上都不支持君主政体,所以王室发现自己越来越孤立。

如果说君主制因其一些资深成员仍然受到尊重而得以继续存在,那么古老的上议院和下议院也一样。到1990年,上议院中世袭贵族和主教的存在与三百名非世袭贵族的出现形成异常明显的抵消关系,这些非世袭贵族要么是政治官员,要么是在国民生活中德高望重的人。现在有薪水可拿的议会议员的地位大大降低了,他们的作用很大程度上受到局限,通常在其党鞭受到打击时冲进应去的游说大厅。随着世纪接近尾声,进入第三个千禧年,议会的权力显而易见地逐渐被欧盟所削弱和破坏,后者拥有自己的议会,并在布鲁塞尔设立了庞大的办事处。下议院曾经是主要辩论的焦点,但现在已经不那么重要了,真正的问题会在报刊、电台和电视上讨论。作为政治家和英雄的政客已成为过去的人物。成员背景的差异也缩小了。所有政党现在大多由专业阶层的成员组成,而他们大多数是大学毕业生。尽管工党成员往往是受过国家教育的保守人士,但他们的阶级背景往往是相同的。政治和阶级之间的差距比1890年或1945年还要大。无论是想改变上议院的结构,获得一项

《权利法案》，还是转向比例代表制（proportional representation），改革这一体制的所有努力都以失败告终。

真正的权力所在是内阁，它在维多利亚时期大约有十五个大臣，现在由领导着国家各大部门的约二十个部长组成。内阁决定立法，尽管这一角色可能会被撒切尔夫人或托尼·布莱尔这样的广泛使用外部顾问团队的强势首相所削弱。那些控制着巨大的中央政府机器的人的势力也不应被低估。尽管地方政府的规模已大大缩小，但仍有数千名公务员，此外还有几百万名工作人员在公共部门工作。任何希望继续掌权的政党都不能忽视对这台机器中的主要任命的控制，或者置其整体投票潜能于不顾。

尽管改革不力，只是一味地修修补补，但自1945年以来，英国享受了一段漫长的和平时期，这在其历史上几乎是绝无仅有的。普通英国人的衣食住行比历史上任何时候都更好，而且寿命更长，生活更悠闲。从积极的一面看，20世纪比之前的任何一个世纪都更是真正的普通人的时代。

第七十二章 "新不列颠"

1999年新年前夜，女王发现自己坐在英国首相托尼·布莱尔身边，当午夜钟声敲响时，她又发现自己不得不拉着他的手，高唱《友谊地久天长》(*Auld Lang Syne*)。该活动在泰晤士河南岸由建筑师理查德·罗杰斯（Richard Rodgers）设计的壮观的新建筑千禧穹顶（Millennium Dome）举行。联合王国应该纪念2000年到来的想法要追溯到布莱尔之前的首相、保守党人约翰·梅杰那里。后来，它被视为举办1951年的英国艺术节（Festival of Britain）升级版的机会，但到了20世纪的最后一年，在更名为"新工党"（New Labour）的政府支持下，它已经变得面目全非。千禧穹顶被政府当作一个机会抓住，意在向全国展示其"新不列颠"（New Britain）的愿景。现场那令人惊讶的景象投射出的是与撒切尔时代截然不同的形象。这是一个在设计和艺术上拥抱一切新事物的国家，一个类似于诺丁山嘉年华（Notting Hill carnival）的多民族奇观。这个国家的过去没有什么明显的证据，其遗留下来的仅有元素似乎是女王和坎特伯雷大主教。随着夜幕的降临，这两位的不自在的感觉变得显而易见。

具有讽刺意味的是，此庆典非但没有开创这个新时代，反而标志着它即将到来的灭亡。这个被称为"千禧经验"（Millennium Experience）的庆典预计会吸引不少于一千二百万名游客，但实际上只有一半的游客来参观这个由十四个不成熟的主题区环绕的杂耍表演。以前的任何政党都没有这样做过，但它正中新工党的下怀，新工党抓住了新技术时代的媒体力量，并掌握了将民众纳入其政治机器的能力。

但是工党到底是如何重新掌权的呢？事实证明，撒切尔的继任者约翰·梅杰是一位优柔寡断的首相。随着1992年至1993年的经济大衰退为开端的十年，保守党失了势。它不仅淹没在丑闻和舞弊行为之下，更重要的是淹没在英国与欧盟的关系之中，因为欧盟正越来越多地朝着创建一个欧洲超级大国的方向前进。

与此同时，工党却朝着完全相反的方向前进。有十年的时间，似乎除保守党外没有其他政党存在，甚至那些竭力反对它的人也无法避免撒切尔夫人的影响。随着20世纪80年代的向前推进，工党被看作是一个时代错误，它仍坚持属于过去的观点，如国家主义、中央集权和计划经济的观点。1980年，詹姆斯·卡拉汉下台，迈克尔·富特（Michael Foot）接替了他的位置，富特是一位和平主义者，也是核裁军的狂热支持者，在他的领导下，工党进一步左倾，它的全部吸引力也随之烟消云散。1981年的工党竞选宣言被称为"史上最长的自杀遗书"。不久之后，尼尔·金诺克（Neil Kinnock）取代了富特，使其当选的是一个新创建的左倾选举团队。党内因其队伍的意见不合而仍存在分歧，但尽管如此，它还是逐渐设法一个接一个地放弃了那些令其丢失选票的政策。到1990年，它已经拥抱了欧洲共同体，并接受了多边裁军。没有任何迹象表明，它会将私有化的行业重新国有化，也不会废除保守党的工会立法。如果这些改革能早点实施，就能避免分裂的发生，当时，该党的一个右翼群体脱党，而后成立了社会民主党。在一段很短的时间内，他们努力争取中间立场，并在一段时间内以联盟的名义与自由党合作。但最终，他们被边缘化。工党的问题在于，它的投票基础在北部和东北部、苏格兰、威尔士和北爱尔兰等老工业区。他们的支持者是公共部门的工作人员和廉租房住户。工党没有向一个如今坚定地建立在新技术和财富创造理念基础上的社会传递任何信息。

为了掌权，工党必须赢得那些在20世纪80年代兴旺起来的阶级的选票。全国范围内的这种模式标志着另一个重大转变。那些经历了第一次工业革命的地区受到了最严重的打击。它们属于一个最终消失了的世界。如今，靠近欧洲大陆的英国东部和东南部已经毫无疑问地出现了新的繁荣。80年代出现了前所未有的欣欣向荣的美好生活，购物和休闲中心如雨后春笋般遍布各地，标志着消费社会的全盛时期。

工党要想成功，就需要一个能与撒切尔相媲美的魅力人物，但又要与之截然不同。托尼·布莱尔将成为工党中一飞冲天的人物，而他最终的倒台也将与撒切尔的败落一样戏剧化。这位极具魅力的人物的背景与他的那些工党前任迥然不同。从小就具备雄心壮志的他上了一所苏格兰公立学校——费茨中学（Fettes College），然后去了牛津大学。他进入了法律界，但在1983年成为议会议员。洋溢着青春活力、自我克制、信仰爱国主义和普世主义的他此后在党内迅速崛起。在无与伦比的宣传机器的帮助下，几乎所有旧的传统工党政策——公有制、国家计划、税收和支出，以及工会权力——都被抛诸脑后。此外，他还向伦敦金融城和商界示好。平等被重新定义为机会平等。作为"新工党"和"新不列颠"口号的一部分，他大谈特谈第三条道路，即一个在社会同情的作用下得到缓和的撒切尔主义经济学联盟。结果是，在连续四届选举失败后，在1997年，工党以压倒性的多数当选，由此产生的下议院中，社会主义议员达四百一十九人，保守党议员减少到只有一百六十五人。工党一度所向无敌。

随着布莱尔政府性质的改变，他成为首位利用新技术操控政治机器的首相，这反映在他通过媒体对形象的冷酷控制上。每一位工党议员都必须"遵命行事"，服从正在演变为总统风格的政府，在这个政府中，议会只是言听计从的投票机制，对唐宁街10号（10 Downing Street）核心集团做出的任何决定都未经审核地予以批准。政府就公众希望听到什么征询专门小组的意见，实际上，老式社会主义似乎在一段时间里被埋葬了。

布莱尔将继续向前，在2001年获得第二次压倒性的胜利，尽管工党在2007年第三次当选，但公众对政府和布莱尔的支持已经大幅减少。布莱尔在国内的致命软肋一直是他的财政部部长——另一位苏格兰人戈登·布朗（Gordon Brown），据说，布莱尔已同意让布朗接替他担任英国首相。最终，此事实际上在最后一次选举后不久就发生了，为唐宁街10号和11号之间为期十年的紧张关系画上了句号。但布莱尔真正的失败源自他在国外的冒险，最重要的是伊拉克战争。

在布莱尔执政的十年里，英国国内发生了一些变化，这些变化不可避免地对英国在21世纪的发展方向产生了重大影响。议事日程的首要问题是将权力下放给联合王国的各组成部分。这是一项选举承诺，随后举行了公投。结果就是1999年在爱丁堡设立的苏格兰议会，它在财政事务上被授予了有限的权力。威尔士对独立的要求从未像北部边境那样强烈，结果是威尔士议会有权决定该地区的预算应该如何使用。在爱尔兰问题上，布莱尔得以在1998年达成了一项和解协议，即所谓的"北爱和平协议"（Good Friday Agreement），它造就了北爱尔兰议会。所有这些都体现了持续存在的问题，都有可能使英国分裂为其历史上的组成部分。在英格兰实行类似的政策的支持率不高，2004年关于建立北方议会（Northern Assembly）的全民公投也失败了。反对来自联合王国权力下放地区的议员有权就只影响英格兰的事务进行投票的意见，最终于2015年在工党继任者领导下通过的《英格兰人为英格兰法律投票》（English Votes for England Laws）的法案中得到了满足。

权力下放是新工党在1997年大选中做出的四项承诺之一。另外三项也通过重要的立法得以兑现：1998年的《人权法案》（Human Rights Act）将1953年的《欧洲人权公约》（European Convention on Human Rights）所载的权利纳入英国法律；1998年的《国家最低工资法案》（National Minimum Wage Act）规定了每个工人每小时的最低工资，它每年都要接受审查；2000年的《信息自由法案》（Freedom of Information Act）将此前被否定的由公共当局把控的信息访问权交付给了民众。

其他两个国内政策领域也困扰着布莱尔：一个是教育，另一个是国民医疗服务体系的改革。就这两者而言，大量的公共资金被分配给了它们，这与撒切尔的原则相反，即不能通过砸钱来解决问题。用布莱尔自己的话说，"教育、教育、教育"是他担任首相期间的首要目标之一。他上台时，教育支出处于历史最低水平。如今，一项庞大的计划逆转了上述局面。该计划将大量资金投入学校建筑、配备IT设备、增加教师和后勤人员，相当于对被视为未能培养出有能力有学识学生的综合教育体系发起全面攻击。文法学校仍然没有受到影响，关于教育的决定是在地方一级做出的，这也确保了它们的生存。与商界建立伙伴关系是建立所谓的专科学校努力的一部分，旨在提高标准。宗教学校也同样成倍增加，它们一直走在良好教育实践的前列。这在很大程度上是对保守党政策的延续，就像大学的情况一样。大选后的第二年，大学开始征收学费，学生每年必须通过一个贷款体系支付一千英镑。到2010年，这一数字将升至五千英镑。然而，在消除教育系统的不平等方面却没有任何建树，私立教育继续蓬勃发展，而公立教育则依赖于学校的质量，如果学校质量好，就能吸引家长住在一个特定的地区。早在几十年前就已出现的全面教育与选择性教育之间的意识形态之争还没有得到解决，现实是，布莱尔的教育政策只是加剧了这种分歧。

大约五百六十亿英镑的资金被投入到国民医疗服务体系中，到2000年，该体系已经获得了标志性的地位。它确实有了巨大的改善，例如，等待手术的人数急剧下降。但是，它被各级别的长达十年的太多重组所困扰。大部分资金都被医院花掉了，而实际上，百分之九十的治疗都是基于社区的，可社区却极度缺乏资金。媒体和公众都认为这是一场灾难，但从长远来看，更严重的灾难是未能解决公共卫生和预防等更广泛的问题。禁烟运动确实起到了效果，但对于导致国民众多健康问题的另一个原因——肥胖——却没有采取同等的措施。

2004年通过的《同性关系法案》（Civil Partnership act）从根本上改变了21世纪英国社会的格局，该法案赋予同性伴侣与男女民事婚姻同等的权利。紧随其后的是2013年颁布的《婚姻（同性伴侣）法案》[Marriage (Same Sex Couples) Act]，该法案使同性恋婚姻在英格兰和威尔士合法化，虽然在苏格兰并没有。

总体而言，这些举措大多是对现有结构的修修补补，但缺乏彻底清除问题根源的勇气。拿医疗和教育两者来说，它们都是围绕着基本上是在1945年后建立起来的体系运转的，而这些体系已有半个多世纪的历史，是为一个完全不同的社会制定的。同样的道理也适用于布莱尔对上议院的改革，他曾承诺要成立一个新的第二议院（Second Chamber），这是1911年的《议会法案》

（Parliament Act）的一部分。1999年，除了其自己选出的九十二人之外，所有世袭贵族都被逐出上议院。由于非世袭爵位的出现，上议院逐渐兴盛起来，到21世纪的第二个十年，它的成员已超过八百人。任何彻底重塑上议院的倡议都必须来自下议院，而下议院自然不会希望创建一个可能挑战其至高无上地位的上议院。

新工党时代带来了灾难性的财政后果，直到布莱尔下台后才最终自食恶果。在21世纪初，国家债务已有所下降，但到2002年，它达到了二百亿英镑，这个数字每年都在继续上升，以支付这些举措所需费用，同时也要应付移民激增导致的不断上升的社会保障成本。为实现这一切，还需要更多的政府雇员，到2010年，政府雇员的人数已超过六百万。最后是他在阿富汗和伊拉克的海外战争的花费，高达数十亿英镑。

历史将如何评判布莱尔执政的十年，现在下结论还为时过早。对他外交政策的普遍谴责是不可能逆转的。布莱尔是乔治·W. 布什（George W. Bush）时代英美"特殊关系"的热心支持者，他至少五次下令英国军队投入战斗，这比英国历史上任何一位首相都多。这一切的框架就是布什所指定的"反恐战争"，在伊斯兰极端分子于2001年9月11日袭击了纽约世贸中心的双子塔之后，美国发动了这场战争。九天之后，那位总统宣布了一场"反恐战争"，针对的是恐怖分子，特别是伊斯兰极端组织，以及为他们提供庇护和支持的政权。10月，阿富汗遭到入侵，塔利班（Taliban）被推翻。2003年3月，美国向伊拉克萨达姆·侯赛因（Saddam Hussein）宣战，理由是他的政权拥有"大规模杀伤性武器"，而事实上，几乎没有证据证明这一点。到那时，美国一心推行"政权更迭"，即那些敌视西方并窝藏中东恐怖分子的政府应该被摧毁，并被西方风格的民主所取代。2016年，一项关于英国结束伊拉克战争的调查证实，布莱尔将英国带入了一场导致一百七十九名英国士兵死亡的战争。总共约有五十万人死亡……这是一场不受欢迎的战争，而英国的介入被认为加剧了2005年7月7日在伦敦开始的恐怖袭击的危险。随着英国士兵的尸袋被运回英国，布莱尔对公众的掌控也随之瓦解。在2007年的选举中，工党的多数席位跌至仅六十六席，布莱尔成了工党的累赘。6月，他递交了辞呈，戈登·布朗也从唐宁街 11 号搬到了唐宁街 10 号。

戈登·布朗终于当上了首相，但他没有经过大选就上任了。布朗是另一个苏格兰人，被称为"牧师家的孩子"，但缺乏其前任的魅力。布莱尔很幸运地主持了自维多利亚时代以来英国持续时间最长的经济扩张。与之形成鲜明对比的是，布朗不幸在发生了自 20 世纪 30 年代大萧条以来全球最严重的金融危机的那一年掌权。这场危机始于 2007 年的美国，导致大约二十五家银行倒闭。危机迅速蔓延到欧洲，英国也包括在内，这迫使政府将一系列银行国有化以避免其倒闭。而这反过来又导致了经济衰退。在 2010 年的选举中，工党的支持率不可避免地进一步下降，失去了九十一个席位，这是自 1931 年以来该党遭受的最大损失。

选民们对任何一个他们必须投票表决的选择都感到惴惴不安，这反映在选举结果中——一个无多数议会（hung parliament），在这个议会中，没有任何政党拥有足够多的议员，能够在下议院中占据多数席位。结果是保守党与自由民主党的联合执政。新首相是曾就读于伊顿公学的戴维·卡梅伦（David Cameron），他与其财政大臣开始着手削减巨额国债，开启了一个大规模削减和紧缩的时代。

但双方未能就英国作为欧盟成员国的确切性质达成一致意见。戈登·布朗曾规定了英国加入欧元之前必须满足的一些条件。早在 1999 年，欧元就已经为欧盟其他成员国的加入做好了准备。工党曾承诺就英国是否留在欧盟举行公投，但布朗反对举行公投。保守党也曾做出过类似的承诺，但希望留在欧盟和鼓动英国退出欧盟的两派使之出现了分裂。到 2015 年，英国的成员国资格引起公众的普遍关注。卡梅伦试图通过访问欧盟成员国来缓和局势，指望借此获得一些让步，使欧盟成员国资格更能被日益疏远的选民所接受。他没有成功。这个问题只能通过举行全民公投来解决。

第七十三章　跋：英国脱欧及以后

2016年6月23日，在保守党首相戴维·卡梅伦的支持下，英国进行了承诺中的关于英国应该留在欧盟还是退出欧盟的公投。事实上，他呼吁举行公投后几乎立即被公认为极其缺乏判断力。他自信地认为，国民会自动投"留欧"一票，以至于他甚至没有指示公务员起草行动方案，以防公投的结果是"脱欧"，而情况恰恰如此，有百分之五十二的人投票支持脱欧。这一结果在整个政治体系中产生了冲击波，反映出选民与政治阶层之间的鸿沟已经拉大。这场公投是个悲惨事件，其主要基于经济论争，也基于源源不断地涌向英国的移民潮。到2015年，英国的移民人口达到八百五十万，是全球第五大移民国家，比1990年的三百五十万翻了一番，其中二百九十万人来自欧盟。卡梅隆随即辞职，新首相特蕾莎·梅（Theresa May）在随后的政治动荡中明确表示，她的职责是贯彻人民授权给她的"英国脱欧"（Brexit）的事宜，说她将在2017年3月启动《欧盟条约》第50条，该条款涉及任何希望脱离欧盟的成员国的脱欧程序。

毫无疑问，这已经成为英国历史上的重要日期之一，尽管它是否可与击败西班牙无敌舰队、拿破仑和希特勒相提并论，现在下结论还为时过早。可以明确的是，它结束了近半个世纪的历史，那时，英国是慢慢成为一个新式的欧洲帝国（尽管这个帝国更适合民主时代）的机构的组成部分。尽管英国脱欧导致国家出现了自17世纪内战以来从未有过的严重分裂，但为什么会发生这种情况？在这个岛国更广泛的历史背景下，它又代表了什么？

欧盟成立之初的基础是经济，而推动英国利益的也正是经济，但欧盟始

第七十三章 跛：英国脱欧及以后

终有一项政治议程，即避免欧洲爆发另一场规模类似于那些破坏了20世纪战争的灾难性欧洲战争。联合王国在1957年欧盟成立时并不在其中，但是，在看到可以获得的经济利益后，于1963年和1967年申请加入，两次都主要因戴高乐将军的命令而遭到拒绝。直到他去世后，英国才在保守党政府的支持下于1973年加入了号称"欧洲经济共同体"的组织，这一决定在两年后的全民公投中得到确认。尽管工党在这一问题上存在分歧，但在公投中，约百分之六十七的人投了赞成票。然而，到1980年，民意调查显示的情况截然不同，百分之六十五的人反对欧共体，只有百分之二十六的人支持欧共体。到那时，所有的后果都开始在民众中显现出来，为2016年的公投播下了种子。公投揭示，处于大都会气派的威斯敏斯特精英气泡里的政治阶层，与处于城镇和乡村的车间地板上的政治阶层之间存在巨大的鸿沟。

加入欧共体的一个基本条件是，成员国之间的人员和商品可自由流动。到2013年，欧共体成员国已扩大到约二十八个国家，由于这些国家主要是东欧国家，德国因此成了欧盟的轴心。这个后果对英国而言要比其他任何成员国都严重。20世纪90年代，英国的人口增长超过一百六十万。到2010年，人口以每十年四百五十万的速度增长，比过去九十年中的任何时候都要快。英国的人口密度是德国的两倍，比法国高出百分之三点五。人们逐渐清楚地认识到，如果移民继续以这种速度进行下去，到3000年，英国的人口将达到八千万。只要英国仍是欧盟成员国，就几乎不可能扼制这股潮流。除此之外，还必须加上这样一个事实：达到可领退休金年龄的人数将造成越来越难以承受的财政负担。

国内的人口迁徙给各种形式的社会服务体系，特别是住房和医疗体系，带来了前所未有的压力。对此做出回应的布莱尔的多元文化主义政策似乎也与建立一种有凝聚力的国民身份的做法不一致，这与维多利亚时代形成了鲜明对比，后者的目标始终是怀着有关国家历史和文明的单一愿景去包容社会的各个组成部分。

然而，直到欧盟的政治潜台词——创建一个单一的欧洲国家——开始成为现实，政治阶层才开始变得与之格格不入。1979年，英国拒绝加入欧洲汇率机制，该机制是创建所有成员国共同使用一种单一货币这一目标的基石。此目标在 1999 年成为了现实。1990 年，英国确曾加入过欧洲汇率机制，但两年后在所谓的"黑色星期三"（Black Wednesday）退出，当时，英镑受到货币投机者的巨大压力。这次退出将花费英国纳税人大约三十亿英镑。1993 年 11 月，由于《马斯特里赫特条约》（Maastricht Treaty）的签署，欧共体成了欧盟。《马斯特里赫特条约》是欧盟从经济联盟演变为政治联盟的里程碑，于 2009 年随《里斯本条约》（Lisbon Treaty）的签署而生效。警钟已经敲响，反对欧盟的浪潮开始壮大，1993 年成立的英国独立党（UK Independence Party）领导了这一浪潮。

两大主要政党在欧盟问题上都犹豫不决，没有寻求选民就此问题的授权。因此，当强大的官僚主义开始冲击这个岛国时，人们的看法发生了转变。在大多数时间里，工党都将欧盟视为一个资本主义的企业联盟，并在 1983 年表示，如果自己上台，他们就会退出欧盟。随后，在 20 世纪 90 年代，他们的态度发生了逆转。保守党也同样改变了立场，为英国出口有了一个开放的竞争市场而感到满意，却又不满于欧盟成为一个通过后门引入社会主义的一体化超级联邦政府。20 世纪 90 年代，他们出现了分歧，但随着在布鲁塞尔制定的决定和法规开始削弱议会和君主特权，并开始否定与欧洲大陆制度截然不同的他们引以为傲的英国法律，他们逐渐感到了恐惧。

在这种背景下，英国脱欧便是不可避免的。历史学家眼中的英国历史是这样的：一个处于统治地位的少数派在经历了农业革命和工业革命后，以惊人的延续性存活了下来，进入了后工业时代，这是通过退让和融入的能力实现的。由于对思想和意识形态与生俱来的深切怀疑，这种生存也带来了对自由和宽容的热爱，以及对实用主义和常识的基本偏好。实际上，没有哪个欧洲国家曾表现出如此卓越的变革能力，同时又能在表面上保持明显的连续性。历史学家过去常说，这是因为我们在 17 世纪中期经历了革命，但最近有人提出，我们从未经历过革命，这可能是我们某些国家制度有着病态本质的原因。

在我们进入 21 世纪中叶之际，正是那些被视为要为这种不流血的演变负责的制度——王权、议会、教会以及法律和秩序的力量——如今受到了攻击。也许这是我们第一次对自我改革感到无能为力。在欧洲大陆，战争、侵略、占领和血腥革命在每一个国家都造成过损失，带来了我们有幸从未经历过的那种动乱和不稳定。但人们现在可以看到，那些混乱也有其有利的一面，因为人们不得不重新思考和改革政府、社会和大型机构的基本原则。第二次世界大战之后尤其如此。1945年之后的欧洲不得不重新改造自己，而似乎是赢家的我们延续了已经显示出紧张迹象且在上一个世纪末期快速变化的世界中逐渐变得无关紧要的思想和制度。但从长远来看，2016年5月的英国脱欧决定也许再次证明了我们继续前进的能力，因为我们看向欧洲时发现，欧盟已经出现了严重的动摇迹象。

英国是一个岛屿，它的历史和身份认同源于这一地理事实。它一直被视为一个与世界其他地方神秘分隔开来的国家和民族。当它在作于公元前1世纪的维吉尔（Virgil）的《牧歌（其一）》（First Eclogue）中进入文学领域时，它被描绘为 "penitus toto divisosorbeBritannos"（英国人与世界其他地区完全脱离）。在中世纪，我们又在威尔顿双连画（Wilton Diptych）中再次瞥见了它，在画中，理查二世跪在天使簇拥下的圣母面前，将这座岛屿奉献给她，它漂浮在曾经银光闪闪但如今已黯淡无光的大海上。随后是莎士比亚将这座岛屿说成是"镶嵌在银色大海上的宝石"的不朽描绘。现代历史学家一直在忙着解构"不列颠"这一概念，说它是一种臆造，数世纪以来，为了让生活在这里的人们相信自己拥有一个共同的身份，"不列颠"这个概念得到了详细阐述。但是这样的神话是不容易被摧毁的。

当我放下笔时，突然意识到，一个故事预设了一个开端，同时也暗示着一个结局。前者我们已经拥有，而后者尚未到来，因为这是历史的本质。历史永远不会结束，只会揭开新的篇章。回顾过往的世纪，我感到震惊的是，没有一个单个世纪会揭晓现在。相反，我看到的是一系列不同结构的社会，随着创造它们的思想的逐渐形成、达于顶峰和走向衰落，它们前赴后继，代代相传。这一过程也没有可识别的单一模式。有时，它的进度极其缓慢，比如罗马-不列颠社会的逐渐侵蚀，或者中世纪世界兴衰的温暾节奏。另一些时候，它可能非常尖锐和富于戏剧性，比如出现和消失只用了寥寥几年17世纪的共和主义，或者最终结束了贵族统治的第一次世界大战带来的社会平等。

我们必须明白，只有透过现在的眼睛才能读懂过去。我们是这个时代观念的囚徒。但重要的是不带偏见，站在每个社会自身的角度去评估它。没有一个社会是完美的。它们都带来了输家也带来了赢家。多少世纪以来，所有民族都一直在被征服：凯尔特人被罗马人征服，罗马-不列颠人被盎格鲁-撒克逊人征服，盎格鲁-撒克逊人被诺曼人征服，威尔士人、爱尔兰人和苏格兰人被英格兰人征服。其他群体也遭受了苦难：在中世纪，奴隶没有任何地位；在宗教改革和维多利亚时代之间，非国教者和罗马天主教教徒被剥夺了公民权。在每个时代，都有一长串被剥夺的人：穷人、文盲、移民、残疾人、妇女、同性恋者和儿童。今天，我们认为那些在自身轨道上最团结一致的社会形式是成功的。但这是基于自由主义时代价值观所带来的后见之明的判断。

因此，每个时代都需要根据其自身优点来做出评断，因为它们都是昙花一现。中世纪社会是普世性的，是天堂在人间的反映。它寻求成为一个公正和有约束力的社会，其中人人都有各自的位置和角色，以构成事物的神圣格局。每天，天堂都会降临人间，在每个大教堂和教区教堂中都能瞥见它。每个人都热切地相信，真正的生活是踏入坟墓后的生活。在宗教改革后的世俗状态下，都铎和斯图亚特时期的英格兰实行的是由上帝任命的统治者向下推行的经过重新排序的等级制度。社会的每一阶层都有自己要扮演的角色，有的发号施令，有的唯命是从，每个人都有自己的位置，俯首听命于秩序和权威的意志。教会和国家是联袂出现的，因此那些不能接受英格兰教会成员身份的人，如罗马天主教徒或非国教教徒，便无权成为英联邦的一员。普世主义让位于国民身份认同，据此，国家的和谐便是宇宙和谐之反映。在乔治王和维多利亚时代，随着帝王的统治逐渐转移到贵族手中，决定一个人的社会地位的首先是财产。拥有财产意味着其所有者与国家利益攸关，在面对来自底层和外国势力的威胁时要确保国家的稳定和商业繁荣。将选举权扩大到因财产而具有资格的人之外，被认为是把权力交给了无能和不负责任的人，人们对此深恶痛绝。人们的眼睛继续盯着另一个世界，但越来越多地看到现在这个世界自有其令人愉悦之处。现在，人们认为，人口中的每一个成员从一出生就具有一项不可剥夺的权利，即通过投票箱参与决定国家应该前进的方向。建立在出身和财产基础上的贵族制度在很大程度上已经被精英统治所取代，后者是指不考虑信仰和性别的有才干和有财富的人实行的统治。对绝大多数人来说，现在只有一种生活，那就是当下，我们必须充分地品味它。我们仍处于那个社会阶段的中间，但我们是处于其巅峰还是正目睹它的衰落，现在下结论还为时过早。有一件事是肯定的：它也终将成为过去，因为永无终点的英国历史又会掀开新的篇章。

国王与王后

经过出版商惠特克父子有限公司（J. Whitaker and Sons Ltd.）的许可，转载自 1996 年的《惠特克年鉴》（*Whitaker's Almanack 1996*）。

瑟迪克与丹麦王朝（THE HOUSES OF CERDIC AND DENMARK）

在位期

927—939　阿瑟尔斯坦（Athelstan）
　　　　　长者爱德华（Edward the Elder）之次子，生母是艾格温（Ecgwynn），阿尔弗雷德（Alfred）之孙
　　　　　约 924 年，继承威塞克斯和麦西亚（Wessex and Mercia）之王位，建立了对诺森比亚（Northumbria）的直接统治，有效地建立了英格兰王国
　　　　　在位 15 年

939—946　埃德蒙一世（Edmund I）
　　　　　生于 921 年，长者爱德华之第四子，生母是艾德吉夫（Eadgifu）
　　　　　婚配：（1）艾尔弗吉夫（Ælfgifu）（2）艾塞弗莉塔（Æthelflæd）
　　　　　25 岁时被杀，在位 6 年

946—955　爱德雷德（Eadred）
　　　　　长者爱德华之第五子，生母是艾德吉夫
　　　　　在位 9 年

955—959　埃德威（Eadwig）
　　　　　生于 943 年之前，埃德蒙与艾尔弗吉夫之子
　　　　　婚配：艾尔弗吉夫
　　　　　在位 3 年

959—975　埃德加一世（Edgar I）
　　　　　生于 943 年，埃德蒙与艾尔弗吉夫之子

国王与王后

　　　　　　婚配：（1）艾塞弗莉塔（2）伍尔夫斯丽斯（Wulfthryth）（3）艾弗斯丽斯（Ælfthryth）

　　　　　　享年 32 岁，在位 15 年

975—978　　爱德华一世（殉道者）[Edward I (the Martyr)]

　　　　　　生于约 962 年，埃德加与艾塞弗莉塔之子

　　　　　　约 16 岁时被暗杀，在位 2 年

978—1016　埃塞尔雷德（无主见者）[Ethelred (the Unready)]

　　　　　　生于约 968/969 年，埃德加与艾弗斯丽斯之子

　　　　　　婚配：（1）艾尔弗吉夫（2）爱玛（Emma），诺曼底公爵理查一世（Richard I, Count of Normandy）之女

　　　　　　1013—1014 年被丹麦国王斯韦根·福克伯德（Swegn Forkbeard, 987—1014 年在位）逐出王国

　　　　　　享年约 47 岁，在位 38 年

1016　　　　埃德蒙二世（勇敢者）[Edmund II (Ironside)]

　　　　　　生于 993 年之前，埃塞尔雷德与艾尔弗吉夫之子

　　　　　　婚配：艾尔德吉斯（Ealdgyth）

　　　　　　享年 23 岁，在位 7 个月（4—11 月）

1016—1035　克努特（Canute）

　　　　　　生于约 995 年，丹麦国王斯韦根·福克伯德与贡希尔德（Gunhild）之子

　　　　　　婚配：（1）艾尔弗吉夫（2）爱玛，无主见者埃塞尔雷德之遗孀

　　　　　　1015 年，获西撒克逊（West Saxons）臣服；1016 年，获诺森比亚臣服；1016 年，获麦西亚臣服，于埃德蒙死后成为全英格兰的国王

　　　　　　1019—1035 年，丹麦国王，1028—1035 年，挪威国王

　　　　　　享年约 40 岁，在位 19 年

1035—1040　哈罗德一世（飞毛腿）[Harold I (Harefoot)]

　　　　　　生于约 1016/1017 年，克努特与艾尔弗吉夫之子

　　　　　　婚配：艾尔弗吉夫

　　　　　　1035 年被承认为他本人和他兄弟哈迪克努特（Harthacanute）的摄政王；1037 年被承认为国王

　　　　　　享年约 23 岁，在位 4 年

1040—1042　哈迪克努特（Harthacanute）

　　　　　　生于 1018 年，克努特与爱玛之子

　　　　　　自 1028 年起为丹麦名义上的国王

　　　　　　1035—1037 年被公认为英格兰国王，与哈罗德一世同为摄政王；哈罗德死后为事实上的国王

享年约 24 岁，在位 2 年

1042—1066　爱德华二世（忏悔者）[Edward II (the Confessor)]
生于 1002 年至 1005 年，无主见者埃塞尔雷德与爱玛之子
婚配：伊德吉斯（Eadgyth），威塞克斯伯爵戈德温（Godwine, Earl of Wessex）之女
享年 60 岁，在位 23 年

1066　哈罗德二世（戈德温之子）[Harold II (Godwinesson)]
生于 1020 年，威塞克斯伯爵戈德温与格萨（Gytha）之子
婚配：（1）艾吉斯（Eadgyth）（2）艾尔德吉斯（Ealdgyth）
在战斗中阵亡，时年约 46 岁，在位 10 个月（1—10 月）

诺曼底王朝（THE HOUSE OF NORMANDY）

1066—1087　威廉一世（征服者）[William I (the Conqueror)]
生于约 1027/1028 年，诺曼底公爵罗伯特一世（Robert I, Duke of Normandy）之子
通过征服获得王位
婚配：玛蒂尔达（Matilda），佛兰德斯伯爵鲍德温（Baldwin, Count of Flanders）之女
享年约 60 岁，在位 20 年

1087—1100　威廉二世（红）（Rufus）
生于 1056 年至 1060 年，威廉一世之第三子；只继承了父亲在英格兰的王位
约 40 岁时被杀，在位 12 年

1100—1135　亨利一世（贤明者）[Henry I (Beauclerk)]
生于 1068 年，威廉一世之第四子
婚配：（1）伊迪丝或玛蒂尔达（Edith or Matilda），苏格兰的马尔科姆三世（Malcolm III of Scotland）之女（2）阿德拉（Adela），鲁汶伯爵戈弗雷（Godfrey, Count of Louvain）之女
享年 67 岁，在位 35 年

1135—1154　斯蒂芬（Stephen）
至迟生于 1100 年，阿德拉（威廉一世之女）与布洛伊斯伯爵斯蒂芬（Stephen, Count of Blois）之第三子
婚配：玛蒂尔达，布洛涅伯爵尤斯塔斯（Eustace, Count of Boulogne）之女
1141 年（2—11 月）被亨利一世之女玛蒂尔达的追随者俘虏，她对王位的争夺一直持续到 1153 年

享年 53 岁，在位 18 年

安茹（金雀花）王朝 [HOUSE OF ANJOU (PLANTAGENETS)]

1154—1189　亨利二世（短斗篷）[Henry II (Curtmantle)]

生于 1133 年，亨利一世之女玛蒂尔达与安茹伯爵杰弗里（Geoffrey, Count of Anjou）之子

婚配：埃莉诺（Eleanor），阿基坦公爵威廉（William, Duke of Aquitaine）之女，法国路易七世（Louis VII）的离异妻子

享年 56 岁，在位 34 年

1189—1199　理查一世（狮心王）[Richard I (Coeur de Lion)]

生于 1157 年，亨利二世之第三子

婚配：贝伦加里亚（Berengaria），纳瓦拉国王桑丘六世（Sancho VI, King of Navarre）之女

享年 42 岁，在位 9 年

1199—1215　约翰（无地王）[John (Lackland)]

生于 1167 年，亨利二世之第五子

婚配：（1）伊莎贝拉（Isabella）或阿维萨（Avisa），格洛斯特伯爵威廉（William, Earl of Gloucester）之女（离婚）；（2）伊莎贝拉（Isabella），安古莱姆伯爵艾默（Aymer, Count of Angoulême）之女

享年 48 岁，在位 17 年

1215—1272　亨利三世（Henry III）

生于 1207 年，安古莱姆的约翰与伊莎贝拉之子

婚配：埃莉诺（Eleanor），普罗旺斯伯爵雷蒙德（Raymond, Count of Provence）之女

享年 65 岁，在位 56 年

1272—1307　爱德华一世（长腿王）[Edward I (Longshanks)]

生于 1239 年，亨利三世之长子

婚配：（1）埃莉诺（Eleanor），卡斯提尔国王费迪南德三世（Ferdinand III, King of Castile）之女，（2）玛格丽特（Margaret），法国腓力三世（Philip III of France）之女

享年 68 岁，在位 34 年

1307—1327　爱德华二世（Edward II）

生于 1284 年，爱德华一世与埃莉诺之长子

婚配：伊莎贝拉（Isabella），法国腓力四世（Philip IV of France）之女

1327 年 1 月被废黜，1327 年 9 月被杀害，享年 43 岁，在位 19 年

1327—1377　爱德华三世（Edward Ⅲ）
　　　　　　生于 1312 年，爱德华二世之长子
　　　　　　婚配：菲利帕（Philippa），海纳特伯爵威廉（William, Count of Hainault）之女
　　　　　　享年 64 岁，在位 50 年
1377—1399　理查二世（Richard Ⅱ）
　　　　　　生于 1327 年，爱德华三世之长子黑王子爱德华［Edward（the Black Prince）］之子
　　　　　　婚配：（1）安妮（Anne），罗马帝国皇帝查理四世（Emperor Charles Ⅳ）之女；（2）伊莎贝尔（Isabelle），法国查理六世（Charles Ⅵ of France）之女
　　　　　　1399 年 9 月被废黜，1400 年 2 月被杀，享年 33 岁，在位 22 年

兰开斯特王朝（THE HOUSE OF LANCASTER）

1399—1413　亨利四世（Henry Ⅳ）
　　　　　　生于 1366 年，爱德华三世之第四子冈特的约翰（John of Gaunt）与兰开斯特公爵亨利（Henry, Duke of Lancaster）之女布兰奇（Blanche）之子
　　　　　　婚配：（1）玛丽（Mary），赫里福德伯爵汉弗莱（Humphrey, Earl of Hereford）之女；（2）琼（Joan），纳瓦拉国王查理（Charles, King of Navarre）之女，布列塔尼公爵约翰（John, Duke of Brittany）之遗孀
　　　　　　享年 47 岁，在位 13 年
1413—1422　亨利五世（Henry Ⅴ）
　　　　　　生于 1387 年，亨利四世与玛丽之长子
　　　　　　婚配：凯瑟琳（Catherine），法国查理六世（Charles Ⅵ of France）之女
　　　　　　享年约 34 岁，在位 9 年
1422—1471　亨利六世（Henry Ⅵ）
　　　　　　生于 1421 年，亨利五世之子
　　　　　　婚配：玛格丽特（Margaret），安茹公爵和普罗旺斯伯爵勒内（René, Duke of Anjou and Count of Provence）之女
　　　　　　1461 年 3 月被废黜，1470 年 10 月复位
　　　　　　1471 年 4 月被废黜，1471 年 5 月被杀，享年 49 岁，在位 39 年

约克王朝（THE HOUSE OF YORK）

1461—1483　爱德华四世（Edward Ⅳ）
　　　　　　生于 1442 年，约克的理查（Richard of York）之长子，约克的理查是爱德华三世第五子埃德蒙（Edmund）的孙子，也是爱德华三世第三子莱昂内尔（Lionel）的曾孙女安妮（Anne）的儿子

婚配：伊丽莎白·伍德维尔（Elizabeth Woodville），里弗斯勋爵理查（Richard, Lord Rivers）之女，约翰·格雷爵士（Sir John Grey）之遗孀

1461年3月即位，1470年10月被罢黜，1417年4月复位

享年40岁，在位21年

1483　　爱德华五世（Edward V）

生于1470年，爱德华四世之长子

1483年6月被废黜，可能于1483年7—9月去世，享年12岁，在位2个月（4—6月）

1483—1485　　理查三世（Richard Ⅲ）

生于1452年，约克的理查之第四子，爱德华四世的兄弟

婚配：安妮·内维尔（Anne Neville），沃里克伯爵理查（Richard, Earl of Warwick）之女，亨利六世之子威尔士亲王爱德华（Edward, Prince of Wales）之遗孀

在战斗中阵亡，享年32岁，在位2年

都铎王朝（THE HOUSE OF TUDOR）

1485—1509　　亨利七世（Henry Ⅶ）

生于1457年，爱德华三世第四子冈特的约翰之曾孙女玛格丽特·博福特（Margaret Beaufort）与里士满伯爵埃德蒙·都铎（Edmund Tudor, Earl of Richmond）之子

婚配：伊丽莎白（Elizabeth），爱德华四世之女

享年52岁，在位23年

1509—1547　　亨利八世（Henry Ⅷ）

生于1491年，亨利七世之次子

婚配：（1）凯瑟琳（Catherine），阿拉贡国王费迪南德二世（Ferdinand Ⅱ, king of Aragon）之女，亦是其兄长亚瑟（Arthur）之遗孀（离婚）；（2）安妮（Anne），托马斯·博林爵士（Sir Thomas Boleyn）之女（被处决）；（3）简（Jane），约翰·西摩爵士（Sir John Seymour）之女（死于生产）；（4）安妮（Anne），克利夫斯公爵约翰（John, Duke of Cleves）之女（离婚）；（5）凯瑟琳·霍华德（Catherine Howard），诺福克公爵（Duke of Norfolk）之侄女（被处决）；（6）凯瑟琳（Catherine），托马斯·帕尔爵士（Sir Thomas Parr）之女，拉蒂默勋爵（Lord Latimer）之遗孀

享年55岁，在位37年

1547—1553　　爱德华六世（Edward Ⅵ）

生于1537年，亨利八世与简·西摩之子

享年15岁，在位6年

1553　　　　简（Jane）
　　　　　　生于1537年，玛丽·都铎（Mary Tudor）的女儿弗朗西斯（Frances）之女，亨利八世和萨福克公爵亨利·格雷（Henry Grey, Duke of Suffolk）之妹
　　　　　　婚配：吉尔福德·达德利勋爵（Lord Guildford Dudley），诺森伯兰公爵（Duke of Northumberland）之子
　　　　　　1553年7月被废黜；1554年2月被处决；享年16岁，在位14天

1553—1558　玛丽一世（Mary I）
　　　　　　生于1516年，亨利八世与阿拉贡的凯瑟琳之女
　　　　　　婚配：西班牙的腓力二世（Philip II of Spain）
　　　　　　享年42岁，在位5年

1558—1603　伊丽莎白一世（Elizabeth I）
　　　　　　生于1533年，亨利八世与安妮·博林之女
　　　　　　享年69岁，在位44年

斯图亚特王朝（THE HOUSE OF STUART）

1603—1625　詹姆斯一世（苏格兰四世）[James I (VI of Scotland)]
　　　　　　生于1566年，苏格兰女王玛丽（Mary, Queen of Scots）之子，玛丽为亨利七世的长女玛格丽特·都铎（Margaret Tudor）与达恩利勋爵亨利·斯图瓦（Henry Stewar, Lord Darnley）之外孙女
　　　　　　婚配：安妮（Anne），丹麦弗雷德里克二世（Frederick II of Denmark）之女
　　　　　　享年58岁，在位22年

1625—1649　查理一世（Charles I）
　　　　　　生于1600年，詹姆斯一世之次子
　　　　　　婚配：亨丽埃塔·玛丽亚（Henrietta Maria），法国亨利四世（Henry IV of France）之女
　　　　　　1649年被处决，享年48岁，在位23年
　　　　　　英联邦于1649年5月19日宣布成立
　　　　　　1649—1653年，由一个参议院（council of state）管理
　　　　　　1653—1658年，护国公奥利弗·克伦威尔（Oliver Cromwell, Lord Protector）
　　　　　　1658—1659年，护国公理查德·克伦威尔（Richard Cromwell, Lord Protector）

1660—1685　查理二世（Charles II）
　　　　　　生于1630年，查理一世之长子
　　　　　　婚配：凯瑟琳（Catherine），葡萄牙约翰四世（John IV of Portugal）之女
　　　　　　享年54岁，在位24年

1685—1688　詹姆斯二世（苏格兰七世）[James II (VII of Scotland)]
　　　　　　生于1633年，查理一世之次子
　　　　　　婚配：（1）安妮·海德夫人（Lady Anne Hyde），克拉伦登伯爵爱德华（Edward, Earl of Clarendon）之女；（2）玛丽（Mary），摩德纳公爵阿方索（Alphonso, Duke of Modena）之女
　　　　　　1688年12月，逃离王国，结束统治
　　　　　　卒于1701年，享年67岁，在位3年

　　　　　　1688年12月11日至1689年2月12日为空位期

1689—1702　威廉三世（William III）
　　　　　　生于1650年，奥兰治亲王威廉二世（William II, Prince of Orange）与查理一世之女玛丽·斯图亚特（Mary Stuart）之子
　　　　　　婚配：玛丽（Mary），詹姆斯二世之长女
　　　　　　享年51岁，在位13年

1689—1694　玛丽二世（Mary II）
　　　　　　生于1662年，詹姆斯二世与安妮之长女
　　　　　　享年32岁，在位5年

1702—1714　安妮（Anne）
　　　　　　生于1665年，詹姆斯二世与安妮之小女
　　　　　　婚配：丹麦王子乔治（Prince George of Denmark），丹麦弗雷德里克三世（Frederick III of Denmark）之子
　　　　　　享年49岁，在位12年

汉诺威王朝（THE HOUSE OF HANOVER）

1714—1727　乔治一世（汉诺威选帝侯）[George I (Elector of Hanover)]
　　　　　　生于1660年，索菲亚（Sophia）[帕拉廷选帝侯腓特烈（Frederick, Elector Palatine）和詹姆斯一世的女儿伊丽莎白·斯图亚特（Elizabeth Stuart）之女]与汉诺威选帝侯欧内斯特·奥古斯都（Ernest Augustus, Elector of Hanover）之子
　　　　　　婚配：索菲亚·多罗特娅（Sophia Dorothea），卢内伯格－席勒公爵乔治·威廉（George William, Duke of Lüneburg-Celle）之女
　　　　　　享年67岁，在位12年

1727—1760　乔治二世
　　　　　　生于1683年，乔治一世之子
　　　　　　婚配：卡罗琳（Caroline），勃兰登堡－安斯巴赫侯爵约翰·弗雷德里克（John

Frederick，Margrave of Brandenburg-Anspach）之女

享年 76 岁，在位 33 年

1760—1820　乔治三世（George Ⅲ）

生于 1738 年，乔治二世长子弗雷德里克（Frederick）之子

婚配：夏洛特（Charlotte），梅克伦堡 – 斯特利茨公爵查理·路易斯（Charles Louis，Duke of Mecklenburg-Strelitz）之女

享年 81 岁，在位 59 年

1811—1820 年为摄政期

由于乔治三世的疯癫，由威尔士亲王（Prince of Wales）摄政

1820—1830　乔治四世（George Ⅳ）

生于 1762 年，乔治三世之长子

婚配：卡罗琳（Caroline），不伦瑞克 – 沃尔芬巴特公爵查理（Charles，Duke of Brunswick-Wolfenbüttel）之女

享年 67 岁，在位 10 年

1830—1837　威廉四世（William Ⅳ）

生于 1765 年，乔治三世之第三子

婚配：卡罗琳（Caroline），萨克森 – 迈宁根公爵乔治（George，Duke of Saxe-Meiningen）之女

享年 71 岁，在位 7 年

1837—1901　维多利亚（Victoria）

生于 1819 年，乔治三世第四子爱德华之女

婚配：萨克森 – 科堡和哥达的阿尔伯特亲王（Prince Albert of Saxe-Coburg and Gotha）

享年 81 岁，在位 63 年

萨克森 – 科堡和哥达王朝（THE HOUSE OF SAXE–COBURG AND GOTHA）

1901—1910　爱德华七世（Edward Ⅶ）

生于 1841 年，维多利亚与阿尔伯特之长子

婚配：亚历山德拉（Alexandra），丹麦克里斯蒂安九世（Christian Ⅸ of Denmark）之女

享年 68 岁，在位 9 年

温莎王朝（THE HOUSE OF WINDSOR）

1910—1936　乔治五世（George Ⅴ）

生于 1865 年，爱德华七世之次子

婚配：维多利亚·玛丽（Victoria Mary），泰克公爵弗朗西斯（Francis，Duke of Teck）之女

享年 70 岁，在位 25 年

1936　　　爱德华八世（Edward Ⅷ）

生于 1894 年，乔治五世之长子

婚配（1937 年）：华莉丝·沃菲尔德·辛普森夫人（Mrs Wallis Warfield Simpson）

1936 年退位，卒于 1972 年，享年 77 岁，在位 10 个月（1 月 20 日—12 月 11 日）

1936—1952　乔治六世（George Ⅵ）

生于 1895 年，乔治五世之次子

婚配：伊丽莎白·鲍斯 – 里昂夫人（Lady Elizabeth Bowes-Lyon），第十四世斯特拉斯莫尔和金霍恩伯爵（14 Earl of Strathmore and Kinghorne）之女

享年 56 岁，在位 15 年

1952—　　伊丽莎白二世（Elizabeth Ⅱ）

生于 1926 年，乔治六世之长女

婚配：菲利普（Philip），希腊安德鲁王子（Prince Andrew of Greece）之子

苏格兰国王与王后（1016—1603 年）

1016—1034　马尔科姆二世（Malcolm Ⅱ）

生于 954 年，肯尼斯二世（Kenneth Ⅱ）之子

1005 年加入阿尔巴（Alba），约 1006 年获得洛锡安（Lothian），约 1016 年为孙子邓肯（Duncan）获得斯特拉思克莱德（Strathclyde），从而形成了苏格兰王国

享年约 80 岁，在位 18 年

1034—1040　邓肯一世（Duncan Ⅰ）

马尔科姆二世之女比索克（Bethoc）与克里南（Crinan）之子

婚配：诺森比亚伯爵西华德（Siward，Earl of Northumbria）之表亲

在位 5 年

1040—1057　麦克白（Macbeth）

生于 1005 年，马尔科姆二世的一个女儿与莫瑞区长官芬莱克（Finlaec，Mormaer of Moray）之子

婚配：格鲁奇（Gruoch），肯尼斯三世之孙女

约 52 岁时被杀，在位 17 年

1057—1058　卢拉赫（Lulach）

生于约 1032 年，莫瑞区长官吉拉科姆根（Gillacomgan, Mormaer of Moray）与格鲁奇之子（麦克白的继子）

享年约 26 岁，在位 7 个月（8 月—次年 3 月）

1058—1093　马尔科姆三世（坎莫尔）[Malcolm Ⅲ（Canmore）]

生于 1031 年，邓肯一世之长子

婚配：（1）英吉比奥格（Ingibiorg）；（2）玛格丽特（圣·玛格丽特）[Margaret（St Margaret）]，英格兰埃德蒙二世（Edmund Ⅱ of England）之孙女

约 62 岁时死于战场，在位 35 年

1093—1097　唐纳德三世（美男子）（Donald Ⅲ Bán）

生于约 1033 年，邓肯一世之次子

1094 年 5 月被废黜，1094 年 11 月复位，1097 年 10 月被废黜，在位 3 年

1094　　邓肯二世（Duncan Ⅱ）

生于约 1060 年，马尔科姆三世与英吉比奥格之长子

婚配：邓巴的奥克特丽达（Octreda of Dunbar）

约 34 岁时被杀，在位 6 个月（5—11 月）

1094—1107　埃德加（Edgar）

生于约 1074 年，马尔科姆三世与玛格丽特之次子

享年约 32 岁，在位 9 年

1107—1124　亚历山大一世（暴烈者）[Alexander Ⅰ（the Fierce）]

生于约 1077 年，马尔科姆三世与玛格丽特之第五子

婚配：西比拉（Sybilla），英格兰亨利一世（Henry Ⅰ of England）之私生女

享年约 47 岁，在位 17 年

1124—1153　大卫一世（圣徒）[David Ⅰ（the Saint）]

生于约 1085 年，马尔科姆三世与玛格丽特之第六子

婚配：玛蒂尔达（Matilda），亨丁顿伯爵沃尔瑟夫（Waltheof, Earl of Huntingdon）之女

享年约 68 岁，在位 29 年

1153—1165　马尔科姆四世（处女）[Malcolm Ⅳ（the Maiden）]

生于约 1141 年，大卫一世次子亨丁顿伯爵亨利（Henry, Earl of Huntingdon）之子

享年约 24 岁，在位 12 年

1165—1214　威廉一世（狮子）[William Ⅰ（the Lion）]

生于约 1142 年，马尔科姆四世之弟

婚配：埃芒加德（Ermengarde），博蒙特子爵理查（Richard, Viscount of Beaumont）之女

享年约 72 岁，在位 49 年

1214—1249　亚历山大二世（Alexander II）

生于 1198 年，威廉一世之子

婚配：（1）琼（Joan），英格兰国王约翰（John, King of England）之女；（2）玛丽（Marie），英格尔拉姆·德·库西（Ingelram de Coucy）之女

享年 50 岁，在位 34 年

1249—1286　亚历山大三世（Alexander III）

生于 1241 年，亚历山大二世与玛丽之子

婚配：（1）玛格丽特（Margaret），英格兰亨利三世（Henry III of England）之女；（2）约兰德（Yolande），德鲁克斯伯爵（Count of Dreux）之女

44 岁时意外死亡，在位 36 年

1286—1290　玛格丽特（挪威少女）[Margaret (the Maid of Norway)]

生于 1283 年，亚历山大三世之女玛格丽特（Margaret）与挪威的埃里克二世（Eric II of Norway）之女

享年 7 岁，在位 4 年

1290—1292 年为第一空位期

13 位竞争者争夺王位。皇冠经英格兰爱德华一世（Edward I of England）的裁决被授予约翰·巴里奥尔（John Balliol）。

巴里奥尔王朝（THE HOUSE OF BALLIOL）

1292—1296　约翰（巴里奥尔）[John (Balliol)]

生于约 1250 年，大卫一世之重孙女德沃尔吉拉（Dervorguilla）与约翰·德·巴里奥尔（John de Balliol）之子

婚配：伊莎贝拉（Isabella），萨里伯爵约翰（John, Earl of Surrey）之女

1296 年退位，1313 年去世，享年约 63 岁，在位 3 年

1296—1306 为第二空位期

1296 年，英格兰的爱德华一世宣布约翰·巴里奥尔因抗命而丧失王位，并将苏格兰收归自己手中

布鲁斯王朝（HE HOUSE OF BRUCE）

1306—1329　罗伯特一世（布鲁斯）[Robert I（Bruce）]
　　　　　　生于 1274 年，罗伯特·布鲁斯（Robert Bruce）与卡里克女伯爵马乔里（Marjorie, Countess of Carrick）之子，亨丁顿伯爵大卫（David, Earl of Huntingdon）二女儿之曾孙，威廉一世之弟
　　　　　　婚配：（1）伊莎贝拉（Isabella），马尔伯爵唐纳德（Donald, Earl of Mar）之女；（2）伊丽莎白（Elizabeth），阿尔斯特伯爵理查（Richard, Earl of Ulster）之女
　　　　　　享年 54 岁，在位 23 年

1329—1371　大卫二世（David II）
　　　　　　生于 1324 年，罗伯特一世与伊丽莎白之子
　　　　　　婚配：乔安娜（Joanna），英格兰爱德华二世（Edward II of England）之女；（2）玛格丽特·德拉蒙德（Margaret Drummond），约翰·洛吉爵士（Sir John Logie）之遗孀（离婚）
　　　　　　享年 46 岁，在位 41 年

　　　　　　1332 年，约翰·巴里奥尔之子爱德华·巴里奥尔（Edward Balliol）于 9 月加冕为苏格兰国王，12 月被驱逐
　　　　　　1333—1336 年，爱德华·巴里奥尔复辟为苏格兰国王

斯图亚特王朝（THE HOUSE OF STEWART）

1371—1390　罗伯特二世（斯图亚特）[Robert II（Stewart）]
　　　　　　生于 1316 年，罗伯特一世之女马乔里（Marjorie）与苏格兰总管大臣沃尔特（Walter, High Steward of Scotland）之子
　　　　　　婚配：（1）伊丽莎白（Elizabeth），罗瓦伦的罗伯特·穆尔爵士（Sir Robert Mure of Rowallan）之女；（2）尤菲米亚（Euphemia），罗斯伯爵休（Hugh, Earl of Ross）之女
　　　　　　享年 74 岁，在位 19 年

1390—1406　罗伯特三世（Robert III）
　　　　　　生于约 1337 年，罗伯特二世与伊丽莎白之子
　　　　　　婚配：安娜贝拉（Annabella），斯托博霍尔的约翰·德拉蒙德爵士（Sir John Drummond of Stobhall）之女
　　　　　　享年约 69 岁，在位 16 年

1406—1437　詹姆斯一世（James I）

　　　　　　　生于 1394 年，罗伯特三世之子
　　　　　　　婚配：琼·博福特（Joan Beaufort），萨默塞特伯爵约翰（John, Earl of Somerset）之女
　　　　　　　42 岁时被暗杀，在位 30 年
1437—1460　詹姆斯二世（James II）
　　　　　　　生于 1430 年，詹姆斯一世之子
　　　　　　　婚配：玛丽（Mary），古尔德斯公爵阿诺德（Arnold, Duke of Gueldres）之女
　　　　　　　29 岁时意外身亡，在位 23 年
1460—1488　詹姆斯三世（James III）
　　　　　　　生于 1452 年，詹姆斯二世之子
　　　　　　　婚配：玛格丽特（Margaret），丹麦克里斯蒂安一世（Christian I of Denmark）之女
　　　　　　　36 岁时被暗杀，在位 27 年
1488—1513　詹姆斯四世（James IV）
　　　　　　　生于 1473 年，詹姆斯三世之子
　　　　　　　婚配：玛格丽特·都铎（Margaret Tudor），英格兰亨利七世（Henry VII of England）之女
　　　　　　　40 岁时死于战场，在位 25 年
1513—1542　詹姆斯五世（James V）
　　　　　　　生于 1512 年，詹姆斯四世之子
　　　　　　　婚配：（1）玛德琳（Madeleine），法国弗朗西斯一世（Francis I of France）之女；（2）洛林的玛丽（Mary of Lorraine），吉斯公爵（Duc de Guise）之女
　　　　　　　享年 30 岁，在位 29 年
1542—1567　玛丽（Mary）
　　　　　　　生于 1542 年，詹姆斯五世与玛丽之女
　　　　　　　婚配：（1）法兰西王储（Dauphin），即后来的法国弗朗西斯二世（Francis II of France）；（2）达恩利勋爵亨利·斯图瓦（Henry Stewart, Lord Darnley）；（3）博思韦尔伯爵詹姆斯·赫本（James Hepburn, Earl of Bothwell）
　　　　　　　1567 年退位，1568 年被囚禁于英格兰，1587 年被处决，在位 24 年
1567—1625　詹姆斯六世（暨英格兰一世）[James VI (and I of England)]
　　　　　　　生于 1566 年，苏格兰女王玛丽与达恩利勋爵亨利之子
　　　　　　　1567 年继承苏格兰王位，在位 58 年
　　　　　　　1603 年继承英格兰王位，从而集英格兰和苏格兰王位于一身。两个王国一直保持着独立，直到 1707 年两国议会合并

首 相

罗伯特·沃波尔爵士（Sir Robert Walpole）1721 年 4 月
威尔明顿伯爵（Earl of Wilmington）1741 年 2 月
亨利·佩勒姆（Henry Pelham）1743 年 8 月
纽卡斯尔公爵（Duke of Newcastle）1754 年 3 月
德文郡公爵（Duke of Devonshire）1756 年 11 月
纽卡斯尔公爵（Duke of Newcastle）1757 年 7 月
布特伯爵（Earl of Bute）1762 年 5 月
乔治·格伦维尔（George Grenville）1763 年 4 月
罗金汉侯爵（Marquess of Rockingham）1765 年 7 月
查塔姆伯爵（Earl of Chatham）1766 年 7 月
格拉夫顿公爵（Duke of Grafton）1768 年 10 月
诺斯勋爵（Lord North）1770 年 1 月
罗金汉侯爵（Marquess of Rockingham）1782 年 3 月
谢尔本伯爵（Earl of Shelburne）1782 年 7 月
波特兰公爵（Duke of Portland）1783 年 4 月
威廉·皮特（William Pitt）1783 年 12 月
亨利·阿丁顿（Henry Addington）1801 年 3 月
威廉·皮特（William Pitt）1804 年 5 月
威廉·温德姆·格伦维尔（William Wyndham Grenville）1806 年 2 月
波特兰公爵（Duke of Portland）1807 年 3 月

首 相

斯宾塞·珀西瓦尔（Spencer Perceval）1809 年 10 月

利物浦伯爵（Earl of Liverpool）1812 年 6 月

乔治·坎宁（George Canning）1827 年 4 月

戈德利奇子爵（Viscount Goderich）1827 年 8 月

威灵顿公爵（Duke of Wellington）1828 年 1 月

格雷伯爵（Earl Grey）1830 年 11 月

墨尔本子爵（Viscount Melbourne）1834 年 7 月

威灵顿公爵（Duke of Wellington）1834 年 11 月

罗伯特·皮尔爵士（Sir Robert Peel）1834 年 12 月

墨尔本子爵（Viscount Melbourne）1835 年 4 月

罗伯特·皮尔爵士（Sir Robert Peel）1841 年 8 月

约翰·罗素勋爵（Lord John Russell）1846 年 6 月

德比伯爵（Earl of Derby）1852 年 2 月

阿伯丁伯爵（Earl of Aberdeen）1852 年 12 月

帕默斯顿子爵（Viscount Palmerston）1855 年 2 月

德比伯爵（Earl of Derby）1858 年 2 月

帕默斯顿子爵（Viscount Palmerston）1859 年 6 月

罗素伯爵（Earl Russell）1865 年 10 月

德比伯爵（Earl of Derby）1866 年 6 月

本杰明·迪斯雷利（Benjamin Disraeli）1868 年 2 月

威廉·埃瓦特·格莱斯顿（William Ewart Gladstone）1868 年 12 月

本杰明·迪斯雷利（Benjamin Disraeli）1874 年 2 月

威廉·埃瓦特·格莱斯顿（William Ewart Gladstone）1880 年 4 月

索尔兹伯里侯爵（Marquess of Salisbury）1885 年 6 月

威廉·埃瓦特·格莱斯顿（William Ewart Gladstone）1886 年 2 月

索尔兹伯里侯爵（Marquess of Salisbury）1886 年 7 月

威廉·埃瓦特·格莱斯顿（William Ewart Gladstone）1892 年 8 月

罗斯伯里伯爵（Earl of Rosebery）1894 年 3 月

索尔兹伯里侯爵（Marquess of Salisbury）1895 年 6 月

亚瑟·詹姆斯·鲍尔弗（Arthur James Balfour）1902 年 7 月

亨利·坎贝尔-班纳曼爵士（Sir Henry Campbell-Bannerman）1905 年 12 月

赫伯特·亨利·阿斯奎斯（Herbert Henry Asquith）1908 年 4 月

大卫·劳埃德·乔治（David Lloyd George）1916 年 12 月

安德鲁·邦纳劳（Andrew Bonar Law）1922 年 10 月

斯坦利·鲍德温（Stanley Baldwin）1923 年 5 月

詹姆斯·拉姆齐·麦克唐纳（James Ramsay MacDonald）1924 年 1 月

斯坦利·鲍德温（Stanley Baldwin）1924 年 11 月

詹姆斯·拉姆齐·麦克唐纳（James Ramsay MacDonald）1929 年 6 月

斯坦利·鲍德温（Stanley Baldwin）1935 年 6 月

内维尔·张伯伦（Neville Chamberlain）1937 年 5 月

温斯顿·丘吉尔（Winston Churchill）1940 年 5 月

克莱门特·艾德礼（Clement Attlee）1945 年 7 月

温斯顿·丘吉尔（Winston Churchill）1951 年 10 月

安东尼·艾登爵士（Sir Anthony Eden）1955 年 4 月

哈罗德·麦克米伦（Harold Macmillan）1957 年 1 月

亚历克·道格拉斯-霍姆爵士（Sir Alec Douglas-Home）1963 年 10 月

哈罗德·威尔逊（Harold Wilson）1964 年 10 月

爱德华·希思（Edward Heath）1970 年 6 月

哈罗德·威尔逊（Harold Wilson）1974 年 3 月

詹姆斯·卡拉汉（James Callaghan）1976 年 4 月

玛格丽特·撒切尔（Margaret Thatcher）1979 年 5 月

约翰·梅杰（John Major）1990 年 11 月

托尼·布莱尔（Tony Blair）1997 年 5 月

戈登·布朗（Gordon Brown）2007 年 6 月

大卫·卡梅伦（David Cameron）2010 年 5 月

特雷莎·梅（Theresa May）2016 年 7 月